新时代银行金融服务创新

Bank Financial Service Innovation in the New Era

曾圣钧◎著

中国经济出版社
CHINA ECONOMIC PUBLISHING HOUSE
北 京

图书在版编目（CIP）数据

新时代银行金融服务创新 / 曾圣钧著 . --北京：
中国经济出版社，2023. 7（2025.5 重印）
ISBN 978-7-5136-7308-2

Ⅰ. ①新… Ⅱ. ①曾… Ⅲ. ①商业银行-金融-商业
服务-研究-中国 Ⅳ. ①F832. 33

中国国家版本馆 CIP 数据核字（2023）第 080971 号

责任编辑　赵静宜
责任印制　李　伟
封面设计　任燕飞

出版发行　中国经济出版社
印 刷 者　北京富泰印刷有限责任公司
经 销 者　各地新华书店
开　　本　710mm×1000mm　1/16
印　　张　20. 5
字　　数　368 千字
版　　次　2023 年 7 月第 1 版
印　　次　2025 年 5 月第 3 次
定　　价　89. 00 元
广告经营许可证　京西工商广字第 8179 号

中国经济出版社　**网址** www. economyph. com　**社址** 北京市东城区安定门外大街 58 号　**邮编** 100011
本版图书如存在印装质量问题，请与本社销售中心联系调换（联系电话：010-57512564）

序言

收到圣钧兄的邀请，我诚惶诚恐，毕竟我的专业和教学工作是组织行为学与人力资源方向。但圣钧很坚持，这让我在“改论文、送毕业”的答辩季，压力又大了许多。尽管时间早已被日常工作切得很散，但我丝毫不敢怠慢，深夜、午后、高铁上……逐字逐句地读完了同窗老友的这部作品，被其中的前沿金融知识、金融服务经济与生活的深刻思考、成功的金融创新案例、惊心动魄的风控经历、职业发展进阶的心路历程等精彩内容深深吸引。书中为读者描绘了一幅幅立足深圳特区又面向全国和世界，聚焦金融又力拓百业，宏大叙事又饱含真诚与细腻的金融服务与创新画卷……读罢掩卷，我由衷地赞叹圣钧兄这些年一路走来的精彩和一如既往的勤奋！

这本专著是一本含金量很高、又很有趣的书。它不同于高校或科研机构艰深的学术著作，却涵盖了大量金融专业术语和理论实践创新；也不同于智库或咨询公司的产业研究报告，却也涉猎了众多金融及跨行业领域的最新研究进展；不同于人物传记类的纪实文学，却也坦诚细腻地分享了自己银行从业的成长历程。

书中的内容涉及圣钧服务过的客户、开发过的产品、研究过的课题、化解过的风险、个人职业经历等，对银行金融服务创新的每个领域，不仅给出了解释、分析，还展示了丰富的案例和最新的做法。特别是他本人主持或参与的金融服务创新项目，书中展示得更令人印象深刻，比如：银行金融如何支持中小科技型企业，打通从技术创新到产品市场化的“最后一公里”；提出了科创企业估值的关键5因子模型，为服务中小企业客户提供了降低风险的操作化模型；为省属外贸企业创新“出口退税质押贷款”新办法，并获得当地市经贸委认可，后在全国推广；发明了“事前风险成本概念”，并研发了相应指标来创新性地考核客户经理，降低了贷款风险，提高了资产质量；利用读博时学到的心理量表开发技术，发明了中型企业授信评估模型，并获得了深圳市金融创新奖；提出了金融科技人才胜任模型的独特框架和自己对此的具体思考；对元宇宙产业发展的架构和逻辑进行了梳理，并大胆预测了元宇宙的应用方向和场景，特别是超前设想的虚拟分支机构，有望实现两个宇宙间的双赢；对数据民主化和数据要素市场建设进行了深入的思考；对同业银行，如工商银行、招商银行、兴业银行、民生银行等的金融业务创新、数字化转型等方面的突破性进展进行了系统梳理；分享了成功与失败的扁平化管理变革案例，指出了银行组织架构的调整不是目的，最终目的还是更好地服务客户，这个理念永恒不变……对于银行及金融机构从业者来说，书中很多经验都可以直接复制推广。

本书让我最感兴趣的是最后一个章节，讲的是银行管理变革与创新，看过后我才知道，圣钧读博时承受了多大的压力，也知道了他读博的真正原因。在参与银行组织变革的过程中，圣钧意识到了自己缺乏相关专业知识，便毅然报考了组织行为学与人力资源管理方向的博士研究生，这与他当年参与的银行业改革方向是完全契合的。更让我羡慕的是，他身边有一群非常专业且包容的领导和同事，他们共同完成了那项伟大的探索和尝试，为中国银行业的商业模式创新留下了浓墨重彩的一笔。

在后记中，圣钧提到了理论这个问题，其实他也曾经问过我，我跟他解释过自己的理解："理论之所以珍贵，是因为它与灵光一现的顿悟、高屋建瓴的智慧和千锤百炼的提炼与验证密不可分，是一个极复杂艰辛的系统过程。经济管理领域中大多数经典的理论，是真正的学术大家通过深刻的洞察思考、巨量的样本数据和反复实践验证后的结果。所以，要想找到新发展格局下银行金融服务创新的理论，需要中国的银行家们不断实践、总结，比如本书中提到的RPC运营模式，如果未来更多的银行，通过足够长时间的业绩验证了它的有效性，那么它就有机会上升为理论层面的知识。

韶华不负，未来可期。随着中国经济的发展，银行金融服务有了长足的进步，业务规模也位居世界前列，金融界更是汇聚了非常多优秀的人才。但这些都还不够。正如书中所提到的，我们国家在高端科技领域、医疗健康领域还有短板，还需要更多元化、更丰富的金融服务方案，支持民族科技企业做大做强，支持中小企业健康成长，支持外贸企业安全地"走出去"，这或许就是圣钧写这本书的目的。以书会友，让银行金融服务普惠更多人群，这也是新时代党员干部应做之事、应为之举。

最后，感谢圣钧兄对我的信任！因为信赖，所以同行。读完他的新作，我收获丰厚，不仅更新了先前对银行业的有限认知，也读出了一位具有企业家精神的银行家的追求。这位银行家不仅业务精湛、多才多艺、有情有义，并且从未停下求知与创新的脚步，不断迎接他心中有意义的挑战与冒险。

穆桂斌于雄安
河北大学教授

自序

2021年7月，我调回市分行大湾区金融研究院工作，近两年写了很多文章，其中大部分是解读国家政策以及介绍银行如何服务实体经济和跨境互联互通的内容。不少同事和朋友看后都鼓励我，既然有了丰富的银行从业工作经历，也有足够多的文字素材，完全可以考虑出一本书，系统全面地分享一下银行金融服务的知识和案例。确实如此，入行以来，我先后在个人金融、财务运营、公司金融、战略研究、人力资源、风险管理、金融机构、投行资管、金融市场、贸易金融、交易银行、网上银行、自贸区服务等岗位工作，曾在四个经营网点、四个管辖分支行、四个市分行部门任职，其间还在总行的两个部门借调，积累了很多业务知识可与大家分享。但写书并不是一件简单的事，我酝酿了一段时间，直至遇到中国经济出版社的赵静宜老师，她的帮助给了我很大信心，最终把这件事做成。人生就是如此，诸多事情具有偶然性，并没有太长时间的规划，也不存在特别的动机。如果硬是要问我这本书有什么写作背景的话，那应该是自己在学习了党的二十大会议精神后，对中国式现代化新征程有了更多的感悟。正是因为有了党的正确领导，国家才越来越强大，广大人民群众有了安居乐业、学习成长的良好环境，各行各业也有了日益壮大、走向全球的发展机遇。而银行作为服务人民群众、服务实体经济的重要力量，发挥了积极的作用，创造了金融应有的价值。

银行是国家经济的“重要抓手”。参加工作以来，我能够体会到银行是落实国家战略和重大决策的执行者。最早接触的转贷款，就是银行帮助国内项目引进外资，支持大亚湾核电站等项目的发展。后来中国入世后，银行又肩负起支持中资企业“走出去”的使命，提高国际市场竞争力，支持扩大出口和承包海外工程建设项目。在供给侧结构性改革中，银行率先调整授信策略，帮助去产能、去库存、去杠杆、降成本、补短板，促进落后企业转型升级。在西部大开发工作中，银行为其铺路搭桥提供各类资金支持，确保区域协调发展。在国家推动“双碳”目标的进程中，银行大力发展绿色金融，为水电、光伏、风电的发展提供了多元化的融资服务。在国内国际双循环方面，银行推动大湾区互联互通、深化和拓宽跨境金融服务，助力我国更好融入国际金融和贸易体系。在新冠肺炎疫情期间，银行积极为中小企业纾困，为新市民解忧，为老年人提供特色服务，稳定民心。我们几乎可以在所有的行业和民生领域见到银行的影子，银行虽然不是无所不能，但的确做到了无处不在，服务无微不至。

银行是客户创业、投资的“最佳伙伴”。1999 年刚调到市分行公司业务处工作时，时任处长在新同事座谈会上就说过：“对银行和我们这些员工来说，最宝贵的财富并不是资产负债表里的数据，也不是光鲜亮丽的大楼，而是客户与产品，只要这两样东西存在，银行就不会消亡，我们也不会失业。”20 多年过去了，这句话依然萦绕在我心间，因为这个理念在如今互联网时代依然有效，对我的工作价值观有着很深的影响。对银行员工个人来说，工作中最大的收获，就是学习到各种业务知识，并将产品服务提供给各类企业、机构和个人。为此，在此后的银行职业生涯中，不管组织安排我在什么岗位工作，我都会细心观察产品的变化，研究产品出现的原因、意义和市场价值，然后将它们推向市场，提供给相应的客户。所以读者也比较容易发现，本书涉及了当前银行最热门的产品及客户服务场景，比如国内证福费廷、跨境人民币同业账户融资、跨境托管等爆款和新品。同时对鲜有研究涉足的跨境保险、跨境养老、EAM 业务也有讨论。此外，书中还介绍了未来重点行业和科技技术，比如风电、冷链物流、元宇宙、物联网等，其中有我个人的判断和观点。对客户来说，银行是能够长期合作的战略伙伴，不仅能够获得各种金融服务，也能得到中肯的发展建议，彼此间互相学习、共同成长。读者可以循着自己感兴趣的点与作者联系，进行交流。在过往的印象中，有很多敬业的领导和同事让我看到了“与客为善”的重要性，正是因为他（她）们在工作中做到想客户之所想，急客户之所急，才能够得到来自社会、政府、监管、企业以及市民的尊重和认可。

银行是员工学习成长的“第二学校”。银行是典型的学习型组织，大多数同事都很热爱学习。一方面是容易受到身边榜样的影响，银行学习氛围很浓厚。另一方面是不学习很难跟上工作节奏，进入银行后或许你会发现，身边的同事不仅比你优秀，还比你更拼。正是因为有这样的环境和氛围，才更容易发现自己的不足和差距。在职场中，学习并不能保证一个人更容易获得高收入和晋升机会，但至少能够开阔视野，培养正确的世界观和发展理念，提高工作能力，从而更好地服务客户和反馈社会。除了工作实践中的学习外，银行也提供了很多被培训和培训别人的机会。在总行工作那段时期，我得到了许多到全国分行调研考察的机会，银行也会经常组织培训班，涉及业务的方方面面。也正是外出学习的经历，让我能够立足深圳、眼观全球。我还记得2007年总行人力资源部一位领导说过的话："读万卷书，不如行万里路；行万里路，不如识万般人"，而在银行，这三种境界都能探索和实践。我也很庆幸，能够在那么多的机构、岗位工作，接触到那么多学习和实战的机会，从而搭建起这条"理论与实务对接的桥梁"。

银行是党忠诚的"拥护者和布道者"。我有近20年的党龄，见证了入世以后、党的十八大以来，在党的领导下中国经济取得的伟大成就，非常荣幸自己能够在其中贡献一份力量，同时也收获了宝贵的经历，享受了改革开放的成果。2022年10月，党的二十大召开，我也深感党员的使命感更强了，责任更大了。前进的道路也许会更曲折，但我也相信，机会永远比困难多。在学习党的二十大报告精神的时候，我也在思考，作为一名在粤港澳大湾区、深圳先行示范区银行从事研究工作的人员，我能够为党和国家多做点什么？正好此时，一家支行的同事找到我，他们正在营销一个世界知名的上市企业，希望我给客户解读党的二十大的内容，这也恰好给了我灵感。党的二十大会议获得了全球各界的高度关注，每一名党员均应该努力成为一名文化价值传播者，积极宣扬党的先进思想、党的自信自强，准确把握中国式现代化的发展方向，让党中央的各项政策能够更好地贯彻落实。

本书题目为"新时代银行金融服务创新"，开篇第一章我们先对银行金融服务的逻辑、历史的经验、党的二十大后中国式现代化新征程等方面进行了解读。第二章至第八章是我总结出的银行未来做好金融服务的重点方向，包括用财富金融服务人民幸福生活，用跨境金融服务高水平对外开放，用科创金融服务科技产业发展，用供应链金融服务产业"稳链、强链、延链"，用绿色金融服务碳中和及绿水青山建设，用政务金融服务政府及事业单位提质增效，用数字化转型提升服务实体经济能力。最后一章是我于2004年亲历的一场组织变革，联想到了一系列的管理创新，历时五年，它融合了当时参与者的思想精华，涉及银行的组织管理、人力资源管理、风险管理这三个更深层次的问题。书中很多观点和理念放到今天去理解依然很超前。我还记得当时负责改革的行领导说过的一句话：战略意味着取舍，当我们选择了一条路走下去时，往往不得不放弃其他机会。战略永远是企业经营面临的重要问题，也是对管理者的巨大考验。做事如此，做人也一样。正是在领导这句话的启迪下，我一直坚守自己的战略，同时也学会了理解和尊重别人的选择。书中的案例虽已成往事，但我仍希望抛砖引玉、引发共鸣，渴望与读者一起探讨未来银行金融服务创新的中国式现代化转型之路。

阅读本书可以获得什么？

对于在校学生，您可以了解到读书的好处，明白“学以致用”的道理，可以借鉴一些适合自己的学习方法。学海无涯苦作舟，学无止境，三人行、必有我师，不要忽视榜样的力量。我很乐意与大家分享学习的心得体会，并给予中肯的建议，学习一定要趁早，把骨头啃在前面。倘若您毕业后想进银行工作，我也可以给您一些客观的意见。

对于银行职员，在基层工作的您可以从书中找到感兴趣的产品知识、营销技巧和风控方法。中层银行管理人员，您可能会对员工绩效考核以及团队管理方面的内容有一些共鸣。高层管理人员，您可能对顶层设计以及组织变革方面的内容更感兴趣，因为在国有企业混合所有制改革的背景下，这个话题显得越来越有价值。倘若您想与书中的专家作进一步的交流，我也可以为您牵线搭桥。

对于公职人员，在政府部门工作的领导，您或许希望从中找到一些政策创新的灵感和改革的突破口，以形成招商引资和城市建设方略。在监管部门工作的领导，您或许希望了解到银行人的真实想法，了解各类产品的风险与机会，以及他们在服务实体经济、中小企业、新市民等客群中发挥的作用和价值，从而更有效地指导银行推进金融服务创新。

对于企业人士，这本书能够让您了解到银行全新的打开方式，更好地运用银行资源帮助自己事业成功。您还可以参考本书中的内容去与银行工作人员进行更深入的交流，从中选择真正适合自己的金融服务方案。如果您愿意，我们也将是您的一个智囊团，解答您的很多专业问题，并且在合规、合法的前提下分享我们的全球渠道资源，助您开拓海外市场。

对于投资者，这本书或许能让您从更多维度去看待中国未来产业发展的方向，特别是在党的二十大召开后，我国要实现中国式现代化的伟大目标，资源将如何配置，政策将如何倾斜，党的指引都很清晰。无论是企业还是个人，未来投资一定要紧跟党和国家的步伐和节奏，吃透重大方针政策，把握准正确的方向，这也是未来应有的投资逻辑。

对于普通读者，古语有云，“书中自有黄金屋”，读书是为了找到自己写作的参考素材，这是“基本收获”。如果您能够从中挖掘出更有价值的信息，解决工作中的困难，恭喜您，这是“附加价值”。如果能够更进一步，领悟到连作者都没想到的新观点、新机会，并与作者分享和交流，这是“超额利润”。为写此书，我也读了 30 多本同类型专著，对此深有体会。

曾圣钧于深圳前海

2023 年 7 月 1 日

目录

第一章

银行迈向新征程

党的十八大以来，中国特色社会主义进入了新时代，谱写了经济快速发展、社会长期稳定的崭新篇章。习近平总书记在党的二十大报告中系统总结了新时代十年的伟大变革，明确了新时代新征程中国共产党的使命任务，就是团结带领全国各族人民全面建成社会主义现代化强国、实现第二个百年奋斗目标，以中国式现代化全面推进中华民族伟大复兴。银行业需在中央的整体布局中深刻理解自己的职责与使命，把握好服务实体经济的准确定位，锚定建设中国特色世界一流现代金融企业的目标，在共同富裕、对外开放、科技创新、产业链进化、绿色低碳、城市建设、数字经济等重大战略领域发挥更大作用。

1.1 重新认识银行

进入银行工作前，与多数人一样，我对银行的理解和认识比较肤浅。虽然平时也看过不少介绍银行的书籍，但直到实际工作一段时间后，才渐渐对银行有了比较全面的了解。

银行是国家金融系统的一个组成部分。在这个庞大的金融生态圈中，除银行外，还有证券、保险、基金、信托、租赁、消费金融、理财子公司、AMC 等机构，其中银行的机构数量、业务规模是最大的。全国有银行业金融机构 4607 家，从业人员 380 万人，其中城市商业银行 135 家、村镇银行 1633 家、贷款公司 13 家、股份制商业银行 12 家、国有大型商业银行 6 家、货币经纪公司 5 家、金融资产管理公司 4 家、金融租赁公司 71 家、开发性金融机构 1 家、民营银行 19 家、农村合作银行 27 家、农村商业银行 1500 家、农村信用社 694 家、农村资金互助社 42 家、企业集团财务公司 255 家、汽车金融公司 25 家、外资法人银行 41 家、消费金融公司 26 家、信托公司 68 家、政策性银行 2 家、住房储蓄银行 1 家、其他金融机构 27 家。其中的民营银行，也包含了我们熟悉的微众银行、网商银行等互联网银行。全国有保险业金融机构235家，从业人员800万人，其中保险集团（控股）公司14家、出口信用保险公司1家、财险公司87家、寿险公司75家、养老保险公司8家、健康险公司7家、再保险公司13家、资产管理公司27家、其他公司3家（农村保险互助）。全国有证券公司139家，从业人员33万人，公募基金管理机构146家，从业人员8万人。从经营业务的规模看，截至2022年第三季度，银行业总资产达373.88万亿元，保险业总资产达26.71万亿元，证券行业总资产12.87万亿元，公募基金行业总资产达26.4万元。

现在有很多人抱怨银行“内卷”，不仅同业间竞争激烈，银行内部竞争也多呈现白热化。新的应聘者不仅拥有好学位，而且计算机和统计分析等综合能力也很强。个别同学进入银行担心找不到好的岗位，其实没必要顾虑职业的起点，因为银行员工的职场历程会有“一百万种可能”。入门时的简历只是一块敲门砖，入行后主要还是看实际的工作表现。我刚入行时就在柜台工作，还管过库房、档案室和传票。在储蓄柜台实习时，带我的师傅很用心，她年年都是银行标兵甚至是竞赛冠军，退休时也得到了不错的待遇，画上了圆满的句号。她掌握的本领，正是来自在网点工作时，每天操作近200笔业务，枯燥的业务练就了“绝世武功”和足够的耐心。

银行属于现代服务业，职员的服务意识是第一性工作原则，无论是对客户，还是对同事，都需要给予足够的尊重和支持。由于银行客户种类繁多，涉及公司、个人、金融机构三大类，不同客群都有相应的产品体系，也有不同的服务方法。我记得2005年分管公司条线的行领导在某工作会议时讲过一个观点：银行的公司业务像种庄稼，春种秋收，精耕细作，只要规划得好，当年可见到收成；金融机构业务像打猎，只有熟练、敏锐、经验丰富的猎手才能抓得住稍纵即逝的机会，选人用人很重要；个人业务则像种树，要持续地培训和引导，前人栽树后人乘凉，积累了足够的感情，业务才会主动过来。三类客户的服务逻辑不同，但工作原则一样，没有捷径可言。

如今，银行服务客户的体量也非常庞大（见图1），不仅有中国的14.12亿人口，还有众多跨境客群，1.2亿市场主体中涵盖了8200多万个个体户、3800多万个中小微企业。因此银行客户经理需要练就“十八般武艺”，不要求样样精通，但态度要端正，言谈举止要适当，文笔要过关，报告要有逻辑，最好业余练好一门才艺。在公司方面，面对不同行业客户时，需要了解企业和行业的情况，提前备好功课，与客户会面时要回答很多问题，从宏观经济、行业到微观产品等。同时要掌握财务分析方法，读懂企业的数据。银行需要与客户共同成长，帮助客户经营、投资上取得进步。如果有一天，我们所服务的企业成为上市公司或跻身世界 500 强，这不仅是企业的荣耀，也是银行和客户经理的骄傲。

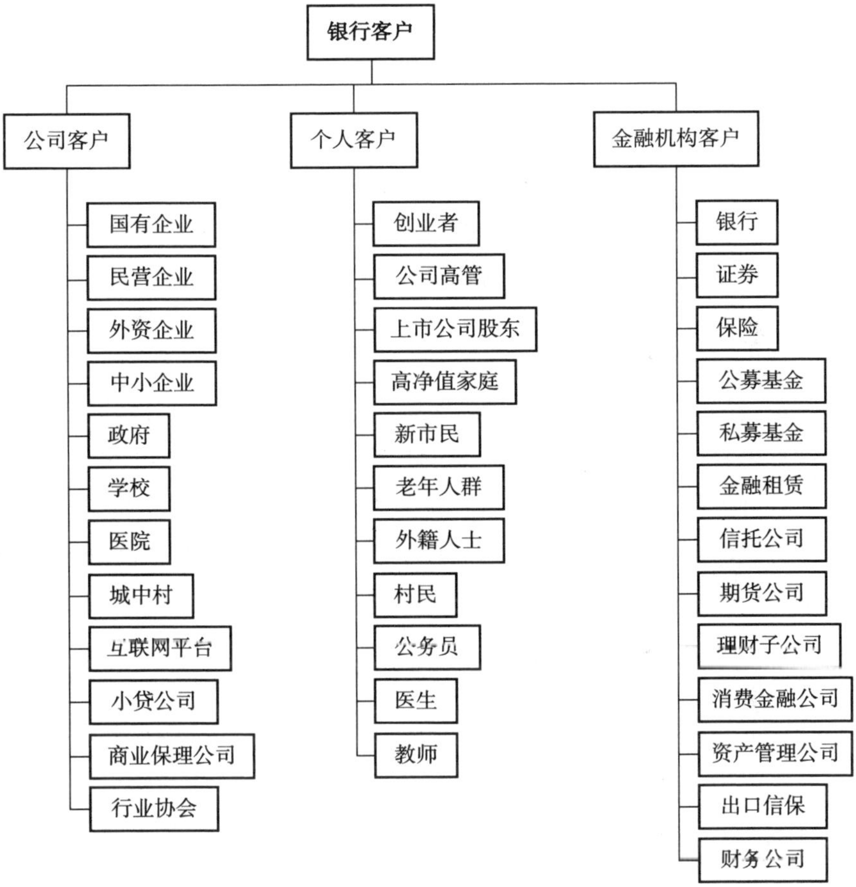

图 1 中国银行业服务的客户类型

1.2 金融服务实体经济的逻辑

银行的产品服务如何创新，服务什么类型的客户，都不能改变其服务实体经济这一最根本的逻辑。银行将社会中的各种资金进行组合优化，最终输送给实体经济，促进国家社会的健康发展。根据现代经济理论，中央政府要满足经济发展的需要，主要采取两种方法：一是财政政策，二是货币政策。

从财政政策角度看，政府的资金来源可以征税，也可以发债，还可以卖地，但获得的资金，最终还需要通过银行的结算或信贷渠道提供给实体经济。银行提供的金融服务，就是要使政府的资金应用能够更加便捷，同时也需要增加收益、降低成本。在这个过程中，银行还会扮演多个角色，比如政府债券的承销人，直接购买政府债券，利用政府财政补贴资金作为还款来源给企业发放贷款，在政府辖属担保机构的配合下，给企业提供更多融资支持。

从货币政策角度看，中央银行可以通过调节利率、准备金率等货币工具，调控银行发放贷款的规模，进而影响市场货币供给。同时中央银行还可以实施窗口指导，引导银行将信贷资金投向更需要支持的实体经济领域，比如高科技、中小企业、绿色经济。中央银行正是通过这只“无形的手”，调控着整个市场的货币流量。在西方发达金融市场，货币政策工具更加多元化，影响范围更广。比如美联储的一次加息，可以引发蝴蝶效应，导致全球央行货币政策的调整以及国际资金的流动。

西方银行的金融服务更加丰富，它们通过产品创新，可以将他国离岸的资金拿到本国在岸使用，可以将未来的资金折现到现在使用，可以将虚拟世界的资金挪到现实世界使用。不过，也正因为国外金融工具的无序滥用，使得全球负债率达到了一个史无前例的高位水平。也正因为要防范外部传染性风险，我国才更加关注金融系统的安全问题。

国内关于银行服务实体经济的研究中，王炯（2015）提出了一种全新的观点。他认为，成功崛起的国家都是通过创新和技术进步，降低制造和交易成本，获得成功并站在了历史的潮头。如果将历史成功的经验串联起来，可以形成一条由制造、交易、实体市场、虚拟市场、虚拟衍生品市场五个环节环环相扣、依次递增的社会价值链。人类经济社会活动由制造与交易两大环节构成，社会价值链的五个环节都是为了降低这两类成本。社会价值链是一套制造与交易成本交互作用的模型，从解决单一制造成本问题到解决单一交易成本问题，到透过实体市场解决总量制造及交易成本问题，再到透过金融市场、衍生金融市场从空间和时间维度去解决制造、交易的即、远期总成本问题。也正是这样一条社会发展的价值链条形成的过程，不仅能够揭示大国崛起的内在规律，也能为银行服务实体经济找出新的脉络。从社会价值链也可以看出，金融及虚拟衍生品市场处于高端，这也是美国能够长期主导经济格局的原因，这对指导我国进行金融体制和银行商业模式改革具有重要意义。根据社会价值链理论，银行可以分解成制造金融、交易金融、实体金融、虚拟金融、衍生品金融五大服务模式，满足生产、交易、平台、数币、衍生品等金融服务需求，在这个过程中，银行不仅可以用现在的资金支持实体经济的发展，还可以借助未来的资金给当下的企业使用，并且利用电商平台、区块链技术增强货币服务实体经济的效能，并将风险有效地转嫁出去。

1.3　入世 20 年的关键机遇

入世那年也是我刚毕业工作的第三年，所以也算在职场上亲历了 WTO 给中国经济带来的动力。20 年来，中国货物贸易从世界第 6 位上升到第 1 位，服务贸易从世界第 11 位上升到第 2 位，利用外资稳居发展中国家首位，对外直接投资从世界第 26 位上升到第 1 位。中国通过创新一系列开放举措，包括扩大市场准入、实行外商投资负面清单管理模式、主动降低进口关税、加快服务业开放、探索自贸试验区改革、批复海南探索自贸港建设等，在国际上产生了积极反响。中国银行业也是入世受益者之一，正是把握好了三大机遇，使中资银行在国际市场中不断争先进位。

关键机遇一，入世后大量外资进入中国，带来了先进的生产力和金融服务机会。中国利用外资从 2001 年的 468.8 亿美元增加到 2020 年的 1443.74 亿美元，成为全球最大的外资流入国。入世之初，外来商品冲击了我国原有产业体系，造成一部分产业在竞争中萎缩。但大家普遍担心的产业大调整并没有发生，我国不但在劳动力密集型产业享受了 WTO 红利，电子行业也逐渐打开局面，部分产业更是弯道超车，赶超了国际巨头。银行在服务来华外资企业过程中，提供了注册、建厂的配套金融服务，还创新设计了支持外资企业国内产业链发展的供应链金融服务产品。2020 年 1 月 1 日，《外商投资法》正式施行，作为新时代推动高水平对外开放的基础性法律，以高质量立法推动新一轮高水平对外开放，充分彰显中国坚定不移扩大对外开放的决心。

关键机遇二，入世后我国外贸行业迎来了百花齐放、百家争鸣的发展态势，进出口规模持续增长。2021 年，我国出口、进口的全球市场份额分别达到了 14.6%和 12%，均创新高。我国外贸结构更加优化，国际市场更加多元，发展中国家和新兴经济体成为主要贸易伙伴，民营企业主力军作用更加突出。虽然我国受到次贷危机、新冠肺炎疫情等因素影响，但在互联网和全球化的加持下，中国外贸行业也在适应环境和发展进化。跨境电商取得了快速的发展，国家对贸易新业态的支持力度也在持续增强，与 RCEP 自贸协定国家的贸易往来持续增加，外贸在未来依然是我国经济高质量发展的重要引擎。银行在服务外贸行业过程中，积极推动跨境金融创新，开发了出口退税质押、信保融资、跨境直贷、跨境双向人民币资金池等新业务，也打造了贸易区块链等金融基础设施平台，满足外贸进出口企业的多方面金融服务需求。

关键机遇三，入世后中资银行积极跟随民族企业“走出去”，国际影响力持续提升。中国企业的投资经营活动已经遍布各大洲，涵盖全球189个国家和地区。我国对外直接投资存量也从2003年的334亿美元增长至2020年的2.58万亿美元，在全球的位次由第25位上升至第3位。2020年中国对外直接投资占全球投资流量的20.2%。从2014年开始，中国的对外直接投资流量开始超过外商对华投资流量，趋势至今未变。中国加入WTO，让全球企业拥有了中国市场，也让中国企业拥有了全球市场。入世后，许多中国企业通过并购获得它们长期渴望的国际品牌、核心技术、研发能力和海外销售渠道，在弥补短板的同时把市场拓展到海外。2016年，中国企业海外并购金额达到1353亿美元，并购交易数量也达到创纪录的1353宗，并购在对外投资流量中的占比也在2017年迎来76%的历史巅峰值。对外投资的结构也在不断优化，批发和零售业，信息传输、计算机服务和软件业，制造业，金融业及采矿业这五大行业占比约85%（阎海峰和林木田，2021）。银行在服务企业“走出去”的过程中，满足企业海外并购需求，提供买方信贷、内保外贷、跨境并购贷等新服务，有力支持了中资企业参与全球市场竞争。

1.4 党的十八大以来银行业取得的主要成就

党的十八大以来，金融领域改革与发展取得斐然的成绩。对银行业来说，“非凡十年”既面临了许多前所未有的新挑战、新困难，也取得了新成绩、新进展。银行业的发展经历了脱胎换骨的深刻变革，走过了不平凡的发展道路，实现了“做大、做强、做全”的发展目标。

银行业把握经济持续增长机遇，资产规模不断壮大。经过十年的良好发展，我国银行业机构总资产规模已处于世界领先水平。在英国《银行家》（*The Banker*）杂志2022年“全球1000家大银行”榜单中，我国共有140家银行上榜，占全球一级资本的32.5%、资产的26.9%和税前利润的28.7%。其中，四家大型商业银行连续四年位列榜单前四名。

银行业加快数字化转型，综合经营实力稳步增强。在2020年全球银行科技专利前50位名单中，我国有19家银行上榜。过去五年，我国参与新技术专利申请的银行由26家增至53家，专利数量由847件增至4177件，一度超越美国和日本，我国银行业在科技研发能力上正在不断缩小与欧美日等发达国家和地区之间的差距。

银行业主动融入国内国际双循环发展战略，全球化经营取得了长足进展。我国大中型银行通过自设机构、海外并购、扩大代理行网络等方式，实现了海外机构的快速拓展，初步完成了国际金融中心和亚太地区等成熟市场的布局，并逐步向非洲、南美、东欧和中东等新兴市场延伸，有力地支持了国家“一带一路”倡议。截至 2021 年底，中国银行、工商银行、建设银行、农业银行、交通银行五家大型商业银行的海外机构数量从 2012 年底的 1085 家增长至 1286 家，覆盖范围从 2012 年的 42 个国家和地区增至 62 个，其中包括 41 个“一带一路”沿线国家（宗良和孙雨心，2022）。

十年来，银行业坚持服务实体经济，在促进经济增长、恢复社会稳定、提振民族信心、化解金融风险等方面均发挥了重要作用。一是优化信贷结构和投向，对制造业、信息产业和科学技术等重点领域的支持持续增强。截至 2022 年 5 月底，我国银行业制造业贷款余额近 25.26 万亿元，同比增速比各项贷款增速高出 5.79 个百分点。二是薄弱环节金融服务优化，小微金融供给规模显著扩大。截至 2022 年第一季度末，我国银行业普惠贷款余额超过 20 万亿元，占人民币各项贷款的比重为 10%，较 2017 年底开始有统计以来高出 3.2 个百分点，小微企业贷款也实现“量增、面扩、价降”的发展目标。三是助推“双碳”目标实现，绿色金融体系加快构建。截至 2021 年底，我国本外币绿色贷款余额 15.9 万亿元，同比增长 33%，存量规模居全球第一。境内绿色债券发行量超过 6000 亿元，同比增长 180%，余额近 1 万亿元，居全球第二。四是支持乡村振兴，全国脱贫攻坚战取得全面胜利。截至 2021 年底，银行业机构涉农贷款余额 43.21 万亿元，2012—2021 年年均增长 11.5%。五是关注民生保障，满足特殊社会群体的金融服务需求。银行业主动创新民生金融服务内容，敏捷响应国家做好新市民金融服务的要求，开发养老理财产品。六是防范化解金融风险取得新成效，资产质量保持健康水平。过去十年我国银行业累计消化不良资产 16 万亿元，资产质量处于可控范围。

1.5　中国式现代化的新征程

中国的崛起正迎来难得的历史机遇，国家实力的提升也推动着世界格局发生极其深刻的变化，同时也会激化与大国间的争端，我们也亟须做好应对外部挑战的准备。党的二十大明确提出，未来十年，我国要加快构建以国内大循环为主体、国内国际双循环相互促进的新发展格局。坚持以中国式现代化推进中华民族伟大复兴，是党的二十大的重大理论创新和实践创新。为了这一伟大愿景，银行要尽快适应新形势的变化以及满足新时代的要求，在服务中国式现代化进程中展现更多的担当和责任。

新形势的变化体现在五个方面。一是金融监管框架会持续优化调整，在某些领域可能会更加严格，防范金融系统性风险，比如消费者权益保护、数据资产质量等。二是日新月异的新技术会不断涌现，5G、区块链、Web3.0、物联网、智能合约等科技工具的发展，给银行金融服务创新提供了更加丰富的场景。三是快速转变的客户行为与需求，老年群体增加，新世代、新市民等人群的出现，银行需要开发更多的产品来满足新客户的需求。四是竞争业态会更加多样化，传统竞争者会变得更强，跨界竞争对手会表现得更加进取，高强度的竞争考验银行的韧性与敏捷反应。五是全球市场更加复杂，供应链矛盾问题、新冠肺炎疫情问题、地缘政治问题、气候环境保护问题等，全球关注的焦点越来越多，对银行的经营管理及应变能力也提出了更高的要求。

新时代的要求也是中国式现代化建设的目标，它是人口规模巨大的现代化，是全体人民共同富裕的现代化，是物质文明和精神文明相互协调的现代化，是人与自然和谐共生的现代化，是走和平发展道路的现代化。这就决定了中国式现代化的本质是将人民的利益放在第一位，同时重视公平、稳定、环保、开放等需求。中国式现代化为建设现代化银行指明了方向，银行可以关注七大重点方向的金融服务创新和三大关键领域的管理方法探索。

七大重点方向的金融服务创新：一是提升人民幸福生活水平，银行通过财富金融服务创新，为大众居民提供便捷、增值的理财服务，降低消费成本，提供养老保障，助力共同富裕。二是支持高水平的对外开放，银行通过跨境金融服务创新，持续提升投资贸易便利化水平，助力中资企业提升国际竞争力，实现高质量的“走出去”和“引进来”。三是支持科技创新企业发展，银行通过科创金融服务创新，聚焦我国技术薄弱环节，孵化培育先进制造业，为民族产业发展争取更多的主动权。四是支持产业链运营的稳定和安全，银行通过供应链金融服务创新，助力双循环和全国统一大市场建设，为实体经济的生产、运输、销售提供良好的生态环境。五是支持建设更美好的生态环境，银行通过绿色金融服务创新，加大对节能、减排、固碳等领域的资源投入，把握我国已取得的产业优势，用好海洋资源。六是支持政府提升政务服务能力，银行通过政务金融服务创新，配合推动财政深化改革，改善营商环境，打造智慧城市。七是加快数字化转型，把握新政策、新技术、新场景带来的新机遇，提升银行运营水平，更好服务实体经济，改善客户体验。

三大关键领域的管理方法探索：一是推动组织管理创新，通过架构改革、机制设计、流程优化等措施，使客户拥有更良好的体验，享受一站式、一体化的服务。二是推动人力资源管理创新，通过灵活的考核、晋升机制，激发银行中每位员工的活力和潜能。三是推动风险管理创新，通过强化研究能力，增强对市场风险的敏捷反应能力，以更加专业的风控能力辅助业务健康发展。

第二章

银行财富金融，服务人民幸福生活

我入职银行的第一个岗位是储蓄柜员，属于个人金融业务，也可称为零售银行业务或财富管理业务。我先后在两个网点做过储蓄柜员，一个是在沙头角保税区支行，该网点附近是制造业加工工厂和物流仓储企业，服务的客群以外来打工者为主，缴存业务多是小额人民币，工作量很大，但操作风险较小。另一个是景贝支行，当时附近是深圳的富豪集聚地（怡景别墅区），住了很多香港籍的居民，缴存业务中有很多港元和美元，工作量虽然没有保税区大，但操作风险大。现在回想起来，我刚入行就有了服务港人港企的经验了。20 年前的银行个人金融业务还比较单一，仅储蓄柜台就可以包办几乎所有产品，包括开户、存款、办卡、结售汇等，因此这个岗位也被称为“多功能柜台”。那时的工作流程也比较简单，每天负责数钱、扎钞、清机、押钞等。如今，随着国家经济的发展、居民生活水平的提高，客户对银行个人金融产品的需求也更加多元化，逐渐形成了财富管理、信用卡、消费金融、私人银行等众多业务板块。

2.1 财富金融进化史

早年国外的教科书喜欢将公司金融业务叫作批发银行业务，将个人金融业务叫作零售银行业务。这是因为批发银行业务针对大企业、集团、事业单位和社会团体提供综合性的金融服务，欧美发达国家的批发银行业务涵盖了银团贷款、收购兼并、公司项目融资和证券承销等投资银行品种，范围很广。零售银行业务是指向个人、家庭和中小企业提供的综合性、一体化的金融服务，包括存取款、贷款、结算、汇兑、投资理财等业务。

随着居民收入的增长，零售银行业务逐渐成为银行重要的利润增长点，零售银行业务的服务范围也越来越广。负债业务包括活期存款、定期存款、信用卡存款、金融债券、大额可转让定期存单等。资产业务包括消费信贷

（包括汽车贷款、住房贷款、耐用消费品贷款等）、信用卡融资或透支等。中间业务包括个人汇兑结算、个人信托、个人租赁、个人保管箱、个人票据托收、代理支付、个人咨询及理财业务、个人外汇买卖及外币兑换业务等。零售银行的客户主要是个人客户，交易零星分散，金额较小，单个客户的服务成本要比批发银行的高，流动性比批发银行强，但贷款风险也较低。

改革开放以来，我国零售银行业务发展历程有五个重要标志。第一个标志是传统储蓄业务：从 1950 年开始，代表产品有四大国有银行提供的定活期储蓄存折、存单服务。第二个标志是电子化产品：从 1985 年开始，代表产品有 ATM 机、借记卡及信用卡服务，比如招商银行的一卡通、工商银行牡丹卡、中国银行的长城卡等。第三个标志是个人贷款：从 1992 年开始，代表产品有楼宇按揭、汽车贷款、装修贷款、卡分期等。第四个标志是网上银行和手机银行：从 1997 年开始，代表产品有招商银行一网通，工商银行的金融@家等。第五个标志是财富管理：从 2002 年开始，代表产品有招商银行金葵花理财、保险基金代销、家族信托等。自此，国内零售银行业务逐渐迈向大财富管理时代。

在国外发达国家，零售银行已经有近百年历史，从它们的发展轨迹来看，来自零售银行业务的利润是商业银行的重要组成部分。无论是大型银行还是中小型银行，无论是全球性银行还是地区性银行，无论是专业性银行还是综合性银行，没有一家银行是不开展零售业务的。在美国，私人银行业务利润率可以高达 35%~40%，花旗银行、恒生银行、德意志银行、汇丰控股的零售银行业务利润贡献分别占到了总利润的 69%、51.25%、54.4%、46%。这些数据表明，零售银行业务是银行的核心竞争力所在。早在 2000 年的时候，银行间就流传着一句话，“不干公司业务，现在没饭吃；不干零售业务，未来没饭吃”。一语成谶，时间证实了这句话。根据波士顿研究报告，2014—2020 年，全球银行业零售银行收入总体复合增长率为 11.4%，而批发银行收入总体增速只有 9.6%，零售银行的收入占比由 33%上升至 35%，而批发银行则是由 48%下降至 46%。而在中国，截至 2021 年底，前六大银行中，有五家银行的零售银行业务收入超过了批发银行收入。

回顾 20 多年中国银行业进化史，只要是抓住财富金融服务这块业务的银行，都获得了丰厚的回报。比如工商银行，在国内有着发展零售业务的“天赋”，深耕各类居民客群，拥有最大的个人客户体量和业务规模。农业银行在“三农”经济的助力下，借助国家乡村振兴战略的东风，抓住了广大乡村农民和城镇新市民等新兴财富客群，个别零售业务指标超越了工行。招商银行虽然是后起之秀，但很早就将战略重心向个人金融业务倾斜，获得了一批年轻、高端投资者的青睐，并在此后不断强化大财富发展阵形，锁定了私人银行财富客群的塔尖生态。2021 年招商银行实现大财富管理收入达 521.30 亿元，同比劲增 33.91%，零售管理客户总资产（AUM）也突破了 10 万亿元大关。未来，个人财富管理业务不仅会在银行金融服务中扮演更加重要的角色，也会是社会稳定的重要基石，从多维度看都有着美好的发展前景。当前，中国财富管理市场不仅规模庞大，增长潜力也非常巨大。截至 2022 年第一季度末，中国财富管理市场规模达 115 万亿元，但与潜在 200 万亿元的居民可投资金融资产相比，甚至与 500 万亿元的房地产市值相比，还有很大的进步空间。波士顿咨询公司（BCG）预计中国财富管理市场未来 10 年将以 10.6%的年复合增长率高速增长。与此同时，银行财富管理服务也面临着诸多变数和挑战。

首先，中国财富管理市场的参与主体会越来越多，生态圈也越来越完善。以前我们只会关注银行、证券、基金和保险等传统金融机构，如今市场中也涌现出越来越多的私募、信托、期货、第三方财富管理公司以及 QFLP、QDIE、WFOE PFM 等新兴财富机构，与此同时，国际化的税务、会计、律师等服务机构也在持续增加。我国百花齐放、多元化的财富管理渠道格局逐渐成熟，但银行龙头地位依然稳固，券商财富管理转型初见成效。根据艾瑞咨询数据，中国大众客户非储蓄类投资渠道中，银行占 74%，第三方财富管理公司占 19%，券商占 4%。值得关注的是，互联网银行是财富金融市场不可或缺的组成部分，也是积极进取的竞争者。据了解，截至 2022 年 10 月末，微众银行已与超 110 家财富管理机构深入合作，向客户提供涵盖全市场优质银行理财、基金、券商资管、保险等丰富的金融产品，为不同资金状况、不同风险承受能力和不同投资理财需求的用户精选各类产品，提供多元化资产配置选择，满足了客户一站式、纯线上化的财富服务需求。微众银行 2021 年年报披露，该行资产管理规模已经突破 1.5 万亿元。

其次，财富管理产品也更加丰富。除了境内理财产品外，国家也给予了政策支持，多家银行试点推出多种跨境理财通产品，个人的跨境投资渠道不断扩宽，比如 QFII、QFLP、QDII、港股通、基金互认、沪伦通等，而跨境保险服务也在研究探索当中。此外，绿色产品也越来越多，目前市场上存续的绿色金融理财产品有 116 只。随着资管新规落地、保本理财退出市场，寻找高收益资产成为摆在稳健投资者面前的难题，而 FOF 类产品表现出的低波动和获取超额收益的能力有望成为低风险偏好资金的布局焦点，FOF 类产品或将成为财富管理机构业务拓展的新战场。

再次，个人客户对财富管理的需求也越来越高。不仅在收益和安全方面，同时对数字化、个性化、专业化都提出了更高的要求。在数字化方面，客户对于财富管理的便利性要求是没有止境的，能够利用手机线上解决的问题尽量线上解决。BCG 研究报告表明，过去六年，中国数字财富管理渗透率已经从 2016 年的 24%攀升至 51%；预计到 2030 年，中国数字财富管理市场规模将达到 358 万亿元，渗透率也将提升到 67%。在个性化方面，不同类型的客群需要开发不同的产品，比如关注高收益的客群需要银行提供更多不同风险等级的理财产品选择，关注养老的客群则是更关注长期收益的稳定性。在专业化方面，财富管理的客户经理需要拥有更高、更多的知识技能，方能获得客户的认同。财富管理需求越来越多元化，从基本的投资理财需求、保障需求，到子女教育、税务筹划、出国留学需求，再到财富传承、家业传承、家族事务管理等，需求链意味着商机链，这对于财富管理机构而言商机无限。

最后，由于国内财富管理还处于初级阶段，产品同质化现象比较严重，相互间打价格战拼抢客户，在产品创新与销售过程中也容易触碰到监管的合规底线。近年来，监管升级对财富管理行业发展带来了深刻影响，比如打破刚兑、向标准化产品转型、对产品实行净值化管理、禁止多层嵌套、严禁违规资金池等，对资产端提出了高要求，整个产品结构、产品逻辑等都会发生深刻的改变。2022 年，资管新规过渡期正式结束，银行理财存量业务整改基本完成，但产品底层资产依然比较复杂。根据《商业银行表外业务风险管理办法》（银保监规〔2022〕20 号），穿透性监管要求势必更加严格，一些资金池业务面临整改风险。此外，中国监管机构更加重视对投资者的保护，“资管新规”时代以来财富管理行业合规监管日趋精细化，不断重申和强化金融行业持牌经营要求，采取多项措施封堵灰色业务空间，密集出台个人信息保护法规等。2021 年 11 月以来，基金投顾业务指引文件密集发布，投顾业务监管法规体系加速成型。因此，对于财富销售端，要求从业人员必须严格按照募集行为管理办法展业，严禁误导、欺骗。监管升级起到了正本清源的作用。

未来十年，中国财富市场增长速度仍将超过海外其他国家和地区，其中有三个领域会是兵家必争之地，竞争更为激烈。一是“职业财富”市场。根据国家统计局数据，2022 年我国中等收入群体已经达到了 4 亿人，2002 年还只有 736 万人，20 年增长约 54 倍，而这一规模在未来 10~20 年有望再翻一番（王军，2022）。中等收入人群代表着广大职场打工族，每年有着固定的财富收入，职业经理人更是其中的佼佼者，他们将是银行高端财富金融潜力最大且最稳定的一块增量市场。二是“股权财富”市场。中国加快资本市场发展，上市企业越来越多，资本市场的创富效应愈加明显。截至 2022 年 9 月底，中国境内股票市场共有上市公司 4955 家，沪深北三家证券交易所分别为 2139 家、2702 家、114 家，境外主要市场中国概念上市公司 1594 家（含重复上市企业）。上海交通大学朱宁表示，通过各种激励机制与完备制度，资本市场具有促进科技创新与社会财富增加两大重要作用。在各路资本的推动下，创业者们将通过持有某种专利或公司上市，短时间内聚积大量财富，甚至在企业还没有形成利润以前，个人就能实现股权价值增值或变现财富。三是“土地财富”市场。中国核心、重要城市的土地空间短缺现象无法改变，深入推进城市更新和土地整备的步伐有可能会加快，预计“十四五”期间的城市更新实施用地面积会进一步增加，旧城改造加速推进，将造福大批原居民。

2.2 居者有其屋

房地产是社会大众最关心的产业之一，因为它既是经济增长的支柱引擎，也是财政收入的重要来源，更是帮助人人实现安居的基础和手段。我的印象中，对房地产的认识还要回到入行没多久，国家取消了实物分房制度，搞货币分房，后来又推行住房公积金制度，各项政策对房地产市场的发展都有深远影响。对银行来说，楼宇按揭业务获得了长足的发展。平时我们都喜欢开个玩笑，假如你 20 年前就一直在银行消费贷款部门工作，会是获益最大的群体。

1992 年 5 月，建设银行上海分行贷出了全国第一笔个人房屋贷款，但当时市民对此业务不太了解，或许对大多数人来说，买房要借钱尚属新鲜事物。1998 年 4 月，央行正式推出《个人住房贷款管理办法》，商业性个人房贷在中国大小城市全面铺开，渐渐进入大众的视野。中国个人房贷的发展史，同样也是商品房发展史的真实写照。1997 年底全国房地产个人贷款余额不到 200 亿元。2001 年底就到了 6600 亿元，是 1997 年的 33 倍。2012 年底又达到 6.9 万亿元，是 1997 年底的 345 倍。2020 年底全国房地产个人贷款已达到了 34 万亿元，是 1997 年的 1700 倍。

1998 年我国取消了福利分房制度，没搭上“末班车”的人只好自己掏钱购买商品房，到 2000 年个人消费的房地产占到了全国房地产消费总量的 70% 以上。2006 年国内有 91%的购房者用了按揭贷款产品，其中 31.8%的购房者月供超过月收入的一半。2007 年在公司业务部工作时，时任总经理用经济学中的“债务代际不均衡分布理论”跟我们解释了房贷对房地产价格的作用机理。从2000年开始，中国三代人在同一时间购房。上一代人手中已攒够了买房的钱，有能力买房。这一代人虽然钱不够，但结婚刚需要买房，跟银行借钱买房。原本20年后才需要买房的下一代少年，有条件的父母担心房价上涨，也帮助他们在这个时间买房。我在高新区支行工作时，审批过一段时间的楼宇按揭贷款业务，其中不少客户就是第三代人群。所以我们现在看到的房价持续上涨，在一定程度上是由于三个代际人群在同一时间产生购房行为的结果。那么，我们可以想象一下，中国的下一代可能继承来自父母以及双方长辈的房产，是否10年后会出现房子供给过剩的现象。

银行持续做大按揭贷款，累积的资产规模也在持续扩大，住房金融成为银行利润贡献最大的业务之一。以建设银行为例，2020年底该行个人住房贷款余额为5.8万亿元，假设以息差2.19%计算，单此项目能贡献的利差收益就高达约1200亿元，占2020年建行税后净利润的44%。同期，建行房地产开发贷款余额仅4727亿元，贡献利润仅103亿元。所以，在各家银行的财务报表中，个人金融业务收入之所以能够超过公司金融业务，与房贷有很大关系。相较国有大行来说，股份制银行的房贷占比会低一些，比如招商银行个人房贷利润占比仅24%，公司房贷利润占比也仅6%左右。国有银行资金规模大，发展楼宇按揭业务不仅能够获得持续、稳定的利息收入，也相对安全，至今银行楼宇按揭业务表现出的风险特征还比较单一。相比对公房贷业务，个人住房贷款资产质量普遍较好（见表1）。

表1 2021年底主要上市银行个人贷款及不良率

银行	贷款余额（亿元）	占比（%）	不良余额（亿元）	不良率（%）
工商银行	63626	30.80	154.6	0.24
建设银行	63865	34.04	113.2	0.19
交通银行	14895	22.12	48.49	0.37
邮储银行	21693	34	90.44	0.47
招商银行	13744	24.68	37.59	0.29
民生银行	5954	14.72	11.08	0.22

资料来源：上市银行年报

房住不炒是国家坚持的信贷政策，避免房地产市场过热也是金融监管的重点工作之一。自2021年1月1日起，由央行、银保监会联合发布的《关于建立银行业金融机构房地产贷款集中度管理制度的通知》正式实施，对国内五个档次的银行做出房地产贷款占比上限、个人住房贷款占比上限要求，并针对当时不同情况提出了 2~4 年的过渡期。年底受疫情及市场低迷影响，监管部门又频繁发声纠偏房地产融资政策，鼓励金融机构为有资质的大型房企并购出险企业优质项目提供融资支持，多次重点强调满足居民的合理住房需求。这一过程风险防范也不容松懈，各家银行均制定了严格的择户标准，比如交通银行“因城因户施策，分层分类管理”。中国银行执行差别化住房信贷政策，优选贷款投放区域、合作企业、合作楼盘和客户。还有招商银行、兴业银行、平安银行等多家银行均提到了配合各地因城施策，重点支持居民刚需及改善型住房按揭需求。

2021 年以来，国内多家银行为了推广楼宇按揭业务积极开发新产品。珠海、青岛、昆明、济南、南京、福州等城市均宣布推出“二手房带押过户”新模式，深圳也完成首例“公证提存+免赎楼带押过户”二手房交易服务，给银行创造了新的服务机会。所谓“带押过户”，即存在抵押的房产要上市交易的，无须先行还贷或垫付，即可实现抵押变更、转移登记及新抵押设立这三项业务。在此之前，国内二手房交易普遍要求卖方（原房主）先解押才能办理过户手续，而解押则意味着需要还清按揭贷款。在还清既有房贷过程中，卖方往往需要花费大量时间筹集资金、到银行办理提前还款等，交易流程复杂，而如果卖方寻求社会“过桥资金”还会加大风险。该业务的优势有很多，比如降低交易成本，化解交易风险，减少客户“跑腿”次数，银行也愿意配合。

党的二十大以后，国家为实现居者有其屋的目标，坚持“房子是用来住的、不是用来炒的”定位，将加快建立多主体供给、多渠道保障、租购并举的住房制度。早在 2021 年 6 月，国务院办公厅就印发了《关于加快发展保障性租赁住房的意见》，第一次明确了国家层面住房保障体系的顶层设计，提出加快完善以公租房、保障性租赁住房、共有产权住房为主体的住房保障体系。根据住房和城乡建设部数据，“十四五”期间，全国保障性租赁住房建设目标是 870 万套，预计可解决超过 2000 万新市民、青年人的住房困难问题，蕴藏着万亿元级的投融资机会。我国内地保障性住房政策与海外发达国家和地区的改革趋势是一致的，英国、美国、法国、日本、新加坡以及中国香港地区采用的都是住房双轨制。其中中国香港 40%左右的居民住在“公屋”，新加坡在“政府组屋”的居民更高达 80%。

2023 年 1 月 17 日，作为先行示范区的深圳在住房改革领域又迈出一步，发布了《共有产权住房管理办法（征求意见稿）》。共有产权住房销售价格按照土地出让时市场参考价格的 50%左右确定，购房人产权份额按照项目销售均价占市场参考价格的比例执行，原则上不低于50%。共有产权住房实行产权封闭流转，深圳有可能不再安排建设安居型商品房。深圳共有产权住房制度的出台，对于我国完善住房保障体系、缓解政府财政和市场资金压力、扩大招商引才均有积极影响。共有产权房自2007年起在江苏省淮安市进行试点，之后在贵州、上海等地都有推广。2017年北京出台的共有产权房方案与其他城市有所不同，不能转为商品房，支持无房刚需家庭，“十三五”期间提供房源5.8万套（宋霞，2023）。

房地产行业发展和金融运作息息相关，在探索新政策、新模式的同时，必然要求银行服务模式也随之跟进。银行一方面可以为保障性租赁住房建设提供贷款、债券等金融支持；另一方面也可以为个人提供长租住房贷款服务，开发更多面向中小收入租客的“安居贷”金融产品，用于一次性支付租金等与租房相关费用的贷款。

在住房租赁金融服务方面，建行创新经验较多。2022年11月8日，建行成立全国首个住房租赁基金，包括建信住房租赁基金（有限合伙）和建信住房租赁私募基金有限责任公司两个主体。住房租赁基金总规模300亿元，建行将以市场化、法治化、专业化运作，收购房企存量资产，助力探索房地产发展新模式。2023年1月，建信住房租赁基金又与万科集团联合创立了建万住房租赁投资基金，规模高达100亿元，将用于投资收购房企存量长租公寓资产（杨阳腾，2023）。

此次住房租赁基金成立前，建行运营的住房租赁项目主要是通过创新租赁权和经营权的“两权分离”模式，以针对租赁住房新建、改建、收购、运营等不同时期融资需求的一揽子创新信贷产品为抓手，在确保合规的前提下盘活社会闲置房源，推动住房租赁战略的实施。住房租赁基金设立后，建行与地方政府合作设立配套子基金，撬动更多社会资本参与发展住房租赁，盘活房地产行业存量资产。同时推动住房金融业务向覆盖租购两端、服务存量升级、间接融资与直接融资并重的方向发展，形成集股权投资、信贷支持、租赁运营、REITs（不动产投资信托基金）上市于一体的全方位住房金融服务体系，为建立多主体供给、多渠道保障、租购并举的住房制度提供有力的金融支持。住房租赁基金“吃”进来的资产可以通过REITs退出来，从而实现“投、贷、管、退”的金融服务闭环。这也为国家推动房地产市场转型提供了新的思路，或也能让更多的城市居民享受更好的居住条件。

截至2022年底，建行实施住房租赁战略已有五年。从2018年推出“存房模式”的战略迈出破冰第一步，到成立专业的住房服务公司——建信住房服务有限责任公司，从组建住房租赁产业联盟到打造一批极具特色的长租社区，建行积累了丰富的经验，确立了从服务方式到金融产品的住房租赁逻辑，住房租赁贷款余额已达2100亿元。建行成立的专业住房服务子公司，开业运营200个“CCB建融家园”长租社区，管理房源超14万间。专注打造开放共享的住房租赁综合服务平台，企业用户达1.6万户、个人用户超4200万户。公租房管理信息系统拓展至336个城市，保租房App也在211个城市上线。不难看出，建行正在住房金融业务领域下一盘大棋。

2.3 与狼共舞

2002年在公司业务处规划管理科工作时，时任科长交给我做的第一项研究任务就是分析中国入世后对银行的影响及应对策略。2001年中国正式入世，过后开始履行组织成员的各项义务，届时各行各业的跨国公司和外资金融机构进入中国，参与国内市场的竞争。当时的舆论普遍认为，中国银行业还不具备与强大的外资银行展开全面竞争的能力。在2000年底时，美国花旗银行资产总额为9022亿美元，税前利润211亿美元，同期工商银行资产总额只有4829亿美元，税前利润6亿美元，两者差距甚大。正是有了危机感和压力，使中资银行奋勇争先，把握住国家经济快速发展的机会，20年后反超外资银行。至2020年底，工商银行总资产较2000年增长了11倍，利润增长了近100倍，而花旗银行总资产虽然增长了近3倍，但利润反而下降了。

外资银行进入中国，早期业务布局重点聚焦在了个人金融业务领域。根据入世协议，2005年以前我国允许外商独资银行经营银行零售业的全方位服务，包括经营人民币业务。在经历了WTO规则对银行业五年的保护期后，《中华人民共和国外资银行管理条例》及其《外资银行管理条例实施细则》于2006年12月11日起正式施行，规定外资法人银行可以在中国全面经营人民币业务。截至2022年5月末，来自全球51个国家和地区的外资银行在华共设立了41家外资法人银行，116家外国银行分行和134家代表处，营业性机构总数919家。外资银行总资产3.79万亿元，占全国银行业总资产的1.31%。

入世初期在华外资银行的竞争优势是明显的。一是能够进入中国市场的外资银行普遍拥有比较雄厚的股东背景和资金实力，这也是它们参与我国金融市场竞争的最大倚仗。二是外资银行业务创新比较灵活，居民能够选择到一些针对性的产品，比如将按揭贷款与理财等服务组合起来，降低客户成本。三是外资银行的品牌价值对高端个人客户有吸引力，个别高净值人群愿意支付相对高昂的费用来换取特色产品和服务。四是外资银行有明确的发展战略和市场定位，在华期间重点拓展低风险和高收益的中间业务，并利用专利方式使自己的产品获得排他性的垄断地位。五是外资银行较早地运用信息科技工具，为客户提供安全、便捷的银行金融服务。六是外资银行在信用风险、市场风险和操作风险的管理方面也具有相当成熟的产品、方法和技术，能更好地保障银行健康、持续发展。

中资银行在改制过程中，为了汲取外资银行的先进经验，借助外资银行在资本实力、产品种类、高端客群、经营理念、技术水平以及风险管理等方面的优势，积极引入外资银行作为战略合作者。比如，工商银行引入瑞银集团、淡马锡和高盛等大型国际金融机构作为战略投资者，建设银行选择的是美国银行，中国银行选择的是苏格兰皇家银行，农业银行选择的是荷兰合作银行。截至 2007 年 9 月，有 32 家外资战略投资者参股 23 家中资银行。除了引入资金外，部分银行还引入"智囊"（外籍高管），比如中国银行聘请的信贷风险总监詹伟坚，曾在渣打银行、信孚银行、德意志银行任职。

中资银行在与外资银行的竞争中并未落入下风，外资银行的"狼群效应"虽然没有充分展示出来，但起到了鲶鱼效应。与中资银行相比，外资银行在华发展的短板也很明显。一是外资银行的市场及风险策略并不完全适应中国市场，错过了一些高速发展的行业与市场，比如房地产、国有企业等。与此同时，外资银行重点支持的领域却风险频发。二是外资银行的决策机制不适应中国市场的节奏，它们多数实行条线垂直和矩阵式管理，虽有授权，但大额业务均要报总部条线审批，影响了服务效率。三是科技和创新能力被中资银行反超。2005 年以后，中资银行在科技投入和应用、业务创新方面狂飙突进，超越了外资银行。四是中国市场和客户对外资银行了解还是有限，最初对国际著名大行的崇拜，在遭遇烦锁的流程后，也逐渐转向务实的中资银行。特别是在 2008 年海外理财资管产品出现大面积亏损后，也降低了中国客户对外资银行的信心。五是人才因素，外籍管理人员在语言交流、文化背景等方面较难融入中国市场，在失去薪酬比较优势后，外资银行与中资银行的员工素质的整体差异正在缩小。

应对变局，外资银行也在调整战略，中国仍然是其重要市场。外资银行的冲击没有预期那么令人担忧，著名外资银行也在收缩调整中国的业务策略。比如 2021 年，花旗集团宣布将其全球个人银行业务进行重组，中国大陆以及其他海外十几个市场将再无该行的个人银行业务。这一举措并非这些全球市场不够优秀，而是花旗传统个人金融业务从中无法实现盈利，其在华营收表现同样不太理想，故拟调整经营策略。花旗中国财报数据显示，其2019—2021年在华营收逐年下滑，分别为59.5亿元、55.8亿元和54.4亿元；净利润也走低，分别为20.7亿元、17.3亿元和18亿元（蔡鹏程，2022）。花旗表示仍然重视中国业务，不但不会放弃中国市场，还将继续加大在中国市场的投入，在证券、期货等财富及资管业务领域寻找更加适合中国投资者的服务机会，这也是当前多数外资银行拟采用的战略转型方向。汇丰银行研究显示，到2025年，中国家庭总财富将超过900万亿元，并预计其中1/3将用于投资，这对全球银行业而言蕴藏着巨大机会。多家外资银行宣布推出中国市场财富管理业务发展新策略，进一步加大配套资源投入。

以汇丰银行为例，该行重新定位“卓越理财”服务，将全力打造内地私人银行、财富管理业务增长新引擎。在人员招聘方面，汇丰银行计划扩大内地员工规模，未来五年增加两倍。在地域覆盖方面，除进一步强化北京、上海、广州和深圳等地私人银行服务外，还将拓展杭州、成都等更多城市。在产品服务方面，汇丰银行推出包括结构性存款、海内外基金等多样化的自有或代销投资产品，同时引进国外传承咨询和慈善等增值服务工具，利用与汇丰前海证券的合作，开发多元定制的综合财富管理服务。在平台建设方面，汇丰银行还将为私人银行客户推出手机银行客户端的投资理财功能（张莫，2022）。此外，摩根大通也公开表示，未来2~3年内将中国投行团队人数扩大40%~50%，上海办公室增加1/3。高盛也透露未来5年内将中国团队增加至600人。野村证券将在中国大陆区增设300个前台岗位。

事实上，相较于竞争，中外资金融机构间还有很多合作的机会。一是产品代销业务。中资银行利用网点渠道的优势，可以代销外资金融机构研发的理财产品，为自己的客群提供更多选择。二是双方合作开发新产品。中资银行可以与外资金融机构共同开发跨境理财产品，借此派生存款负债及跨境结算服务机会。三是中资银行可以选择与外资金融机构合资组建资管公司。外资参股一般不会改变中资银行原有的经营管理模式，外资也不一定掌握管理控制权。同时，新设机构经营也不会受到母公司历史遗留问题直接影响，减少中外资在管理、经营、理念上的分歧，在经营、产品、服务创新方面享有更大自由度。总之，开放和引入外资的最终目的还是提高国内金融业的服务质量和国际竞争力，进而提升金融服务实体经济的能力和水平。

2.4　大资管时代的赢家

中国拥有庞大且持续增长的居民储蓄存款，2012 年至 2021 年底，中国居民存款余额从 41.1 万亿元增长至 102.5 万亿元，增长 1.46 倍，为资产管理行业发展打下了坚实的基础。同时也拥有全球第二大股票市场和债券市场，为资产管理行业提供了广泛的投资机会，而资管行业也反哺了资本市场快速发展。一方面，各类资管机构对接实体经济的融资需求。截至 2021 年底，银行理财通过投资债券、非标准化债权、未上市股权等资产，支持实体经济资金规模约 25 万亿元，相当于同期社会融资规模存量的 8%。其中，理财资金投向绿色债券规模超 2200 亿元，投向疫情防控、乡村振兴、扶贫等专项债券规模超 1200 亿元，为中小微企业发展提供资金支持超 3 万亿元。另一方面，资管行业也在持续满足日益增长的居民财富保值增值需求。截至 2021 年底，持有理财产品的投资者数量达 8130 万个，创历史新高，其中个人投资者仍占绝对主力，数量占比高达 99.23%。资管新规发布以来，理财产品已累计为投资者创造收益 3.61 万亿元。

我对于资管业务的认识可以分为两个阶段。第一个阶段是 2010 年在公司业务部工作的时候，此时主要是为资管业务寻找资产项目，然后将贷款打包成非标放进理财池。早期的理财项目的标的还是比较丰富的，从信托到票据，涉及各行各业的贷款资产。该阶段有很多资管产品以银信合作为主，银行负责提供资金，信托公司负责对资金进行运作。尤其是 2008 年金融危机后，表外融资需求激增，为了提振经济，政府出台一系列政策刺激房地产市场，这一时期银信合作资金主要流向房地产和基建领域。第二个阶段是 2016 年在高新区支行工作的时候，分管投行资管条线业务，要与众多同业金融机构洽谈资管渠道销售方面的合作，以及撮合公司条线与金融机构客户开发更加多的资管产品。彼时应该说到了资管最疯狂的时候，在监管放松与市场需求双重推动下，资管行业遍地开花，爆发式增长。2012 年，券商创新大会召开，证监会鼓励券商、基金公司创新改革，导致二者在净资本、投资范围方面均迎来了最强程度的放松，银行通过与其合作可以绕开自身的资本和信贷规模约束。若非 2018 年新规出台，资管行业体量还能够进一步再创新高。

资管业务是股份制银行超越国有大行的一次历史性机遇。在 2010 年以前，国有大行顾虑表外业务会削弱自身存款及利差的优势，在理财、资管、表外业务方面的步伐并不快。反之，招行、兴业等股份制银行，非常巧妙地利用了这一契机，打造大资管服务模式，其中以招行最为典型。在丰富产品体系方面，招银理财全方位布局理财产品，聚焦客户需求，“固收+”、多资产、权益类产品规模一直稳步增长。同时招行还与摩根资管合作，双方各自发挥在固定收益和全球权益投资领域的优势，发行了多个产品。

2013—2015 年，经济增速持续放缓，债券和信托市场打破刚兑，A 股市场波动性加大，银行理财凭借稳健收益属性的比较优势，规模迅速扩大，这一期间，全国理财业务年均复合增速超过 63%，同时银行与证券、信托、基金等机构的合作机会不断增加。以银证合作为例，券商接受银行委托发起定向资管计划，投资银行票据、委托贷款、收益权转让等资产，帮银行贷款由表内转为表外。2012 年，券商资管规模不到 2 万亿元，至 2018 年资管新规出台前夕，规模已接近 17 万亿元。

2022 年资管新规正式实施，我国资产管理行业翻开了新的一页，银行理财也进入了竞争新阶段，面临着全然不同的挑战。一是传统银行理财客群风险偏好较低，监管机构加强了对理财产品估值方法使用要求的监管，对理财子公司控制产品回撤、降低产品波动提出更高要求。二是理财产品的产品属性与公募基金更加趋同，并在事实上构成竞品关系，二者竞争进一步加剧。三是第三方代销渠道的拓展将弱化银行渠道优势，理财行业呈现“产品为王”的特征，领先的产品风险收益将成为财富客群选择购买的重要条件，对银行理财子公司的投研能力、产品设计与管理能力都提出了更高的要求。

为应对新环境，国内头部理财子公司纷纷调整经营理念，加大资源投入，争取在人力配置、组织结构、薪酬结构、产品谱系、金融科技投入等方面实现突破。与此同时，银行理财子公司也加快适应新发展格局，加大力度支持共同富裕、制造强国、数字经济、绿色金融、碳达峰碳中和等政策支持领域，热点行业的竞争持续加剧。2021 年，在已开业的 22 家理财子公司中，招行净利润最高，数据更具备可比性的 10 家银行理财子公司中，净利润增幅第一的为建信理财，增幅高达 515%（见表 2）。

表 2　2021 年底主要上市银行理财子公司净利润排名

银行理财子公司	开业时间	总资产（亿元）	净利润（亿元）	同比增幅（%）	理财规模（万亿元）
招银理财	2019 年 11 月	120.97	32.03	31	2.78
兴银理财	2019 年 12 月	95.07	28	109	1.35
中银理财	2019 年 7 月	144.29	26.09	483	1.71
建信理财	2019 年 5 月	185.3	20.62	515	2.19

续表

银行理财子公司	开业时间	总资产（亿元）	净利润（亿元）	同比增幅（%）	理财规模（万亿元）
信银理财	2020 年 7 月	82	18.06	204	1.27
农银理财	2019 年 7 月	152.38	17.21	74	1.82
光大理财	2019 年 9 月	74.75	15.86	181	1
中邮理财	2019 年 12 月	111.07	12.25	3	0.65
交银理财	2019 年 6 月	102.06	11.55	74	1.22
工银理财	2019 年 5 月	187.91	8.92	119	2.02

资料来源：上市银行年报

中国的金融监管还是很有前瞻性的，特别是 2008 年次贷危机后，充分意识到影子银行的潜在风险，加快了规章制度的建设。2021 年，监管部门先后发布《理财公司理财产品销售管理暂行办法》《关于规范现金管理类理财产品管理有关事项的通知》《理财公司理财产品流动性风险管理办法》等制度，持续加强理财业务监管体系建设。对于银行员工来说，为了能够更好地了解投资银行和资产管理产品，我也随大溜去考了 CFA，因为课程内容大部分都与资管产品有关，比如权益类产品、固定收益类产品、衍生产品等。CFA 教科书把资管产品的业务逻辑、定价模式、风险规律等知识点都讲得很清楚。掌握了基本的知识，对于我在高新区支行与各类金融机构谈合作时帮助很大，彼此有共同语言。后来我们先后在员工持股计划、股票质押、委外投资、理财投资等领域都有收获。

银行理财是我国规模最大的细分资管产品，但银行凭借着固有的渠道和品牌优势，在“影子银行”的路径上粗放式发展，偏离了资管行业“受人之托、忠人之事”的本质，成为资管新规重点整改和规范的领域。也有专家认为，银行是资管新规的受益者。2018 年 4 月资管新规出台以来，银行理财经营理念由“资产经营”向“资产管理”方向演变，产品运作也从过去的“资金池”盲池运作模式转为合规的“三单管理”净值化运作模式（苑志宏，2022）。截至 2021 年底，国内保本理财产品规模已由资管新规发布时的 4 万亿元压降至零；净值型产品存续余额 26.96 万亿元，占比 92.97%，较资管新规发布前增加 23.89 万亿元；同业理财降至 541 亿元，较资管新规发布前下降 97.52%；绝大部分银行如期完成理财存量整改计划，为银行理财业务健康发展奠定坚实基础（陈佩珍，2022）。与此同时，国内各家银行也成立了专职于理财市场化运作的理财子公司。在新规指导下，银行资金运用更加规范，金融部门内部资金循环和嵌套减少，资金更多流向实体经济，全社会广义货币供应量随之下降。

招商银行是国内较早提出大财富金融战略的银行，旨在避开网点少、客户少的短板，聚集服务中高端客群，代销各类金融机构的理财产品，满足了不同层次客群的需求。招商银行的个人存款只有工行的1/6，但个人全量金融资产（AUM）却能做到工行的60%，且私人银行AUM已经超过工行。招商银行的估值高，很大程度与其资管业务发展有关。2019年麦肯锡咨询研究报告认为，从国际实践看，资管业务对银行有四大好处：一是轻资本高收益，资管业务的收益以"管理费用+业绩提成"为主，业务扩张对资本依赖度较低，是以中收驱动业务的代表。二是收入贡献稳定，资管业务周期属性弱，收入贡献较为稳定，管理规模即使在熊市，也可保持较高水平。领先银行的资管业务收入占比近年来基本维持在10%左右。三是协同效应大，银行开展资管业务能在资金和资产两端充分发挥银行内部的合力。四是高估值，强大的资管业务有助于提升整个银行的估值。全球资管业务规模最大的四家银行摩根大通、瑞银、纽约梅隆及道富的市盈率均远高于发达市场银行业平均，一般在13倍以上。2021年招商银行手续费净收入占营收比重高达28.51%，在国内领先，由此被分析师视为"堡垒"式资产负债表。2021年，招商银行资管规模突破4万亿元。其中，资产管理手续费及佣金收入108.56亿元，同比增长57.52%，主要是子公司招商基金和招银国际的基金管理费收入，以及招银理财的理财产品手续费收入增长，为招商银行贡献高"含财率"。

1978年美国人均GDP突破1万美元时，迎来了美国资管行业蓬勃发展的历史机遇期。而2018年我国人均GDP首次突破1万美元大关，正是中国大资管发展的里程碑，国内各家银行也纷纷加大资管业务的布局，银行理财子公司也应运而生，把握这个"财富红利时代"。银行理财子公司利用资产配置平台优势，开展跨市场、多品类的资产配置，推出跨品类、跨市场的理财产品，整合上下游商业银行、证券公司、基金公司、信托公司、保险资管公司、期货公司、私募基金等专业投资机构资源，获取资产配置轮动表现带来的稳健收益。银行还加强了与外资资管公司的合作，与国际著名资产管理公司设立合资理财公司，丰富理财产品货架。截至目前，汇华理财、贝莱德建信理财已经营业，施罗德交银理财和高盛工银理财也获批成立。

投资理财是大众居民致富的重要渠道。2020年我国居民人均财产性收入2791元，仅占可支配收入的8.7%，占比偏低。增加城乡居民金融资产等各类财产性收入是国家经济发展的一项重要任务。银行理财的收益稳定性水平显著优于其他投资产品。相较信托产品 100 万元认购门槛的“高端理财”属性和公募基金高净值波动的“风险理财”属性，银行理财由于认购门槛低和净值波动小，具有“大众理财”属性。党的十九大报告指出，要增加居民财产性收入来源，银行理财对于普通居民来说是其增加财产性收入、实现财富保值增值的最现实和最直接渠道。胡滨（2022）认为，满足中低收入投资者的理财需求，银行推出的产品服务需要做到五点：一是参与门槛足够低，让普通的中低收入群体有更多获得财富管理服务的机会；二是透明度更高，银行应当对所提供的普惠型理财产品和服务进行真实、有效、及时、易得、易解的信息披露；三是简单、标准化，理财产品应当结构简单，底层资产简单，风险收益特征简单，让中低收入投资者可以清晰地了解产品的特点；四是可及性强，通过数字技术运用为中低收入投资者提供更为便捷、更高质量的理财投资服务；五是消费者保护力度强，中低收入人群的金融消费者权益保护要求理应更高。

2.5　消费金融冲击波

消费金融是指向各阶层消费者提供消费贷款的现代金融服务方式，这一金融服务方式在成熟市场和新兴市场均已得到广泛使用。对客户来说，消费金融兼具支付与融资两项主要功能。在发达国家，消费金融公司主要面向有稳定收入的中低端个人客户，由于具有单笔授信额度小、审批速度快、无须抵押担保、服务方式灵活、贷款期限短等独特优势，广受消费群体欢迎。银行信用卡一直是我国消费金融的主力产品，但随着互联网金融的崛起，市场格局悄然发生变化。手机银行是否会取代信用卡和 ATM 机等话题，也引起了各界热议。2010 年以后，非银行互联网消费金融业态开始兴起，除了持牌消费金融公司外，互联网消费金融市场上还形成了几种代表性模式（霍亮，2019）。一种是依托电商平台发展起来的消费金融，以蚂蚁金服、京东金融等为代表；另一种是主打分期购物的互联网消费金融平台，如乐信旗下分期乐等；还有一种是 P2P 网络借贷平台，以拍拍贷（无担保的纯线上模式）、红岭创投（有担保的线上线下模式）、宜信（线下交易债券转让模式）等为代表。

世界上第 1 家 P2P 网络借贷平台是英国佐帕公司，于 2005 年 3 月在英国伦敦成立。2006 年国内首家 P2P 网络借贷平台拍拍贷在上海成立，2007 年正式上线，此后网络借贷平台蓬勃发展、百花齐放，迅速形成了一定规模。我有一名同事后来就进入了 P2P 行业，在一次聚会中，他给我们介绍其商业模式，聚焦在汽车金融这一领域，车贷也是银行消费金融中比较热门的产品。在互联网金融发展的高峰时期，甚至也有银行参与 P2P 行业，比如平安的陆金所，可见这一市场在当时的火热程度。银保监会主席郭树清在 2020 年新加坡金融科技节上的演讲中曾表示："过去 14 年里先后有 1 万多家 P2P 上线，高峰时同时有 5000 多家运营，年交易规模约 3 万亿元，坏账损失率很高。"可见再好的商业模式，也不能脱离金融的本质，需要专业地经营和管理风险。令人惋惜的是，中国 P2P 风险与案件频发，给广大投资者造成了巨大的损失，遂 2017 年底 P2P 网贷机构整顿拉开大幕。截至 2021 年底，P2P 存量业务尚未清零的停业网贷机构数量由 1466 家压降至 1169 家，比年初减少 297 家；未兑付余额由 8207 亿元压降至 4974 亿元，比年初减少 3233 亿元。头部 P2P 平台也纷纷转型成助贷公司、消费金融公司以及互联网券商。

我在风险管理部工作时，参与过多起消费金融业务风险事件的处理，主要是信用卡项目，而信用卡也算是中国消费金融产品的鼻祖。1985 年，中国银行推出了中国第一张信用卡，代表中国信用消费市场正式拉开帷幕。但在如今的消费金融领域，信用卡的风险是比较大的。大家只知道银行发卡的任务很重，其实在后端催收不良贷款或核销损失工作也很烦琐。我们从上市银行 2020 年年报的信息可以看出，不少银行信用卡不良风险高发，个别银行的信用卡不良率甚至超过 6%，远超国际标准 5%的警戒线。信用卡不良率高的原因是多方面的。有的持卡人缺乏理性消费意识，超出自身经济条件申办大额度信用卡，使用中又过度消费或通过将信用卡额度套现，用于理财、证券投资或其他领域，一旦发生资金周转困难，就拖欠信用卡透支款项。有的持卡人在申请信用卡时，通过信用卡中介公司提供虚假的财务状况、收入、职务等资信证明材料，骗领大额信用卡，进行超出其还款能力的消费。部分透支逾期未偿的持卡人并非还款能力不足，而是缺乏基本的诚信意识，直接赖账。此外，还有一些小微企业主，将办理的大额信用卡当作解决企业流动资金需求的一个重要工具，把本应便利消费的信用卡授信投入生产流通领域，在经济下行压力加大的情况下，企业资金链条中断，无力偿还信用卡欠款。

互联网金融对银行信用卡业务的冲击明显。2013 年，余额宝出现，不仅转走了银行数千亿元的活期存款，也对银行的消费金融业务形成了潜在的竞争。"蚂蚁花呗""京东白条"的出现使之与商业银行信用卡的一部分业务相竞争，而人们对移动端使用的急速攀升使得大多数人为了便利而选取互联网金融业务。互联网公司为了在短时间内占领市场，选择降低服务费用，有的甚至选择免费，以此吸引消费者尝试互联网消费金融产品。比如蚂蚁花呗，与银行信用卡相比，申请门槛低，只要在支付宝上的信用记录良好几乎都能开通蚂蚁花呗。在使用范围，只要支付宝能支付的，基本上都可以使用花呗，且范围还在不断扩大。对比信用卡的情况，蚂蚁花呗使用的地方更多，适应面更广，但是在跨境和高档消费区、特殊消费环境，银行信用卡依然是中坚力量。所以，花呗等互联网消费金融产品，主要在中低端客群对银行信用卡造成冲击。但由于信用卡的发售方是银行，所以更加具有信誉度和安全性，这些优势是花呗和借呗等产品无法比拟的。

消费金融最大的变局还在于移动 App 与信用卡服务间的博弈。有了手机银行，还需要带信用卡吗？早在 2011 年，前招商银行行长马蔚华在预测移动互联网对于传统银行业务带来的冲击时，就提出手机银行的移动应用速度发展令人侧目，它极有可能会吃掉信用卡长达 70 余年历史积累的市场，而这一业务的突飞猛进对于银行，既是机遇，也是挑战。如今随着手机支付平台的兴起，传统的银联、信用卡的支付方式似乎在逐渐退出市场，但现实中则是两种服务模式都有各自的市场增长空间。手机快捷支付的方式虽然简单便捷，但还无法全面碾压信用卡支付的客户基础。信用卡与信用证一样，属于历史悠久的信用类支付产品，培养了一大批忠实粉丝，已经打造了许多特色生态圈。

国内银行信用卡依然坐拥庞大的客群，在消费金融领域信用卡仍有比较优势。一是信用卡额度上限更高，部分银行的黑卡可以高达 500 万元，对高端人群有吸引力。二是信用卡支付福利更多，主要有积分和特权，很多卡友家的电器都是通过刷卡攒积分兑换的，除了参加优惠活动外，不同等级的信用卡还同时享有不同等级的特权服务，比如机场贵宾厅。一些联名信用卡在指定消费场所也有着非常多的折扣。三是信用卡的利息相对也低，加上免息期，在融资成本上有一定的优势。四是可以养征信，良好的信用卡消费和还款行为可以有效提高居民的征信记录，而至今仍有互联网借贷平台未计入央行征信管理。

梁夏（2021）认为，互联网消费金融的融通效应对居民消费升级产生的积极影响有利于国家经济增长。在传统的消费信贷中，居民的信贷用途一般为购房、购车、购买大宗消费品、住房装修、教育深造等方面，当消费者的收入间接下降时，互联网消费金融作为一种信贷补充，使得一线城市居民即使在高房贷压力下，也可以保证自己的基本生存，同时获得额外的资金融通，增加对高层次商品的消费。通常来说消费金融公司的批贷率约为20%，分期业务贷款的批贷率相对于其他贷款更高，如3C产品可达到70%，这样就会有更多的信贷资金流向政府和平台所鼓励的消费领域，从而实现消费结构优化。电商平台和互联网信贷公司通过设置不同的借贷成本，来引导居民的消费，可以促成引导型消费热点的产生，推动消费结构升级。

互联网贷款新规有助于促进消费金融市场健康发展。2020年7月17日，《商业银行互联网贷款管理暂行办法》（以下简称《办法》）正式施行。《办法》对互联网贷款进行了具体规范，并明确"除第六条个人贷款期限要求外，消费金融公司、汽车金融公司开展互联网贷款业务参照本办法执行"。《办法》所称的互联网贷款，对应的是用于消费、日常生产经营周转等的个人贷款和流动资金贷款，同时强调"小额、短期"，基本等同于互联网零售贷款，对消费金融机构合规展业具有一定指导意义。《办法》包括总则、附则在内共7章70条，涵盖了互联网贷款业务的定义和范畴、风险管理体系、风险数据和风险模型管理、信息科技风险管理、贷款合作管理、监督管理等多个方面，对互联网贷款业务生态和管理流程进行了详细的政策规定。

互联网贷款新规也为银行与互联网机构的良性合作指明了方向。《办法》还明确了在互联网贷款业务中与商业银行合作的机构范围。根据《办法》第四条，这些机构包括但不限于银行业金融机构、保险公司等金融机构和小额贷款公司、融资担保公司、电子商务公司、非银行支付机构、信息科技公司等非金融机构。在政策支持下，银行也在建立自己的消费金融公司，从而发挥互联网贷款普惠金融的特性。在政策利好下，以乐信等为代表的优质金融科技公司发挥了自身的场景、技术优势，发展符合新规要求的贷款合作模式。需要注意的是，《办法》强调，核心风控环节应当由银行独立有效开展，同时也明确了银行可与第三方公司合作的具体内容，包括营销获客、联合贷款、风险分担（联合贷款方和分担方须为持牌机构）、信息科技、逾期催收等。

在互联网贷款管理新规颁布之后，市场上联合贷款和助贷业务开始兴起。两种业务的区别在于，联合贷款双方都具备放贷资质（如消费金融公司、网络小贷公司），双方按约定比例出资，风险各担。助贷模式主要是不具备放贷资质的互联网平台，为金融机构的贷款业务在获客、风控等环节提供支持，双方根据风险承担情况约定利润分成。国内以助贷、联合贷款为主要经营模式的市场规模估计有5万亿元，蚂蚁金服、陆金所、微众银行、京东数科等"巨无霸"占有90%的市场，其中蚂蚁金服独占半壁江山，规模达2.5万亿元。表面上看，助贷、联合贷模式下，银行与助贷机构实现了“双赢”，特别是中小城商银行，在发展零售业务时缺乏线上获客能力，数据风控能力有限。而在互联网平台或金融科技机构的帮助下，银行可延伸金融服务半径，触达长尾客户，做大客户基础。银行与助贷合作，是解决信息不足、有效贷款需求不足的可行办法。助贷机构的存在，满足了部分传统银行难以覆盖、服务的客群，填补了很多下沉客群对金融服务需求的空白。在银行小微贷客户下沉遇到瓶颈时，助贷的获客能力以及风控技术作用更加明显。

持牌消费金融公司为消费金融市场注入新的动能。2009 年国内推出了《消费金融试点管理办法》，明确由银监会担任审批责任，在四个城市开展消费金融试点，2010 年在四个试点城市分别成立四家持牌消费金融机构，到 2015 年试点范围推广至全国。2015 年 6 月，国务院常务会议决定放开市场准入，鼓励符合条件的民间资本、国内外银行业机构和互联网企业发起设立消费金融公司。以互联网金融为切入点，加上市场各方因素对消费金融场景拓展和消费金融产品创新的推动，有效扩大了金融对新消费领域的支持。

2021 年，国内持牌消费金融公司业务扩张迅猛，量效齐升。其中，招联消费金融遥遥领先，总资产、营业收入、净利润继续位列首位。兴业消费金融在总资产、净利润两项指标上排名第二。从行业整体情况来看，消费金融公司在资产规模、营业收入、净利润方面均表现为增长，尤其是净利润指标高歌猛进，这与 2020 年的低迷行情和基数有关，多家消费金融公司净利润增速超过 100%，大多数增速都在 50% 以上（见表 3）。此外，消费金融公司数量也在持续增加。截至 2022 年底，国内共有 30 家消费金融公司已开业，其中，注册资本超过 50 亿元的消费金融公司就有 5 家（边万莉，2022）。

表 3　2021 年国内主要消费金融公司财务情况

金融公司	总资产（亿元）	同比（%）	营业收入（亿元）	同比（%）	净利润（亿元）	同比（%）
招联消金	1496. 98	38	159. 33	24. 30	30. 63	83. 60
马上消金	610. 91	16. 40	100. 12	31. 60	13. 82	94. 10
兴业消金	617. 9	38. 67	83. 91	29. 78	22. 3	65. 14
中邮消金	444. 22	30. 63	56. 86	16. 92	12. 29	205. 70
中银消金	543. 26	43. 04	53. 46	24. 04	8. 44	85. 49
海尔消金	155. 52	53	20. 64	75. 66	1. 91	55. 28
湖北消金	110	22. 83	7. 28	58. 40	0. 93	470. 81

数据来源：作者整理

消费金融公司的融资渠道也在朝多元化方向转型，产品创新力度正在加大。《券商中国》严子游报道，2021 年底，陕西长银消费金融宣布发行首期 5.57 亿元银登中心信贷资产流转产品，成为消费金融行业首单“破冰”信贷资产收益权转让业务。自此，开展信贷资产流转正成为越来越多消费金融公司的融资新选择。2022 年初以来，马上消费金融、中原消费金融、蚂蚁消费金融、长银消费金融均已试水信贷资产转让业务，其中，蚂蚁消费金融转让规模已超过 500 亿元。银团贷款方面，2022 年上半年，平安消费金融、锦程消费金融、苏银凯基消费金融先后宣布完成首单银团贷款，分别募集资金 6.75 亿元、6.3 亿元、3 亿元，小米消费金融、马上消费金融和海尔消费金融也分别成功募集 6.8 亿元、6.8 亿元和 5.1 亿元银团贷款（严子游，2022）。2022 年底，银保监会宣布不良贷款批量转让试点“扩围”，消费金融公司被纳入其中。可以预见，未来消费金融公司的融资渠道将进一步走向多元化。

银行逆势加码消费金融赛道，助力国家稳定经济预期。2022 年上半年，在经历了疫情反复、市场震荡、行业利率压降等外部因素刺激，国内消费金融市场的利润空间一度“被迫”紧缩，坏账率的增加、消费者新增需求的萎缩又雪上加霜，放大了问题，对消费金融主流人群的冲击效应充分显现。由于疫情影响而导致的居民收入水平和消费意愿下降，也大大影响着消费金融的业务规模。针对这些不利形势，中国银行旗下中银消费金融公司重点布局数字化转型，推动线上消费贷款业务发展，稳步推进产品优化和开放获客，通过业务转型加大信贷投放规模，持续提升风控能力，提高获客质量，形成逆势上涨的良好局面。2022 年 6 月末，中银消费贷款余额 533 亿元，同比增幅近 40%，线上贷款余额占比已达到 42%，比上年底提升 7%。其间中银消费金融还对受疫情影响的近 3 万名客户推出息费减免、延期还款、征信保护等纾困解难服务（樊融杰，2022）。

跨境消费金融是新冠疫情之后出现的业务爆发点。我在业务一线工作时，向企业客户高管推销国际信用卡是重要营销手段之一，因为我所在的银行是国际化程度最高的中资银行，信用卡在全球大多数国家和地区通用，应用场景也非常丰富，特别是在出国留学、旅游方面。在第三方支付加入竞争之前，跨境支付市场一直是银联与银行的天下。中国银联在 2004 年开始迈出其国际化步伐，2012 年银联国际在上海正式开业，作为中国银联子公司，负责专营中国银联国际业务。银联沿着港澳—亚太—欧美市场的路径，跟随中国游客“走出去”，成绩斐然。截至 2016 年 10 月，银联卡受理网络已经覆盖全球 160

个国家和地区的3600万家线下商家，有200万台ATM机可以使用银联卡取现。中国消费者可以在欧洲近220万家商家刷卡消费，占据欧洲主要旅行目的地商户的七成左右。美国几乎所有的ATM机都可以用银联卡取现，80%以上的商家可以刷银联信用卡消费。2016年中国出境旅游者规模就已经达到1.22亿人次，旅游花费高达1098亿美元（曾令俊，2017）。

受疫情影响，近年跨境旅游、消费基本暂停，但也积压了庞大的市场需求。在跨境场景中，信用卡业务同样受到互联网消费金融的冲击。我在交易银行部分管网上银行业务时，曾服务国内最大的跨境第三方支付机构公司，该司提供的服务就是将国内电商平台客户用微信、支付宝等支付工具付费的资金汇给境外出口商或代理商。从这块业务的增长规模来看，互联网公司在跨境消费上对银行信用卡和银联的业务冲击都很大。就线下扫码支付市场而言，第三方支付在国内市场上领先优势明显，与银联已经不属于同一维度的竞争。对微信支付和支付宝而言，用户习惯已经养成，用户渗透率也没有太多的空间可挖（薛洪言，2017）。跨境支付已经成为银行与互联网金融平台的新战场，至2019年底微信、支付宝已经登陆50多个国家和地区。支付工具作为账户基础，对跨境客群的渗透可以为后续消费信贷、理财等金融业务的国际化奠定基础，最终实现金融集团的整体跨境服务战略。

中国银行运用科技赋能跨境消费金融场景，以小切口促进大流量。2022年初，历经两年打造的“中银跨境GO”App正式推广，通过与异业合作整合相关场景，共同为客户打造全流程、一站式的极致服务体验，注册用户突破230万人（李岚，2023）。其中，江苏省分行以“中银跨境GO”App为核心，结合“中银留学GO”小程序、“中银指南针”非居民小程序，融合结售汇交易返立减金、App裂变获立减金、跨境汇款全免费等线上主打活动开展全员营销，并通过省行官微、商业大屏、地铁、纸媒、电台等传统渠道及微信朋友圈、今日头条、喜马拉雅等新媒体渠道，拓展个人客户、结售汇业务成效显著。截至9月末，当年App绑卡用户数超30万户，服务跨境个人客户近50万户，纯新客户近8万户。此外，中行推出的线上不占额度汇款业务，覆盖境外500余所高校。“中银安心留学”产品中的落地“英国留学签证上门签”服务，也受到了出国留学生的欢迎。

后疫情时代居民消费偏好的变化也会影响银行消费金融的展业策略。虽然国内居民总体金融资产在上升，但贫富的差距问题依然突出。2018年中国基尼系数已达0.474，目前更接近0.5，所以我国推动共同富裕不仅有必要性，也有紧迫性。叠加就业、创业压力，居民对未来收入预期悲观，消费支出会更加谨慎，更倾向于安全、性价比和趣价比。一是居民会更加注重消费服务过程中的安全性需求，选择更有质量和信誉保障的商品和服务场景。二是居民会多维度地“货比三家”，提高商品识别水平，选择其中性价比更高的产品。比如二手商品交易市场，随着我国生产能力的提升，二手商品同样拥有较好的质量保障，能够满足居民日常需求，并且对于追求性价比的消费人群有一定的吸引力。银行可以与二手电商平台或交易市场合作开发适配型金融产品，便利二手市场交易。三是居民会追求更好的精神生活体验，服务类消费有望成为新的增长点，份额更有可能超过实物类消费。随着《扩大内需战略规划纲要（2022—2035 年）》等政策的发布，银行支持“服务消费”的力度将进一步加大，与政府、龙头企业、科技公司的合作，搭建数字化基础设施和“元宇宙”等新型消费场景，深化与养老、医疗、教育、体育等服务产业的联动，不断完善服务消费金融生态圈。

2022 年底的中央经济工作会议定调扩大内需和消费，将有望为消费金融市场带来新的机遇。对银行来说，需要围绕“后房贷”时代，加强研究非房消费场景和新产品，联动互联网消费金融公司，完善“民生消费金融”“居家消费金融”“出行消费金融”“健康消费金融”等服务体系，打造银行消费金融的品牌优势和生态圈，扩大业务规模，进一步提升消费金融的利润贡献度。

2.6　保险真相

保险是转移风险的金融工具，随着人们风险意识的提升，买保险成为很多个人居民规避风险的选择。近年来我们保险行业的总资产规模持续增长，保险资产的影响力也越来越大，同时投资属性也慢慢显现出来。保险资金的运用领域也比较广泛，除了股票证券外，还有债券、银行存款等。2021 年，保险资金投向中，债券 9.1 万亿元，占比 39.04%；股票和证券投资基金 2.96 万亿元，占比 12.70%；银行存款 2.62 万亿元，占比 11.27%。保险资金的投资领域还是比较多元化的，遵循“不将鸡蛋放在一个篮子里”的投资原则。

保险公司是银行的重要合作伙伴。银保联动业务，就是银行与保险公司以共同客户或互为客户作为服务对象，以兼备银行和保险特征的产品为销售标的，通过共同的销售渠道，为客户提供一体化营销和多元化金融服务的新型业务，银行与保险的合作范围很广。我在公司业务部工作的时候，遇到有抵押物贷款，或者涉及海运的贸易融资，都需要向保险公司购买配套的保险，这也是我最早接触到银保合作。事实上，在银行个人财富金融业务领域，保险属于高频服务产品，最多的合作项目就是保险代销业务。在前海蛇口分行工作时，我与保险公司联动组织过多次对客户的保险产品宣讲活动，主要是针对疫情向企业推广劳工险。在高新区支行工作的时候，我与保险公司的合作涉及资管产品的研发，通过与保险公司合作开发包装理财产品，保险行业本身也是资管市场的重要组成部分。

代销保险是银行的重要收入来源。银行通过自身渠道网络代理销售保险公司产品，能够获取手续费中间业务收入，不用承担保险责任，只需要关注售后的声誉风险。银行保险代销最早可追溯到 1973 年的法国，最初有两家保险公司利用自己的银行母公司的网点进行销售，获得了成功，并迅速在欧洲地区发展起来，成为保险销售的重要渠道之一。在中国，通过银行代销实现的保险收入约占整个寿险市场的 50%，保险代理业务在银行业务体系中的地位也很重要。保险代理业务的兴起和成功对多方都有助益。对于银行，能够落实为客户提供全方位服务的经营理念，通过更广泛的产品保留存量客户，拓展新客户，提高银行营销能力，培养理财队伍。对于社会大众，可以培育居民的生命、财产保障意识，促进社会和谐稳定。对于保险公司，与银行合作可以降低经营成本，渠道成长性好，利用银行品牌形象及分享银行庞大的客群。对于客户，在银行购买保险也可以获得更丰富的服务体验，保证投资安全性与可靠性，节省了时间和新产品研究的成本。

在行情好的时候，理财经理热衷推销保险产品，保险在所有银行代销业务中属于中间收入比较高的产品。代销保险的费率比代销理财、基金和信托的费率要高，所以银行和理财经理积极性都比较高，但相应地，保险的销售难度也是最大的。市场上曾经推出带理财性质的保险产品，收益率甚至高于银行理财和基金产品，并且还属于固收类产品，一度受到客户的追捧和欢迎。此外，保险产品的种类也十分丰富，按产品的险种不同，有代销寿险公司产品，主要目标客户是个人，如意外险等；有代销非寿险公司产品，主要目标客户为公司和个人，如企业财产保险、机动车辆保险、货运险、非寿险投资型保险、家财险等。按照收费方式不同，可以划分为趸缴和期缴，所谓趸缴就是一次性交完保费，期缴就是分 3 年、5 年或 10 年交完保费。按照用途又可以划分为纯消费型保险，如意外伤害险，医疗补充、团体险等；保障返本型保险，如定期保障、养老、医疗、给付险等；保障+投资型保险，如分红、万能、投连等。

银行代销保险业务的市场策略需要把握以下要点。一是提高银行销售能力，买得起保险的客户大都是财富级、私人银行级的人群，所以银行的网络布局以及中高端客户规模都很重要。此外，银行的系统也要不断迭代升级，实现保险产品的全流程电子化处理，为客户提供便利。二是加大激励考核，保险公司为银行提供的保费收入分成，银行内部要及时体现在理财经理和网点的考核方案上。重视保险代销业务的银行都会做到每日通报，跟得很紧。三是加强理财经理队伍的培养，保险公司会派专家给各银行机构的理财经理做培训，讲述保险新产品的要点与营销技巧。保险公司业务人员需要定期参加银行网点的例会，会上要及时鼓励先进销售人员，并了解理财经理对产品销售的感受与反馈，售后服务一定要到位。银行代销保险产品不是一蹴而就的事情，成功销售背后往往是长时间的感情培育、信任的积累，所以对银行来说，理财经理自身一定要对保险产品有充分了解，站在客户的角度考虑问题，甄选适合客户的保险产品。

银行保险代销虽然是中间业务，但其中也有合规及操作性风险，需要银行重点关注。一是保险与银行贷款捆绑销售，银行承诺贷款终止后返还保费。二是银行销售误导，在营业大厅摆放自制保险产品宣传材料，以银行理财产品的名义宣传销售保险产品，进行与保险条款不符的虚假宣传。三是投保人输送利益，销售给予或者承诺给予投保人、被保险人或者受益人保险合同约定以外利益的行为。四是录入虚假客户信息，银行在代理销售保险公司产品的过程中，录入虚假投保人电话信息，银行为留存客户信息，“故意”填写错误的客户信息，导致回访失败。五是业务数据造假，银行财务、业务数据不真实，往往涉及保险公司向银行“暗输手续费的行为”。这五种都是比较容易受到监管机构稽查及处罚的行为，银行要加以防范，避免出现声誉风险。

跨境保险是银保合作的新领域和新机会。在我国持续坚持对外开放的战略背景下，跨境保险需求正在日益增大，具体表现在三个方面（简文湘和陈海古，2014）。一是物流的跨境保险需求。物流本身具有连续性、复杂性以及与周边经济联系的紧密性，因此面临运输和搬运、储备和库存、配送、责任、出口信用等风险损失因素，这就需要跨境货物运输保险、出口保证风险、出口信用风险、责任保险等产品为进出口企业提供保障机制。二是车流的跨境保险需求。载货车辆是陆路最重要的物流交通工具，陆路通道上机动车的行车安全和保障直接影响运输企业长期稳定的经营和自驾游的持续发展，迫切需要得到车险的有力保障。三是往来人员的跨境保险需求。中资企业到相邻国家投资办厂，我国人员出境务工生活，或邻国人员来境内务工生活，双方的游客短期居留等都构成了边关的互往人流。随着两国民间贸易和业务上的深度融合和频繁往来，他们的安全保障也越来越依赖商业保险。广西和粤港澳大湾区都在积极推动跨境保险服务领域的探索，这也为银行金融服务创新提供更多的机会。

香港在跨境保险服务方面积累了宝贵经验。内地一些外籍居民，由于国内保险产品无法满足需求，他们选择到香港去购买保险。内地居民赴港投保本质上是一种居民个人的跨境保险消费行为，从业务归类上既可视为离岸保险活动，在 WTO 服务贸易框架下又归属于“境外消费”范畴。自 2005 年纳入统计以来直至 2020 年新冠肺炎疫情暴发前，由于跨境人员、经贸、金融方面的联系日趋紧密，内地居民赴香港购买保险呈现扩张态势，2005—2019 年，内地居民为香港市场带来的新单保费收入从 18 亿港元跃升为 434 亿港元，内地居民 2019 年度贡献的保费收入占香港寿险市场的 34.3%（田辉，2021）。内地居民赴香港投保业务帮助香港巩固“国际寿险中心”地位，从而打造“跨国寿险公司建立国际和区域总部的理想所在地”。

2.7 个人跨境投资渠道

伴随我国资本市场和本外币管理的双向有序开放，我国个人跨境投资的渠道也在不断增加，跨境财富管理业务品种日趋多元化。不同的客群适用不同的跨境投资渠道和产品。从已有的政策支持情况看，目前我国政府已推出的居民跨境投资理财机制主要包括 QFII（合格境外机构投资者）、QDII（合格境内机构投资者）、QDLP（合格境内有限合伙人）/QDIE（合格境内投资企业）、QFLP（合格境外有限合伙人）、港股通、深港通、沪港通、内地与香港基金互认、存托凭证互联互通、中日 ETF 互通、跨境理财通、内地与香港 ETF 互通。银行在这些跨境投资渠道中，主要扮演的是业务撮合与托管账户服务的角色，是金融机构存款和中间业务收入的重要来源，也是未来开拓新兴市场和高净值个人客户的重要方向。也正是这一方向，在研究院工作期间，我与同事合写了一篇《粤港澳大湾区跨境财富管理业务》论文，对目前我国居民跨境投资的主要渠道进行了梳理（见表 4）。

表 4　我国居民跨境投资的主要渠道

投资渠道	开始时间	投资标的	市场规模	适合客群
QFII	2002 年	境内证券市场	无限制	境外客群
QDII	2009 年	境外证券市场产品，包括股票、债券、REITs、商品等	累计获批额度约 1600 亿美元，目前共推出约 200 只产品，管理规模约 3000 亿元	全客群（全国）
QFLP	2011 年	境内私募基金和非上市企业股权	无限制	境外客群
QDLP/QDIE	2012 年	境外私募基金和非上市企业股权及债权、证券市场、大宗商品、金融衍生品等，各试点地区规定有差异	总额度约 580 亿美元，投资规模约 100 亿美元	中高风险客群（国内 10 个试点省市）
港股通	2014 年	香港联合交易所上市的股票	总额度 2500 亿元，每日额度 105 亿元	中高风险客群（上交所、深交所）
沪港通	2014 年	上海证券交易所上市的股票	总额度为 3000 亿元，每日额度为 130 亿元	中高风险客群（港交所）
内地与香港基金互认	2015 年	经中国证监会审核并注册的香港基金产品	初始额度为资金进出各 3000 亿元，目前已注册香港互认基金 115 只（不同份额分开统计），总规模 1147 亿元	中高风险客群（上交所、深交所）
深港通	2016 年	深圳交易所上市的股票	总额度为 3000 亿元，每日额度为 130 亿元	中高风险客群（港交所）
存托凭证互联互通	2018 年	在英国、德国、瑞士上市的境外公司在上交所、深交所发行的存托凭证（CDR）	—	中高风险客群，内地试点城市（上交所、深交所）
跨境理财通	2021 年	港澳地区银行销售的合资格投资产品，包括存款、基金、债券	总额度 3000 亿元，每日额度 100 亿元	中低风险客群，粤港澳大湾区内地 9 市
内地与香港 ETF 互通	2022 年	香港 ETF 产品	目前纳入 4 只南向 ETF	中高风险客群（上交所、深交所）

资料来源：曾圣钧、郭燕整理

在众多投资渠道中，QFII 政策出台最早，这符合引进再输出的改革方向。2002 年，我国资本市场已经逐渐成为亚太地区具有影响力的证券市场，QFII 制度的推出，是我国资本市场对外开放的标志性事件之一。与国内普通投资者的超短追涨杀跌相比，国际机构投资者普遍以中长期投资为主，其倡导的价值投资，对 A 股市场的投资风格有一定的引导作用。QFII 的投资理念清晰，并且具有一定的前瞻性，能够正确把握中国特色，抓住中国经济改革开放不同阶段带来的改革红利，注重对业绩高增长公司的投资，重仓持有，同时“抱团持股”现象较为明显。在 2009 年之前，由于 QFII 是境外投资者投资 A 股的唯一途径。沪股通、港股通开通后，外资投资 A 股的途径变得多样化，QFII 的额度并没有得到快速有效的增长。2019 年 9 月，国家外汇管理局决定取消合格境外机构投资者（QFII）和人民币合格境外机构投资者（RQFII）投资额度限制。2020 年 9 月，证监会、央行、国家外汇管理局发布《合格境外机构投资者和人民币合格境外机构投资者境内证券期货投资管理办法》，将 QFII、RQFII 资格和制度规则合二为一，进一步降低投资准入门槛，稳步有序扩大了外资的投资范围。20 年间，QFII 从无到有，从小到大，截至 2022 年 7 月末，已有逾 700 家机构获批 QFII 资格，较 2012 年增长近 4 倍；QFII 持股数量和市值分别增长逾 4 倍、逾 2 倍。2021 年底，QFII 持有 954 只 A 股，合计持股市值为 2840.08 亿元，较 2012 年底持股数量和持股市值分别增长 448.28%、248.86%。

QDII 是在货币没有实现完全可自由兑换、资本项目尚未开放的情况下，有限度地允许境内投资者投资境外证券市场的一项过渡性制度安排。QDII 基金是在我国境内设立，经我国有关部门批准从事境外证券市场的股票、债券等有价证券业务的证券投资基金。截至 2022 年 9 月末，获批取得投资额度的 QDII 机构（包括银行类、证券类、保险类、信托类）共 176 家，获批额度 1597.29 亿美元。从投资门槛和投资难度来看，QDII 基金较为适合海外市场投资新手。QDII 基金投资起点金额基本在 1000 元以内，有的基金甚至 1 元起步。QDII 基金由专门的基金经理管理资金，大大降低操作难度。目前中国内地的 QDII 产品较为丰富，约有 200 只可供投资者选择，涉及的投资范围和投资品种也较多。投资范围包括中国香港和亚洲地区其他新兴市场，以及欧洲地区、美国、德国等；投资标的则包括海外股票、债券、房地产、大宗商品等。从 2009 年第一只 QDII 基金南方全球精选配置诞生算起，QDII 基金迄今已经走过 13 年历程，从早期作为创新品市场接受度较低到后来在港股投资风起云涌时成为出海大本营，再到港股通开通后一度沦为“鸡肋”，QDII 基金的命运几起几落。如今，QDII 基金更多作为我国居民对外投资的配角而非主角，出海目的地从早期的中国香港、美国拓展到德国、日本、印度、越南等，部分顶流基金经理也开始加入管理 QDII 的阵营。2009 年至 2018 年，QDII 规模在 500 亿元至 1000 亿元宽幅震荡。2018 年以来，国家外汇管理局多次启动

QDII 额度发放，满足境内居民进行境外投资的需求，QDII 基金规模得到了快速增长。截至 2022 年第二季度末，QDII 基金管理规模达 3070.26 亿元，首次突破 3000 亿元。

QFLP 自 2011 年上海首先推出试点以来，北京、天津、重庆、深圳、珠海、广州、平潭、青岛、贵阳等 10 个主要地区陆续推出各自的 QFLP 试点。自 2016 年以来，在"扩流入、控流出"以及"全面放开外商投资企业以结汇所得人民币开展境内股权投资"的政策背景下，上海、粤港澳大湾区开始探索对 QFLP 试点进行升级，比如，上海将 QFLP 基金的管理模式扩展为"外资管外资""外资管内资""内资管外资"三种模式，将 QFLP 基金的投资范围扩展到可投资优先股、定增、可转债、夹层、不良债务等领域。2020 年 4 月颁布的《关于金融支持粤港澳大湾区建设的意见》（银发〔2020〕95 号），允许港澳机构投资者通过 QFLP 参与投资粤港澳大湾区内地 PE/VC 基金。总体而言，近年来，在国家和地方政策层面，不断释放支持 QFLP 试点的积极信号，QFLP 已成为外商开展境内股权投资重要通道之一。国内几个地区 QFLP 规模情况：截至 2021 年底，上海先后共 79 家企业获得 QFLP 试点资格，实际投资金额 423 亿元，其中股权投资类项目 229 个。深圳共吸引外资企业设立 QFLP 管理企业 171 家，发起 QFLP 基金 53 家，基金规模达 75.5 亿美元。广州已获批六家 QFLP 试点企业，获批额度超 155 亿元，累计储备投资项目近 110 项，主要投资于生物医药、新一代信息科技、环境保护、基础建设等领域。

QDLP/QDIE 是指获得试点资格并获批外汇额度的基金管理企业，在中国境内设立基金并向境内合格投资者募集资金，将募集资金换汇后投资于境外一级、二级市场的制度。我国 QDLP 实行地方试点制度，自 2012 年启动，目前已有上海、深圳、天津、青岛、北京、海南、江苏、重庆、广东（深圳以外地区）、宁波共 10 个地区进行试点并出台相关政策文件及指引，获批总额约 580 亿美元，已投资规模约 100 亿美元。截至 2021 年 12 月中旬，已设立并在基金协会备案的 QDLP 基金共计 107 只，集中在深圳、上海。其中，至 2021 年底深圳已试点同意 QDIE 管理企业 69 家，已出境投资总额共计 19.9 亿美元。相较于 QDII，QDLP 采取私募方式，是更为灵活的对外投资工具。QDLP 试点之初，其市场定位更多作为 QDII 的补充，因 QDII 仅限于证券市场投资，而 QDLP 的境外投资受限较小，覆盖一级市场、二级市场、期货、股票和大宗商品市场等。此外，QDLP 还具有对外资机构开放、对境外产品开放、对境外资产开放三个特点，能够引入国外管理能力与业绩俱佳的资管机构，其境外投资能力较国内机构更具优势；在投资方式上可以连接基金方式投资于境外基金等产品，也可直接投资于各类大类资产。这意味着国内高净值客户可以与国外投资者投资于同一管理人、同样的产品、同样的资产。因此，QDLP 虽然目前规模并不大，却有望成为高净值客户跨境投资的最主要工具。QDLP 的门槛也相对更高，对投资者金融资产、年收入以及投资经验都有严格要求。一般来说，QDLP 单只基金起购起点在 100 万元或 300 万元以上。个人投资者一般要求金融资产不低于 300 万元，3 年内年收入不低于 50 万元，并且需具有一定年限的投资经验。近两年，一系列支持政策相继出台，QDLP 试点区域的不断扩充、准入门槛的不断降低、获批额度的不断增加以及申请、设立程序的不断便利化，加之全球金融市场动荡之下高净值人群资产分散配置的需求增长，QDLP 基金或将迎来更大发展。

港股通、沪港通、深港通是香港和内地居民跨境投资二级市场证券的主要通道。港股通是指内地的投资者可以用人民币购买香港联合交易所上市的股票。具体操作方式是，投资者委托内地证券公司，经由上交所或深交所设立的证券交易服务公司，向港交所进行申报（买卖盘传递），买卖规定范围内的港股股票。同理，香港投资者也可通过同样的安排买卖上交所、深交所上市的股票。以上制度安排统称为沪港通、深港通。2014 年 11 月 17 日，沪港通作为内地与香港互联互通机制下的第一座“桥”正式通车。2016 年 12 月 5 日，深港通正式开通，由此实现了港交所、上交所和深交所的互联互通，内地和香港的个人投资者可直接参与对方的股票市场。港股通标的范围包括恒生综合大型、中型股指数的成分股、恒生综合小型股指数的成分股（选取其中市值 50 亿港元及以上的股票），以及同时在港交所、上交所上市的 A+H 股公司股票，同时在港交所、深交所上市的 A+H 股公司股票。交易总额度 2500 亿元，每日额度 105 亿元。受交易规则、语言文化、信息障碍等因素影响，内地投资者更青睐港股市场的中概股以及美国科技股，如腾讯、阿里巴巴、苹果、微软、特斯拉、Zoom 等。伴随两地股市的风起云涌特别是近十年科技股的长牛，以及互联网券商兴起带来的交易门槛和成本降低，沪/深港通获得了长足发展。截至 2022 年 11 月 30 日，南向港股通 8 年累计成交 30.4 万亿港元，累计 2.6 万亿港元内地资金净流入港股市场。内地投资者通过港股通投资港股的持股总额持续攀升，由 2014 年底的 131 亿港元，增至 2.0 万亿港元。北向沪股通和深股通 8 年累计成交额达 89.4 万亿元，累计 1.7 万亿元净流入内地股票市场。香港和海外投资者通过沪股通和深股通持有的内地股票总额不断增长，由 2014 年底的 865 亿元，激增至 2.2 万亿元。沪/深港通已成为两地投资者跨境投资最主要的渠道。

内地与香港基金互认是指在本地注册的基金、经对方证券监管机构审核并正式注册后，可面向对方投资者销售的制度安排，初始额度为资金进出各3000亿元。互认基金类型包括股票指数型、股票型、债券型，其中香港互认基金在内地销售的规模占基金总资产的比例不超过50%。基金互认进一步丰富了两地投资者的跨境投资工具。历经7年多发展，互认基金无论是南下还是北上的产品，规模都实现可观增长，并呈现出“北热南冷”的特点。截至2022年第一季度末，已注册香港互认基金115只，基金管理规模1147亿元；已注册内地互认基金50只，管理规模约1091亿元。从资金汇出角度看，香港互认基金内地销售资金累计净汇出金额由开闸之初的4017.67万元增至2022年4月末的116.39亿元，而内地互认基金香港销售资金累计净汇入金额由2154.33万元增至10.84亿元。由于基金投资的专业性要求相对较高，并且两地市场的监管、税务等框架不同使得两地公募基金产品形式也有不同，因此内地居民投资香港互认基金还需提升投资水平，加强对大类资产配置以及海外市场的认知。

存托凭证互联互通是沪深交易所与符合条件的境外证券交易所间围绕存托凭证的互联互通机制。存托凭证是由存托人签发，以境外证券为基础在境内市场发行，代表境外基础证券权益的证券。存托凭证互联互通业务包括中国存托凭证和全球存托凭证两项业务。中国存托凭证业务是指符合条件的境外证券交易所上市公司在沪深交易所主板上市中国存托凭证（CDR）。全球存托凭证业务是指符合条件的沪深交易所的A股上市公司在境外证券交易所发行上市全球存托凭证（GDR）。存托凭证和基础股票之间可以相互转换，并因此实现两地市场的互联互通。目前纳入存托凭证互联互通的境外证券交易所包括英国伦敦证券交易所、瑞士证券交易所、德国法兰克福证券交易所。2022年7月，首批4家中国企业发行GDR成功登陆瑞交所；CDR业务机制也在完善之中。与港股通下投资者跨境到对方市场直接买卖股票的模式不同，CDR是将境外基础股票转换为存托凭证实现“产品”跨境，主要面向国内投资者并以人民币交易结算。CDR投资者投资标的则由港股通下的香港上市公司股票扩展到英国、瑞士、德国证券交易所上市企业。当前CDR主要包括两个应用方向：试点范围内的创新型红筹企业（简称红筹CDR）和合格交易所上市的海外企业（简称东向CDR）。2020年9月，证监会批准九号公司CDR于科创板公开发行，这是A股市场第一只也是目前唯一一只CDR。东向CDR制度细则仍在进一步完善，相关业务有望逐步开展，中国居民全球化资产配置将有更多选择。

跨境理财通是指粤港澳大湾区居民个人跨境投资粤港澳大湾区银行销售的理财产品，按照购买主体身份可分为“南向通”和“北向通”，其中“南向通”是指粤港澳大湾区内地9市（深圳、广州、珠海、东莞、中山、佛山、惠州、江门、肇庆）居民通过在港澳银行开立投资专户，购买港澳地区银行销售的合资格投资产品。跨境理财通是首个专为个人投资者而设的互联互通机制，个人投资上限为100万元，试点总额度为1500亿元。通过连接内地与港澳的银行理财市场，跨境理财通为大湾区的投资者开通全新的跨境投资渠道。目前跨境理财通投资标的主要是中低风险的理财产品，其中“北向通”产品包括固定收益类理财、公募基金，“南向通”包括存款、公募基金及债券。截至2022年9月中旬，粤港澳大湾区参与跨境理财通的个人投资者合计3.56万人，其中内地投资者约占30%；共办理业务1.3万笔，金额14.56亿元，其中“北向通”业务8831笔、金额4.61亿元，“南向通”业务4227笔、金额9.95亿元。参与跨境理财通试点的内地银行29家，香港银行24家，澳门银行9家。走过起步之年，跨境理财通仍存在持续发展的空间。在投资金额上，受试点期间国内外金融市场波动剧烈、投资者扩大投资的积极性不够强、部分产品业绩受冲击、开放产品较为有限等因素影响，总体额度使用有限。截至2022年9月26日，“南向通”已用额度2.53亿元，占总额度的0.17%；“北向通”已用额度3.07亿元，占总额度的0.20%。投资者可参与的空间依然广阔。在投资标的上，投资者也期待更多能够满足不同风险偏好的产品。目前“南向通”投向定期存款的比重约90%，“北向通”投向固定收益类理财产品的比重超过75%。“南向通”客户对潜在收益较高的权益类产品、衍生品等较感兴趣，“北向通”客户则希望纳入存款、债券、现金管理类理财产品。

内地与香港ETF互通，是指两地交易所将符合条件的ETF纳入互联互通。ETF纳入互联互通后，内地和香港投资者可以通过当地证券公司或经纪商买卖规定范围内的对方交易所上市的股票和ETF基金份额，目前的ETF买卖限于二级市场交易，不允许申购赎回。内地与香港ETF互联互通基于股票互联互通的基础设施连接，ETF投资额度与股票投资额度一并管理。2022年7月，ETF互通交易正式开通，双方投资者可以买卖包括沪深港股通ETF在内的87只首批可投标的（“北向”83只和“南向”4只）。截至9月1日，ETF北向资金总成交额达10.36亿元、南向总成交额达125.21亿港元。ETF具有分散投资、公开透明、交易成本低、效率高等优点，广受投资者认可。将ETF纳入互联互通标的，有利于丰富跨境投资品种，为境内外投资者提供更多投资便利和机会。目前，沪深两市 ETF 产品规模约 2.6 万亿元，香港 ETF 规模逾 4300 亿港元，随着相关机制顺利运行，合资格的 ETF 互通产品有望拓宽，进一步满足投资者多元资产配置需求。

除了国家已有政策支持或正在试点的业务外，国内还有许多未获政策支持的跨境财富管理产品。比如海外公募基金、美元私募基金产品、债券直投、海外房产、股权直投、海外艺术品和奢侈品投资等。

海外公募基金一直较受个人和机构投资者欢迎，原因包括收费低、组合分散、专业人士操作、认购赎回方便、监管严格等。海外公募基金的底层资产也是应有尽有，大类可以分为债券、股票、混合策略、另类等。按照所投区域的不同，中国内地投资者青睐的主要是中国香港、美国、欧洲、新兴市场国家（如越南、印度）等地的公募基金。

美元私募基金的投资方向更加多样，包括私募股权、二级市场、大宗商品、衍生品等，同时投资门槛要求较高，一般要求约 100 万美元等值的流动资产证明。较受欢迎的美元私募类项目包括股票基金、债权基金和私募股权基金。与公募基金相比，私募基金更看重绝对回报，并可通过对冲手段提高收益率，但其管理费等也显著高于公募基金。购买美元私募类基金，投资者需要有相当的资金实力和风险承受能力，较适合高净值及超高净值客户。

债券直投深受高净值人士喜爱，收益从投资级债券的每年 3%左右到高收益债券每年 15%以上。因为债券底层资产为债权，相比股权更为安全，常见投资标的如美元中资债。与美元私募基金类似，海外债券个人投资者也必须满足合格投资人认证。考虑到单只债券需要本金约 20 万美元，如果投资于一些高收益债券，为了分散风险，投资者需要投资多个标的，因而对本金要求较高。

海外房产投资中，好的项目具有稳健的租金收益和资本增值潜力，同时具备实物资产的安全性和抗通胀能力，也是高净值人士海外投资的重点之一。近年来，除了美欧日等发达国家地产，一些东南亚国家如越南、泰国、马来西亚等也吸引了中国投资者的目光。投资房产需要关注交易成本、税务、贷款、法律风险、转让费用、遗产税等，投资者往往需要专业人士帮助，对物业本身、投资政策、政局、贷款等有非常清楚的认知。海外房产相关的资产还包括 REITs，即以发行收益凭证的方式汇集投资者资金，由专门投资机构进行房地产投资经营管理，并将投资收益分配给投资者的一种信托基金。投资 REITs 的一大好处是流动性好，可以每天在交易所买入和卖出，但也更容易受到股票整体市场波动的影响。

股权直投包括天使投资、早期投资，目前海外股权直投仍以机构投资者为主，但一些高净值个人通过互联网平台以及人际关系网络也可接触到很多项目融资。此类项目收益高，风险也大，需要投资者对所投项目和团队有足够深入的了解，较适合具有相关经验的投资老手。

海外艺术品和奢侈品投资范畴非常广泛，包括艺术品、成衣、箱包、珠宝、腕表、汽车、摩托车、酒类、古董等。由于很多艺术品的稀缺性，长期增值潜力大，投资周期也较长。此类投资需要较强的专业鉴识能力，投资者常通过专场沙龙、拍卖会等渠道掌握必要的信息和资源。

2.8　高净值人群的个性化需求

国内银行个人金融业务中，私人银行业务或是未来竞争最为激烈的领域之一。随着高净值家族规模的增加，私人银行业务逐渐成为商业银行的兵家必争之地。继招商银行之后，中国银行、平安银行等都升级了私人银行服务，向更加精细化方向发展，通过差异化的竞争优势打造核心竞争力。各银行从注重“跑马圈地”到“精耕细作”，目的都是牢牢地抢占更多的高净值客群市场份额，毕竟对这一市场，外资银行、券商、资管及保险等机构都是虎视眈眈。根据上市银行 2022 年上半年报数据，银行在私人银行业务方面普遍实现高速增长，截至 6 月末，从资产管理规模（AUM）来看，招商银行管理的私人银行客户总资产为 3.65 万亿元，大幅领先同业。工商银行、中国银行、建设银行、农业银行、平安银行、交通银行的管理规模分别为 2.47 万亿元、2.33 万亿元、2.18 万亿元、2.06 万亿元、1.55 万亿元、1.03 万亿元。虽然私人银行客户在银行总客户群中占比较小，但其对银行管理资产规模的贡献却不容小觑。以工商银行为例，2022 年上半年，该行私人银行客户数占零售客户数百分比为 0.03%，但私人银行客户资产规模在零售客户资产规模中占比却高达 13.78%，而这些主要是来自高净值家庭客群的贡献。

2022 年 11 月 20 日，胡润百富与中信保诚人寿联合发布的《中国高净值人群家族传承报告》显示，中国拥有 600 万元家庭净资产的“富裕家庭”数量达到 508 万户，拥有千万元家庭净资产的“高净值家庭”数量达到 206 万户，拥有亿元家庭净资产的“超高净值家庭”数量达到 13 万户。而且高净值人群呈现出年轻化的趋势，50%集中在 30～45 岁，30 岁以下人群的占比为 30%；45 岁以上人群的占比则为 20%。相较之下，2019 年中国高净值人群中

40 岁以下人群仅占 29%，而 2021 年则上升到 42%，可以说，我国的高净值人群整体正在呈现向年轻化方向发展的趋势，而年轻人正是财富金融市场的主力军。但中国高净值人群年轻化的原因也有可能是传承，高净值家庭预计有 18 万亿元的财富将在 10 年内传承给下一代，49 万亿元的财富将在 20 年内传承给下一代，92 万亿元的财富将在 30 年内传承给下一代。面对持续增长的财富规模以及生命周期的基本规律，家族传承势必成为高净值家庭越来越关注的投资目标。

从投资方向上看，胡润研究报告显示，“安全”超越“增长”连续三年成为高净值人群最为看重的投资理财目标，风险规避的心理十分明显。投资风格占比最多的是稳健型投资者（46%）。除了财富安全外，高净值人群的“健康观”也发生了明显变化，他们不再单纯追求财富上的健康与富足，还迫切追求身体健康，乃至追求心灵健康、家庭和睦，逐渐形成一个综合全面的健康观。为此，高净值人群除了常规的金融服务外，还特别看重银行是否能够提供全球高精尖的医疗服务资源，跨境银医联动会是新的服务亮点。

目前国内的私人银行主要提供三个方面的服务内容。一是财富增值服务，即为客户制订投融资方案，比如提供多种现金管理、固定收益、权益投资、另类投资、财富传承和融资产品。以股票投资为例，客户不仅可以投资港股、A 股和美股，还可以投资英国、日本、新加坡、澳大利亚、德国、瑞士等其他全球主要市场股票。产品包括证券托管、IPO 新股、国际配售、证券孖展及其他金融衍生型产品，甚至可根据客户独特需求量身定制结构化金融衍生产品，如股票挂钩票据、外汇挂钩股票期权等产品。二是家族传承服务，包括家族信托、保险、身份和税收筹划以及增值服务。国际化程度较高的银行还为客户提供移民咨询、留学中介等服务，利用海内外机构的联动，为高净值家族的子女到国外游学提供更多便利。三是公私联动服务，主要包括上市前后的家族信托服务、个人及公司融资服务及 ESOP（员工持股计划）股权激励计划等。银行还可以利用集团旗下的资产管理公司资源，为客户提供个人+公司统筹层面的资产管理及股权安排。

家族办公室主要为超高净值家庭提供定制化的财富保障与传承方案，根据 Campden Wealth 亚太区董事 Nick Hayward 介绍，全球家族办公室市场不断增长，2022 年总体资产管理规模至少为 65 万亿元（徐宇，2021）。世界上第一个“家办”是 1882 年成立的洛克菲勒家族办公室，其本来只为家族内部服务，一直到 1980 年才从单一家族办公室（SFO）向联合家族办公室（MFO）转型。2022 年 12 月 8 日，瑞士顶尖私人银行瑞士瑞联（Union Bancaire

Privée，UBP）与胡润研究院联合发布《2022 中国式家族办公室行业发展白皮书》，首次定义了“中国式家族办公室”这一概念，即根植于中国本土且适应于中国市场监管特点的家族办公室，服务中国企业家，是践行共同富裕目标的重要参与者和专业服务提供者。胡润研究报告指出，中国的商业型家族办公室平均成立时间 5.5 年，79%的总部所在地位于北上广深，平均团队规模 11 人，团队成员金融相关行业从业年限 13 年，平均服务的家族数量 8 家，平均资产管理规模 15 亿元。在中国式家族办公室外部合作生态圈中，律师事务所（75%）、基金公司（70%）和信托公司（65%），占据了境内合作伙伴的重要位置。在境外合作生态圈中，私人银行需求最高，达到 60%。

家族办公室业务在中国尽管还十分“小众”，但也不再“稀有”，在北京就活跃着不少从事“家办”业务的专业机构，据统计，全国从事“家办”业务的有数万人。平安银行联合福布斯中国发布的《2020 中国家族办公室白皮书》显示，国内的“家办”有两三千家，业务范围涉及财富管理、税务筹划、学业规划、法律咨询、健康管理、传统文化。这些公司收费标准从每年几万元到几十万元不等，主要根据每个家庭的具体情况和所涉及的具体业务制定收费标准，合同一年一签，具体收费每年可以进行一定的调整。目前，“家办”在我国金融监管框架之下尚处于模糊地带。一些“家办”只是名义上叫“家办”，其实并没有私募基金牌照，也没有相应的备案产品。这种所谓的“家办”主要分为三类（杨宏生、王彤旭、马文博和白雅琦，2022）。第一类是挂着“家办”的名头销售金融产品；第二类是只做咨询服务，其本身没有投资能力，相当于信息中介，主要是推荐客户购买相应的金融产品；第三类是有一定的投资能力，但还称不上真正的“家办”，其更类似于股权私募基金。

跨境或离岸家族信托已成为银行满足高净值人群跨境财富管理需求的重要突破口。由于内地财富的积累者和拥有者仍以创富一代为主，其中部分已经 60 岁以上，财富传承成为无法回避的问题。而一些二代继承人由于管理团队之间的权力平衡较为复杂，或者对所处行业并不感兴趣，选择退出经营，只持股权。因此，通过设立家族信托完成财富交接成为双方共识。但是，在国内设立家族信托，法规限制较多，尤其在资产转移方面，存在诸多掣肘。相比之下，境外信托法规较成熟，在资产转移方面较有弹性。家族信托在香港已经发展几十年，市场成熟，内地一些超高净值家庭转投香港（徐兰和潘沩，2015）。据中国社科院金融研究所资料，在香港设立家族信托的客户有 50%~70%来自内地，仅 2018 年以来就有 17 家在香港上市的内地公司实控人委托信托机构新设或将股权转让给离岸家族信托，涉及总市值超过

2300亿港元（张锐，2019）。

跨国银行可以借助境内外机构的联动与资源共享优势，更好地转介服务内地客户。比如，一些外资信托可以配合境内银行提供保险和BVI（英属维尔京群岛）账户服务。信托的主要功能在于隔离和保护，即将资产分割出企业与家族，其余成为信托资产，由受托人给予保护及安排传承，从而达到财富传承的平稳过渡。跨境家族信托条款十分灵活，委托人可以通过在意愿书内提出派发信托资产给受益人的条件，如“防止任意挥霍条款”；也可提出奖励条件，激励有能力的家族受益人为家族奋斗（王延明，2013）。这些规划安排不仅可以防止富二代过度奢靡败家，也可以激励其用好资源做好事业，还可以防止因为债务或离婚而损失家产。

对于私行级客群，虽然国内银行一直在努力完善及提升服务品质，但依然无法满足超高净值人群日益增加的资产配置需求。为改善客户私行理财服务体验，EAM模式应运而生。外部资产管理人（External Asset Manager，EAM）服务，于20世纪90年代首次在欧洲出现，它属于银行体系外的持牌机构，能够为客户提供资产配置的专业意见和建议。通过私行、持牌EAM机构、客户三方签署协议的方式，由外部资产管理人协助私行客户进行全球资产配置，即钱在银行进行托管；客户的资产配置顾问服务由EAM提供。在境外常见的EAM模式中，投顾可以选择私行架上的产品进行交易，也可以通过券商交易全球的基金、股票、ETF等标的。投顾构建的组合能涵盖公开市场、私募市场、一级市场、二级市场等多个市场的产品，极大地实现了多元化、分散化的配置需求。这一模式不仅能够让客户获得更细致专业的服务，银行也可以留住托管存款资金，而EAM机构则参与分享服务费用，是一个“三赢”的合作。有别于传统私人银行只能销售自家银行的金融产品，EAM可以对接不同托管银行、不同资产管理机构、不同的产品和服务。因此，EAM能够更客观地分析客户需求，理性地给出专业意见和建议。据统计，中国香港和新加坡EAM机构的总管理资产（AUM）已有约1000亿美元的规模。EAM模式也被认为是国内买方投顾服务的未来，并为第三方财富管理机构提供了更大的发展市场。

2.9 实现共同富裕

2021年8月17日，中央财经委员会第十次会议就促进共同富裕问题作出部署，被看作收入分配体制改革的一个重要信号。8月18日，腾讯科技公司的一则消息引起了社会的关注，该司决定拟再投入 500 亿元资金启动“共同富裕专项计划”，成为中央财经委会议召开后首家启动“共同富裕专项计划”的企业，反应非常敏捷。公司表示，将结合数字和科技能力，在乡村振兴、低收入人群增收、基层医疗体系完善、教育均衡发展等民生领域为国家“第三次分配”提供持续助力。根据中央财经委会议精神，我国需要在高质量发展中促进共同富裕，正确处理效率和公平的关系，构建初次分配、再分配、三次分配协调配套的基础性制度安排，促进社会公平正义，促进人的全面发展，使全体人民朝着共同富裕目标扎实迈进。

“第三次分配”是公益经济高质量发展的重要助力。早在 1994 年，著名经济学家厉以宁教授就在《股份制与现代市场经济》中提出了“三次分配”的定义，通过市场实现的收入分配被称为“第一次分配”（最低工资标准、农产品收购价格），通过政府调节而进行的分配被称为“第二次分配”（税收、补贴），个人出于自愿、在习惯与道德的影响下把可支配收入捐赠出去称为“第三次分配”（慈善、捐赠）。2019 年党的十九届四中全会曾提出，要重视发挥第三次分配作用，发展慈善等社会公益事业；2020 年，党的十九届五中全会再次提出，要发挥第三次分配作用，发展慈善事业，改善收入和财富分配格局。当前我国公益慈善事业已经到了快速发展期，但和发达国家相比还存在一些不足。根据 Giving USA Foundation 数据，美国 2017 年度慈善捐赠总量 2.7 万亿元，而同期中国的社会捐赠总量仅约 1558 亿元。腾讯启动的“共富计划”，不仅在资金上给予投入，作为全球科技界具有影响力的代表企业，也将引导更多全球公益资本加入“智慧慈善”的发展赛道，促进我国公益产业数字化转型，以人工智能、云计算、物联网、大数据、区块链等技术为支撑，加强科技技术与慈善事业深度融合，推进慈善网络化、虚拟化、智能化，为慈善组织提供更多元化的筹款、交流、宣传渠道，为求助对象和社会弱势群体提供更为精准的帮扶主体，为政府监管部门提供更有效的政策参考意见，持续提升我国慈善资源配置的精准、高效水平。

“第三次分配”是国家社会稳定的重要保障。根据《慈善蓝皮书：中国慈善发展报告（2020）》，我国 2019 年捐赠总规模虽然已经达到了 3374 亿元，但是与国际水平相比，仍有较大提升空间。共同富裕旨在实现分配更加合理公平，缩小收入差距，使改革成果更多更公平惠及全体人民。回想当年改革开放开始时，邓小平同志高屋建瓴地提出“先富带动后富，最终走向共同富裕”的重要理论，四十多年过去了，居民收入大幅增长。2021 年中国居民人均可支配收入为 35128 元，比 1978 年增长 205 倍，完成全面建成小康社会的目标，实现了由解决温饱到高质量全面小康的历史性跨越。

站在“两个一百年”奋斗目标的历史交汇点上，摆在面前的改革难题依然存在，社会公平发展急需公益慈善事业的支持。银行虽然是营利性机构，但也承担社会责任，在“第三次分配”改革战略中理应积极参与，主动创新服务模式。一是加大对普惠事业的融资支持，特别是与民生相关的领域，多提供全信用、低成本的资金，对于在地区出现险情时慷慨捐赠的企业要特别给予更好的金融服务和足够的资金支持，帮助企业健康发展甚至渡过难关。以 2021 年河南水灾为例，某些民族品牌企业在自身经营困难情况下仍然慷慨捐助，表现出无私的爱国民族精神，就应当优先获得金融资源和服务，银行与这样的企业建立合作关系更能体现对社会责任的担当。二是发挥“平台连接器”的功能，带动生态体系内更多的渠道、客户共同行动，发挥慈善事业的杠杆效应。与美国相比，中国个人捐赠仅占总捐赠额的 24%，而美国个人捐款占总捐赠额的 70%，以银行为例，在给客户提供产品金融服务的同时，可以引导客户经理、理财经理将慈善事业触达每一个有能力、有意愿的社会公民，银行也可以与腾讯公益平台等慈善中介合作，联合开发更多便利捐款产品，争取实现全民公益。三是加强银行与其他金融机构间的联动，创新金融服务产品。以慈善信托为例，该产品在助力扶贫攻坚工作方面展现了多种优势，如汇聚更多资金资源、专业管理、保值增值、持续稳固长期投入、防止脱贫后返贫等。

自 2016 年 9 月《中华人民共和国慈善法》实施以来，国内慈善信托业务开始发展壮大。但相对于国内总体慈善捐助金额体量，慈善信托还有较大的潜力有待挖掘。截至 2022 年 1 月 27 日，全国慈善组织数量已达 11260 家，其中具有公开募捐资格的慈善组织 2459 家。全国累计慈善信托备案突破“700 单”大关，达 773 单，财产规模达 39. 35 亿元，其中 2021 年新设立慈善信托共计 227 单（朱英子，2022）。由于业务仍然处于初期发展阶段，慈善信托规模在信托行业管理的信托资产总规模中的占比仍不高，与国外信托市场中相对成熟的慈善信托发展模式相比仍有差距。银行可以与信托公司加强联动，利用政策、资源和技术，探索慈善信托与家族信托融合的模式，帮助客户同时实现私利与公益的双赢。

2. 10 银发经济来了

第七次全国人口普查数据显示，我国 60 岁及以上人口已达 2. 64 亿人，占总人口的比重为 18. 7%，这说明我国已进入人口老龄化社会，且老龄化程度还将进一步加深。如此众多的群体，蕴藏着巨大的消费潜力。需求侧的规模和结构，必然引导供给侧的适配，促进银发经济配套产业的发展，也为银行开展养老金融业务提供机会。2022 年 4 月 21 日，国务院办公厅发布《关于推动个人养老金发展的意见》，对个人养老金的参加范围、制度模式、缴费水平、税收政策等均进行具体规定。基本养老保险、企业年金或职业年金、个人养老金共同组成我国养老保险体系的“三大支柱”，将助力我国银发经济健康发展。

三大支柱中，第一支柱为基本养老保险，包括城镇职工基本养老保险和城乡居民基本养老保险。第一支柱立足于保基本，采取社会统筹与个人账户相结合的制度模式，体现社会共济，已具备相对完备的制度体系。目前覆盖人数已达 10.5 亿，积累基金 7.4 万亿元，基金运行总体平稳，待遇按时足额发放。第二支柱为企业年金或职业年金，由用人单位及其职工建立，主要发挥补充作用，已有良好的发展基础。截至 2022 年第二季度，参加企业（职业）年金的职工 7500 多万人，积累基金近 4.7 万亿元，在 GDP 中占比 4.5%。2019 年麦肯锡咨询研究报告认为，和发达国家相比，我国企业年金市场发展差距依然较大，比如美国年金占 GDP 的 27.3%，澳大利亚则超过 100%。此外，企业年金在民营企业中的渗透率还较低，考虑到扶持民营经济松绑减负的大环境下，企业年金的增长存在一定瓶颈。第三支柱为个人储蓄性养老保险和商业养老保险，具体包括个人养老金和其他个人商业养老金融业务两个部分，此前没有全国统一的制度性安排，是养老保险体系的短板。

在我国多层次、多支柱的养老保障体系（见图 2）中，个人养老金作为第三支柱，比第一支柱（国家基本养老保险）和第二支柱（企业年金、职业年金）发展步伐相对缓慢。早在 2018 年，我国就开始试点个人税收递延型商业养老保险，但居民参与度不高。《关于推动个人养老金发展的意见》出台了诸多便利措施，有望激活这一市场。一是参保门槛低。在我国境内参加城镇职工基本养老保险或者城乡居民基本养老保险的劳动者，均可参加个人养老金制度。由于基本养老金已实现制度全覆盖，这就意味着适龄人员都有资格购买这个补充保险。二是为有条件的个人提供更多选择。在养老保险体系之中，基本养老保险实行全国统筹，弹性较少，想获得更高养老金额度并不容易。而个人养老金正好补充这一需求，让个人多存一笔钱作为未来基本养老保险的补充，退休时能够多一种养老金来源。三是可享受税收优惠。国家制定税收优惠政策，鼓励符合条件的人员参加个人养老金制度并依规领取个人养老金。目前政策规定参加人每年缴纳个人养老金的上限为 1.2 万元。

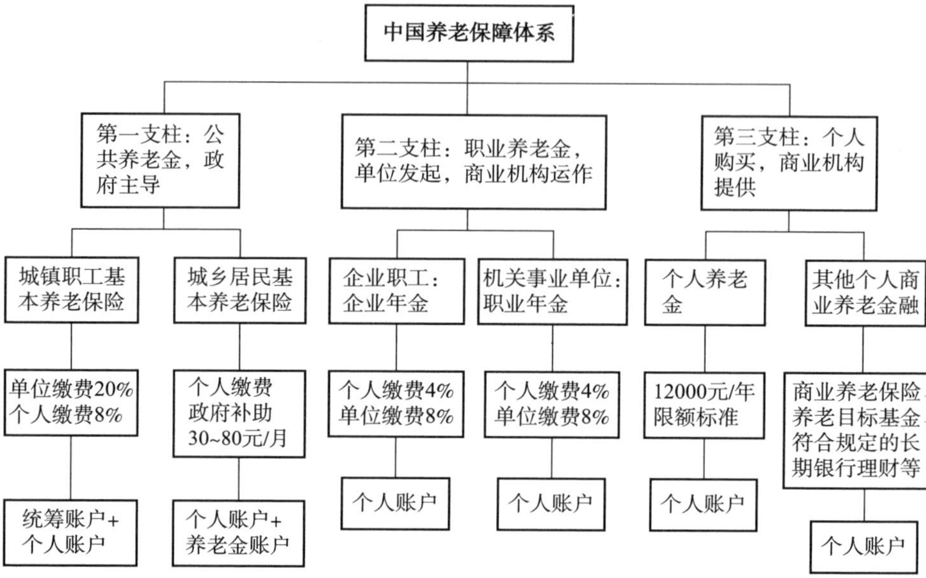

图 2　我国养老保障体系

资料来源：作者整理

老年人群是我国“十四五”规划经济高质量发展的动力来源，特别是以“60 后”为代表的新一代低龄老年人群，有着更强的消费拉动能力。一是老年人群有更强的消费意愿。由于计划生育国策的执行，年轻人向大城市聚拢，导致空巢老人数量大幅增加，进而产生服务购买需求。二是老年人群有更强的消费与投资能力。婴儿潮人群是新中国财富的主要创造者与拥有者，其经济实力远超其父辈。对于多数一线城市的退休人员而言，出售一套房产从而购置一份价值数百万元的保险产品、享受高品质养老服务，也是一个可以接受的选择方案。三是老年人群有更大的规模，且进入增长加速期。2025 年我国老年人群规模将达到 3. 7 亿人，是我国人口红利的延续。四是老年人群有更加健康的体魄。随着医疗、保健技术的进步，生活环境的改善，国民身体健康水平也在持续提高，老年人的平均寿命在延长，存在很多退而不休的现象，不少还坚持在创业的前线。五是信息技术进步给老年创业者带来了新的春天。互联网渗透老年人生活的方方面面，商家不仅针对老年人需求开发更加智能化的产品，不少老年人还通过抖音等平台做起直播电商，利用自己的经验、学识发挥余热，形成一种全新的银发经济发展模式。中国社科院发布的《中国养老产业发展白皮书》数据显示，到 2030 年，我国养老产业规模将达到 13 万亿元。

跨境养老也会是银发经济的一个新的增长点。在粤港澳大湾区，香港、澳门早于内地进入老龄化社会，人口老龄化形势比大陆更加严峻，巨大的人口老龄化压力迫使香港、澳门特别行政区政府大力鼓励香港居民、澳门居民来毗邻的珠三角地区居住养老。截至 2021 年底，香港老年抚养比约为 28.6%。香港特区政府统计处《香港人口推算 2017—2066》资料显示，香港老龄化速度会在未来 20 年显著加快，65 岁以上老年人群比例将由 2017 年的 16.43%上升到 2036 年的 31%，2066 年达到 37%，届时即使香港特区政府制订更多的“特别计划”，养老院的缺口仍有 62～70 间（关振球，2020）。相较之下，目前澳门 65 岁以上老年人群比例为 13%，近 10 万人，占比较香港低，但与深圳不到 5%的水平相比还是明显高出不少。随着粤港澳三地融合发展不断深化，宜居宜业宜游的优质生活圈逐步形成，大湾区内地城市也逐渐成为许多港澳老人养老的首选之地。2019 年 2 月 18 日中共中央、国务院印发的《粤港澳大湾区发展规划纲要》明确提出，要加强跨境公共服务和社会保障的衔接，提高香港长者福利跨境的可携性，旨在推动香港长者在内地养老，这似乎也为香港的养老困境提供了一条新的出路。截至 2020 年，约有 54 万名香港永久居民经常在广东省生活，含深圳 20 万人，其中 16.5%为 65 岁或以上（蔡丽斌，2019）。推动跨境养老产业的发展，不仅有利于挖掘银发经济增长潜力，同时港澳老年人群中也不乏各行各业的专家人士，他们拥有的智慧与资本对于内地实体经济发展同样是一股不可忽视的力量。

银行在银发经济中将发挥积极作用，并与保险、基金等金融机构联动开发更多适配的养老金融产品。一是银行养老金融产品将更加丰富。根据政策规定，个人养老金账户内的资金可用于购买符合规定的银行理财、储蓄存款、商业养老保险、公募基金等金融产品，参加人可自主选择。个人养老金将养老目标类的金融产品的供应商拓展为所有金融机构，这让个人养老金的投资标的更丰富，选择空间更大。其中，特定养老储蓄产品可以进一步丰富养老金融产品的供给，满足人民群众多样化的养老保险需求，银行也可以获得长期稳定的资金。二是推动银行积极改善线上化、智能化服务体验。银行可以针对老年客群的需求特点改造线上手机银行、App 等服务渠道的应用功能，克服“数字鸿沟”的服务难点，适应老年客群的使用习惯。银行线下还可以打造“老年特色网点”，配置无障碍设施、健康检测仪器，上线大字版的业务自助办理设备，对转账、存款等高频次操作功能简化展示，方便老年客群便捷查阅等。三是推动银行持续提升老年客群的服务体系，打造银发金融生态圈。银行可以围绕老年客群的多维度服务需求，包括上网、购物、医疗、旅游、学习、文体、创业等，设计专业的服务标准和方案，联动与老年客群相关的政府主管部门和第三方机构，通过合作平台和地方资源多维度共建银发经济服务圈。四是联动基金发展养老产业，特别是大湾区在跨境医疗养老方面的巨大机遇和市场，有望吸引全球资金和人才涌入这一市场。

国内银行在养老金融方面也积累了许多宝贵经验。2021 年 1 月，工行在大型银行中首发“工银爱相伴”服务品牌，围绕“管钱、赚钱、花钱、借钱、传承”全周期，推出六大板块 20 余项服务举措，为客户提供“个人养老资金筹备期”（退休前）和“个人养老资金运用期”（退休后）两大阶段养老金融服务，打造全周期养老金融服务生态。工行还依托超过 40% 的企业年金账户管理市场份额，为客户提供统筹三大支柱信息、精准智能的养老规划测算和养老资产全视图查询服务，打造养老财富管理的全新体验。2022 年底，由建设银行与全国社保基金率先在国内试点设立的建信养老金管理有限责任公司引入美国信安金融集团作为战略投资者，进一步丰富建银集团养老金融服务生态，提升养老金融服务能力。农业银行拓展县域养老金金融市场，建立多元化养老产业融资体系，支持县域银发经济发展，推出养老行业专属信贷产品，截至 2021 年底，养老服务业贷款余额逾 30 亿元。招商银行自 2018 年起，先后与 20 多家机构合作，定制了近百只养老目标基金，截至 2022 年 6 月末，招行养老目标基金存续规模超百亿元。

针对当前养老服务面临老人多、服务人员少的问题，国内多个城市打造“时间银行”互助养老新模式。“时间银行”概念起源于 20 世纪 80 年代的美国，目前在欧洲如瑞士等地较为盛行。“时间银行”指的是市民储存的是时间而非金钱，市民在身体尚算健康时投入义工工作，照顾老人，到了自己需要别人照顾时就能把所投入作为义工的时间折现。当市民把之前投入的时间从银行里“提出”，医院有义务指派义工到医院或家里照顾需要被照顾的人们。此政策的前提是义工需要身体健康而且善于沟通，有充裕的时间去照顾老人，而人们所投入去做义工的时间会记入社保系统的个人账号里。义工所投入的时间会在每一年做出统计，存入“银行”，每位义工也会收到一张“时间银行卡”。被存入银行的“时间”还会产生“时间利息”，也意味着此政策鼓励人们从年轻时开始“存时间”。事实上，义工们不仅指传统观念中的年轻或中年人士，也包括有一定年龄的老年人，比如 67 岁的独居老太太照顾 87 岁的独居老人。从另一角度看，让相对健康的老人照顾不能自理的老人是一个互利的局面，已退休且孤独的老人通过“时间银行”除了能确保他老了以后也有人照顾，还能够在与被照顾的老人的相处过程中互相陪伴，达到精神富足。

2020 年，中国银行慈善基金会以“时间银行”的内在逻辑，联合多家机构搭建了“时间银行互助公益平台”，截至 2022 年 1 月，与近 80 家地方各级民政系统、企业、养老院等达成时间银行合作（田进，2022）。平台已经在上海、海南、湖北等地上线运营并取得了较好的探索效果。除此之外，与平台签约、入驻的政府机构、社会组织及企业共 23 家，覆盖北京、上海、天津、广东、安徽、浙江、海南、辽宁、湖北、陕西 10 个省、直辖市，平台用户人数从 2021 年初的 2 万人增长到年底的 10 万人。“时间银行”本质上是一款信用产品，中国银行充分发挥其良好的信用体系来增加用户参与的信任度，中银公益互助养老平台部署在银行的服务器上，确保信息的永久记录、安全存储，为志愿者“记录一生、服务一生、跟踪一生”，严格实施“一人一账户”规则，不会因用户居住地的变化而导致服务时长的失效，同时也坚持了“时间换时间”，即为时间币的不可货币化，严格要求参与者应付出相应的时间。为了吸引更多志愿者参与，中国银行也建立了一套积分激励体系，引入多个合作伙伴和商户群等。中银“时间银行互助公益平台”作为具有公益志愿属性的互助养老模式，基本模式是鼓励和支持个人为老年人提供非专业性的养老服务，按照一定的规则记录服务提供者的服务时间，存入其“时间银行”个人账户，以便将来兑换相同时长的服务。

我国养老产业与美国相比还有较大距离。截至 2020 年底，美国三大支柱合计存续余额 34.8 万亿美元，是我国的 20 余倍。中金公司研究报告认为，比较全球主要国家的养老三支柱规模占 GDP 比重（2020 年），中国当前规模占比偏低。中国 60 岁及以上人口已达 2.64 亿，早于 2000 年步入老龄化社会。全国老龄工作委员会发布的《中国老龄产业发展报告》曾作过预测，2014—2050 年，我国老年人口的消费潜力将从 4 万亿元增长到 106 万亿元左右，占 GDP 的比重将增长至 33%，“银发经济”市场空间巨大，也蕴藏着巨大的金融服务商机，同时也预示着个人养老金市场潜在规模庞大，有望为资本市场带来更多长期资金。平安证券研究报告认为，乐观假设下，若按照 6500 万至 7000 万纳税人群均按个人养老金缴费上限进行配置来测算，则个人养老金每年增量资金为 7800 亿元至 8200 亿元。展望未来，以个人养老金为突破口，银行的养老金融服务将迎来跨越式发展机遇，不仅有利于挖掘新的业务增长点、加快转型升级步伐，还将为商业银行的普惠金融事业开启新篇章。

2.11 新市民的新需求

继小镇青年、Z世代[①]之后，我国又有一个规模多达3亿的群体有了自己的标签，那就是“新市民”。“新市民”最初指的是长期居住在城市并有相对固定工作的农民工，后来这一名词的指代范围逐渐扩大，成为原籍不在当地、因各种原因来到一个城市的各种群体的集合统称。目前我国户籍人口城镇化率约45%，与常住人口城镇化率之间存在近20个百分点的缺口，而这一缺口的主要构成就是“新市民”群体。2022年3月，银保监会、人民银行联合发布《关于加强新市民金融服务工作的通知》，就金融如何加强对新市民服务提出了9个方面、28条具体意见，涉及新市民的就业、创业、住房、保险、养老、教育等诸多方面。银行加强“新市民”金融服务关键是要把握好市场需求的主要特点，聚焦融资可得性、便利性、普惠性、公平性、透明性等服务难点，解决好现有资金供给与新市民需求之间的不匹配问题。

在疫情背景下，新市民群体就业和创业受到冲击，不仅所在企业收入放缓、利润承压，面临生产经营中断等风险。个人收入缩水、失业压力加大是不少新市民群体普遍面临的问题。2022年4月，我国城镇调查失业率为6.1%，比2021年底上升了1.0个百分点，其中外来户籍人口和青年人口失业问题最为突出。长期来看，银行加大对“新市民”群体的金融支持也是助力构建新型城镇化战略、实现共同富裕的必由之路。新市民群体由于就业不稳定、信用信息缺少等，容易出现“金融排斥”，这反过来又影响了其创业和收入增长。因此加大“新市民”的金融支持，有利于实现金融包容性增长，促进社会共同富裕。

针对“新市民”金融服务的痛点，从中央到地方政府，再到银行等金融机构，都在积极行动，落实国家政策要求。深圳、北京等22个地方银保监局就新市民在就业、购房等方面的需求出台政策指引，从而实现银行对新市民金融需求的精准对接。国内各家商业银行也结合自身的优势和特点推出专项服务方案，比如中国银行发布《普惠金融支持新市民十条措施》，整合中银集团个人金融产品、信贷、理财、保险服务等资源，全面满足新市民群体在创业、就业、住房、消费、教育、保险等领域的多样化金融需求。工商银行推

① Z世代也称为“网生代”“互联网世代”“二次元世代”“数媒土著”“千禧宝宝”，通常是指20世纪90年代中后期至2010年以前出生的一代人，他们一出生就与网络信息时代无缝对接，受数字信息技术、即时通信设备、智能手机产品等影响比较大。

出《“1+3+X”专属金融服务体系》，以专属介质为依托，重点围绕安居、创业、医疗三大核心场景，同步推进养老、就业、教育和金融素养提升等X项延伸场景，为新市民提供优质金融服务，不断提高“新市民”金融服务的可得性和便利性。建设银行推出《服务新市民金融行动方案》，在创业就业、住房安居、一老一小、医疗保障和基础金融服务等方面，发挥建行集团资源和优势，打造涵盖“贷”“投”“租”“卡”“险”等系列品牌产品以及资费减免、绿色通道、增值服务等多项专属权益的综合服务体系。农业银行则推出《“521”新市民综合金融服务方案》，提出的五大保障高度契合新市民群体的金融诉求。其他银行也都能够聚焦降低融资成本、提高融资可得性、增强便利性、开设专门通道、强化科技手段运用等领域，出台全方位、多层次、精准定向的支持服务。

在各地政府措施中，上海“新市民”金融服务方案较有特色，由上海银保监局会同中国人民银行上海分行、上海市地方金融监督管理局联合印发《关于做好新市民金融服务工作的通知》（以下简称《通知》）提出了12条工作举措，要求辖内银行保险机构结合上海作为国际金融中心和新市民人口最多的超大城市之一的特点，将“新市民”金融服务纳入发展战略，为新市民提供全生命周期的“10+N”综合金融服务方案，努力形成可复制可推广的“上海模式”。上海将新市民定义为因本人创业就业、子女上学、投靠子女等原因来上海常住，未获得当地户籍或获得当地户籍不满三年的各类群体，包括但不限于进城务工人员、新就业大中专毕业生等，按照这一口径上海约有1000万名新市民（段思宇，2022）。《通知》中提出了建立十大新市民金融产品体系，包括“贷”“担”“租”“保”“养”“财”“卡”“减”“信”“创”，几乎涵盖了银行所有金融服务领域，其中一些政策还直接或间接地支持了小微企业、个体工商户以及创业人士的经营发展。

2.12　公私联动与交叉销售

鉴于个人财富金融市场的竞争形势，银行单纯依靠单一产品的服务模式已经无法适应市场需求，要最大化地开发客户潜在价值，联动服务、交叉销售逐渐成为市场主流。美国富国银行在银行业内素有“交叉销售之王”的称号，表明公司在这一业务领域具有领先优势。在普通零售领域，富国银行的客户通常会享受储蓄、信用卡、住房抵押贷款、汽车贷款、投资和保险等五种以上的金融服务；在批发银行领域，客户通常能够享受到投资银行、证券投资、商业地产、财富管理、财务融资等五种以上金融服务。富国银行零售客户和批发客户能享受到的金融产品数量高于行业平均水平。在 1998 年时富国银行的公司零售条线每位客户销售金融产品数仅为 3. 2 个，至 2011 年底，公司零售条线每位客户销售金融产品数达到 6. 29 个，银行绝大部分收入来源于交叉销售。根据富国银行估计，美国每户消费金融服务产品的数目最多可达到 14 个到 16 个。

联动营销理念早在 20 世纪末就传入中国，富国银行的交叉销售理念也深得中国银行业的认可并效仿，纷纷加强公司业务与个人业务、金融机构业务的联动协作，打破部门壁垒，形成一种联合营销的局面，以此发挥合力，满足客户需求。具体工作中，对公部门在开展公司业务时深挖企业内部的个人客户资源，个人金融部门在开展对私业务的同时，深挖个人客户背后的资源和人脉，搭建对公业务桥梁。在我的实践工作中，公司条线助力个人金融业务发展的产品有很多，比如楼宇按揭业务、代发薪业务和第三方存管业务。楼宇按揭业务跟开发贷紧密挂钩，在此我们不作详细介绍，下边我们主要介绍代发薪和第三方存管这两项业务。

2020 年在交易银行部工作时，由于分管对公网上银行业务，因此与代发薪有比较多的接触，参与过相关系统的开发与推广。所谓代发薪，是指银行与企业合作，统一发放员工工资，这样不仅让企业省心，银行也可以从中获益。代发薪是企业日常经营的必需的配套金融服务，属于银企合作的基础性业务，是能够带动银行资金流水、提升银企合作黏性的有力抓手。代发薪是银行个人存款资金最稳定、最持续的源泉，也是带动银行批量获客、批量销售产品的重要渠道。

根据我的经验，银行营销代发薪业务的主要渠道有以下几种。一是公司与零售业务的联动。对公业务的存量客户中，已经开设对公结算账户还没有开立代发业务的企业，是优先筛选的目标客户。针对这些客户，理财经理可以主动找到负责维护这些客户的对公客户经理，进行客户相关信息资料的获取，然后通过对公客户经理引荐理财经理与该单位财务或人资认识。二是零售客户与公司业务的联动。理财经理通过对名下贵宾客户的工作背景梳理，筛选出可以作为营销代发薪业务的关键人员。如私营企业主，大中型企业高管等职业经理人以及政府部门、事业单位的公职人员，着重了解他们单位的基本情况及行业背景，再将掌握的资料跟公司客户经理进行共享，一起组成代发业务协同营销小组，共同上门与关键人物见面。三是资产业务与负债业务联动。在个贷经理名下的个人经营性贷款客户通常是企业主，这也是目标客户来源的渠道之一。客户经理与个贷经理通过“资负”联动一起共同开发代发薪客户。从代发薪客户开发渠道不难看出，开发代发薪客户离不开团队联动、部门联动，客户经理应积极主动地与其他潜在客户渠道的客户经理联系，通过联动借力营销，才能有事半功倍的效果。四是企业网银及电子账户渠道获客。通过分析网上银行企业客户的行为，批量挖掘潜在代发薪客户，交由相应的业务部门和支行跟进营销。

代发薪已经成为银行个人金融竞争比较激烈的领域，这也导致系统功能更加多元化，头部银行尤其是股份制银行正在持续发力。2022 年 11 月 23 日，招商银行推出“薪福通 4. 0”，聚焦在“薪税代发、人事服务、财务费控、团体福利、协同办公”五个维度。2021 年，中信银行升级优化“开薪易 3. 0”代发平台。2022 年 4 月，平安银行也公布了其平安薪 2. 0 版本。此前，广发银行也上线了手机银行 App“薪未来”专区。从业务发展趋势来看，由于银行产品同质化加剧，规模导向的发展方式使得代发薪业务的竞争不断加剧，再加上个人和企业在理财需求上的逐渐多元化，单纯的代发薪已经难以满足客户的多样化需求。银行只有通过非金融服务介入，才能实现更大的金融变现。代发薪产品在纵向深度上可以极大整合银行内部的资源，为客户实现更好的资产优化配置。

银行在拓展代发薪企业的同时，也要利用为代发薪机构上门办卡的时机，做好产品联动营销，拓展第三方存管等业务。第三方存管是指证券公司委托存管银行按照法律、法规的要求，负责客户资金的存取与资金交收，证券交易操作保持不变，证券公司客户证券交易结算资金交由银行存管。第三方存管作为客户保证金存管制度的一次创新改革，把原本只存在于证券机构和银行之间的资金博弈挪到了银行和客户之间，多争取到一个第三方存管客户就有机会多锁定一个客户资源，在此过程中银行完全可以交叉销售和提供产品组合的方式发掘更多的客户价值，不仅能增加与稳定银行客户资源，还能带来更大规模的资金流，促进个人与金融机构存款和中间业务的联动发展。

第三方存管业务作为银行与证券公司交叉销售的“源头”性产品，对于拓展新增优质个人客户意义重大。在高新区支行工作期间，为了拓展第三方存管业务，我们想了很多办法。首先，出台专门的激励竞赛方案，依据岗位不同设置不同的任务指标，明确谁营销、谁受益的激励机制，形成支行上下总动员。其次，加强拓户工作的督导，日日通报、周周外拓，重点发挥了大堂经理的引导功能和拓客积极性。利用客户等待办理业务的空隙或在为客户开立银行卡、手机银行等业务的同时，营销第三方存管业务，做到时间与产品的有效结合，提高客户黏性。再次，持续提高“第三方存管”业务技能，邀请证券公司业务骨干，利用晨会、夕会、班后会时间对支行人员开展业务培训，确保客户经理和一线员工人人会营销，人人会操作。最后，加强与更多证券公司的合作，实现资源互换、银证双方优势互补，结合当地同业竞争、客户结构等实际情况，充分利用银行网点资源与业务联动的优势，多开展合作宣传活动，巩固和提高银证业务影响力和竞争力。

银行公私联动的内容其实还有很多，除了公司业务带动个人业务外，个人业务也可以给公司业务提供很多助力。在我的工作经历中也亲历和见证了很多经典的案例。比如，一位企业的财务人员到营业厅办理业务，大堂经理通过交流知道他在附近一家科技企业工作，遂第一时间将信息告之客户经理，客户经理一查发现竟然是某项产品的海外销售冠军，迅速组织开展营销活动，通过解决企业的海外汇困问题，取得了业务的先机。又如，一位支行的客户经理，为了获得某外资科技公司的合作机会，针对公司员工大都频繁往返港深之间，遂通过协调个人金融方面的关系和渠道资源，解决了企业高层很多在深圳的私人非银业务需求，比如交通、子女教育、医疗等，最终获得了企业的认可和合作机会，而这家公司后来也成了全球某个领域的销售冠军。这种跨界交叉销售也是银行常用的方法，打造极致的“一体化”服务体验必将是银行转型和竞争力提升的重要策略之一。

2.13 建设国际财富管理中心

个人财富管理对于城市经济的促进作用明显，潜力巨大，从 2014 年青岛最早提出打造“财富管理金融综合改革试验区”，北京、上海、杭州等纷纷进军“国际财富管理中心”，提出了建设国际财富管理中心的规划。2014 年杭州市制定的《杭州财富管理中心打造 2014—2018 年实施纲要》，提出要将杭州打造成具有全国影响力的、国内一流财富管理中心。2018 年北京提出建设“具有国际竞争力和区域辐射力的财富管理中心”，2020 年又明确提出打造“全球财富管理中心”。2019 年《上海国际金融中心建设三年行动计划》中提出，上海要建设全球资产管理中心。从高净值家庭数量来看，能够成为财富管理中心的城市和地区还有很多，但从地理位置看，粤港澳大湾区的广州和深圳则有着毗邻香港国际金融中心的优势，在跨境财富产品服务方面也已经有很多试点，居民实现资产全球化配置也较其他城市更有优势。

2022 年 4 月 26 日，广州市地方金融监管局发布《广州市建设粤港澳大湾区理财和资管中心实施方案》，标志着大湾区理财和资管中心建设正式启动。广州方案提出各区要结合优势打造业务特色，形成跨区联动的空间布局。天河区发挥交通便捷、金融机构集中的优势，打造以高端私人理财和定制化资产管理服务为特色的中心城区资管集聚区。南沙自贸区发挥金融先行先试政策较多的优势，依托港澳保险服务中心、广州期货交易所等载体，打造以跨境资产和风险管理为特色的资管集聚区。黄埔区发挥科技创新产业基础深厚等优势，打造科创风投之都。

在广州方案发布没多久，深圳方案也出台。2022 年 8 月 11 日，深圳市地方金融监督管理局发布了《关于加快建设国际财富管理中心的意见（公开征求意见稿）》，2023 年 1 月 9 日发布正式稿。深圳意见明确了深圳建设财富管理中心的发展目标：打造要素集聚、业态齐备、开放融合的现代化财富管理生态圈，财富管理行业规模、创新能力、开放水平、影响力竞争力达到国际领先水平，到 2025 年，银行、证券、保险、基金、信托等财富管理总规模达 30 万亿元以上，吸引培育具有较强影响力的财富管理机构不少于 100 家，注册的 QFLP、QDIE、WFOE PFM 试点机构不少于 300 家。

深圳意见聚焦增强深港两地跨境财富服务功能。香港已具有显著的国际财富中心特点，即全球高净值人士云集、营商环境好、税率低、监管与国际接轨、供应端分散，以及市场参与者多元化且具备广泛的差异化能力。深圳出台政策进一步加强了与香港金融市场的紧密联动，发挥比较优势，提升大湾区跨境金融的整体服务水平。主要内容包括支持财富管理机构深入参与“跨境理财通”业务试点，推动交易型开放式基金（ETF）、基础设施建设领域不动产投资基金（REITs）等投资产品纳入“深港通”互联互通投资标的，支持建设大湾区债券平台，支持深圳财富管理机构“走出去”到香港发展等。

建设国际财富管理中心有助于促进离岸金融业务创新。在境外金融发达地区，利用离岸业务满足高净值人士财富管理需求是国际财富管理中心的特征之一。麦肯锡咨询研究报告认为，离岸金融业务能够促进中国私人银行市场加快发展，国内已有许多金融机构在离岸市场成功挖掘投资机会，为境内客户把握住了海外市场投资机会。针对离岸业务需求，深圳意见也提出要积极扩大自由贸易账户（FT 账户）试点范围，探索符合条件的深圳财富管理机构与香港联动开展离岸证券投资、离岸基金管理等业务创新，这些措施为深圳离岸金融业务发展提供了重要方向。

深圳前海在探索离岸业务方面已有布局，能够为深圳打造国际财富管理中心提供先行先试经验。比如，建设前海深港国际金融城已被纳入《深圳市国民经济和社会发展第十四个五年规划和二〇三五年远景目标纲要》重点任务，目前已入驻的金融机构达到了 188 家，港资、澳资、外资的占比达到 30%。前海深港国际金融城有望成为深圳离岸金融产品创新的首选试点区域，为大湾区个人客群研发提供更加丰富的离岸投资产品。

香港作为国际财富管理中心，不仅能够吸纳全球性的财富资源，同时也是全球财富管理机构的集聚地，参与财富管理市场的主体既包括从事财富管理的各类金融机构，也包括会计、律师、咨询等产业配套服务机构，从而形成完整的财富金融生态圈。截至 2021 年底，香港资产及财富管理业务的管理资产规模为 35. 55 万亿港元（约合 28. 94 万亿元），比深圳还要高 10%左右（李少辉、卢俊锦和罗勉，2022）。2021 年德勤国际财富管理中心排名报告显示，瑞士仍居榜首，其竞争力、资产规模和业绩表现均保持领先。新加坡和中国香港在竞争力上排名第二和第三。

2022 年 9 月 7 日，香港金融发展局发表题为《巩固香港作为亚洲优秀私人财富管理枢纽的地位》的研究报告，指出到 2023 年，以管理资产规模计算，香港将超越瑞士成为全球最大的跨境财富管理中心，而 2020 年至 2025 年的复合年增长率将达 9%。香港财富管理机构的服务专业化和质量已达到国际一流水平，能够为深圳客户提供更好的财富管理服务，以满足客户不同的财富管理需求。因此，广州和深圳为了吸引优质国际财富机构落户，推出很多优惠及便利措施，包括入驻绿色通道等。已有不少外资机构加快布局，配置了更加专业的服务团队。

第三章

银行跨境金融，服务高水平对外开放

1999 年，我由沙头角支行会计科调到分行公司业务处，转型从事客户经理工作。新任职的业务四科也是原来的商贸科，顾名思义，就是专门服务外贸、商业企业的科室。那时，其他主要的业务科室还有一科（原银团科）、二科（原工业科）、三科（原三资科）、五科（原房地产科）。到岗后，领导安排给我的客户比较繁杂，主要以外贸企业为主，其他有做家具、房地产的企业。也正是从那时起，我与外贸行业结下了不解之缘，从服务国有外贸企业，到民营和外资外贸企业，再到后来外综服供应链企业、跨境电商、独立站等，我一直都在为这类客群提供金融服务，也见证了中国外贸行业的发展历程，了解国家入世 20 年来在跨境投资与贸易便利化领域推行的重大变革，以及取得的丰硕成果。

3.1 外贸的熵增定律

我也没曾想过，服务外贸企业，第一项工作任务竟然是不良资产剥离。当时带我的师傅解释说我的大学专业以会计方向为主，同时拥有计算机、统计分析基础，恰好适合这项工作任务。但干过这活儿的人才知道，这项工作不仅任务重，而且时间紧急，经常要熬夜加班。不过也正是因为这个工作项目，让我对中国外贸行业的发展有了更加全面、客观的认识。改革开放 40 多年的发展，我国外贸行业可以说是波澜壮阔、跌宕起伏，印证了熵增定律。

熵增定律是克劳修斯提出的热力学定律，描述热量从高温物体流向低温物体是不可逆的过程。管理学界常用来形容组织由有序走向无序的过程。而中国的外贸行业似乎一直都在为“熵减”而努力，每次当行业即将陷入混沌的时候，就会迎来一场变革、阵痛，许多无法进化的企业都难免会遭到淘汰，而新的物种又快速诞生，弥补原来的市场缺口。整体看，外贸行业的生命力和自我进化能力还是很强的。对银行来说，服务外贸行业能够获得丰富的国际业务机会，但行业的被动转型也使银行跨境贷款难免受到冲击。

1998 年亚洲金融危机过后，中国外贸行业也是贷款出现不良的重灾区。当我翻阅剥离资产报告时，能够感受到诸多风险并非人力所能防控。联想到后来发生的青岛港、钢贸等事件，让我更加坚信一个观点，中国经济或许没有经历过完整的周期，但外贸行业却已有了多次轮回。每一次经历过风险冲击后，外贸行业都会有变化，比如从传统外贸公司进化到供应链及外综服企业，再进化到跨境电商，如今朝独立站的方向发展。

在 20 世纪八九十年代，外贸行业是“集万般宠爱于一身”，主要是因为外贸能够为我国创造最宝贵的外汇资源。早期从事外贸行业门槛比较高，有配额管制，导致以外贸专业闻名的高校录取分数都非常高，大学生毕业要进外贸公司工作，如同今天进入高科技大厂一般难。银行服务外贸企业获益良多，但也正因如此，当行业受到冲击时，银行业务也会受到影响。为此，银行跨境金融产品也越来越细化，从早期的信用证类产品，发展到后来的代付类、保理类、组合类等多元化产品模式。

再后来，虚假贸易事件的频繁爆发，使银行再次重新审视外贸行业的风险规律，逐渐回归本源，坚守本心。对大宗商品业务这类容易出现“融资性贸易”风险的领域，即便业务需求很大，银行普遍都比较谨慎。跨境电商的崛起，原因还是中国生产制造能力的不断增强，供应链效率提升，使我国与海外地区商品的价差空间很大，市场竞争力显著。借助互联网电子商务技术，为我国产品“走出去”提供更多便利。诚然，跨境电商对银行的服务需求与传统外贸企业又有所不同，面临的问题也很突出，比如反洗钱、合规性尽调无法穿透，轻资产、资金在境外无法监控等，亚马逊这类大平台销户事件也使企业遭受损失。如今，越来越多跨境电商逐渐向独立站转化，希音、安克都是自主品牌出海的成功案例，但银行如何能够服务好这类企业，其实还需要进一步研究。

银行发展跨境金融业务应有使命感和责任心，不仅因为跨境业务的风险规律比其他业务更加复杂，同时也是服务国家对外开放战略的重要支撑。无论是在分行公司业务处给客户叙做贸易融资，还是后来在贸易金融部、交易银行部从事产品服务，我都能够体会到跨境金融创新的多样性，说是“十八般武艺”也不为过。有前辈同事曾对我说过，培养一名合格的客户经理或许只需要 1 年时间，但培养 1 名合格的国际业务产品经理则至少需要 3 年，因为一些岗位需要实际操作经验的积累，比如审单，对合作条款的把握，对政策的解读，都要做到专业才能够保证安全可靠。即便跨境金融业务面临的风险比较大，但银行依然要给予企业更多支持，因为外贸对我国产业转型升级发展也起着非常重要的作用。

从我接触过的风险事件看，外贸行业的几个阶段出现风险的背后原因都不尽相同。入世以前的风险，主要还是公司治理方面的问题，国有企业激励约束机制不够灵活，经营不善，客户资源都掌握在营业员手里，以至于骨干与业务同时流失。入世后，跨境金融业务的风险更加复杂，比如有时会面临贸易背景真实性、企业海外业务过度扩张、垫资出现不良、代理客户漏税等风险。2016 年以后，由于大国间的贸易摩擦，导致银行面临的制裁合规风险也开始引起关注，国际业务大的银行持续增配了这方面的专业人员。相对于内贸来说，外贸融资业务的管理难度也要大得多，银行很难派人到海外现场或仓库作实地核查，仅凭单据和表面规范办理业务，国际贸易自偿性的原则都无法真正实现，更谈不上严格的闭环管理。所以我们也可以预见，在全球贸易交易模式朝供应链、产业链方向调整的大背景下，国际贸易融资也将迎来大的变革。

3.2　为何外汇如此重要?

外汇储备是指一国货币当局所持有的、可以用于对外支付的国外可兑换货币。我国和世界其他国家在对外贸易与国际结算中经常使用的外汇储备主要有美元、欧元、日元、英镑等。一定的外汇储备是一国进行经济调节、实现内外平衡的重要手段。当国际收支出现逆差时，动用外汇储备可以促进国际收支的平衡；当国内宏观经济不平衡，出现总需求大于总供给时，可以动用外汇组织进口，从而调节总供给与总需求的关系，促进宏观经济的平衡。同时当汇率出现波动时，可以利用外汇储备干预汇率，使之趋于稳定。因此，外汇储备是实现经济均衡稳定的一个必不可少的手段，特别是在经济全球化不断发展，一国经济易受其他国家经济影响的情况下，更是如此。

2007 年，我在总行公司业务部借调工作时，团队主管交给了我一项关于外汇业务方面的课题，研究目的是如何更好地发挥银行外汇资金的效用。这项研究不仅让我对外汇有了更深层次的认识，知道银行外汇存款原来还有多种用法。并且研究的结论对后边的银行策略也产生了一些影响。开始时我并不知道主管让我研究这个课题的原因，只知道后来这个报告得到上级领导的认可，并表扬了我。直到我多年后去了贸易金融部工作，将一些事情联系起来，才发现某些政策的变化或许跟当时的研究建议有关。

公司客户经理圈层中有个众所周知的问题，由于贸易融资业务操作太过繁杂，且早期并没有“三办法一指引”的监管要求，所以多数客户经理宁愿叙做流动资金贷款，也不愿意做贸易融资。我是做贸易融资出身的，所以天然对贸易融资带有倾向性。也因如此，在总行写外汇业务报告时，特别介绍了发展贸易融资支持国际业务的诸多好处，并建议银行要大力发展贸易融资业务。虽然从单笔业务看，贸易融资收益并不算高，如果综合考虑派生的国际结算量、开证审单手续费收入、沉淀的存款等业务，贸易融资的效益会高于做一笔流动资金贷款，最高的时候一笔单证业务派生的综合收益率高达7%。也许是总行听取了我们的建议，将更多的外汇资金头寸用于支持贸易融资的发展。2005—2006 年，国有银行通过上市引入了国际战略投资者，在内地和香港两地吸收了上百亿美元的资本金，这些资金都交给了金融市场部门去运作，购买美元债券产品，彼时美元利率普遍较低，所以资金的运作效率并不高，而如果投资次级债，风险又太大（王永利，2019）。所以，无论是从入世后把握历史性机遇的角度看，还是从单纯收益、风险角度分析，或者从银行巩固国际业务地位的战略看，我们的建议都是合理的。

2017 年我在交易银行部工作时，由于经常与外汇监管部门进行汇报交流，对外汇的理解也有了更多的认识。外汇也有会计学和货币学两个角度的认知，掌握这点也便于理解国家的货币政策。我在过往多次给外贸企业客户的培训讲座中，都交流过一个观点：我们国家为何不存在货币泡沫？在以前，我们认为外汇的重要性就是能够用来购买海外的产品，其实它的更大作用是扮演基础货币的角色。如果从财务会计的角度看，1 美元相当于 7 元，但从货币学的角度看，1 美元的价值就完全超过 7 元，由于货币乘数作用，假设准备金率为 10%，增加 1 美元的外汇储备，央行就有空间向市场多投放 63 元的广义货币 M2（估计）。所以，以我国 2022 年前三季度的外汇储备、准备金率、汇率水平与 M2 比较，货币没有出现超发情况。庞大的外汇储备为我国经济健康发展和宏观调控提供了强大的支撑。同时我们也明白守住外汇合规底线的重要性。

为了管理好外汇，并用好外汇，我国在跨境和外汇政策上都表现得非常专业和严谨，国家提供了一个完整的改革框架。在经常项目上，基本已经实现自由兑换，无论是进口还是出口，只要是真实贸易项下的，银行都提供了非常便利化的服务。对于白名单的企业客户，只要年度内外汇收支自求平衡即可，或者不要出现大的异常偏离现象。在资本项目，我国也开通了非常多的跨境投融资渠道，有便利跨国集团的，有便利个人投资的，有便利自贸区服务的。政策的类型也越来越丰富，原因无他，就是引导外汇资金的合理、正确流动和使用。也正是因为这一套方法，既让我国享受了全球化的红利，也避免了外围风险的过度影响。我国外汇政策的顶层设计不得不让我们佩服，从外汇改革的历程与框架看，主干的方向是朝三条线迈进，一是跨境资本流动的渠道会越来越丰富，比如跨境理财通、债券通、股票通、互换通等。二是跨境业务的办理程序也越来越简化和便利，比如境外工程承包优质企业结算便利化、大宗商品企业离岸经贸结算便利化、优质企业资本项目收入境内使用结算便利化等。三是涉外账户体系管理会更加完善，更多银行和地区获得试点资格，目前国内有三种常见的涉外账户，分别为 NRA 账户、FT 账户以及 OSA 账户。

NRA 即境外机构境内账户，仅限境外机构可以开立，分为外币 NRA 以及人民币 NRA。由于 NRA 账户的资金性质视同境外资金，因此 NRA 账户之间以及与境外账户之间的资金划转可凭开户主体的指令直接办理。此外，在与境内账户办理资金划转时也比较灵活，真实交易背景下可以办理同名账户下本外币的资金划转，无币种的限制。全国大部分银行都可以办理 NRA 账户，并且在 NRA 账户上开展的跨境金融创新比其他账户多。

FT 即自由贸易账户，自由贸易账户是指金融机构根据客户需要在自贸区分账核算单元开立的规则统一的本外币账户，分为 FTI（居民个人自由贸易账户）、FTF（境外个人自由贸易账户）、FTE（自贸区内机构自由贸易账户）、FTN（境外机构自由贸易账户）、FTU（自贸区内同业机构自由贸易账户）。FT 账户以遵循“一线放开，二线管住，有限渗透”为主要原则，“一线放开”即 FT 账户与境外基本是打通的状态，无币种限制，为自贸区内的企业涉足海外市场、满足实体经济所需的贸易结算和跨境投融资汇兑提供了便利，而对境内的要求则是“有限渗透”，指 FT 账户与境内账户之间只能以人民币的形式划转，要求较为严格。FT 账户的便利性在于它是本外币合一的多币种账户，对于涉外的企业来说，开立 F T 账户可以实现多币种的自由转换。FT 账户最早在上海自贸区试点，后来逐步推广到国内其他城市自贸区，而且每个地区的试点银行也仅两家。

OSA 即离岸账户，是指金融机构为在境外的自然人、法人等开立的境外账户。需要注意，与前面讲到的 NRA 账户以及 FT 账户不同，OSA 账户属于境外账户，离岸账户的抬头应当注明 OSA。此外，办理离岸业务的金融机构需要经过国家外汇管理局的审批，目前仅交通银行、招商银行、浦发银行、平安银行（延续深圳发展银行）有资质。离岸账户的出现时间较早，在

1997—1998 年国家外汇管理局就下发了《离岸银行业务管理办法》（银发〔1997〕438 号）以及《离岸银行业务管理办法实施细则》[（98）汇管发字第 09 号]。开立离岸账户，客户可以自由调拨资金，不受国内外汇的管制，此外在存贷款利率、业务品种等方面也比较宽松，不受境内监管机构的限制，客户的资金运用更加便捷。由于 OSA 账户有洗钱和逃税的风险，所以开户的资格审核相对比较严格。

在涉外账户基础上开展跨境金融创新的案例有很多，以往集中在收付汇和跨境贷款方面，但 2022 年在票据领域也出现了创新案例。1 月，招行上海分行成功落地全国首单 FT 账户跨境票据业务，首次将商业汇票引入自由贸易试验区，丰富了跨境结算模式，有效提高了跨境贸易支付结算的便利性。3 月，广西桂林银行在上海票交所落地了全国首笔 NRA 账户跨境电子银行承兑汇票业务，并将票据结算优势和 NRA 账户功能相叠加，创新推出内外贸一体化的实用金融工具——跨境票据通，实现国内主流贸易结算工具与跨境产业链有机衔接。与传统国际结算方式相比，跨境票据通业务操作简单，手续便捷，可复制性强，适用于货物贸易、服务贸易、大宗商品交易等多种类型跨境供应链上下游产业，能充分利用境内外“两个市场”“两种资源”，将银行信用赋能实体经济高质量发展，降低企业融资成本，促进购买力释放和生产规模扩大，大幅提升跨境贸易支付结算便利性。

3.3 用退税组合产品服务“女人世界”

银行产品的同质化严重，服务范围也没有多少差别，因此银行产品没有绝对的专利可言，新产品很容易被抄袭。在客户看来，银行间的差异更多体现在品牌和规模方面，大的银行自然能够提供充足的资金支持和安全保障。所以，银行要让客户选择你的服务，需要持续改进服务体验并适时推出新产品，让客户产生强依赖性，从而赢得客户的合作。银行提供的产品或服务要遵循“量体裁衣”适配的原则，并以长远利益为前提。在多数银行遵循“二八法则”的今天，“卖瓜要了解客户，但也要了解自己卖的瓜”，银行只有了解了产品或服务的特征，才能更好地组合设计出超出客户预期的产品。

在我服务过的外贸企业中，印象最深刻的莫过于某省属外贸公司，至今我与财务经理还保持联系，因为那段回忆很是难忘。当时的外贸行业正在经历一场生死时速，这家企业存活下来，并且发展到今天仍然是国际结算大户。回到 1997 年亚洲金融危机，由于周边国家汇率贬值，而中国承诺人民币不贬值，使得中国的商品及劳务价格高于东南亚各国，价格竞争力被削减。中国与东南亚国家出口产品结构有很大的相似性，使中国在第三方市场同东南亚各国的竞争变得更加激烈，从而影响到中国的出口，外贸企业的盈利水平也不断被削弱，出口难度增大。1997—1999 年中国出口额基本没有增长，在 1.6 万亿美元上下徘徊。这种情况在广东等外向型省市表现得更加突出，1997 年广东的进出口相当于全省 GDP 的 150%，出口相当于全省 GDP 的 86%，出口依存度高达 80%以上。1998 年的上半年，由于亚洲市场订单急速下降，广东出口也急速下降，企业开工不足现象开始出现，当年 5 月，广东对东盟出口的大宗商品出现大幅度下降，其中计算机下降 82%，汽车零件下降 70%，中药材下降 74%，船舶下降 67%。与此同时，由于东南亚国家货币贬值，广东商品在国际市场上竞争力下降，被客户大幅度压价，欧美市场上广东产品普遍被压价 20%至 30%以上。一些企业因资金紧张，被迫压缩生产规模，大举裁员，个别企业甚至直接倒闭走人。为了应对这一严峻形势，政府和企业纷纷采取自救措施，比如出台更加积极的出口退税政策，寻找其他新的出口替代目标市场。

说到出口退税大家并不陌生，我国从 1985 年开始实行出口退税政策，对出口货物退还其在国内生产和流通环节实际缴纳的产品税、增值税、营业税和特别消费税。出口退税主要是为了平衡国内产品的税收负担，使本国产品以不含税成本进入国际市场，与国外产品在同等条件下进行竞争，从而增强竞争能力，扩大出口创汇。通过出口退税，减少了企业纳税金额，可以为企业留存更多利润，帮助企业将更多的资金投入生产、研发。亚洲金融危机使得我国出口贸易面临空前困难。在这种情况下上调出口退税率，改变原本扭曲的出口退税局面，成为可采取的重要手段之一。从 1998 年 1 月 1 日起，为促进出口我国进行了第二次调整，提高了部分出口产品退税率，此后中国外贸出口连续 3 年大幅度、超计划增长，但也带来了财政拖欠退税款的问题，这一块资金不仅属于企业的利润，还有后续运营资金，因此，退税款账期过长成为外贸出口企业的一块心病，渴望又感觉遥遥无期。当时的大型出口企业出口退税款项从申报到退税一般在 60 天左右，最快的在 18~30 天；而对中小型企业，退税周期普遍在 90~120 天。对银行来说，企业的问题就意味着商机，服务体验的痛点也意味着打造爆款产品的机会。

我负责服务的这家省属外贸企业同样受到退税周期拉长的影响，这家企业面临的不仅是盈利的问题，还有持续增长的瓶颈。要知道，中国的外贸企业利润普遍非常低。外贸企业分为自营出口和代理出口，区别在于：前者外贸企业要自行承担出口业务的盈亏，而后者不承担出口业务的盈亏，而只代理操办出口手续、垫资、报关等，并收取代理费用。如果从事代理业务，只能收千分之一的代理费，而自营的净利润可以做到1%~2%，这个盈利水平的前提是出口退税款能够顺利回流，所以，如果退税款无法及时回笼，企业占用的资金很大，很难将业务继续做大，有新的好项目也不敢接。鉴于此，公司财务跟我详细介绍了情况，希望我能够想办法解决这个问题。充分交流后我得知，公司新拓展了美国沃尔玛的大订单，每年有几千万美元规模，产品是暖炉和烤炉，对方开出的条件也非常好，愿意让美国银行或花旗银行开信用证过来，因此从业务的基本面看，是有新增授信的必要性的。对于授信可行性，公司已经没有更多的风险敞口承担能力，经营状况也并不是太好，存量银行贷款敞口也已经远超其抵押物评估价值。但我深入调查后发现，公司的抵押物是一座位于华强北的五层商业旺区物业，经营“女人世界”商圈，每年租金还比较可观。虽然该栋物业的财务账面价值仅300万元，但如果我们按照租金加折现法可以估值到1亿元，因为公司没钱缴付物业增值税，因此一直没有进行会计重置入账处理，所以房地产评估价值上不去。

为了支持企业新业务的发展，我设计了一套全新的融资解决方案，第一步是扩大额度，由原来2000万元授信额度扩大至4000万元，名义上由原来的抵押物覆盖，新增的2000万元专项用于出口美国沃尔玛暖炉业务，选择出口打包放款的贸易融资业务品种，由美国花旗银行向我们银行开出信用证，我们基于信用证给企业发放打包放款，然后将打包放款资金作为100%保证金向生产制造商开出银行承兑汇票，客户仅需支付万分之五的手续费，再由我们在异地的兄弟行给对方贴现，这样一来就可以保证资金在系统内闭环管理。但这一方案的实际敞口过大，在与风险部门初步沟通后，还是存在一定的审批困难，为此我不得不再寻找更多的保障手段。

我和企业瞄准了出口退税政策机会，共同探讨是否可以借此打造一个爆款产品，用出口退税账户质押来发放贷款的业务。出口退税理论上讲是企业的应收账款，既然应收账款可以质押做保理融资，那么退税款应该也是可行的，唯一不同的是，出口退税的付款方是税务局，政府单位，此前没有这类先例，是否可行，在制度上有可能没有依据和支持，这是我当时的想法。而企业对于我的想法也给予了高度肯定，并且表示愿意牵线，安排我们与市贸发局和市税务局工作人员一起讨论方案的可行性。在与政府工作人员初步接触并讨论后，市贸发局和市税务局都非常认同我的想法，表示可以大胆尝试，如果成功确实解决了深圳地区出口下滑的难题。就这样，多次交流后，我们银行与市贸发局联合发布了出口退税质押贷款试行办法，并在为省属外贸企业成功办理首笔业务后，市贸发局、市税务局邀请分管副市长共同召开了新闻发布会，组织200个外贸出口重点企业客户来参会，同时也邀请我到现场给大家进行培训和宣讲，事后该项目也获得了国家经贸委的高度认可，并在全国范围内进行推广。

由于这次业务的成功，这家省属外贸公司的出口业务持续转好，2001年就超过了1亿美元目标，成为我们银行排名前10的国际结算大户，还是前五的信用证大户。近年随着稳外贸政策的出台，出口退税方面也有新的支持政策。2022年4月24日，国家税务总局、人民银行、外汇局、银保监会等10部门发布《关于进一步加大出口退税支持力度 促进外贸平稳发展的通知》（税总货劳发〔2022〕36号），从强化出口信用保险与出口退税政策衔接、完善加工贸易出口退税政策、挖掘离境退税政策潜力等15个方面加大对出口退税政策扶持力度，该政策是我国密集出台"稳外贸"组合政策的又一项重大措施，也是应对不利因素影响的及时策略。

出口退税新规涵盖了三大方面的内容。一是加大政策支持力度。包括强化出口信用保险与出口退税政策衔接、完善加工贸易出口退税政策、挖掘离境退税政策潜力。二是提升退税办理便利程度。包括大力推广出口业务"非接触"办理、持续精简出口退税环节报送资料、积极推行出口退税备案单证电子化、大幅提升出口退税智能申报水平、不断提高出口退税办理质效、进一步提高出口货物退运通关效率、优化简化出口退税事项办理流程。三是优化营商环境。包括帮助企业提高出口业务办理效率、支持跨境电商健康持续创新发展、引导外贸综合服务企业健康成长、加强信息共享引导企业诚信经营、积极营造公平公正的营商环境。同时官方也提示，外贸企业在享受退税政策便利的同时，需要防范"骗税风险"，过去曾有不法分子采取"假企业""假出口""假申报"的方式骗取退税款，造成国家财产损失，对此税务总局保持"零容忍"和常态高效打击，2022年以来，税务总局的官网共通报了5起虚开增值税专用发票骗取出口退税案。

由于银行支持外贸企业解决流动资金问题的产品有很多，出口退税质押融资的必要性没有早年那么迫切，但该业务依然有生存空间。我国出口退税不断提速，2021年金税三期系统上线后，全国正常出口退税的平均办理时间已经压缩至6个工作日内。如今我国经济处于下行期，国际贸易局势纷繁复杂，银行此时创新并推广退税贷款产品，不仅是落实国家经济战略的需要，也是用好政策的机会。一是监管政策支持银行开展退税融资业务。早在2019

年 12 月 10 日，中国银保监会、商务部、国家外汇管理局三部门发布《关于完善外贸金融服务的指导意见》（银保监发〔2019〕49 号）中就指出，开展外贸应收账款融资及相关业务创新，鼓励银行在有效把控出口退税账户变更情况等基础上开展出口退税账户相关融资，未退税款可视同企业应收账款一并进行质押融资。二是出口退税贷款风险变得更加可控。由于出口退税等待时间已经大大缩短，银行承担的信用风险降低，退税贷款的风险可控程度已经相当于低风险的出口押汇业务。此外，银行还可以探索“池融资”模式，由企业将出口退税账户质押或托管给银行，银行以企业前两个年度平均年退税金额或预计下年度应退税额为限额建池，按照限额发放融资款项，企业一年内收到的出口退税款项自动偿还融资金额，银行定期进行授信后评价，及时发现潜在风险。三是线上化水平的提高为银行服务高频、小额的普惠出口业务提供更便捷的方式。银行可以为出口企业定制线上化信用类授信产品，通过与税务局银税数据互联，依据企业历史出口退税数据，实现授信额度自动审批，支持出口企业融资需求。四是银行可与出口信保公司合作开发支持出口企业的组合产品。通过共享出口订单理赔信息和企业资信情况，发挥信保公司的增信管理及政策补贴和银行的融资功能及汇率管理优势，实现以“信”换“贷”，共同促进出口企业的健康发展。

3.4　当外综服遇见 NDF

供应链管理公司是中国入世后的第二年出现的外贸新物种，最早发迹于深圳特区，后来被国家统一称为外贸综合服务企业，简称外综服。2002 年 4 月，经深圳市政府批准，原“千亦禾”旗下的进出口贸易、物流、报关、信息软件等专业公司改制组建“深圳市千亦禾供应链技术股份有限公司”，国内首家以“供应链”命名的从事供应链管理业务的专业公司在深圳成立。2004 年 2 月，怡亚通供应链公司在深圳成立，前期以国际贸易起步，后来逐渐转向内贸市场。越海全球于 1997 年在香港成立，前期从国际货代起步，后来加大物流仓储的布局。外综服企业虽然同属一个市场，但业务模式各有不同。

外综服企业入世 20 年来在降低供应链成本方面发挥了重要作用。国家为鼓励出口，制定了很多优惠政策，如快速通关、无纸化退税等。但依然有很多中小企业不懂或者没有精力、人力去享受政策红利。通过外综服企业这一平台，中小企业无须自己去跑各环节，就能享受到全方位的监管便利和优惠政策。2014 年联合国贸易和发展会议（UNCTAD）统计，全球 80%的跨境采购依然由少数大企业（财团）完成。由于外综服企业的专业化运作，后来国内许多大型制造企业也将业务外包给它们处理。

我在分行贸易金融部工作时，服务过很多外综服企业，其中一家还是当时国内最大的外综服平台，并受邀去给它们讲过课。这家外综服企业于2001年成立，直到2008年公司才开始盈利，2010年被阿里巴巴收购，成为阿里全球化战略的重要板块。2011年到2017年，企业服务的中小客户数量由1200家发展到12万家，分公司开遍全国各地，GMV（进出口额）由6亿美元做到200亿美元。作为国内第一家面向中小企业的进出口流程外包服务平台，这家外综服企业通过互联网（IE+IT）一站式为中小企业和个人提供通关、物流、外汇、退税、金融等所有进出口环节服务，打造了从“外贸资讯”到“外贸交易”一站式外贸供应链服务链条，是中国外贸史的一个重要标志。

我国社会化供应链成本占到GDP的18%左右，远高于欧美国家水平（7%~8%），而这也为外综服企业创造了发展机会（周国辉，2018）。针对供应链发展较为滞后的现状，2017年10月13日，国家对外发布《供应链创新与应用的指导意见》，规划供应链建设到2020年，形成一批适合我国国情的供应链发展新技术和新模式，基本形成覆盖我国重点产业的智慧供应链体系。供应链管理也作为商务流程外包的一种形式正式纳入政府服务外包扶持范围。

从银行服务的视角看来，外综服企业发展对经济的助力还远不只是提升供应链效率这么简单，甚至可以提高整个产业链的财务效益水平。借助互联网技术，大量的国内生产制造企业将非核心业务外包，这已经成为它们应对环境变化和市场竞争的重要手段，比如华为、小米等手机制造企业，将部分外贸出口业务外包给深圳的外综服企业，将之定位为“代理出口部门”的角色。这些外综服企业在获得大额足够的订单后，与银行开展国际业务合作，基于真实的贸易背景，开发“三角套汇”NDF组合产品，这一产品不仅满足了企业的融资需求，也规避了汇率波动风险，还可以增加企业的财务收益。我们银行在2005年也开始提供这一服务。

NDF中文全名为“无本金交割的外汇远期”，它是一种外汇远期交易，从严格意义上来说是一种套利产品，对银行和外综服企业来说都是一把“双刃剑”。首先，业务带来的好处非常明显，因为银行和外综服企业基本不用承担风险敞口，风险低，收入稳定。也因为多了这一项收益，深圳的外综服企业拥有比其他地区同类型贸易公司更强的市场竞争力，在抢夺大客户订单时价格优势明显，在降低产业链成本方面也起到了作用。而业务的负面影响也经常为人所诟病。由于产品简单容易审批和操作，在银行和企业内部都会产生

"荷兰病"的不良后果，银行客户经理光做这类业务就可以轻易完成绩效目标，放弃了对其他优质客户的营销和拓展机会。对监管来说，也担心由于这种过度激励，引入了一些不良的企业，为了套利设计虚假贸易，影响正常的国际收支。所以银行叙做这类业务也更加谨慎。

回顾外综服企业的进化路径，从最基础的传统物流仓储出发，进而到供应链管理，再延伸到供应链金融，最后做到产业供应链平台模式，市场前景是广阔的。但除了贸易摩擦和疫情的冲击外，行业转型也遇到不少挑战。一是自从几家头部企业出现风险事件后，不少生产制造企业开始布局自己的供应链平台，减少了外包订单。二是来自跨境电商的冲击，其运营灵活性要比外综服企业高，对市场反应更敏捷。三是营业收入从原来按照产品销售确认收入转变为按照代理服务确认收入，规模大幅下滑，对资本化及上市 IPO 不利，也影响到所获得的金融支持。四是外综服转型内贸的不适应。由于外贸的规范性较好，很多企业并不能快速适应内贸的规则，更加无法在线上与阿里巴巴、京东等平台竞争。五是出口退税业务方面的稽查风险增加。部分公司因所代理退税的客户存在骗税行为，导致被罚巨额款项。在众多转型方向中，物流仓储或是比较符合贸易本源的做法，但也需要大额资金支持。此外，在向内贸转型方面，厦门的供应链企业的数字化转型似乎探索出一条比较有效的方案，该地的头部核心企业通过联动金融机构，构建线上数字化管理生态圈，为其合作上下游企业提供高效的垫资服务，探索出了一条新型的服务模式。作为银行，如果我们了解行业生态成功背后的真实原因，或许能够更好地帮助企业健康发展和渡过难关。

外综服企业在中国依然是供应链金融的重要参与者。中国报告大厅的研究数据显示，在流动性及资金支持方面，2022 年供应链管理企业和金融机构占比合计为 56.15%，外贸综合服务平台和 B2B 平台占比合计达到 20.63%，金融科技服务商参与供应链金融占比为 9.6%。其中很多供应链管理企业本身也是外综服企业，即内贸、外贸兼做。所以，在双循环背景下，外综服企业可以重塑战略定位，与银行一起，肩负起支持中资企业拓展全球供应链的使命。与此同时，政府和监管可以采用白名单制管理模式，在金融服务、税务管理、跨境便利化方面给予更多的支持措施。

3.5 从"被抛弃"到"走出去"

2002 年，网络上出现了一篇非常火爆的文章，名为《深圳，你被谁抛弃》，讲述的是深圳由于土地资源有限，四个难以为继，要寻找经济新的增长道路，否则就会被别的城市超越。现在回头看，这篇文章还是挺有前瞻性的，哪怕到了今天，深圳都依然有着“被抛弃”的危机感。这篇文章发表的时候，我也正好在公司业务部的规划管理科工作，部门领导看了文章后也有反应，觉得文章思路没问题，而且对我们银行业务的发展也有借鉴意义，遂安排由我牵头，和另外两个同事合作研究一下深圳经济发展趋势以及银行应变的策略，后来这篇文章分别获得了总行优秀论文二等奖和深圳优秀论文三等奖。当时合作的两位同事后来都算是业内的名人，一位成了某央企子公司的CFO，另一位成了财经网红大V。研究最大的成果是确定了我们银行业务“走出去”的发展战略，方向有两个，一是跟着客户走向内地市场，二是跟着客户走向世界。现在来看，“走出去”不仅是深圳的战略，也是国家的战略。

除了通过外贸将产品出口到国外，企业还有很多种“走出去”的方式，比如建筑公司、通信设备制造商承接了海外工程，属于服务业的“走出去”。国内科技企业收购海外公司，引进其技术，这是资金的“走出去”。国内制造企业到海外设立工厂，建立生产车间，这是产业链的“走出去”。“走出去”是我国对外开放中至关重要的一个环节，也需很多银行金融服务的支持，比如贸易融资、买方信贷、国际保函、内保外贷等。因为我工作的银行是国际化程度最高的中资银行，自然接触这方面的业务比较多。对于这类海外的项目，由于专业性程度高，因此银行专门成立了服务这类企业的部门。在风险管理部工作时，我曾参与了一个民营企业并购德国企业的项目，需要内保外贷产品。在整个融资过程中，除了需要聘请律师、会计师、投行等专业机构提供辅助外，更重要的是，需对海外市场的经营模式有清晰、全面的认识，比如政府的审批、满足工会的诉求、养老金政策制度等，相关要求比国内复杂得多，潜在的劳工合约风险要比我们想象的大。

中国企业对外投资也是始于2001年中国加入世界贸易组织（WTO）之后，开始规模不大，2002年和2003年还不到30亿美元。入世五年后，中国企业对外投资急剧扩大，每年对外投资都在600亿美元左右。中国跨国公司已经成为全球成长最快的跨国公司群体，如果要举一个比较成功的案例，奇瑞收购沃尔沃算一个。2010年3月28日，吉利控股集团董事长李书福亲自带队远赴海外，揣着18亿美元的巨款从福特手中接下了彼时深陷泥潭的沃尔沃汽车。2021年10月28日，沃尔沃汽车在纳斯达克斯德哥尔摩独立上市，上市首日股价暴涨22%。这也是20年来瑞典历史上规模最大的一次上市。十年岁月也只是弹指一挥间，但也足够让曾经的豪华汽车品牌重振雄风：沃尔沃汽车不仅实现了销量翻倍，还实现了扭亏为盈，市场份额跃居豪华品牌前列。资本市场对于沃尔沃汽车的追捧，不仅是对企业经营状况好转的认可，同时也是对跨国车企并购、中国企业走向全球的肯定。

国家对“走出去”的政策其实也是灵活调整的。如果大家还有印象的话，会发现在2014年以前，我国出台过鼓励“资本外流”的相关政策，2013年，国务院公布的《政府核准的投资项目目录（2013年本）》中就有规定：无论国企还是民企，只要不涉及敏感领域和地区，10亿美元以下的境外投资将不再需要送发改委各级部门核准，而只需要提交表格备案即可，这对于中国企业“走出去”、对外投资是利好政策。我国从1993年开始到现在，每年都有经常项目顺差，但外汇占款过多也容易导致引进型通货膨胀，因此当时中国是鼓励资本输出的，成为资本净输出国。诚然，中国海外投资收益率2009年以后都是负的，2013年更接近负1000亿美元，其中买美国的国库券收益就非常低，顶多是3%或4%，在2008年全球金融危机的时候收益都不足1%。反观美国在中国投资的收入，美国跨国公司在中国的投资收益高达33%。尽管美国的对外负债远远低于海外资产，但海外资产的收益却可能明显高于其对外负债的成本。美国的海外净资产为负3万亿美元，但其海外净收益仍是正的2000亿美元（王永利，2019）。也正是在鼓励“走出去”的政策下，从2014年第三季度起，外汇储备开始出现减少，2015年我国外汇储备急剧减少了5126.56亿美元。为此，2015年以后我国收紧了海外投资的步伐，对项目也严格把关。总体上评价，我国对外投资的质量还有很大的改善空间，这都需要我们加快产业转型升级。同时，虽然表面上看我们吃了亏，但却练就了一身“好本领”，我国拥有了全世界最全的工业制造品类和最整齐高效的供应链体系。

2017年8月8日，国务院办公厅转发国家发展改革委、商务部、人民银行、外交部《关于进一步引导和规范境外投资方向的指导意见》，在此次发布的指导意见中，按照“鼓励发展+负面清单”模式引导和规范企业境外投资方向，明确了鼓励、限制、禁止三类境外投资活动。鼓励类包括有利于“一带一路”建设和周边基础设施互联互通的基础设施境外投资等战略性项目。限制类主要为与国家和平发展外交方针、互利共赢开放战略以及宏观调控政策不符的境外投资，比如房地产、酒店、影城、娱乐业、体育俱乐部等境外投资。禁止类指危害或可能危害国家利益和国家安全等的境外投资，比如赌博业、色情业等境外投资。

3.6　为"一带一路"护航

"一带一路"建设是我国主动应对全球经济形势变化、统筹国际国内两个大局做出的重大战略决策，也是"走出去"战略的重要目标区域。2013 年，习近平总书记提出"一带一路"重大倡议，旨在同沿线各国分享中国发展机遇，实现共同繁荣，目标是共同发展，理念是合作共赢。资金融通作为"一带一路"倡议的五通①之一，也是"一带一路"建设的重要支撑。近十年来，中国银行业协会发挥行业自律组织的优势，向 620 家中外银行会员单位发出了《中国银行业服务"一带一路"倡议书》，引领银行业从优化海外布局、促进产融结合、强化金融合作等方面服务"一带一路"建设。

过去十年，银行支持"一带一路"建设主要表现在几个方面。一是强化机构网点布局，在丝绸之路沿线内陆城市和沿海港口城市设立网点。二是境外同业合作方面，银行还可以通过收购"一带一路"国家银行股权，成为当地服务银行。三是加大优质信贷项目储备力度，并在营销资源配置、授信审批流程、信贷规模分配等方面给予必要支持，设立了"一带一路"基金支持沿线基础设施建设。四是关注国家"一带一路"最新政策，及时创新配套产品服务方案。比如 2022 年 9 月 2 日，中国银保监会办公厅、商务部办公厅印发《关于开展铁路运输单证金融服务试点更好支持跨境贸易发展的通知》，鼓励银行参照海运提单下金融服务模式进行创新，将风险可控的铁路运输单证作为结算和融资可接受的单证，为外贸企业提供本外币结算、信用证开立、进出口贸易融资和供应链金融等服务。河南、重庆、四川、厦门、青岛为第一批试点地区，试点时间一年。

近年来，由于铁路运输技术的发展，陆上丝绸之路建设开始得到国家更多的关注。我国陆上丝绸之路涵盖了中亚、西亚、中东、东南亚、南亚、北非、东非等 40 多个国家和地区，并辐射东亚以及西欧，共有中蒙俄、中国—中亚—西亚、中国—中南半岛等国际经济合作走廊。与"一带一路"沿线国家保持经贸往来，不仅能够进一步稳固我国稳外贸稳外资的经济成果，也可以促进人民币国际化，更关系到我国地缘政治战略和能源安全。2022 年上半年，我国对"一带一路"沿线国家进出口增长 17.8%，比我国外贸整体增速高出 8.4 个百分点。2021 年 12 月，"一带一路"标志性工程中老铁路正式开

---

① "一带一路"五通是指政策沟通、设施联通、贸易畅通、资金融通、民心相通。

通运营，半年多来累计发送货物超过400万吨，呈现量质齐升态势。国内21个省区市先后开通了中老铁路跨境货运列车，运输货物的品类由开通初期的化肥、百货扩展至电子、光伏、冷链水果等100多种，覆盖毗邻的泰国、缅甸、老挝、马来西亚、柬埔寨等近10个国家和地区。2022年6月8日，“中国+中亚五国”外长第三次会晤通过了《关于深化“中国+中亚五国”互联互通合作的倡议》，将加快推进现有口岸设施设备现代化改造，延长口岸开放时间，拓展中国同中亚国家“智慧海关、智能边境、智享联通”合作试点，探讨开展国际贸易“单一窗口”、电子证书联网等领域的交流与合作。

银行助力陆上“一带一路”发展，可以从多个维度提升跨境金融服务水平。一是鼓励银行参照海运提单下金融服务模式进行创新，将风险可控的铁路运输单证作为结算和融资可接受的单证，为外贸企业提供本外币结算、信用证开立、进出口贸易融资和供应链金融等服务。二是推进科技应用，鼓励银行加强与铁路承运人等合作，探索借助区块链等技术，实现铁路运输单证信息的快速传输校验，更好开展金融产品服务创新和风险防控。三是确保有效控货，银行应注重分析铁路运输单证控制关联货物的实现方式，关注基于现有法律框架下的相关合同条款能否确保银行有效控货。四是加强风险防控，银行应注重对外贸企业整体经营状况的分析，合理运用保证金、销售回款账户监管等方式缓释风险。五是健全管理机制，鼓励银行保险机构根据铁路运输单证金融业务特征和主要风险点，建立健全相关管理制度，加大差异化政策支持。

3.7　人民币的国际魅力

2017年，我调回分行贸易金融部工作，也是从这时开始真正认识跨境人民币业务。刚到岗不久，时任总经理就带我去拜访了监管部门负责跨境人民币业务的领导，得到了一些指导意见和工作要求。后续我也保持与监管部门的沟通汇报，随后收获两项成果。一个是有幸参与了人行的贸易区块链平台建设，不仅献计献策，还出人出力。另一个是撰写了《跨境人民币政策演变与银行业务创新》的文章，在监管内刊上发表，并获得深圳经济特区金融学会2022年度优秀论文一等奖。通过研究与实践，我发现跨境人民币在服务实体经济方面发挥了重要作用，同时人民币的全球地位也在稳步提升。

根据人民银行统计数据，2021年全国人民币跨境收付金额合计36.6万亿元，同比增长29.0%，较上年人民币跨境收付金额增长近三成。人民币跨境收付金额占同期本外币跨境收付总金额的比重为48.4%，较上年增长约1个百分点。境外机构和个人持有境内债券4.09万亿元，全年增加7553.76亿元，同比增长22.65%，为非居民持有的第一大种类资产。这是自2014年以来，境外投资者连续第八年增持境内债券。人民币国际支付份额也于2021年12月提高至2.7%，超过日元成为全球第四位支付货币，2022年1月进一步提升至3.2%，再创历史新高。根据人行调查结果，企业选用跨境人民币进行结算的驱动因素有很多，包括规避汇率波动风险、结算流程简单、结算费用成本低、财务核算方便、获得境内外融资利差等。对于涉外投资企业而言，则期待政策实施的稳健性和长效度，以及监管和银行对相关政策的宣传和培训。

自2009年开始进行跨境人民币服务改革试点以来，我国逐渐开放了对外贸易、直接投资、证券和金融投资等项下的跨境人民币交易业务，13年的发展历程可以归纳为七个标志性时间点。

2009年，标志性事件是跨境人民币的正式启动，应用于贸易结算场景。7月1日，由央行、财政部、商务部、海关总署、税务总局、银监会共同制定的《跨境贸易人民币结算试点管理办法》正式对外公布，象征着跨境人民币国际化踏出了重要一步。国家首批选定上海和广东4个城市（广州、深圳、珠海、东莞）试点。

2010年，标志性事件是债券投资和直接投资试点的开展。8月17日，央行发布《关于境外人民币清算行等三类机构运用人民币投资银行间债券市场试点有关事宜的通知》，拓宽了人民币回流渠道。10月，央行公布《新疆跨境直接投资人民币结算试点暂行办法》，在新疆区内进行的跨境人民币境外直接投资结算业务，在新疆成立的企业可直接利用人民币设立或投资于境外企业。同样，外国企业只要符合国家相关政策，也可以利用人民币直接投资新疆的企业。

2011年，标志性事件是跨境证券投资试点的开展。12月16日，央行和外汇管理局发布了《基金管理公司、证券公司人民币合格境外机构投资者境内证券投资试点办法》，人民币合格境外机构投资者（RQFII）试点正式开展。此后，跨境人民币在证券行业的投资范围持续扩大，我国先后出台《人民币合格境外机构投资者境内证券投资试点办法》《关于合格境外机构投资者投资银行间债券市场有关事项的通知》等多项制度。

2014年，标志性事件是跨境资金池业务的开展。11月1日，央行发布《关于跨国企业集团开展跨境人民币资金集中运营业务有关事宜的通知》，明确了业务的开展范围和办理程序。跨境人民币资金的集中运作有利于跨国公司统筹合理配置境内外资金，节约了交易成本，增强了集团在全球贸易及投资等各项活动中的综合竞争能力。

2016 年，标志性事件是跨境人民币进入了宏观审慎管理的新时代。1 月 22 日，央行正式对外发布《关于扩大全口径跨境融资宏观审慎管理试点的通知》，对金融机构和企业，央行和外管局不实行外债事前审批，而是由金融机构和企业在与其资本或净资产挂钩的跨境融资上限内，自主开展本外币跨境融资。

2018 年，标志性事件是跨境人民币进入贸易投资便利化时代。1 月 5 日，央行发布了《关于进一步完善人民币跨境业务政策促进贸易投资便利化的通知》，明确了只要按照规定可使用外汇进行结算的跨境交易活动，同样可以使用人民币进行结算。此后有关贸易投资便利化的支持政策陆续推出。

2021 年，标志性事件是本外币一体化进程加速。1 月 4 日，人行、外汇局、银保监、发改委、商务部、国资委联合发布《关于进一步优化跨境人民币政策支持稳外贸稳外资的通知》（简称 330 号文），规定了外商直接投资资本金、跨境融资在境内使用，已经和外币业务完全拉平，统一适用“四不得”的负面清单，从而统一了很多跨境人民币政策与外币政策不一致的问题。3 月 12 日，人行、外汇局决定在深圳、北京开展跨国公司本外币一体化资金池业务首批试点，进一步便利跨国公司（企业/集团）跨境资金统筹使用（见表 5）。

表 5　跨境人民币历年政策梳理

发布时间	政策制度名称
2009. 7. 1	《跨境贸易人民币结算试点管理办法》
2009. 7. 3	《香港人民币业务清算协议》《跨境贸易人民币结算试点管理办法》《跨境贸易人民币结算试点管理办法实施细则》
2009. 7. 6	上海市办理第一笔跨境贸易人民币结算业务，人民币跨境收付信息管理系统（RCPMIS）正式上线运行
2009. 7. 7	广东省 4 个城市启动跨境贸易人民币结算试点工作
2009. 12. 22	《跨境贸易人民币结算试点相关政策问题解答》
2010. 3. 8	《人民币跨境收付信息管理系统管理暂行办法》
2010. 6. 17	《关于扩大跨境贸易人民币结算试点有关问题的通知》
2010. 8. 17	《关于境外人民币清算行等三类机构运用人民币投资银行间债券市场试点有关事宜的通知》
2010. 8. 31	《境外机构人民币银行结算账户管理办法》
2010. 10	《新疆跨境直接投资人民币结算试点暂行办法》
2011. 1. 6	《境外直接投资人民币结算试点管理办法》
2011. 6. 3	《关于明确跨境人民币业务相关问题的通知》
2011. 7. 27	《关于扩大跨境贸易人民币结算地区的通知》

续表

发布时间	政策制度名称
2011. 10. 13	《外商直接投资人民币结算业务管理办法》
2011. 10. 24	《关于境内银行业金融机构境外项目人民币贷款的指导意见》
2011. 12. 16	《基金管理公司、证券公司人民币合格境外机构投资者境内证券投资试点办法》
2012. 3. 1	《关于实施〈基金管理公司、证券公司人民币合格境外机构投资者境内证券投资试点办法〉有关事项的通知》
2012. 2. 6	《关于出口货物贸易人民币结算企业管理有关问题的通知》
2012. 6. 29	《关于明确外商直接投资人民币结算业务操作细则的通知》
2012. 7. 31	《境外机构人民币银行结算账户开立和使用有关问题的通知》
2013. 3. 1	《人民币合格境外机构投资者境内证券投资试点办法》
2013. 3. 31	《关于合格境外机构投资者投资银行间债券市场有关事项的通知》
2013. 4. 25	《关于实施〈人民币合格境外机构投资者境内证券投资试点办法〉有关事项的通知》
2013. 7. 9	《关于简化跨境人民币业务流程和完善有关政策的通知》
2013. 8. 23	《关于优化人民币跨境收付信息管理系统信息报送流程的通知》
2013. 9. 23	《关于境外投资者投资境内金融机构人民币结算有关事项的通知》
2013. 12. 3	《关于调整人民币购售业务管理的通知》
2014. 3. 14	《关于简化出口货物贸易人民币结算企业管理有关事项的通知》
2014. 6. 11	《关于贯彻落实〈国务院办公厅关于支持外贸稳定增长的若干意见〉的指导意见》
2014. 9. 28	《关于境外机构在境内发行人民币债务融资工具跨境人民币结算有关事宜的通知》
2014. 11. 1	《关于跨国集团开展跨境人民币资金集中运营业务有关事宜的通知》
2014. 11. 4	《关于沪港股票市场交易互联互通机制试点有关问题的通知》
2014. 11. 5	《关于人民币合格境内机构投资者境外证券投资有关事项的通知》
2015. 6. 1	《关于境外人民币业务清算行、境外参加银行开展银行间债券市场债券回购交易的通知》
2015. 7. 14	《关于境外央行、国际金融组织、主权财富基金运用人民币投资银行间市场有关事宜的通知》
2015. 7. 24	央行公告明确境内原油期货以人民币为计价货币，引入境外交易者和境外经纪机构参与交易等
2015. 9. 27	《关于进一步便利跨国集团开展跨境双向人民币资金池业务的通知》
2015. 9. 30	央行公告开放境外央行（货币当局）和其他官方储备管理机构、国际金融组织、主权财富基金依法合规参与中国银行间外汇市场
2015. 10. 8	人民币跨境支付系统（一期）成功上线运行
2015. 11. 2	《关于境外中央银行类机构在境内银行业金融机构开立人民币银行结算账户有关事项的通知》

续表

发布时间	政策制度名称
2016. 11. 6	《内地与香港证券投资基金跨境发行销售资金管理操作指引》
2016. 1. 20	《关于调整境外机构人民币银行结算账户资金使用有关事宜的通知》
2016. 1. 22	《关于扩大全口径跨境融资宏观审慎管理试点的通知》
2016. 2. 24	央行公告便利符合条件的境外机构投资者投资银行间债券市场
2016. 4. 29	《关于在全国范围内实施全口径跨境融资宏观审慎管理的通知》
2016. 7. 11	中国银行（香港）以直接参与者身份接入人民币跨境支付系统（CIPS）
2016. 8. 30	《关于人民币合格境外机构投资者境内证券投资管理有关问题的通知》
2016. 11. 4	《关于内地与香港股票市场交易互联互通机制有关问题的通知》
2016. 11. 29	《央行关于进一步明确境内企业境外放款业务有关事项的通知》
2017. 1. 13	《关于全口径跨境融资宏观审慎管理有关事宜的通知》
2017. 5. 23	《关于印发〈人民币跨境收付信息管理系统管理办法〉的通知》
2017. 5. 27	《关于完善人民币跨境收付信息管理系统银行间业务数据报送流程的通知》
2017. 9	自律机制发布《银行跨境人民币业务展业原则》
2018. 1. 5	《关于进一步完善人民币跨境业务政策促进贸易投资便利化的通知》
2018. 4. 20	央行公告进一步规范人民币合格境内机构投资者境外证券投资活动
2018. 5. 16	央行发布为进一步完善跨境资金流动管理，推进金融市场开放
2018. 6. 11	央行发布规范人民币合格境外机构投资者境内证券投资管理
2018. 6. 13	开放了证券投资项下跨境人民币购售业务
2019. 11	《外商投资者人民币利润再投资 RCPMIS 信息报送操作指引》
2019. 9	央行关于开展更高水平贸易投资便利化试点业务的通知
2019. 10. 25	《关于进一步促进跨境贸易投资便利化的通知》
2019. 12. 18	央行公告进一步便利澳门个人人民币跨境汇款业务
2020. 11. 12	人民银行、国资委联合召开跨境人民币便利企业贸易投资工作座谈会
2021. 1. 4	《关于进一步优化跨境人民币政策支持稳外贸稳外资的通知》
2021. 1. 5	央行发布调整境内企业境外放款宏观审慎调节系数
2021. 3. 12	在深圳、北京开展跨国公司本外币一体化资金池业务首批试点
2021. 9. 10	《粤港澳大湾区“跨境理财通”业务试点实施细则》
2021. 12. 23	《关于支持新型离岸国际贸易发展有关问题的通知》
2022. 6. 20	《关于支持外贸新业态跨境人民币结算的通知》

资料来源：中国人民银行

银行发展跨境人民币业务需要与境外机构建立合作关系。人民银行调查显示，2021年我国内地与香港地区的人民币跨境收付金额占比为48.6%，香港稳居最大离岸人民币市场地位。之后分别是新加坡占比11.3%，英国占比5.4%，澳门占比3.9%。在高新区支行时我分管金融机构业务，特别关注海外银行的人民币业务合作机会，因为可以带来低成本的同业人民币存款，而且这类资金规模大且稳定，平时需要关注的就是及时与对方报价。

2022年以来，国内不少银行开始关注跨境人民币账户融资业务，其实该项业务在2009年就已经开始试点，为解决境外参加银行人民币资金短缺问题提供了更为便利、畅通的渠道，为进一步推动境内外企业采用人民币结算发挥了积极的作用。跨境人民币账户融资，是指境内银行按照监管机构跨境贸易人民币管理的相关规定，为满足境外参加银行在境内银行开立的跨境人民币同业往来账户头寸临时性需求所提供的人民币融资业务。允许境内代理银行为境外参加银行的账户提供人民币融资，可以增加境外参加银行人民币持有量，虽然业务经过多轮反复，意外的是2021年开始又成为爆款产品。

实际工作中，跨境人民币业务的范围非常广泛，覆盖支付结算、贸易融资、跨境担保、资金池等产品，现在几乎与外汇业务完全对标。国内各家银行在跨境人民币业务发展方面也能够紧跟政策导向，结合自身特色开展自主创新，根据企业或个人对跨境人民币结算和投融资需求，细分客户群体，提供更加个性化、差异化的服务内容。一是针对外贸企业出口和海外投资业务，利用跨境人民币帮助海外汇困企业规避汇率风险，设计更加可靠、安全的综合金融服务方案。二是服务优质内贸企业客户，通过引入海外合作银行的低成本资金，解决企业境内融资难、融资贵的问题。三是服务金融机构客户，加强与海外交易所在要素市场方面的跨境联动，与境外银行同业就人民币双向互通业务方面加强合作。四是为跨境电商小微企业提供高效、低成本的跨境人民币结算服务。

以跨境人民币为突破口，银行业还可以进一步优化跨境汇兑、跨境贸易融资、跨境担保等产品功能，打通双向跨境代付融资、双向跨境资产转让、金融机构客户内存外贷、双向融资，实现“1+1>2”的跨境联动效能。在国内资金供求形势变化时，跨境人民币业务可以发挥调节器的作用，为银行提供更加多元化的资金融通渠道和资产投放场景，更好地满足实体经济发展需求。一是开展跨境人民币资产转让创新。在国内证福费廷跨境转让成功推广的基础上，探索包括票据资产、保理资产、融资租赁资产在内的其他金融资产跨境转让，丰富跨境人民币转让资产种类。二是凭借自贸区先行先试政策优势，积极推进 FT 分账核算单元融资产品创新等业务，促进境内外人民币业务的互联互通。三是推广现金管理、跨境资金池业务，协助客户完成海外银企直联、账户体系、资金池的搭建，全面推进现金管理业务全球化发展。四是把握跨境托管业务市场新动向，为境外投资者进入国内市场提供优质服务，激发境外投资者参与国内市场热情。五是强化投行资管业务拓展，加强“点心债”的拓展与回流，争取“熊猫债”承销等新业务机会。

3.8 跨境电商崛起，时势造英雄！

我在分行交易银行部工作时，对跨境电商保持着比较密切的跟踪，乃至到了前海蛇口分行及研究院工作后，也没有放松对这一行业的关注。跨境电商的发展路径与传统外贸企业和外综服企业有所不同。如果说传统外贸企业的成功归因于稀缺的进出口经营权和“配额”，外综服企业的成功归因于有效整合供应链资源和银行金融创新，那么跨境电商的成功则可以归因于中国商品的海外市场竞争力以及税务方面存在的优化空间。2020 年，我陪同行领导前往浙江义乌调研跨境电商银行服务经验时，在现场参观了义乌小商品市场，进一步加深了对跨境电商这一行业的认识。从国家角度看，这也许是一种外贸新业态，而对老百姓来讲，这的确也是一个创业的好赛道。在义乌售卖的小商品，拿到海外市场可卖出比国内高几倍的价格，价差是跨境电商的第一竞争力。出口跨境电商发展的核心驱动力正是中国生产制造在规模、效率、成本等方面较海外的领先优势。

过去，中国卖家主要依托国内相对完善的供应链和相对低廉的生产成本向海外出口低价标准品，薄利多销以量取胜。随着国内外消费者对产品质量要求不断提升以及需求多元化、细化，更多卖家投入产品研发和创新，中国出海电商更加注重品牌意识，努力提升产品竞争力，巩固海外消费者对品牌的信任度，寻求从“中国商品”走向“国际品牌”，抢占市场份额的核心竞争力从低价格逐步转向高质量。我国制造业在全球优势明显，供应链体系品类也越来越齐全，产品端优势已不局限于生产成本，而已扩张至产品品质。根据联合国工业发展组织发布的 2020 年版“全球制造业竞争力指数”，我国制造业在全球竞争力持续位列第二，仅次于德国。跨境电商也可以说是“中国制造”向“中国智造”转型过程中的产物。此外，由于跨境电商大量地采用市场采购和“小邮”模式，税务方面也享受到了比传统外贸更多的优惠空间，个别地区对出口还按 1 美元给予 0.03 元的补贴。

自 2012 年起，我国在跨境电商进出口税收、海关通关监管、商品检验检疫、收付汇、营造有利的发展环境等领域出台一系列相关政策，支持银行和支付机构更好服务外贸新业态发展。近年的一项政策是人民银行印发的《关于支持外贸新业态跨境人民币结算的通知》，自 2022 年 7 月 21 日起已经实施。该通知明确多项具体措施，一是加大对外贸新业态的支持力度，完善跨境电商等外贸新业态跨境人民币业务相关政策。二是将支付机构跨境业务办理范围由货物贸易、服务贸易拓宽至经常项下。三是明确银行、支付机构等相关业务主体展业和备案要求。四是明确业务真实性审核、反洗钱、反恐怖融资、反逃税以及数据报送等要求，压实银行与支付机构展业责任，防控业务风险。在国家一揽子政策措施持续发力下，各银行积极深入分析客户需求，提供的产品也是不断推陈出新。

银行业服务跨境电商的模式有很多，据我的经验，仅收付结算服务模式就有好几种，包括 NRA 不落地结汇模式、境内第三方支付机构间联合作模式、亚马逊直联收款模式、海关 9610 模式、市场采购模式等。如果采用跨境人民币结算，则深圳银行业开展的“出口跨境电商直通车”业务算是一项比较成功的模式，监管给予了肯定并大力推广。“出口跨境电商直通车”主要通过 NRA 账户归集境外资金后以跨境人民币汇入。该业务可以理解为一种高速结算通道——金融机构通过大数据、机器学习、自然语言处理等技术，加强对出口电商收款人的身份识别、贸易背景的真实性审核、反洗钱及风险监控等环节，为出口电商客户提供包括跨境收款、货币汇兑、境内清分、收支申报等一揽子金融服务（李晖，2022）。“出口跨境电商直通车”于 2018 年由深圳人行指导辖内银行推出，银行运用金融科技手段，直接为出口电商企业提供跨境人民币收款、境内清分、收支申报等一揽子金融服务，解决出口电商收款链条长、效率低、收款费用高等痛点，助力行业降本增效。截至 2022 年 8 月末，深圳共办理收款业务 2146.4 亿元，累计为出口电商企业节约成本 3.2 亿元，惠及中小企业 6 万家（谭冰梅，2022）。另外，亚马逊直联模式也是银行重点推广的业务，中国银行、中信银行、广发银行等都开发了类似产品。具体业务模式为：跨境电商企业运用银行跨境电商收付系统，在提供符合要求的资料后，自动获得系统分配的境外银行收款账号作为企业亚马逊店铺收款账户，当收到平台货款资金，通过银行跨境电商收付款客户端自助发起结汇申请，结汇资金即时入账，成功实现跨境资金的收款及结汇（见图 3）。

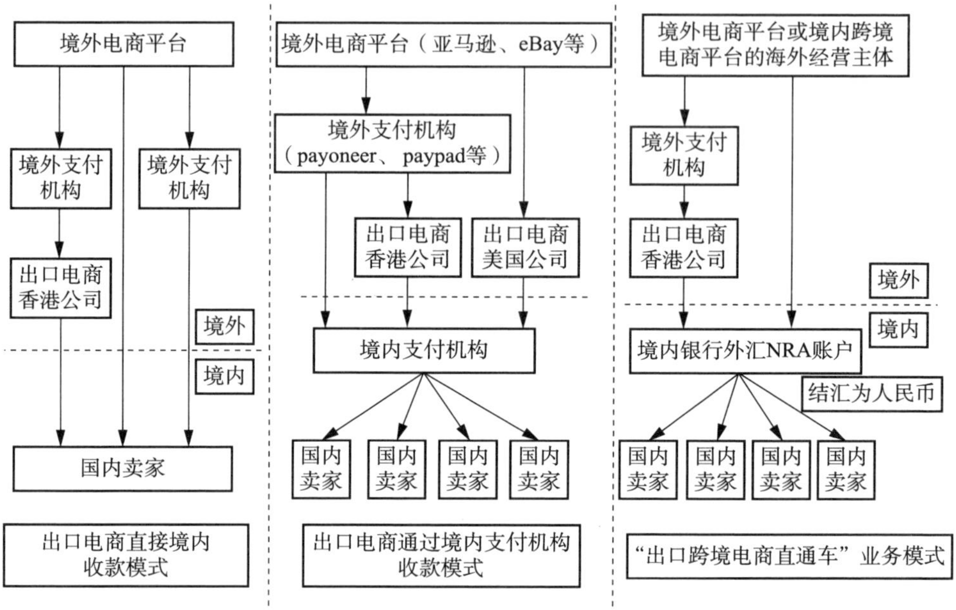

图 3 “出口跨境电商直通车”业务模式

图片来源：中国人民银行深圳市中心支行

除了收付汇，融资也是跨境电商经常遇到的一大难题。由于轻资产、还款来源不确定等原因，银行在为跨境电商提供融资时较多集中在普惠金融服务领域。比如，中国银行深圳市分行与豆沙包科技公司合作开发的跨商贷，无须跨境电商客户提供传统烦琐的授信材料，基于亚马逊店铺经营进行数据建模，快速核定额度，是一款高效审批的科技金融产品。进出口银行作为政策性银行，也积极探索“电商贷”业务，其湖南省分行为跨境电商龙头企业——安克创新的某国内供应商办理了“电商贷”业务，促进国内中小微企业通过跨境电商业态扩大出口。此外，数字人民币普惠贷款也是近年出现的亮点。2022 年 6 月 28 日，建设银行苏州高新技术产业开发区支行依托“海贸贷”模式，为苏州某跨境电商公司发放了 300 万元数字人民币普惠贷款，这也是全国首创，用于支付中欧班列国际铁路运输预缴费用和支付物资采购费用等。

跨境电商的发展方向有两个。一是向独立站转型，二是自建海外仓。国内 80%以上的跨境电商上市公司都拥有自己的独立网站，连没有上市的独立站代表企业希音的 GMV（商品交易总额）也超过了 400 亿元，疫情期间，公司官网流量和销售额同比翻番，惊人的业绩无不吸引着更多跨境电商从业者把眼光投向独立站领域。2021 年 7 月，国务院办公厅印发《关于加快发展外贸新业态新模式的意见》，提出支持外贸细分服务平台发展壮大，其中包括“鼓励外贸企业自建独立站，支持专业建站平台优化提升服务能力”。中国拥有发达的制造业和供应链优势，为产品实现品牌全球化夯实了基础，独立站是中国企业向品牌化转型、精细化运营的重要途径。对跨境电商来说，独立站的优势也是明显的，包括自主性强、增长空间大、投入成本低、有利于打造品牌、物流时间短等。对银行来说，独立站的金融服务比跨境电商更丰富一些。银行可以加强与独立站建设服务企业 SAAS 的合作，发挥这类企业的平台获客优势，比如深圳的店匠科技、商线科技等，均已积累数十万客群。如何将银行金融服务嵌入独立站的建设与服务过程当中？若能解决该问题将为银行开辟服务跨境电商的新场景。

自 2020 年疫情暴发以来，海外仓逐渐走进大众视野。由于大量企业受制于物流通道收缩，海外仓成为跨境电商企业突围的重要战略环节之一。在国家发布的多项“十四五”发展规划中，均提到了鼓励发展跨境电商，支持海外仓建设和发展等内容。其中，《“十四五”商务发展规划》提出在开展跨境电商“十百千万”专项行动、规则和标准建设专项行动、海外仓高质量发展专项行动的基础上，到 2025 年，要让跨境电商等新业态的外贸占比提升至 10%。我国海外仓不断加快全球布局，取得了一定的进步，截至 2021 年底，我国海外仓的数量已经超过 2000 个，总面积超 1600 万平方米。

海外仓建设对银行国际化运营能力也提出了更高的要求。在国内，中国银行率先提出支持海外仓建设服务方案，针对海外仓租赁和投资自建两种主要模式，通过为企业提供“经营性租赁保函”替换业主要求的租赁押金以缓解租仓企业资金占用压力；通过为企业提供“内保外贷”“银团贷款”等融资产品满足企业海外仓建设及运营中的境外资金需求。2020 年，进出口银行为浙江中国小商品城集团发放贷款，用于支持其迪拜海外仓项目建设。渣打银行支持深圳星商完成其波兰海外仓项目首次融资，获得出口信用保险公司的支持。美达环球科技产业有限公司通过自贸试验区南京片区“海外仓离境融”项目，成功获得中信银行优惠利率贷款。“海外仓离境融”是为出口海外仓（海关监管方式 9810 模式）的跨境电商企业提供金融服务的自贸片区公共服务平台，也是一项服务跨境电商的重要基础设施。跨境电商“通过‘海外仓离境融’，海外仓企业出口退税资金到账期由原来的约 180 天缩短到 3 个工作日，还可以实现退税部分、货款和运费等全链融资”。

针对跨境电商日益多元化的服务需求，中国银行发挥国际化业务优势，进一步整合内外部优质资源，创新推出《跨境电商综合金融服务方案 2.0》，升级后的服务方案覆盖了跨境电商行业撮合、融资、支付等全方位金融服务需求，帮助企业更好地融入全球资金链、价值链、产业链，打通企业跨境收付和财资管理渠道（林景臻，2022）。其中，“中银跨境 e 商通”产品为海外仓企业提供全球账户、海外仓经营租赁保函、全球现金管理、跨境集团网银等综合化服务，保障国际物流稳定畅通（王晓，2022）。“中银跨境 e 采通”产品打造市场采购贸易线上线下一体化收结汇体系，加强了与当地市场联网信息平台的系统对接。

3.9 相约进博

我国为推动和扩大对外开放，组织过多种类型的全球性博览会，比如世博会、进博会、广交会和服贸会，这些也是银行重点支持的项目活动。2020 年 11 月，我被银行安排参加了第三届进口博览会，现场见到很多老领导和兄弟行同事。在会场接待了一整天，陪同客户见证了签约仪式，观摩了国外的产品介绍，了解了很多新技术，真心觉得这个交易平台很有用。进博会的规模也在逐年扩大，2022 年 11 月，在第五届中国国际进口博览会上，共有 145 个国家、地区和国际组织参展，284 家世界 500 强和行业龙头企业参加企业商业展。数据显示，2018 年以来的四届进博会，累计成交额达到 2722.7 亿美元。进博会不仅发挥了对接海内外市场的窗口和支点作用，同时也在招商引资、提振消费、强链稳链、政策创新四个方面给政府带来了更多好处。

进博会引导海外先进科技企业利用我国制造业优势，加大高端产业投资力度。2022 年海外多个国家和地区正面临严重的通货膨胀压力，其中欧洲受到的影响最大。以德国为例，8 月生产者价格指数（PPI）同比上涨 45.8%，创下有史以来最大涨幅。鉴于高能源成本会持续一段时间，欧洲工业公司拟将能源密集型制造工艺迁往国外，涉及汽车部件、超纯硅晶圆、医疗产品、瓷砖及弹簧等行业，而中国是这些国家最热门的目的地之一。1—8 月，中国实际使用外资 1384 亿美元，增长 20.2%，其中，欧盟对华投资增长 123.7%，这充分表明，包括欧盟在内的外国投资者持续看好中国市场，希望继续深化对华投资合作。第五届进博会的举办，能够促使国际优质企业、孵化机构、研发中心将高端生产管理技术带到中国，支持我国产业转型升级，完善国内制造业生产供应链，同时也助力国外企业发挥科技创新的最大价值。

进博会更加便利引入高质量商品，提振国内消费需求，改善人民生活水平。2022 年前三季度，我国社会消费品零售总额 32 万亿元，同比仅增长 0.7%。消费低迷已经成为制约我国经济增长的瓶颈。通过进博会，国际知名跨国公司将带来更多的新展品，对满足我国中产人群不断上升的消费需求将起到积极的促进作用。一方面，国内消费者对海外产品有了更多、更好、更便捷的新选择，能够以实惠的价格享受到世界各国的优质产品和周到服务，提升我国各族群众的生活品质，增强幸福感和提高满意度。另一方面，进口产品也给国内生产厂家提供了新的商机，在发现受欢迎的产品后，国内企业可以加强与境外企业的合作，共同深挖国内消费市场需求。进博会使大量优质产品和服务进入中国，不仅使国内消费者成为直接受益者，也使全球各国分享中国市场发展的红利。

进博会能够推动 RCEP 实施，助力全球供应链稳定、强固。2022 年 1 月 1 日，《区域全面经济伙伴关系协定》（RCEP）正式生效，全球市场规模最大、经济总量最大、覆盖人口最多的自由贸易区正式形成，也为我国外贸增长增添了新力量。前三季度，我国对 RCEP 贸易伙伴进出口增长 19.3%。第五届进博会也是 RCEP 生效后的首届活动，成员国家企业参展热情高涨，“一带一路”沿线国家、上合组织成员中参展的数量也较上届增加。近年世界各国在生产、运输等环节均不同程度遭遇痛点和堵点，供应链受到冲击，对制造业也造成严重影响，各国对于修复和完善全球产业链达成共识，并为之努力。由于进博会的举办，增强了国际间贸易互信，强化了国际分工协同，我国与 RCEP 成员国的合作关系更加紧密。进博会还能够助推国际贸易包容性增长，不仅有利于我国与多国贸易争端的缓解，也有利于我国在国际贸易中的话语权提升。

进博会能够促进贸易便利化政策创新，加快高质量对外开放步伐。借力进博会这个交流平台，可以发挥我国自贸区、保税区等试验区的功能，发现当前我国在贸易便利化改革进程中仍存在的难点和盲点，使政府能够有针对性地出台配套措施，进一步增强试验区对外连接全球网络、对内辐射区域腹地的“双向连接”作用，并在合适时间将政策复制推广，扩大多边开放的深度与广度。此外，进博会能够引起政府以及银行等机构对贸易新业态、数字化贸易创新发展的进一步关注，进而持续优化金融服务环境和措施。

中国银行作为连续服务五届进博会的主力军，在金融服务创新方面经验比较丰富，且 2018 年至 2022 年，服务方案逐年升级。2018 年，中国银行提出“合、汇、保、融”即“跨境撮合、跨境支付、税款保函、在线贷款”四位一体的方案；2019 年，提出“合聚全球，汇融四海”的方案，即在 2018 年基础上升级服务，并将手机银行功能与具体场景结合，以求更加智能化、便捷化和安全化；2020 年，提出“信、融、云、易”的方案，在总结前两届服务经验的同时，充分发挥在线金融产品的优势，提升金融服务的适配性和交易服务的成效性；2021 年，提出“聚、融、云、赋”的方案，更加注重线上与线下的结合，同时提升金融服务、金融产品、金融体系与实体经济的契合度；2022 年，定制“荟、融、合、智、同”五大专属产品服务，并以“数字进博”为主题，重磅打造金融科技服务方案，提供“数字普惠”和美与共、“数字消费”方便快捷、“数字科创”精准服务、“数字财富”汇聚匠心、“数字民生”润泽万家的进博新体验。

3.10 金融互联互通新品

在研究院工作期间，解读大湾区金融互联互通是我的主要工作之一。除了个人、贸易领域的便利化措施和渠道外，金融机构与衍生品业务领域的跨境政策也值得关注，比如债券通、互换通业务的推出。

2021 年 9 月 15 日，中国人民银行、香港金融管理局发布联合公告，决定同意内地基础服务机构和香港基础服务机构开展内地与香港债券市场互联互通南向合作，“南向通”于 2021 年 9 月 24 日上线。“债券通”是内地与香港债券市场互联互通的创新合作机制，境内外投资者可通过香港与内地债券市场基础设施机构连接，买卖香港与内地债券市场交易流通债券。“北向通”于 2017 年 7 月 3 日开通，为国际投资者参与中国银行间债券市场提供便捷通道，如今扩展至“南向通”，将和人民币国际化以及我国金融市场对外开放的整体部署相配合，帮助境内投资者、境内金融机构和金融基础设施的发展，构建出一个便捷可控的“走出去”通道。

“债券通”运行 4 年来，境外投资者持有我国债券已达约 3.8 万亿元，年均增速超过 40%，充分体现了“债券通”在推动跨境投资便利化方面的优势：一是入市流程简化，无须签署结算代理协议，备案时间短；二是联通模式便捷，采取与香港基础设施互联互通的模式，采用国际通行的多级托管和名义持有人模式，提高了结算效率；三是交易环节顺畅，避免了境外机构与代理行的沟通时滞，提升了询价效率；四是资金流转方便，支持参与机构直接在离岸市场完成资金汇兑及风险对冲。

债券“南向通”的开通借鉴了“北向通”的成功经验，内地和香港金融基础设施通力合作，最大限度满足境内投资者对于多币种境外债券交易、多样化托管结算路径的需求。同时，交易中心还支持境外报价商以接口直连方式参与“南向通”业务，为市场提供多元选择，降低了跨市场交易的成本。与“北向通”一样，“南向通”也采用了国际通行的名义持有人制度安排，内地债券登记结算机构、托管清算银行通过在香港开立名义持有人账户的方式，为内地投资者提供更为高效的债券托管结算服务。此外，“南向通”的监管质效也有保障：在资金管理方面，通过在交易、托管、结算、汇兑等各个环节的设计，实现了资金闭环管理，通过交易托管数据报告等方式，提升了业务穿透式监管与监测的功能；在投资人管理方面，参与“南向通”的合格境内机构投资者（QDII）、人民币合格境内机构投资者（RQDII）仍需遵守现行管理规定，相关跨境资金净流出额不纳入“南向通”相关额度使用情况统计；在投资范围与额度管理方面，“南向通”的可投资范围是在境外发行，并在香港市场交易流通的债券，起步阶段会先开通现券交易，境外资金净流出额上限不超过年度总额度和每日额度，目前分别为5000亿元和200亿元等值人民币。与之前相比，“南向通”的落地丰富了境内投资者的标的选择范围，提高了大类资产配置的灵活度，增强了境内投资者对资本跨境流动和汇率管理的意识。当前，境外债券融资成本较低，若吸引更多企业“南下”发债，也将有助于降低境内企业的融资成本。

党的十九大以来，我国开放步伐提速，其中2019年就落地了十几项措施，比如放松合资金融机构中外资股权占比限制，允许国际信用评级公司进入国内市场进行人民币债券评级，允许外资机构获得银行间债券市场A类债券承销资质，取消QFII投资额度限制，进一步开放外资机构参与人民币债券市场等，这些安排为“债券通”业务的健康发展奠定了制度基础。“债券通”开通以前，我国债券市场的对外开放程度并不高，2018年境外机构持有国内债券占比仅1.96%，而同期美国为48%，马来西亚在20%左右，无论是新兴国家还是发达国家均远高于中国。“北向通”开通以后，至2021年7月底，我国境外机构持债规模占比提高到了3.80%，取得阶段性成果。但随之出现的资金流不平衡则是推出“南向通”的主要动力。过去几年中国向境外投资者开放境内股市和债市，国际投资头寸组合中负债总额大幅增长至1万亿美元，“南向通”可方便境内机构投资者进入境外资本市场，帮助国家平衡资本账户。“南向通”支持境内机构便捷可控“走出去”，多角度参与和融入全球金融服务业，通过市场化的方式，更好发挥汇率在宏观经济稳定和国际收支平衡中的作用，也使得跨境资本更加呈现双向流动的态势。2021年全年“债券通”累计成交72929笔，票面总额6.4万亿元，较2020年增长33.1%，市场交易投资活跃度有增无减。

"债券通"激活了银行金融服务需求。一是把握债券承销业务机会。"债券通"开通以来，在主承销商有记录的177只债券中，有44只的主承销商是由券商组成，75%的债券都有银行参与。从"北向通"可交易的券种情况看，包括了银行间债券市场交易流通的以人民币计价的各类债券，比如国债、地方政府债、中央银行债券、政策性银行债、商业银行债、公司信用类债券、同业存单、资产支持证券等，相信"南向通"的业务品种也会越来越丰富。二是把握债券托管业务机会。企业发债募集的大量资金需要银行提供托管结算和跨境资金清算服务，考验银行的系统效率与业务服务水平，确保托管资金安全出境投资债券，银行在承担管理责任的同时，也能获得存款、跨境结算、中收等综合效益。三是把握汇率风险管理与保值服务机会。《关于开展内地与香港债券市场互联互通南向合作的通知》（下文简称《通知》）提出，使用人民币投资外币债券的境内投资者，可通过银行间外汇市场办理外汇资金兑换和外汇风险对冲业务，投资的债券到期或卖出后境内投资者不再继续投资的，相关资金应汇回境内并兑换回人民币。由于当前国际市场复杂多变，境内机构需使用风险管理工具控制投资组合风险，尤其是汇率波动风险。银行应配合企业做足风险防范措施，提高境内机构"走出去"的竞争力，同时也要严格按照央行《通知》要求，防止境内投资者通过"南向通"发生非法套汇行为。

2022年7月4日，中国人民银行、香港证券及期货事务监察委员会、香港金融管理局发布联合公告，开展香港与内地利率互换市场互联互通合作。"利率互换"是一种合同，互换目的是让合同双方都获得自己希望的融资形式，同时减少双方的融资成本。"互换通"指境内外投资者通过香港与内地基础设施机构连接，参与两个金融衍生品市场的机制安排。初期先开通"北向通"，即香港及其他国家和地区的境外投资者经由香港与内地基础设施机构之间在交易、清算、结算等方面互联互通的机制安排，参与内地银行间金融衍生品市场。"互换通"将在我国金融市场对外开放的整体规划与部署下持续推进，6个月之后项目上线，这意味着大湾区持续优化完善互联互通机制又取得新的标志性成果。政策推出时间恰逢当前复杂多变的外部形势以及大湾区规划出台三周年之际，显得及时和意义重大。

粤港澳大湾区三地存在三种不同的货币、汇率体制、资本流动管理方式，促进金融互联互通是一项重要任务，也是我国金融市场对外开放的主要策略。此前大湾区在互联互通方面已推出了多项具有突破性的"先行先试"政策，区内银行的配套服务也持续创新。2015 年内地与香港基金就实现了互认安排，2016 年开始上线“深港通”，2017 年上线“北向通”，成功运行 4 年后，2021 年“南向通”也上线，实现“双向通车”。跨境理财通也于 2021 年 9 月正式启动。2022 年“互换通”的推出，预示着港澳与内地金融市场互联互通机制更加完善，为内地深化金融市场开放和香港国际金融中心的发展，注入新的活力和能量。

“互换通”也是我国金融风险管理的重要制度安排。为了应对国际金融市场风险的冲击，2022 年我国衍生品市场改革方面推出了多项政策措施，4 月出台《中华人民共和国期货与衍生品法》，5 月人民币外汇美式、亚式期权业务也先后落地，丰富了境内市场衍生品类型，便利了企业更好地运用衍生产品进行避险。香港作为国际金融中心，在衍生品及风险管理方面有着更多的经验，“互换通”的推出未来也有助于国内金融市场风险管理水平的提升。从目前国内银行间衍生品市场看，自 2006 年银行间市场推出以来，人民币利率互换作为主要品种，交易规模逐年扩大、参与主体日益丰富、风险管理功能有效发挥，2021 年成交 21.1 万亿元。同时“互换通”也尊重国际惯例做法，进一步便捷境外投资者进行内地银行间金融衍生品交易和风险对冲。

“互换通”为我国债券市场发展提供助力。受美联储持续加息的影响，全球金融市场利率、汇率价格波动剧烈，给债券投资者带来了较大的市场风险压力，“互换通”的推出又给国内债券市场的持续开放与发展提供了助力。截至 2021 年底，境外投资者持有人民币债券规模达到 4 万亿元，约占全市场总托管量的 3.5%，随着境外投资者持债规模扩大、交易活跃度上升，其利用衍生品管理利率风险的需求持续增加。“互换通”的推出可便利境外投资者使用利率互换管理风险，减少利率波动对其持有债券价值的影响，平缓资金跨境流动，进一步推动人民币国际化。此外，“互换通”带来风险对冲效率的提高与跨境投资环境的优化，也将吸引更多优质境外投资者入市，丰富投资者类型，提升交易规模，从而高质量深化金融市场开放发展与跨境合作，推动人民币国际化进程。

除了国家层面出台的金融互通政策外，区域性的创新也层出不穷，重点聚焦服务制造业等实体经济领域。比如 2022 年 4 月 21 日，工行横琴分行成功办理 3220 万元融资租赁资产跨境转让业务，突破了传统融资模式，以租赁项下国内证福费廷模式办理，顺利将粤港澳大湾区内一家大型制造业企业的生产设备融资租赁资产，转至澳门金融机构。该业务体现了粤澳两地金融机构紧密联动的优势，为盘活制造业企业固定资产拓宽了融资渠道，有效促进了粤澳金融资金资产双向跨境流动，同时，还进一步丰富了粤澳两地金融机构跨境转让资产品种，拓宽了资产转让渠道。

2023 年 2 月 14 日，深圳河套深港科技创新合作区内企业舒糖讯息科技收到了香港首笔知识产权融资，标志着国内首个深港跨境知识产权证券化项目正式落地，深港两地资金募集有了新的通道，并且为国内科创金融、跨境金融、政金联动三个方面提供了先行先试的宝贵经验。该业务由政府相关部门统筹，深圳高新投、工行深圳分行、工银亚洲、平安证券、南方知识产权运营中心等境内外机构参与，推出跨境知识产权综合融资新模式。该项目由河套合作区科创企业舒糖讯息科技在香港按私募架构完成证券化募资。由工行深圳分行落实知识产权“在岸”收益权受让，并通过跨境反担保与工银亚洲建立跨境“知识产权”增信，为 ADD inc（舒糖香港母公司）在香港获取融资提供信用支撑，最后由舒糖科技将所获融资在其专项外债额度内以外债形式入境，获得融资。这一模式不仅丰富了金融互通服务渠道，还降低了实体经济的成本。

2023 年 3 月 25 日，滴灌通澳门金融资产交易所试营运启动仪式举行，该所系根据澳门特区 2022 年 12 月 5 日发布的第 47/2022 号行政命令在澳门设立和运作，提供金融资产交易服务，用数字化的方式连接国际资本和国内小微企业，使交易所不再局限于极少数大型企业和独角兽公司，在世界范围内也属于普惠金融服务的一种创新。滴灌通科技公司定位为“投资中国小微经济，赋能劳动创业者”，为内地未上市小微企业引入海外资金。公司为小微企业提供资金，采用营业收入约定分成比例的模式，针对痛点、难点，做到了无抵押无担保、不稀释股权、没有对赌和附加条件、不派驻人员、不干预门店经营，更加契合小微企业的实际融资需求。同时，公司还创新风险管理模式：一是通过每日收入分成合同（DRC），创造了一个全新的资产类别，直接投资优质实体门店；二是通过自动回款机制（ARM），安全、精确地执行投资和每日实时的现金流自动抓取；三是通过节点企业（CP），透过广泛合作网络（品牌连锁、SaaS 服务商等），触达大量优质小微实体门店，防范贷款资金和回款资金被挪用的风险。截至目前，滴灌通科技公司已与国内 200 多家连锁品牌商开展合作，完成逾 3000 家门店的投资，未来目标是在 2022 年覆盖 2000 家小店，在 2023 年覆盖 10000 家。通过聚焦新餐饮、新零售、新服务和新文体的未来发展需求，滴灌通科技公司在国家扩内需、促消费大战略中也将发挥重要作用。

3.11　自贸试验区工作体会

在交易银行部工作时，我就已开始负责前海自贸区的对口服务工作，但当时的理解还比较宏观，仅仅认为自贸区对于国家开放有着战略性的意义。但当我调到前海蛇口分行工作时，直接维护当地市场客户及政府关系，才深刻体会到自贸区存在与发展的核心使命是什么，也能明白“万事开头难”的道理。当所有人都认为自贸试验区具有诸多比较优势的时候，我却发现，改革开放已经进入了深水区，政策创新难度越来越大，需要突破的瓶颈也越来越多。正因如此，国家才赋予了前海、横琴、南沙等试验区一个接一个的重磅政策，而且三个地区的政策着力点又有一定的差异，充分考虑了当地产业特点和区位优势。

《横琴粤澳深度合作区建设总体方案》（以下简称《横琴方案》）于 2021 年 9 月 5 日第一个出台，聚焦助力澳门产业优化转型，发展科技研发和高端制造、中医药等澳门品牌工业、文旅会展商贸、现代金融四大新产业，同时也给予了税收优惠、人才流动、贸易便利化、市场准入等特别授权，更提出了“共商共建共管共享”的新体制。根据《横琴方案》，合作区总面积为 106 平方千米，充裕的土地开发资源将是澳门优化产业结构的重要保障。澳门现有院校 12 所，与广东高校研发资源合作对接，相信能在“产学研”方面取得更丰厚的成果，孵化出更多的专精特新小巨人。对银行来说，由于澳门金融行业增加值的 GDP 占比约为 7%，显示出金融业还有巨大发展潜力。在横琴，挂牌金融机构已达 86 家，增加值占 GDP 比重也已超过 30%。银行可以利用横琴新区建设推动境内与澳门开展跨境人民币贷款、跨境双向人民币资金池、贸易融资及不良资产跨境转让人民币结算等试点业务，实施更高水平贸易投资人民币结算便利化试点，还可以探讨澳门主体在境内发行人民币债券，争取扩大自由贸易账户试点银行范围，探索跨境资本自由流入流出和推进资本项目可兑换。

《全面深化前海深港现代服务业合作区改革开放方案》（以下简称《前海深港方案》）于 2021 年 9 月 6 日出台，前海作为与香港关联度最高、合作最紧密的区域之一，政策旨在支持前海在香港融入国家发展大局中发挥着枢纽作用。截至 2020 年底，前海合作区已累计注册港资企业 1.15 万家，注册资本 1.28 万亿元，实际利用港资占前海实际利用外资的 92.4%。此次《前海深港方案》明确前海合作区总面积由 14.92 平方千米扩展至 120.56 平方千米，期望前海在深港联动引领湾区创新发展方面能够发挥更大作用。建区以来，前海的跨境金融创新一直走在全国前列，形成了跨境双向人民币贷款、跨境双向发债、跨境双向本外币资金池、跨境双向股权投资、跨境资产转让、跨境金融基础设施的“六个跨境”金融服务产品体系，支持了实体经济和城市建设。前海是5G、物联网等新技术应用的最佳试验基地，能够吸引香港及全球创业青年将最新的研究成果应用到前海的智慧城市建设中。预计到2030年，前海规划就业人口约65万，宝安中心区约40万，腾讯科技岛破10万，届时大前海将会集全球科技精英人士，助力打造全球知名的科技孵化中心。

《广州南沙深化面向世界的粤港澳全面合作总体方案》（以下简称《南沙方案》）于2022年6月14日出台，政策旨在加快打造成为立足湾区、协同港澳、面向世界的重大战略性平台，这也符合2019年《粤港澳大湾区发展规划纲要》对南沙的定位。《南沙方案》聚焦科技创新产业合作基地、青年创业就业合作平台、高水平对外开放门户、规则衔接机制对接高地和高质量城市发展标杆五大重点任务，实施范围为南沙全域803平方千米，土地空间较大。其中以中国（广东）自由贸易试验区南沙片区的南沙湾、庆盛枢纽、南沙枢纽三个区块作为先行启动区，总面积约23平方千米。从地理位置看，南沙位于香港与澳门、前海与横琴之间，能够发挥区域依托交通枢纽快捷通达港澳的优势，所以也是三地规则衔接机制试验的优选地区，将支持港澳业界参与重大交通设施、市政基础设施、文体设施和连片综合开发建设。对银行来说，科创金融将会是重点服务方向，助力政府打造科技创新产业合作基地。为此，《南沙方案》也将科技创新产业合作位列五大重点任务之首，涵盖了提升创新能力和推动创新成果转移转化两个方面内容。

除了粤港澳大湾区的三个自贸区外，国内还有很多好的自贸区金融服务经验和案例。因为对银行来说，自贸试验区不仅能够提供更多的市场服务机会，而且能激发创新的活力。从第五批自贸区成立三年来的成果就可看出，我国自贸区金融创新多点开花，成绩斐然。在金融制度创新方面，2020年12月，上海临港新片区在全国率先试点取消外商直接投资人民币资本金专用账户，政策试点以来，优化了外商直接投资人民币资本金的收付款流程，比如，对相同支付对象、相同类型的多笔支付业务，银行后续不再需要重复调取业务凭证，对能够自行确认真实性的支付，不再额外要求事后提供业务凭证。对企业来说，则无须到银行柜台办理资本金专户开户手续，可通过基本户或一般户直接从境外收取人民币资本金，并可通过网银直接办理境内支付，整个流程仅需两个工作日即可完成，节省了企业提交开户资料、支付业务凭证的“脚底成本”和专户管理成本，提升了客户体验。

此外，银行也针对自贸区内企业需求积极开发特色产品。比如江苏自贸区银行创新研发全国首款贷款利率与控排企业碳表现挂钩产品“鑫减碳”，发行全国首只碳中和绿色科技创新债券。广西自贸区推动中国银行广西分行与中银香港、东盟国家商业银行开展面向东盟跨境人民币“3+3+1”战略合作，实现中银香港业务营运中心跨境人民币清算落地；区内桂林银行落地全国首笔 NRA 账户跨境电子银行承兑汇票业务，为国内跨境票据业务创新提供了新的思路；区内云南富滇银行“跨境通”系统实现与海关“边民互市管理系统”互联互通，在线即可完成边民、货物、结算等多方数据的全流程自动交互和比对，简化边民互市贸易结算业务流程。黑龙江自贸区成为全国对俄跨境金融合作最活跃的区域，在对俄跨境结算、跨境融资、卢布交易等方面居于全国领先水平；区内银行先行先试多项创新金融产品，包括“关银一 key 通”服务、“订单+贷款+保险+期货”产业链项目贷款模式、俄罗斯油画抵押贷款产品、边民创业担保贷款、海关税款担保等。河北自贸区雄安片区推动中交雄安融资租赁联合境外承租人和中国银行境内外机构，首创了“跨境融资+跨境租赁”集成创新模式，利用境内银行海外分行搭建跨境融资平台，区别于传统境内融入人民币跨境投放美元形式，先从境外融入美元再通过跨境租赁将美元投放境外，实现了跨境融资租赁联动创新。这些都是国内先行先试的宝贵实践经验和成果。

3.12 把握 RCEP 机会

2020 年我在交易银行部工作时就开始关注 RCEP，最初我的理解是“一带一路”的延伸或进化版，但来到研究院工作后，综合更多的政策信息，结合近年外贸形势看，RCEP 的确给予我们国家经济发展很大的帮助，在践行双循环发展战略方面发挥了重要作用。从学术解读看，RCEP 的签署，也代表着全球化的趋势没有发生根本性改变，它是基于多边原则建立起来的组织形式，对国家经济乃至各行各业来说都是非常重要的历史机遇。RCEP 的生效也将实现亚洲地区经济的增长，据估计，会给全球收入带来至少 2500 亿美元的增量。在当前全球经济面临困难的背景下，RCEP 自贸区的建成发出了反对单边主义和贸易保护主义、支持自由贸易和维护多边贸易体制的强烈信号，有力提振各方对经济增长的信心。据国际知名智库测算，到 2025 年，RCEP 可望带动成员国出口量、对外投资存量、GDP 分别比基线多增长 10.4%、2.6%、1.8%。

2020 年 11 月 15 日，在第四次区域全面经济伙伴关系协定领导人会议上，正式签署《区域全面经济伙伴关系协定》（*Regional Comprehensive Economic Partnership*，RCEP），标志着全球规模最大的自由贸易协定正式达成。当时已经正式签署的国家有 15 个，分别是：新加坡、泰国、文莱、越南、老挝、缅甸、柬埔寨、印度尼西亚、马来西亚、菲律宾、中国、日本、韩国、澳大利亚和新西兰。RCEP 旨在通过削减关税及非关税壁垒，建立统一市场的自由贸易协定。RCEP 是全球最大的自贸协定，这 15 个成员国的总人口、经济总量、贸易总额均占全球总量约 30%，包括 15 个签署国人口合计约 22 亿，占全世界总人口的 30%；经济总量超过 25 万亿美元，占全球 GDP 近 30%；区域内贸易额超过 10 万亿美元，占全球的近 30%。

全球另外两大贸易协定，USMCA 仅涵盖 3 个成员国，覆盖 4.97 亿人口，27.3%的全球经济总量和 28.3%的全球国际直接投资。CPTPP 涵盖 11 个成员国，覆盖 5.05 亿人口，13.1%的全球经济总量和 34.8%的全球国际直接投资，为全球第三大自贸协定。RCEP 侧重于传统的货物贸易关税和发展中国家的利益，注重在“灵活性”和“高标准”之间权衡；CPTPP 是一个全方位严格的贸易协定，其在劳动和环境规则、竞争政策、国有企业、知识产权监管、互联网规则和数字经济等方面均设定了高标准。而 USMCA 重点聚焦墨西哥的汽车跟加拿大的乳制品两大部分。

RCEP 主要包括货物贸易、服务贸易、投资准入以及相应的规则，涵盖电子商务、知识产权、竞争政策、政府采购和中小企业等内容。根据协定，货物贸易整体开放水平达到 90%以上，各成员国之间的降税模式以协议生效立即降为零关税、十年内降为零关税为主；中国和日本首次达成了双边关税减让安排，实现了历史性突破。关税的减免有望降低进出口产品生产和流通等环节的成本，并且出口企业和跨境电商将直接受益。此外，RCEP 采用的区域累积的原产地规则，突出技术可行性、贸易便利性和商业友好性。服务贸易方面，15 个缔约方通过正面或负面清单模式均做出了高于各自“10+1”自贸协定水平的开放承诺。RCEP 成员国在金融、电信和专业服务领域做出更高水平的开放承诺。投资方面，15 个缔约方均通过负面清单方式提高农、林、渔、采矿和制造业五个非服务业的投资开放水平。

《区域全面经济伙伴关系协定》（RCEP）已于 2022 年 1 月 1 日正式生效，前 10 个月，我国对 RCEP 其他 14 个成员国进出口增长 8.4%，区域合作紧密、多元化国际市场布局继续优化。中国银行业作为服务对外经济贸易投资发展与国际经济合作的主力军，一直将 RCEP 成员国作为重要的业务拓展地区，依托境外机构覆盖 RCEP 成员国的有利条件，支持了一大批项目，涉及经贸合作、基础设施建设、民生、绿色发展等领域，各家银行也公布了自己的服务成效。2022 年 1—9 月，中国银行在境外 RCEP 国家和地区实现跨境人民币结算量超过 4000 亿元，对 RCEP 成员国货物贸易提供结算超过 2500 亿美元。农业银行服务 RCEP 区域的国际结算量达到了 1600 亿美元，提供国际贸易融资 800 亿元。建设银行支持 RCEP 区域 14 个国家 218 个海外重大项目，涉及电力、热力、燃气、仓储、制造等多个行业。进出口银行在 RCEP 成员国的项目总数超过 1400 个，贷款余额达 8000 亿元（孟凡霞，2022）。

RCEP 自贸区的建成为全球经济和贸易复苏注入强大信心，未来也将为加快我国构建以国内大循环为主体、国内国际双循环相互促进的新发展格局提供巨大助力，同时也为银行金融服务创造更多机会。一是区域内贸易壁垒削减，有利于区域内企业扩大对外投资，优化全球产业布局，为银行提供更多服务机会，参与区内新能源、节能环保、数字经济、基础设施、互联互通等重大项目建设，这也有助于促进我国 ESG 产业发展及高新技术产品的出口。二是成员国在资本、技术、劳动力等生产要素方面实现自由流动，将帮助国内企业更好地融入全球产业链，银行业依托自贸试验区或自贸港，在跨境供应链金融、跨境现金管理方面都会获得更多服务与创新的机会。三是 RCEP 为区内成员国达成了较高水平的电子商务统一规则，积极推广无纸化贸易、电子认证和电子签名，在跨境信息存储和数据领域形成了基本共识，将为银行向跨境电商等贸易新业态提供金融服务带来更大便利，同时也可推动区块链在货币上的应用落地，丰富数字货币服务场景，更好地提高贸易效率。四是成员国在服务贸易方面做出了开放承诺，我国也新增了研发、管理咨询、制造业相关服务，这将促进银行业在服务贸易领域的跨境金融创新。

RCEP 将加快中国银行业双向对外开放的步伐。一是有助于中国银行业更好拓展海外市场，同时也吸引更多境外银行来华经营，为国内银行业带来竞争的同时，也为金融市场注入新的活力，银行与保险、证券、基金等金融机构间的跨境合作更加频繁，相互促进金融服务专业能力的提升。二是推动人民币国际化，促进东盟国家和地区更多选择以人民币进行计价交易，健全人民币双向流动机制，这将有助于提高中国银行业的国际影响力，并更好地培育人民币离岸市场，降低企业汇兑损失，为企业开展跨国经营提供新的币种便利。三是推动“一带一路”建设，中国与东盟的银行业有望在更宽领域、更高水平上开展合作、互利共赢，互相推荐优质客户和项目，不断丰富、完善跨境金融服务生态。

RCEP 对中国银行业的风控能力提出更高的要求。一是 RCEP 关于新金融服务、信息转移和处理等条款既为中资银行海外数据传输带来了新的便利，也对银行风险防控和数据安全管理提出了更高要求，从而促进银行反洗钱等合规管理能力的提升。二是更完善的外汇管理制度及双边货币框架的有效实施，将促进国内银行间市场高效运行，为境内银行外汇监管模式改革提供更多经验借鉴。三是银行业需关注、防控新出现的相关风险因素。例如，进口关税的降低或对我国低端制造业造成冲击和影响，导致信用违约风险，此外，我国企业开拓陌生的外国市场也会面临信息不对称等风险因素。为此，银行应更多采用跨境银团、信保贷款等融资方式，及时调整授信策略。

3. 13 离岸贸易的破局之道

离岸贸易是我在前海蛇口分行工作时关注的热点课题，因为政府当局也非常重视这块业务的发展，这与自贸区的改革方向是一致的。为此我也撰写了研究报告，发表在所在银行和当地监管部门的内刊中。文中首先还是提出前海发展离岸贸易的意义所在。前海具有“五区叠加”的政策优势，包括深圳经济特区、广东自贸试验区、深圳先行示范区、粤港澳大湾区、深港现代服务业合作区。离岸贸易中的转口贸易往往需要以优良的港口物流和港口服务管理体系作为支撑，而前海拥有全球最好的港口物流资源之一，兼具保税与非保税业务。因此研究前海发展离岸贸易具有必要性与可行性。

离岸贸易之所以能够引起注意，与经济带动及服务实体经济都有关系。首先，在促进经济高质量增长方面，国内很多城市将离岸贸易作为新型国际贸易形态，列为拉动经济增长的新目标。在国外，离岸贸易往往具有国际物流中心、营运中心、服务中心的标志性功能，对前海来说，发展离岸贸易可更好地发挥与香港的协同效应和比较优势，共同推动粤港澳大湾区经济更好的发展。其次，从政策面来看，前海发展离岸贸易也有很多政策支持，最新的政策是 2022 年 2 月广东省人民政府印发的《关于推进广东自贸试验区贸易投资便利化改革创新若干措施》，其中就指出，支持南沙、前海蛇口片区建设离岸贸易综合服务平台。最后，离岸贸易可以促进实体企业发展，因为离岸贸易的需求主体以跨国公司地区总部或运营中心为主，如跨国集团内部的财资中心、结算中心、原料供应商、贸易总部等，这些是深圳总部经济重点客群。

近年来，国内其他地区政府也在密集出台离岸贸易支持政策。比如，上海人民银行和商务委明确了自由贸易账户支持货物转手买卖贸易，鼓励银行提供配套跨境金融服务。海南、苏州、杭州、宁波等地区的外汇管理分局也先后出台指导意见。其中杭州政策规定银行可以自主决定审核新型离岸国际贸易交易单证的种类和形式，通过简化事前单证审核、优化业务流程手续，为区内企业真实、合法的新型离岸国际贸易提供跨境资金结算便利，这将有助于发展全球采购、大宗商品离岸贸易、境外承包工程第三国购买货物等新型离岸国际贸易业务。国内享受杭州试点政策的区域还有海南自贸港、上海自贸区和苏州工园区等地区。此外，海南推出的配套《实施方案》还提出了全球贸易商计划，离岸贸易公司除了享受总部经济扶持等财政支持政策外，企业所得税最优税率可达9%。

2021年7月13日，国务院办公厅发布《关于加快发展外贸新业态新模式的意见》，鼓励银行探索优化业务真实性审核方式，按照展业原则，基于客户信用分类及业务模式提升审核效率，在自贸试验区进一步加强离岸贸易业务创新，支持具备条件并有较强竞争力和管理能力的城市和地区发展离岸贸易。事实上，早在2015年发布的广东自贸区管理办法中，就已提出鼓励离岸贸易、保税展示交易、仓单质押融资、融资租赁、期货保税交割、跨境电子商务等新型贸易发展。我国离岸贸易近期相关政策见表6。

表6　我国离岸贸易近期相关政策

时间	政策名称
2015.4	《中国（广东）自由贸易试验区管理试行办法》
2016.4	国家外管局《关于进一步促进贸易投资便利化完善真实性审核的通知》
2018.9	人行上海分行、上海商务委《关于明确自由贸易账户支持上海发展货物转手买卖贸易有关事项的通知》
2019.2	中共中央、国务院印发的《粤港澳大湾区发展规划纲要》
2020.12	国家外汇管理局海南省分局《关于支持海南开展新型离岸国际贸易外汇管理的通知》
2021.3	国家外汇管理局江苏省分局《关于支持苏州工业园区新型离岸国际贸易发展的通知》
2021.4	国家外汇管理局宁波市分局《关于支持宁波新型离岸国际贸易发展的通知》
2021.7	国家外汇管理局批复同意在浙江省自贸区及联动创新区开展新型离岸国际贸易试点
2021.7	国务院办公厅发布《关于加快发展外贸新业态新模式的意见》
2021.7	《国家外汇管理局综合司关于支持厦门开展新型离岸国际贸易的批复》
2021.9	中共中央、国务院印发的《全面深化前海深港现代服务业合作区改革开放方案》

资料来源：作者整理

新加坡是全球离岸贸易发展水平最高的地区之一。依托功能齐全、制度领先的离岸贸易服务，新加坡吸引近3万家国际公司、超4200家跨国公司区域总部落户（见表7）。新加坡也是全球最大的转运港口，出台优惠税收政策促进离岸贸易发展，凡海外运营的业务无须纳税。新加坡长期服务离岸贸易跨国公司，不仅积累了丰富的经验与雄厚的资本，也构建了完善的现代化服务体系，法律咨询、财资管理、金融产品、物流设施均处于世界前列。从客户体验看，离岸公司注册简易使新加坡过去几年被列为世界最容易开展业务的地区之一，注册程序完全电脑化、线上化，最快1天内能注册一家公司。2020年全球营商环境排名，新加坡位居第二。从新加坡的发展历程看，只有当离岸贸易服务量占全球跨国交易总量的10%及以上，才能成为国际贸易中心，获得全球市场的话语权、定价权和规则制定权。

离岸贸易也是香港地区经济增长的重要来源，其创造的收入包括离岸公司"转手买卖活动"所赚取的毛利和"与离岸交易有关的商品服务"赚取的手续费，并不包括所涉及货物的本身差价。2017年香港离岸贸易额达4.4万亿港元，贡献收入2939亿港元，占地区生产总值的比重达11%。而这仅是离岸贸易直接创造的收入，还未计算合作企业及员工个人贡献的收入。对香港来说，发展离岸贸易可有效地促进招商引资，更好地发挥现代服务业的优势，也有助于培育新兴经济产业。离岸贸易通过吸引离岸跨国公司，同时也吸引一批提供配套服务的企业，实现"1+N"的经济发展效能。对金融服务行业来说，离岸贸易不仅能够直接带动收付汇业务的增长，同时可以派生贸易融资、保险及衍生品等业务创新机会，为香港的金融机构开辟了更多的利润增长点。

表7 主要对标城市离岸贸易发展情况

城市	跨国公司 区域总部数量	货物贸易 进出口额	离岸贸易 收付汇规模	离岸贸易对 GDP贡献	企业 所得税
上海	771家	3.48万亿元	500亿美元	30亿美元	15%~25%
深圳	300家	3.05万亿元	1亿美元	600万美元	15%~25%
杭州	140家	5934亿元	70亿美元	4亿美元	25%
海南	30家	933亿元	18亿美元	1亿美元	9%~15%
苏州	151家	2.09万亿元	6亿美元	0.4亿美元	25%
厦门	30家	6915亿元	50亿美元	3亿美元	25%
香港	1600家	7.15万亿元	6000亿美元	360亿美元	0~16.50%
新加坡	4200家	4.7万亿元	7000亿美元	420亿美元	0~17%

数据来源：作者整理

但我们也关注到国内发展离岸贸易的痛点和难点，主要包括：一是监管对象不明确，数据不透明。离岸贸易虽是货物贸易，但当前我国监管数据中尚无离岸贸易科目，只出现在服务贸易统计中，且只计算离岸贸易产生的毛利、佣金和服务费用，因此各地区都是通过调查并推算出离岸贸易的大体规模。二是国际上离岸贸易中大多数为大宗商品交易，定价复杂，汇率波动风险突出，带有比较强的金融属性，容易产生套汇、套利及投机行为，国内金融机构在某些业务领域的风险管理经验仍较欠缺。三是海关统计与国际收支统计分离。因货物不走贸易商所在国，没有报关资料，货物进入第三地会报关，当发生结算及融资活动时，会产生国际收支申报，离岸贸易统计与国际收支统计有可能存在不一致的情况。四是银行提供收付汇等配套金融服务效率难以提高，监管机构对离岸贸易有管理要求，明确银行应审核资料，确保交易的真实性、合规性和合理性，随着外汇违规处罚力度加大，银行一线经办人员不敢做、不愿做的事件时有发生。鉴于此，前海推动离岸贸易发展需要与海关、税务、外汇等监管部门及银行达成共识，推动离岸贸易便利化，从“规则监管”向“原则监管”转变，从“材料审查”向“客户准入”转变，从而统一思想、明确方向、分工协作、尽职免责。

对前海来说，发展离岸贸易可以把握好几个方向。一是推动监管与政策创新，聚焦贸易便利化、运营效率提升及税收优惠，包括打造离岸贸易综合服务平台，提高银行服务效率，优化监管功能。出台外汇结算便利化指导政策，使银行机构能够根据离岸贸易特点，制定业务规范，完善内部管理，为企业开展离岸贸易设计更加高效便利的金融服务方案。完善离岸贸易数据统计体系，明确业务标准，纳入总量平衡管理。二是创新离岸贸易客户服务模式，做好优质客群的资格认证与配套服务工作，包括打造前海特色的离岸贸易服务模式，建立离岸贸易试点企业的“白名单”制度，成立离岸贸易业务发展专家委员会或行业协会，搭建信息共享平台、行业自律平台、政企沟通交流平台，加强离岸贸易市场、业务发展情况、企业经营情况的跟踪研究。三是提升离岸贸易综合服务功能，完善产业生态配套体系，包括提升金融服务水平，加快引进总部型、功能性金融机构和金融中介服务机构，为离岸贸易发展提供包括风险对冲汇兑、保险、融资、供应链金融等综合服务。探索发展场外衍生品相关业务，发展远期金融、金融期货、金融期权以及金融互换产品，对冲离岸贸易中面临的市场价格、运费、汇率和利率波动等风险，引导离岸贸易企业规避资金风险。把握前海引进国际保险公司的契机，在离岸保险业务领域推出解决方案。吸引各类专业服务机构，完善离岸贸易产业链条。优化人才发展环境，加强离岸贸易领域政企实务人才培养和引进，培育符合发展需求的专业人才队伍。

离岸贸易发展离不开银行金融服务的支持。对银行来说，发展离岸贸易也是拓展跨境市场业务的重大机会。虽然离岸贸易暂时不会直接影响到国际结算量和市场份额，但能带来丰富的结售汇业务机会。以厦门为例，发展离岸贸易 3 年累计为厦门市银行业增加近 200 亿美元的外汇收支业务，同时还带动了贸易融资、存款和结算业务发展，增加了跨境结算手续费、结售汇手续费和相关贸易融资利息收入。国内银行服务离岸贸易，还是要以支持国家双循环战略为目标，加强与当地监管部门的沟通，积极参与数字贸易平台建设，重点服务支持优质企业的海外市场拓展。跨国银行可以由集团牵头，建立境内外机构协同展业的良性工作机制，根据各自贸区客群的特点，创新离岸贸易特色金融产品与服务方案，探索离岸贸易优质客群的差异化授信政策，在市场拓展的同时也提高离岸贸易融资业务的风控水平，防范企业的空转套利行为。

上海是国内离岸业务服务体系最完善的城市，在金融支持离岸贸易发展方面拥有较多的经验。早在 2019 年 10 月 31 日，浦东新区就率先“破冰”，发布支持离岸转手买卖的若干措施，并设立中国（上海）自由贸易试验区离岸转手买卖产业服务中心和离岸转手买卖先行示范区。2021 年 4 月 29 日发布的《“十四五”时期提升上海国际贸易中心能级规划》提出，将打造新型国际贸易发展高地，支持商业银行为真实合法的离岸贸易提供经常项下外汇结算便利服务，扩大以自由贸易账户为基础的离岸贸易业务规模，并将支持范围扩展至离岸加工贸易、服务转手买卖等离岸经贸业务。2022 年 6 月 8 日，上海离岸贸易创新发展实践区、离岸贸易监测中心、离岸贸易服务中心、离岸贸易创新发展研究基地四大平台揭牌，临港离岸贸易与国际金融服务平台正式上线，这也代表上海“1+3+1”离岸贸易平台体系正式启动。此外，上海还探索在自贸试验区、临港新片区和虹桥商务区等重点区域研究适应离岸业务发展的税收政策，规划培育一批离岸贸易标杆企业，推动上海全市离岸贸易业务规模达到 5000 亿元。浦东新区和临港新片区将重点发展跨境金融、离岸金融，从而更好地支持离岸贸易的发展。

上海银行业服务离岸贸易也积累了不少成功经验。2022 年初，中国银行上海分行率先运用自由贸易账户离岸经贸相关政策，帮助中国某大型纺织服装出口商纳入离岸经贸企业名单，并为其量身定制了包括账户、结算、资金汇兑等在内的离岸经贸综合配套金融服务方案。为确保境外生产基地按时完成加工并交货，该行采用自由贸易账户便利化方式为其办理了离岸加工费的结算及汇兑，提升结算效率，并依托“汇易知”产品，为企业境外加工销售成衣商办理货款收款业务，确保当天收款当天入账，帮助企业加速资金回笼。2022 年 3 月，韩国东和恩泰株式会社 DONGHWA ENTEC CO.，LTD. 旗下的泰临贸易（上海）有限公司通过离岸贸易与国际金融平台与工商银行上海分行的系统直连，顺利完成在该平台的首单离岸转手买卖业务，足不出“沪”就将韩国采购的高品质变频器及变频控制箱直接转卖给了新加坡客户。该系统直连是离岸贸易与国际金融服务平台与金融机构直接对接的首次尝试，依托与金融机构直连的离岸贸易与国际金融服务平台，符合条件的企业可以坐镇临港新片区，开展全球范围的离岸贸易业务。

3.14 服务贸易明天会更好

随着信息和通信技术的进步，全球服务贸易得以迅猛扩张，互联网在全球的广泛应用，使教育、分销、金融乃至医疗服务的远程供应成为可能。事实上，电信、计算机和信息服务的出口以年均 10%以上的速度在增长，成为全球服务业出口增长最快的细分行业。分销和金融服务是全球服务贸易中最大的细分行业。2017 年，全球大约 77%的金融服务和 70%以上的分销服务是通过外商直接投资设立的分支机构进行交付的，这也在一定程度上揭示了中国服务业对外开放与吸引外资的关系。相较货物贸易，服务贸易在未来对我国的外贸增长贡献可能会更大。我对服务贸易的理解，比较深入的还是在交易银行部分管网上银行业务时，因为与国内最大的第三方跨境支付公司开展合作，涉及服务贸易项下的跨境支付金融服务。2021 年，华为升级了鸿蒙系统，我也根据这一新闻发表了评论文章，对服务贸易又有了更多的认识。

服务贸易逆差一直是我国外贸的一块短板，因为每年支付巨额专利费，进口规模是出口规模的 5 倍，其中接近 50%还是支付给高通一家跨国公司，而华为的 5G 和 HarmonyOS 有望改善这一状态。与货物贸易相比，我国服务贸易金额占比偏小，以深圳为例，服务贸易占总的对外贸易比重在 14%左右。2016 年 2 月 22 日，国务院印发《关于同意开展服务贸易创新发展试点的批复》，深圳作为试点城市之一，在中国高新技术产业、金融服务、外贸出口等多方面占有重要地位，因此肩负着试验和示范的重要使命，这也成为深圳在服务贸易领域创新的优势。早在 2017 年，深圳就提出深化服务贸易创新发展措施，包括推进优化产业结构工作，加快培育市场主体，不断提升技术研发等服务出口占比，加快服务贸易向产业价值链高端延伸。2021 年华为

HarmonyOS 升级系统，也给中国进一步促进服务贸易发展、优化出口结构提供了有利契机，一旦国产手机品牌甚至国外手机品牌在不久的将来使用 HarmonyOS 以及华为的 5G 设备，将会增加服务贸易出口收入、减少进口支出。

过去十年，我国服务贸易出口持续保持高速增长，2022 年增速更是高于货物贸易，与全球主要经济体相比也较快。根据商务部披露数据，2022 年 1—8 月，我国服务进出口总额 3.9 万亿元，同比增长 20.4%。其中服务出口 1.91 万亿元，增长 23.1%；服务进口 2.03 万亿元，增长 17.9%，服务出口增幅大于进口 5.2 个百分点，服务贸易逆差下降 29.5%至 1210 亿元。同期我国货物贸易进出口规模为 27.3 万亿元，同比增长 10.1%。这说明党的十八大以来持续推动产业转型升级的政策取得阶段性成功，华为、比亚迪、宁德时代等高科技、新能源类企业为服务贸易出口提供了重要的动力，也为疫情后经济复苏打入了强心针。

中美都是全球服务贸易出口大国。2005 年，中美两国的服务贸易出口合计占全球的 17.0%，至 2021 年这一比重更是上升到 19.6%。不过，中美两国的服务贸易出口的增长速度有着明显的差异。中国在服务贸易出口上的持续加速，大大缩小了与美国的全球市场份额差距。2005—2021 年，美国的服务贸易出口年均增速为 4.8%，而中国实现了年均 10.6%的增长。我国在商品贸易领域保持巨额的顺差，且顺差金额经常排在世界第一，但服务贸易领域却始终处于逆差状态，且逆差金额在全球也是排在前两位。这几年我国服务贸易出口较快增长，逆差也在持续缩小。

从地区分布来看，2021 年上海服务贸易进出口额达 2294.1 亿美元，规模创出历史新高，占全国服务贸易总额的比重达 30%，稳坐头把交椅。粤港澳大湾区是服务贸易最大的区域，2021 年服务贸易总额占全国总额的 53.85%，服务贸易占外贸比重为 25.14%，较内地平均水平高出 13.19 个百分点。同期，广东服务贸易进出口总额超 9800 亿元，同比增长 18.5%，增速高出货物贸易 1.8 个百分点，规模居全国第二，约占全国 18%。深圳市服务贸易进出口额在全国大中城市中排名第三，仅次于上海、北京，约占广东省的六成。2022 年上半年，深圳全市服务贸易进出口额 514.9 亿美元，同比增长 10.8%，其中，服务出口额 299.6 亿美元、同比增长 17.6%，服务进口额 215.3 亿美元、同比增长 2.5%。深圳“十四五”规划服务贸易进出口额要达到 1500 亿美元，相较 2022 年要增长 40%。

我国服务贸易逆差的收窄，说明国内服务产业的竞争力在国际上保持着持续的提升态势。国内持续加大招商引资力度，吸引高端人力资源、促进政策的效应在逐步发挥，例如每年召开的服贸会，以及出台服务贸易创新发展的试点政策和开展服务贸易特色出口基地的建设等，都为服务贸易的持续增长提供了强大的动能。特别是“专精特新”产业发展的推动，使国内的科技创新、产业技术升级涌现出了大量现代化服务需求，从而进口大量的国外技术。另外，腾讯、华为等科技类企业在逐步输出自己的文化产品、知识产权和专利技术，也为服务出口提供了重要的动力。

服务贸易在很大程度上体现了一国的技术进步实力。《全球服务贸易创新趋势报告 2022》指出：最近几十年来，各国在科技服务、信息服务、金融服务、教育和文化服务等领域的“创新广度、深度持续扩大，投入强度超过历史任何时期”。知识产权保护、跨境数据流动、消费者权益保护等新兴议题，也已成为区域贸易中的新亮点。数字货币以及数字和人工智能技术应用于餐饮服务、交通出行、购物消费、政务服务等场景加快落地。报告也表明，服务贸易的开放会提高整个国民经济的生产率和服务业对外竞争力，服务贸易壁垒每增加 10%，就会导致制成品出口贸易减少 5%，例如：对于运输和零售部门贸易、投资加以限制就会增加货物贸易成本，直接影响一个国家的出口业绩。一项对于 57 个国家的抽样研究发现，服务贸易的自由化可以使它们制造业生产率平均提高 22%，更加开放的服务业不仅可以促进发展中国家工业制成品的出口，而且也有助于它们实现出口产品多元化。

我国入世之后能够取得飞速发展，主要原因也包括我们比其他 WTO 成员在货物贸易和服务贸易领域开放得更多，获取的红利更大。展望未来，我国服务业的开放力度会进一步加大，借助 RCEP 的东风，利用服务贸易可以更快地促进科创产业的复苏。中国与很多东盟等国家在服务贸易领域建立了稳定、相对开放、自由便利的制度环境，因此可以充分利用 RCEP 去开展与相关国家的服务贸易合作。此外，要把自贸试验区合作区的服务业扩大开放综合试点政策复制推广到更多地区。政府可以提供交流平台，比如服务贸易大型展会，既为服务贸易提供者展示新技术、新模式和服务价值提供场所，又激发了服贸消费者的兴趣与购买意愿，还有利于降低服务贸易完成所需的建立相互信任关系的成本和时间。

金融业是全球服务贸易的重要组成部分，也是我国服务业对外开放的重点领域。由于银行在金融体系中的支柱性作用，其自身数字化和绿色化转型对整个服务业“走出去”具有溢出效应，能够带动服务贸易领域的全面发展。一是体现在数字基础设施搭建方面。服务贸易离不开跨境结算，银行的数字化、绿色化转型也将引导服务业企业向结算便利、财务成本节省的方向转型，乃至实现境内外一体化经营，这些都需要通过搭建企业内部数字技术设施来完成。二是体现在信贷结构的进一步优化方面。信贷资产结构是银行数字化、绿色化转型的具体体现之一，银行将对绿色低碳型、环境友好型项目加大资金支持力度，进而带动服务贸易整体的数字绿色发展（赵萌，2020）。

国内银行业在服务贸易领域的金融创新已有不少好的做法。比如，中国银行湖北省分行为支持深化服务贸易曾提出创新发展试点十条措施，包括：推进人民币在服务贸易领域的跨境使用，加强服务贸易外汇业务服务，拓宽服务贸易融资渠道，将业务受理渠道由单一柜面向网银渠道延伸，加强服务贸易重点领域出口信贷支持，加大中小企业扶持力度，指导服务贸易企业合规经营，加强金融风险监测管理，提升服务贸易业务服务专业化水平，建立服务贸易创新发展试点协作机制。

华夏银行推出“服务贸易直通车”专属方案提升企业竞争力，通过为服务贸易企业提供涉外及境内收支结算、资金管理、贸易融资等全方位产品和服务，涉及运输、旅游、加工服务、建筑、电子信息等领域。工商银行也创新推出了服务贸易对外应付款融资产品，客户在服务贸易和经常转移等除货物贸易外的经常项目下对外支付费用或款项时，银行应客户的要求，在审核其支付业务依法合规后，为其办理融资并代其支付的业务。该产品根据境内外市场的综合融资成本，客户可选择采用银行自有资金融资、海外代付、风险参贷等多种方式，适用对象为企业办理国际运输项下费用及保险费用、专有权利使用费和特许费、代表处（办事处）办公经费、技术进口项下相关款项。

3.15 专业的出口信保

在近年的稳外贸政策当中，我们都能够看到出口信保的影子，多个政策都提出要加强银行与信保公司的合作，支持出口和海外工程企业。我与深圳出口信保公司一直有联系，彼此在客户、产品方面多有合作，给我的感觉就是它们在海外业务方面非常专业。在分行交易银行部工作时，信保公司的朋友每年都会给我一份海外市场风险评估报告，从中我们可以知道海外主权国家的经济发展与风险变化情况。特别是在疫情、地缘政治等复杂因素背景下，国内外贸企业回款出现困难，导致许多中小微企业“有单不敢接、有单无力接”，此时政府、银行、信保公司就需要联手为企业提供安全的金融支持，不仅在资金融通方面，还包括海外市场调查咨询服务。

出口信用保险对中小微企业开拓国际市场起到保障和促进作用，服务内容表现在多个维度。一是为中小微企业提供统保服务，比如深圳信保公司为年出口额在 800 万美元以下的中小微出口企业提供出口信用保险基本保障服务，为每个企业每年提供15万~24万美元的出口信用风险保障，并依托国际贸易“单一窗口”为超过20000家中小微出口企业提供“线上承保、线上报损核赔、线上资信服务、线上咨询服务”，有力地支持了中小微企业开拓国际市场。二是及时赔款弥补企业出口损失。作为政策性金融机构，信保公司始终本着应赔尽赔、能赔快赔的原则，加大案件处理力度，高效开展案件定损核赔工作。三是加大海外追讨力度，减少企业损失。外贸企业在遇到海外买家破产、拖欠货款、拒收货物时，作为政策性保险公司，中国信保不仅可以通过赔款发挥风险补偿作用，还可以利用自身在国际市场的影响力帮助企业追讨海外欠款。四是提供系列资信服务，帮助企业筛选海外买家。比如，深圳信保公司通过免费为中小微企业提供海外买家资信报告、推送海外买家提单报告、上线“国别图书馆”等方式，积极帮助企业挖掘海外买家。

银行与信保公司的合作主要还是信保融资这一产品。信保融资全称是出口信用保险项下融资，系指外贸公司在出口货物或提供服务并办理出口信用保险后，将保险权益转让给银行，银行向出口商提供的短期贸易融资业务。出口信用保险是国家为了推动本国的出口贸易，保障出口企业的收汇安全而制定的一项政策性保险业务，是由国家财政提供保险准备金的非营利性保险业务，以规避由于买方无力偿还债务或发生政治事件而引起的出口收汇风险，是政府对经济的一种间接调控手段。信保融资有力支持了中小外贸企业发展，主要优势在于：一是在进口商支付货款前，企业就可以提前得到偿付，加快了资金周转速度。二是融资方便，无须担保及房产抵押。三是融资手续相对于流动资金贷款等简便易行。四是可以增加企业当期的现金流入量，从而改善财务状况，提高融资能力。五是办理信保应收账款买断，可美化外贸公司财务报表。六是减少回款不确定性带来的经营问题。信保产品的目标客户群主要是那些对进口商或买方提供赊销，流动资金被应收账款占压，或对境外进口商或买方资信情况不了解的出口企业以及卖方厂家。融资的介入起点为卖方开出的发票，体现为报表上的应收账款。

在双循环、“一带一路”、RCEP等的国家战略背景下，出口信保产品市场未来会越来越大。在出口过程中，如何既成功开拓市场又有效规避风险，是企业面临的一个共同课题。对于非洲、中东等风险较高的地区，通常不敢放账赊销，通过投保出口信用保险，为企业成功开拓海外市场提供了收汇安全保障，使其能够在这些地区拓展业务、抢占市场。中国企业“走出去”最缺的还是开拓国际市场特别是非洲、俄罗斯等一些新兴市场的信心。银行与中国信保合作，能够在保障收汇安全方面，给企业提供支持。同时，由于中国信保提供的买方资信调查等综合服务，使业务人员在与海外客户谈判时做到心中有数，选择最有利于企业扩大销售增加利润的方式与客户交易，大大提高了企业参与国际竞争的能力。这是采用信保融资对企业最具吸引力的地方。此外，对于银行买断型的信保融资，也会受到优质企业的青睐，可以实现债务出表。

3.16 中小银行的跨境托管新机

1998 年至今，我国托管行业已经走过 24 年发展历程，中国银行业为理财产品、资金信托、证券投资基金、证券公司资管产品、保险资管产品、社保基金、养老金等提供托管服务，规模持续扩大，服务种类也不断增多，创新更加活跃，满足了市场对资产保管、产品核算、资产估值等多元化需求。截至 2021 年底，全国开展托管业务的商业银行超过 30 家，资产管理类产品托管规模 149 万亿元，总资产托管规模达 191 万亿元，这是一笔庞大的金融机构存款。托管业务在重要性、影响力快速提升的同时，也面临加强监管、规范管理的问题。2022 年 12 月 29 日，银保监会发布《商业银行托管业务监督管理办法（征求意见稿）》，是我国首部适用于各类托管产品的监管法规，内容覆盖商业银行托管业务的各个方面，是新时期商业银行开展托管业务的指南，将有利于完善银行托管服务的产品操作、风险防控、金融监管等工作。

跨境托管可以说是托管业务的蓝海，指银行作为托管人，接受依法设立的合格境内外基金管理机构、保险公司、证券公司以及其他资产管理机构的委托，根据相关法律、法规规定，为其经有关部门批准从事境内外证券市场的股票、债券等有价证券业务的证券投资基金和资产管理计划，提供包括资金保管、资金清算、币种转换及结售汇、投资监督和信息披露等服务，并负责国际外汇收支申报和其他合规报告工作，收取服务费的中间业务。跨境托管按金融项目可分为 QDII、RQDII、QDLP、QDIE、QFII、RQFII、QFLP、QDII2。按委托人不同可分为商业银行代客理财产品、公募基金、证券投资定向（或集合）资产管理计划、专户理财（或多客户）资产管理计划、信托、保险资金。

跨境托管业务要求托管银行为跨境客户提供包括资产保管、结售汇、资金划拨、证券结算、会计核算、交易监督等在内的一系列服务，由于涉及多个全球市场及多种金融工具，造成托管业务的准入门槛较高，因此这项业务一直主要集中在国有大行和头部股份制银行。2021 年 3 月，工商银行宣布资产托管规模突破 20 万亿元，成为国内最大的托管银行，同时该行紧抓我国资本市场高水平对外开放机遇，扎实推进跨境托管业务发展，全球资产托管规模超 7000 亿元。可见，跨境托管业务占比还偏低，未来有非常大的增长空间。

广发在股份行中算是跨境信托业务的先行者。2013—2015 年三年时间，广发银行跨境托管突破 800 亿元规模，占据股份行跨境托管的榜首之位。2013 年是广发银行办理跨境托管业务的元年，引进大量海内外托管业务人才，搭建起专业、高效的全球托管服务团队，完成行内一整套跨境资产托管业务体系的构建和业务流程的梳理——搭建了 QDII 托管业务平台并完成了 SWIFT 系统建设。同年，广发银行达到了自主运营跨境托管业务的水准，并与多家国内知名基金公司、证券公司、信托公司确定了合作意向，结成战略合作伙伴关系，签署了跨境资产托管协议。2015 年，香港港股 IPO 火热，广发银行为数十只 QDII 产品同时进行协议审核、开户、换汇、投资工作，在极短的期限内保证了所有产品的成功运作，跨境托管的强大营运能力得到市场检验认可。也是这一年，广发托管整合行内金融市场资源为跨境投资托管客户量身打造专属衍生产品。在 QDII 额度紧张的环境下，广发银行与大型基金公司携手合作，安全合规地运作了业内第一单 RQDII 产品，并快速扩张，市场份额居于前列。

2021 年，江苏银行获批合格境外机构投资者（QFII）托管资格，成为国内城商行中唯一一家拥有该资格的银行，象征国内中小银行跨境托管业务迎来新机遇。随着我国稳步推进金融业双向开放，境外合规投资者参与境内金融市场便利度大幅提升，相关业务规模扩大，拓展了银行托管业务发展的空间。近年来，在资产端收益下行、净息差收窄的情况下，不少中小银行大力发展中间业务新领域，从而向轻资产转型，托管业务无疑也是其中的重要选择。

第四章

银行科创金融，服务科技产业发展

2009 年，我重新回到公司授信客户服务的岗位，服务对象以科技及互联网企业为主，这对我来说是一次非常难得的经历，这些客户现在已经成为国内乃至全球的头部企业，包括全球最大的两家代工企业、最大的互联网科技公司、最大的新能源电动车企业等，从这些高科技企业的身上，让我能够找到中国科技企业成长的脉络，也知道科技发展过程中常遇到的困难和瓶颈，懂得如何为这些企业提供更加适配的金融服务。

4.1 科创的起源

在写本章前，我在思考一个问题：中国的科技产业发展的起点在哪里？因为只有搞懂这个问题，才能说好金融支持科创产业这个故事。寻找答案，还要回到 2000 年我参与的一个银团贷款项目。那年 1 月，全球首款互联网手机诞生，诺基亚推出 7110，也正是由于手机通信技术的突破，推动了中国移动通信市场的发展。在国企改革完成阶段性任务，国企、央企逐步退出商贸、房地产、工业制造等市场化程度高的领域，引进更多民营资本之时，国家将集中力量在关键领域的发展，其中之一就是通信产业。

鲜有人知道，在 20 世纪 90 年代，中国只有一家电信公司，中国移动的前身是中国电信香港公司，于 1997 年成立。1999 年 4 月底，根据国务院批复的《中国电信重组方案》，移动通信分营工作正式启动，从此也拉开了全国通信运营商收购兼并的序幕。2000 年元旦刚过没多久，分行公司业务处就接到总行通知要营销拓展此轮收购的银团贷款项目。虽然其间我只是协助同事处理文字材料，但也学习到很多新知识，从而也意识到这次改革对于此后中国科技产业发展的深远影响。

我们银行当时营销客户的主要切入点有四个：一是帮助企业尽量降低融资成本，因为在当年，外汇的利率水平是远高于人民币贷款成本的，应该是

7%：4%的差距。二是优化公司资本结构，很多人误解了银行贷款越少越好，其实不然，如果公司效益够好，贷款越多则能够为股东带来更多的收益，对上市公司来说是有好处的。三是有效规避外汇汇率风险，因为移动运营公司未来的收入以人民币为主，如果总是借美元债务，一旦汇率上升会增加很大的损益波动风险。四是加强与国内金融机构的合作，毕竟以后要跟国内银行打交道，通过银团贷款，也确立了战略合作的关系，便于未来在存款、结算、个人等多个场景的服务合作。我也是从这个项目开始，真正领悟和体会到银行业务专业的重要性，包括如何设计标书框架、如何突出产品和服务的亮点、如何翻译、如何做 PPT 等，投标材料还要中、英两个版本，数百页纸的篇幅。这项营销工作的加班量也远超不良资产剥离，总分行立体式服务，前后也历经半年时间，各种营销手段、工具、技术、理念、资源全用上了，最终成功入围合作银行，也见证了中国移动互联网时代的到来。

在分行交易银行部工作期间，我与同事做过一次手机行业的市场研究，发现深圳的手机产业链派生的进出口额，能够占到全市近半壁江山，所以更能体会到移动通信、网络技术以及整条产业链的发展，在中国经济增长中发挥的作用。党的十八大以来，在习近平总书记关于网络强国的重要思想指引下，我国移动通信事业持续加快发展步伐，研发了全球领先的移动通信技术，建成了全球一流的移动通信基础设施，服务了全球规模最大的移动电话用户，培育了全球最大的移动互联网应用市场，打造了全球知名的移动通信企业。移动通信为推动数字经济繁荣、建设网络强国和数字中国做出了重要贡献，成为我国科技创新的典范。

值得骄傲的是，5G 正式商用两年多来，我国已建成全球规模最大、技术最先进的 5G 网络，成为全球首个基于 5G 独立组网的国家。截至 2022 年 4 月底，我国建成 5G 基站达到 161.5 万个，基站总量占全球 60%以上，5G 网络已经覆盖全国所有地市一级和所有县城城区、87%的乡镇镇区，5G 移动电话用户达到 4.13 亿户。在 5G 专网建设方面，三大运营商推出 5G 行业虚拟专网品牌，5G 行业虚拟专网已达 5325 张。所有这些，都属于我国正在大力发展的新型基础设施。

在我国经济发展面临多重压力的情况下，以 5G 为代表的新型基础设施投资给稳投资、稳增长提供了重要支撑。2021 年，5G 直接带动经济总产出 1.3 万亿元，直接带动经济增加值约 3000 亿元，已成为推动数字经济发展的新引擎。未来新基建投资将为我国经济高质量增长注入更加强劲的动能。2021 年 12 月 8 日，国家发展改革委、中央网信办、工业和信息化部、国家能源局四部门印发了《贯彻落实碳达峰碳中和目标要求 推动数据中心和5G等新型基础设施绿色高质量发展实施方案》的通知，指明了高质量发展基础设施的基本原则和主要内容。新基建也可能会延续移动通信将中国经济推向更高一个台阶。

基础设施是国民经济和社会发展的基石，新中国成立以来，我国基础设施建设成就举世瞩目，设施网络不断优化，设施质量持续提升，服务能力显著增强，有力支撑引领经济社会发展。基础设施的互联不仅是助力新兴产业、先进制造业和现代服务业发展的重要基础，也是打造世界级城市群及生活圈的前提条件。“水泥钢铁”等传统基础设施将国内主要都市圈紧密相连的同时，以5G、大数据中心、新能源充电桩、工业互联网、人工智能、城际高铁、特高压为代表的七大新型基础设施也在加快建设，成为我国高质量转型发展的重要着力点（见图4）。不难预见，新型基础设施建设将带动包括铜箔、铝合金等基础材料行业，以及电线线缆、充电桩、数字服务器、人工智能设备和应用等上下游产业链诸多行业的创新发展。

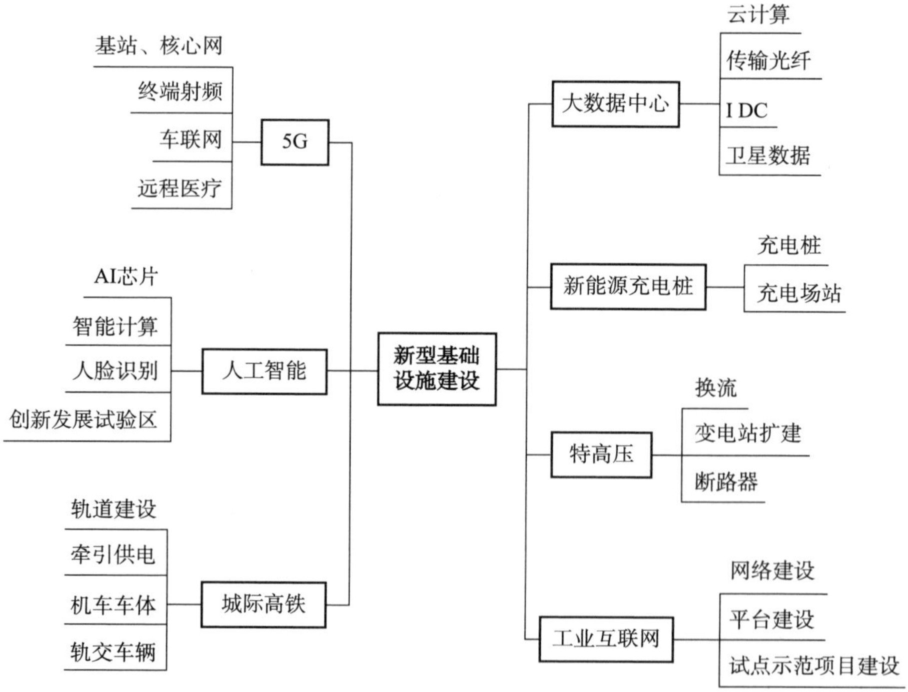

图4 中国新型基础设施的七大领域

图片来源：作者整理

新基建作为以新发展理念为引领、以技术创新为驱动的新兴产业，既能优化投资结构、稳定经济增长，又能助推产业链全面转型和消费升级，是未来经济社会高质量发展的重要引擎。然而，由于新基建领域存在创新性强、技术迭代升级快、抵质押物特殊、市场竞争激烈等特征，建设前期投资的资金需求量或超十万亿元，银行须进一步加大金融产品创新、优化信贷模式，以匹配新基建领域的投融资需求，从而更好地支持新基建发展，主要金融产品服务聚焦在以下几个方面。一是固定资产及项目融资贷款业务，银行可以选择以银团的方式来满足新基建需要投入大量的建设资金需求（见表8）。二是产业基金，新基建衍生很多新科技项目，正好也是产业基金的潜在并购标的，银行可以与基金、风投公司合作提供投贷联动服务。三是保函业务，新基建会有很多招投标计划，对投标、履约、质量保函需求巨大。四是供应链保理融资业务，新基建会带动核心企业上下游产业链的发展，这些上下游中小微企业也需要借助核心企业的信用满足自身的融资需求。五是政府性存款理财，新基建会派生大量的发债业务，势必为银行带来承销及存款理财服务机会。六是贴息业务，政府会为新基建产业链的中小微企业提供贴息，甚至提供信保费用等措施，银行可提供信保融资服务。七是国际业务机会。新基建会吸引全球避险资金来中国，包括直接投资的资金和通过投资股市的资金，银行从中可以获得更多汇款、结售汇业务机会。

表8　我国“十四五”规划新基建投资需求预测　（单位：万亿元）

新基建项目	直接投资规模	间接带动的产业链投资和消费规模
5G	1.6	4.0
特高压	0.6	2.0
城际高铁	3.5	4.5
新能源充电桩	0.5	3.0
大数据中心	2.0	3.0
人工智能	3.0	2.0
工业互联网	2.0	4.0
合计	13.2	22.5

资料来源：作者整理

4.2　舍小利、保大局

如果让我谈谈服务大型高科技企业的心得体会，我觉得必须要有“大局观”。在当时部门老总们分工的时候，我因出差不在现场，所以最终归属我管理的是电子通信制造行业，这类企业不仅产品需求复杂，议价能力也特别强。相比其他类型的企业，电子通信制造业的准入门槛高，利润空间小，毕竟像苹果这种高端企业在当时的中国其实还是很少的。我们服务的企业大多处于全球产业链的中端或低端位置，只能够拿到产业链利润的5%左右。

我曾服务过一家台资背景的代工企业，现在它已经成为行业的巨无霸。该客户给我的感觉是很典型的台资风格，追求精益管理。我多次到现场参观他们的园区和厂房，觉得环境与学校并没有太大的区别，只是更加有纪律一些。当我看过他们的设备和无尘车间后，才体会到真正高科技制造的门槛有多高，一套设备就需要好几千万美元。我记得当时做的一笔贷款，财务年年亏损，原因不是没订单或没利润，而是设备的折旧太大，因此沟通解释很费劲，最终说服评委通过贷款项目。但在授信的报批过程中，最难解释的还是贷款为何会亏损。

银行服务一家有几十万员工的代工企业，其实收益是多方面的。失去的是一些利息，但收获更多。一是稳定的战略合作关系，这点非常重要，银企之间的信任是贷款合作的基础，而这又是长期合作、慢慢磨合积累起来的财富。二是看得见的周边效益，包括企业带来的国际业务量和中间业务收入，员工的代发薪和个人财富管理业务机会等。三是看不见的社会效益，包括为当地政府缴纳的税收、创造的就业等。四是庞大的产业链，这也是当前看来最有吸引力的地方，服务一个核心企业，可为银行带来上万家的潜在企业客户需求，这些企业基于核心客户的订单，无疑是最优质的中小普惠金融客群。

我还服务了另一家美国上市的代工企业，这家企业的风格与台资代工企业不同，这也体现出不同的文化背景。与我对接的是一名女财务总监，非常专业，拥有 ACCA 资格证书，家族长辈也是做银行的，所以她对银行的业务逻辑非常清楚。对于美方代表，我只见过一次，一个喜欢喝可乐的美国人。只能说美资企业的团队非常的精练，申请国内融资只是为了打通渠道，这也是他们的财务战略。由于这笔贷款是全信用，而且属于我们银行与广东省分行合作的境外银团，报批难度很大，但我还是克服困难争取批了下来。当时敢担这个责任，无他，只是出于对这位女财务总监的信任，她很专业，至今还在这家公司任职，我们也保持着联系。

后来，我的很多客户将工厂开到了国内，包括河南、苏州、四川、沈阳、吉安等地区，因贷后调查的机会我也去当地了解情况，这又印证了那句格言：“读万卷书，不如行万里路”，只有到了当地，才能更加了解这些企业到异地投资的商业逻辑。有的企业看中的是廉价劳动力，有的企业看中的是市场空间，有的企业看中的是配套房地产项目，有的企业看中的是物流基础设施。每个企业的出发点都不一样，但商机的背后也是风险点所在。庆幸的是，我服务的企业没出现大的问题。各地政府为了吸引深圳优质企业投资当地，给出的条件非常诱人，这时候也极考验企业的战略定力和专业判断。在高新区支行工作时，有一家本来很有潜力的企业，就是因为企业事前调查不够全面和细致，所服务的核心客户都没到位企业就把什么都建好了，结果核心客户改变厂址，使企业陷入危机。

4.3 雪中送炭的勇气

现在回忆起曾经服务过的科技企业，我只能说转型并不是件容易的事。2013 年中国企业转型升级调查报告显示，67.8%的企业有过转型的经历，但大部分企业无法从转型中真正受益，只有 24%的企业在自身的行业中通过转型获得了压倒竞争对手的长期和短期优势（刘玖锋，2016）。2016 年波士顿咨询研究显示，85%的企业进行过一项或多项转型行动。2021 年麦肯锡研究报告显示，中国企业数字化转型的成功率也仅为 20%。在当前经营形势和科技技术都在快速迭代变化的趋势下，企业不转型，就难免会遭遇像诺基亚、柯达这种巨头的困境，产品被市场淘汰。而转型，更有可能加速企业的没落和消亡，这是一场艰难的战略选择，甚至是一场"豪赌"。日本汽车行业也是一个经典的例子，丰田在战略上重押氢能赛道，结果失去了锂电池电动车发展的先机，现在很是被动。

2010 年在分行公司业务部工作时，我曾经服务的一家电池公司，经历了几次转型，其间也曾有过不同的声音。第一次是从电池行业向汽车行业转型，第二次是从汽车行业向光伏行业转型，第三次是从燃油车向电动车转型。这都是非常大的战略选择，好在这个企业成功了。我觉得，这家企业之所以敢转型，是因为它是一家民营企业，老板有这个魄力和决断力，也有足够的权力和影响力，换成国有企业，是很难有这个决心的。此外，这家企业能够转型成功，也充分体现了老板的战略眼光和战略定力，能够坚定信念持续向前，这种前瞻性基于老板个人要足够专业，只有专业，才能正确地预判未来。所以我们在甄别服务或投资对象时，目标公司决策者或决策团队的专业性是不可忽视的。

在这家民营企业发布转型的信息时，当各家合作银行知道其是要收购汽车企业时，最初心里也是没底的。这个时候，企业已经在中国香港上市，股神看好企业前景后欣然入股，这笔交易成为他最为人津津乐道的一个项目。此后 14 年，股神从未减持，账面浮动盈利超过 500 亿元。这种眼光世间少有，难怪天价午餐也有这么多人争抢。也正是因为这个契机，企业的汽车业务发展了起来。后来，企业发现国家鼓励光伏产业，也进入这一产业，方向无疑是正确的，但时机没掌握好，光伏行业很快就严重供过于求，业务出现亏损。还记得我当时已经在授信评委会工作，大家在讨论这个企业的项目时，会有不同意见。因为我服务过企业，了解情况，所以提出了自己的观点。企业的队伍状态好，产品政府也很支持，风险是可控的。我们银行这个时候要做的是给企业提供更加便利、低成本、适配的授信产品，服务好其供应链。所以在票据和信用证业务方面增加了额度。如今，企业利用电池、光伏等技术，聚焦电动车发展，还打造了供应链金融管理体系，在新能源电动车市场领域收获了巨大的回报。

在很多科技企业的成长中，银行都参与了全过程，这是一种战略合作关系。从最早提供普惠贷款，到越来越丰富的产品，覆盖公司与个人业务，再到贸易融资、跨境并购贷款等，综合金融服务方案不断升级。银行对企业最大的助力还是危机时能够做到“雪中送炭”，但并不是每家银行或每个项目都有这种胆识和魄力，需要超高的判断分析水平和果断的应对决策能力。特别是在严格问责的授信文化环境下，银行客户经理对于贷款，特别是大额贷款的风险敏感性也是越来越强。如果企业仅仅是因为临时性的战术决策失误，并没有伤及企业的根基，实际控制人依然愿意担当责任和履行合约，相关合作银行是可以携手支持科技企业渡过难关的。政府和监管机构也会出面协调给予支持。

在分行风险管理部工作时，我就遇见过另一家通信制造领域的高科技企业，也是全球行业龙头。突然有一天，客户经理通知我，企业上半年可能出现巨额亏损，我听后心里是很慌的，毕竟该企业在我们银行的风险敞口很大，而且多数还是国际保函业务。为此，我将企业好好地分析了一遍，最终还是向行里表达了支持的态度。原因是企业不仅是上市公司，而且还有国资背景，亏损是暂时的，现在正在调整战略，收缩海外战线，扩大国内市场，这个转型方向也是对的。同时企业也属于科技产业中的龙头，生产的产品为稀缺产品，能与它对标的企业全球也只有几家。从国家经济大局看，也是要保护和支持的。最后这家企业经过战略调整后，迅速恢复。在中美贸易摩擦期间企业又经历过一翻风波，有了经验以后，企业也越来越成熟，如今市值重回巅峰。

4.4　参观互联网巨擘总部有感

2011 年 1 月，我有幸受邀参观百度北京总部，在参观百度大楼及聆听工作人员讲解时，忽然就被百度的文化标语所吸引，至今还印象深刻，“简单，可依赖”。百度从产品设计，到大楼建筑，再到室内装饰布置，都遵循一个简单的原则，正因为简单，才能让人更容易理解；因为理解，才能让人更容易接受；因为接受，所以信赖。跟随讲解员，在了解百度文化的丰富底蕴与内涵后，我进一步明白，原来再简单的底座，也是不简单的理念和技术，简单的强大，也是缘于坚实的后盾和根基。由此，我也联想到银行的金融服务工作，我们所追求的质效与百度难道不是一样的吗？让客户体验到简单、可以依赖的优质服务。这个原本属于互联网科技企业的成功秘诀，其实在银行金融服务领域也是通用的。

后来，我又受邀参观了阿里巴巴杭州的总部，迎面看到的就是一个巨人，让人能够感受到互联网的力量。与百度不同，阿里是聚焦电商服务，所以它的经营理念是让“天下没有难做的生意”，我能理解这是阿里发展的初心，也是存在的社会价值与使命。但回头一想，这何尝不是银行的初心与使命呢。银行当前提供的科创金融服务，目的就是让全国没有难创的科技企业，希望通过普惠金融、投贷联动等产品，助力企业成为专精特新小巨人，甚至成为上市公司和独角兽。

再后来，我又拜访了腾讯深圳总部大楼，谁能想到，一只可爱的企鹅，能够成为最高时 7 万亿元市值的全球互联网巨擘。马化腾是我深大的师兄，所以我们这些学弟都非常关注他和学习他的经验，包括他的视频和书籍。其中印象最深的还是他 2018 年在香港大学的演讲，让我们理解到专业和学习的重要性。所谓专业，马化腾自己就是一名工程师，他懂得科技产业发展的规律。同时他也很好学，而腾讯也正是通过不断学习、迭代，才获得了更多的发展机会。换作银行也一样。银行在科创金融服务领域的创新，其实大部分也是在监管指导下，向国内外先进同业学习获得的灵感和思路，闭门永远造不出好车。

与其他科技企业相比，互联网企业的银行金融服务需求更加个性化一些，营销的策略需要更加聚焦企业的需求点。比如，当时百度和阿里是希望来深圳落户区域总部，我作为深圳半个土著自然需要给它们普及地理知识，也算是助力政府招商引资。我建议它们选择后海的原因是，两家企业外籍高管多，西部大桥通道即将开通，所以在后海办公，能够招到非常优质且低成本的国内专业人才，同时外籍高管可以很方便回香港居住，这些点对他们确实有吸引力。正式落户后，我们银行为其提供从注册、开户到个人代发薪、公积金等一条龙服务。此外，很多互联网公司在香港有运营平台或财资中心，我们为其推荐的是内保外贷以及跨境双向资金池产品，满足境内外资金互通的需求。甚至后来，当这些互联网公司的大楼原贷款到期时，我们又继续提供经营性物业抵押贷款。相比这些，平台类、共享开放类的合作会更多，比如联合贷款、联名信用卡等，都是可以开展合作的业务领域。

互联网科技企业的发展史其实对国内银行业的差异化、特色化发展有很多重要的启发。在服务互联网企业的时候，就经常会有企业跟我们说，第一个给它们贷款的并不是大银行，而是中小银行。出现这种情况，是因为早期银行并没有科创贷款这种产品，互联网企业轻资产，商业模式前景不清晰等，很难获得大银行的支持。大银行也因为人力资源有限，难以顾及这类企业的需求。此时便给中小银行提供了特色化发展的机会。如今，在科创领域这种机会依然存在，比如北京银行就在影视金融领域打造了自己的品牌，早在2006年北京银行就开启了对文化金融的探索，十几年时间，将文化金融写入全行战略，走出了一条特色化、差异化的发展道路。北京银行开发“影视贷”产品，为近40户“网红打卡地”上榜和提名单位提供资金支持超过150亿元。2022年6月上映的《人生大事》，作为金鸡奖的大黑马，正是北京银行支持的项目。

4.5 选择权贷款回忆录

2021年我们一群老同事聚会，谈到了产品创新，大家印象最深的除了NDF外，就是选择权贷款。原来的产品经理还特意交给了我一份材料，讲述了选择权贷款产品的故事。这位当年的产品经理，现在也已经是海外分行的领导了，他的成功，再一次印证了专业的重要性，想必那段产品研发时期的思维升华，对他后来的事业也是非常大的助力。或许当时做这笔业务时，无人能够想到，一笔看似不经意的创新，让银行享受了足足10年的红利。如今，这个产品不断迭代进化，与投贷联动一并被写入了国家各大政策当中。

据这位原产品经理介绍，在当年公司金融改革前，时任公司业务处处长经常谈到某个科技企业的并购项目，银行提供了主要的并购资金，承担了主要风险，但最终客户获得巨额议价收益，银行只收取相对十分微薄的利息收入，风险与收益是不匹配的。遂处长提出了“贷款+选择权”的经营理念。而在公司业务部扁平化改革后，风险收益的理念更加深入人心，影响了当时业务人员的思维逻辑和行为模式。

2006 年，这位产品经理调任主持龙岗公司业务团队工作时，服务客群从以往的高大上的大企业一下子变成中小企业。当时因中小企业融资难对商业银行责难很多，一般说法是银行嫌贫爱富、店大欺客等。但从银行的视角看，道理并非如此，在商业银行业务模式中，小企业难的核心问题是收益与风险、成本不匹配，甚至不少中小企业会始乱终弃，成长起来后对银行忠诚度也不高。所以银行需要寻找新的服务模式来改变这一局面，并作一些尝试。当时叙做的第一个案例是一家公司 WTO 化工项目的选择权试验。选择条件是有成长性、规模小、有融资需求、老板思想比较活跃（后来因国家加大环保管制，公司把名字改为环保材料有限公司）。结构简单，只是单纯赋予银行一个股权期权。对行权主体、行权方式等都没有明确。

后来这位产品经理调回分行投资银行团队后，进一步探索商业银行在资本市场的业务机会，对选择权贷款进行标准化。一是界定选择权贷款的基本要素和要件。二是模式的类型化：贷款+期权，债转股。三是行权载体的具体化——内部投行：中银国际、中银投资；外部投资机构：私募基金合作伙伴。四是退出模式的多样化：持有上市出售，合作投资机构收购，股东或公司回购。五是配合选择权贷款业务的中银上市宝产品，整合资源支持中小企业资本运作和上市。在推广和销售方面，我们利用了当时的 RPC 运营模式（见第九章），投行作为产品牵头部门，设立首席产品经理，信贷部门和支行为销售部门，签了数百份协议。

选择权贷款（见图 5）的价值是多方面的。一是合规问题和社会意义。从打擦边球到获得监管认可，上升到提高商业银行中小企业融资规模、提高商业银行中小企业融资积极性的高度。二是得到行业的认可，获得深圳市金融创新奖，全国同业都在积极推广。三是为国家支持科创企业的政策创新探索出一条可行之路，银监会允许商业银行开展投贷联合业务。四是丰厚的回报，一些项目的行权价格能够高达成本的 10 倍。

一个新产品不仅影响市场，也影响了产品经理一生的理念和思维习惯。在选择权贷款中，产品经理和相关人员都认识到风险收益平衡、成本外部

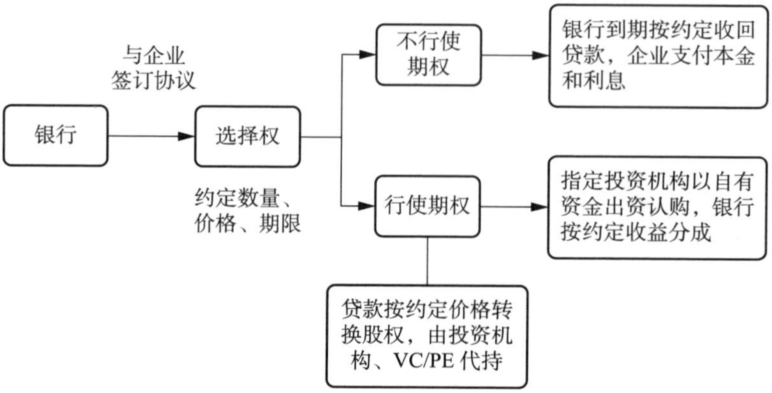

图 5　选择权贷款示意图

资料来源：作者整理

化和递延、资源整合共同成长等新的理念。在这位产品经理调到海外工作后，开发了许多的产品和金融服务模式，比如成本递延模式的并购贷款，夹层 EPC 投融资模式，腾讯、华为设立产业基金，投资上下游和生态圈内中小企业，利用自身资源支持自己的客户做大做强并分享其收益等。根据这位产品经理的总结，如果说当年工作中有什么教训的话，那就是要建立配套的业务管理制度和流程，比如完善的投后管理体系，否则就会虎头蛇尾，业务无法落地。此外，还要建立与商业模式匹配的激励约束机制，解决商业银行支行行长的任期、人员流动与选择权贷款长、收益周期不匹配等问题。

4.6　中小企业的生存之术

中国科学技术学会 2020 年的一项研究显示，发达国家中小高新技术企业创业的失败率高达 70%。在科技工作者创新创业风险调研中专家也反映“十家创业公司，七个倒，一个活，还有两个会活得很艰难”。这里边有岗位权益、收益获取、业绩对赌、违规违法、资金不足等方面的顾虑和问题，影响了科技工作者们创业的积极性和持续性。美国一家专做技术成果转化的公司“巴士底”曾做过一项调查：美国高校教授创业的失败率达到了惊人的 96%~97%，也因此，巴士底在选择合作方的时候，并不会把高校教授的创业项目列进首选（张核，2021）。但科学家创业已然成为这个时代无法忽视的浪潮，而且政策法规也在逐步完善。

2021年12月24日，十三届全国人大常委会第三十二次会议表决通过了修订后的《中华人民共和国科学技术进步法》，其中“加大职务科技成果权属改革力度”成为一项重点。也就是说，如何让科技成果完成商业转化的过程更有据可依，让科学技术人员通过长期且完善的股权、期权、分红等方式获得激励，已得到立法者的关注。

虽然科技企业成长过程中存在诸多的风险，但成功也是有方法的。一个成功的中小科技企业到上市之前，应该说需要获得三股力量的支持，它们分别是政府、大企业客户、银行或资本，搞懂了这个逻辑，对于政府招商引资、发展经济，对于集团企业完善供应链管理，对于银行提高金融服务质效，都会有积极的帮助。

政府支持方面，为支持科技型中小企业发展，政府在财税方面会有政策措施，小微科技企业可以关注的点包括：一是减少研发支出，我国已将科技型中小企业研发费用加计扣除比例提高到100%，这意味着企业研发投入越多，减税就越多，补贴力度加大，研发创新动力更强。二是降低房租成本，政府推动大学科技园、国有科技企业孵化器等科创载体建设，为科技小微企业减免房租，同时鼓励民营科技企业孵化器、众创空间为科技小微企业适当减免或缓收房租。三是奖励补助，政府补助符合条件的科技型中小企业在研发过程中向境内高校、科研院所及其他企事业单位购买科技创新服务所产生的费用。对高科技引进人才，给予安居房、退税、子女教育等优惠政策。

大企业客户支持方面，对于中小科技企业来说，上游的大企业客户可以说是“衣食父母”，有了大企业的订单，小企业才能够获得更加持续、稳定的发展机会。2021年9月26日，在乌镇举办的2021世界互联网大会上，小米集团董事长兼CEO雷军发表了题为《共创美好科技生活，共享数字文明成果》的演讲，其中就谈及了大企业对小企业支持的重要性。雷军表示，“企业是社会的企业，大企业要主动担当，帮助中小企业快速健康发展。如今已经涌现出了很多数字技术平台，为中小企业提供全流程的支持和帮助”。目前国内的主要大企业，都在建设和完善自己的产业生态圈，并且对生态圈中的成员企业不仅起着业务支持的作用，同时也有监督、指导的功能。华为、富士康、比亚迪都是成功的例子，小企业只要遵循正确的道路，不投机不违法，走到上市并没有太大的问题。

银行支持方面，小微科技企业首要还是要看金融服务的便利性，很多科技企业在推进科研成果转化、潜心研发产品，尤其是产品走向销售阶段的关键时刻，会因为资金进程卡住了，这个时候就非常需要银行提供纯信用的贷款支持，完成“最后一公里”的任务目标。很多科技企业推动产品走向市场，需要大量资金购买原材料，但由于缺乏有效担保，企业无法获得充足贷款。此时也需要银行提供更多元化的科创金融产品服务，着重分析企业的专利数量、技术水平、毛利率、订单数量、经营流水等情况，并结合科技企业专属信贷评分模型，设计出一套专属信贷解决方案。科技型中小企业走好创新路，银行金融支持不可或缺。

当我们判断一个城市或地区的科技产业能够发展起来，很重要的原因是企业的客户和服务场景在这里，这个地区政府给予的优惠政策足够多，配套的金融服务支持又到位。所以也不难理解，虽然北上广深等一线城市的生活成本高，但依然是科技创新企业的最优选择。

4.7 无形的估值方法

相较于科技企业的成长风险，金融和资本市场或许更加关注企业的估值模型。为此，我与国家高新技术中心的专家有过一次深入的交流和探讨。在我看来，当前无论是政府还是银行，服务科创企业最大的难点是信息不对称，如果市场中能够有一套大家公认的科创企业评估方法，相关的估值结果和信息能够在市场中公开，我想对于科创企业以及它的关联方都是一种好处。

国内的科创企业大多数成立时间都不长，轻资产运营，无形资产占比高，且技术迭代快，发展前景也不明朗，总体看，经营风险还是比较高的。企业的产品从研发到投放市场，再到批量化与规模化销售，这中间存在太多的变数，传统的财务指标可参考性并不高。也正是由于这些特征，导致对科创企业的估值存在难度。在知识产权这一块，由于专业性太强，很多新产品缺乏可对比的市场数据。再者，科创企业的历史数据时间累积也不够，现行的方法可能都无法满足金融行业的服务需求。所以，我们需要独辟蹊径，寻找科创企业估值的关键因子，聚焦在企业融资能力、团队素质、企业资质、收入增速、市场关系这五个维度。

融资能力是我认为银行评估科创企业最看重的因素之一。在支行工作时，我也撮合过一些业务，从头部基金的风格来看，它们最关注的点也是这个项目有没有被其他基金看中，比如行业知名的风投公司，已经有知名资本介入的项目，会更加容易获得其他资本的青睐，减少调查评估的成本。同时银行介入的风险也会更小。这也是为什么当某只股票，有知名的投资者购买的时候，股价会上涨。道理是一样的。但另一方面，好的项目也会挑，更希望能够被知名资本所加持。这种现象在我以前发展中小信贷客户的时候也常碰到，中小银行在审查项目时，经常会看是否有四大国有银行介入，如果有，审批会更加顺利。这里要特别关注企业的股权结构，如今通过一些 App 软件可以很方便地获得这些信息。

团队素质是考察企业管理和技术背景。在之前的民营企业风险特征中已经说过，企业的风险中，人的因素是非常重要的。如果创业团队成员都不是该行业的专家，那么很有可能这个企业的发展动机会有问题。不够专业，战略决策是不可能长久的。

企业资质是指企业是否获得市级、省级及以上的科技企业认定资质，或科研成果/科技创新/专利成果等是否获得省级及以上奖项。这是对企业技术水平的考察。对于大多数科创企业来说，银行是没有足够的专业性的。但如果这个企业获得了相关奖项，那么至少在政府、学术专家眼中，这个技术是可靠且有市场价值的。

收入增速是要考察企业产品的发展前景，如果企业的收入很少，或一直维持在比较低的水平，那么基本上可以判断其市场前景有限。但维持住一定的增长速度，至少未来可以扭亏为盈。在科创企业的初期，财务亏损其实并不可怕，有可能是折旧的原因，也可能是规模没上去，收入有增长，就可以看到盈利的一天。

市场关系是考察科创企业的供应链情况，比如与 500 强企业、上市公司、央国企、政府正在试样中的，已进入 500 强企业、上市公司、央国企、政府采购供应商体系，前十大下游客户中有 500 强企业、政府、央国企的，或通过直接下游客户间接向 500 强企业销售的。这些都是评价市场关系的重要参考指标。

在国内银行同业中，建设银行科创企业的“多流合一”综合评价体系值得关注。该评价体系是建行在全国银行业首创的“技术流”专属评价体系基础上，整合多方资源，升级迭代推出的集“政策流”“资金流”“技术流”“能力流”“绿色流”“智造流”“信息流”于一体的综合化评价体系。从银行角度看，科技创新企业要想持续发展，单纯依靠一个方面的优势是难以为继的，这就需要“多流”兼备，均衡发展。作为商业银行，为了对科创企业进行更加全面的评价，必须综合考虑企业所处的政策环境、财务健康发展程度、科技创新水平以及技术转化能力、管理能力等，这也是“多流合一”综合评价体系研发的初衷。针对“科创评价”涉及的海量数据处理难题，包括27.7万家高企的名录数据，以及这些高企的1600万条知识产权数据，建行为了让基层能够随时随地、一键查询评价结果，将这些外部数据导入了建行自建的数据仓库。

4.8 多层次资本市场建设再提速

近年来，国家在资本市场支持科创企业发展方面政策频出，注册制、北交所、香港SPAC等新规则、新平台的出现，为科创企业发展提供了强大的助力，有效地吸引了银行、VC、产业基金等不同资本力量加强合作，满足不同类型科创企业在各自发展阶段的融资需求。在众多改革的催动下，资本市场服务科技创新战略成效显现，涌现出一批优质科技创新企业，2022年超九成新上市公司来自代表着科技创新方向的战略性新兴产业。在注册制改革不断深化背景下，我国资本市场助力科创企业融资功能得到明显强化。据Wind资讯数据统计，截至2022年10月26日，年内A股市场共发行上市324只新股，募资额5099亿元。其中，注册制下，科创板、创业板和北交所募资合计3823亿元，比上年同期上升了65%。

2021年4月，深交所完成了主板和中小板合并，深市主板恢复发行上市功能，与港交所互联互通、相互呼应，形成层次清晰、各有特色的“境内+境外”“主板+创业板”的多元化资本市场服务体系。深交所改革助力科创实体企业发展。一是支持区内优质科技企业成功上市。根据深交所数据，创业板新增注册制上市公司中以计算机、通信和其他电子设备制造业等高端制造业和服务业为主，高新技术企业占比达到86%。二是借助深交所的上市平台优势，创业板公司更加聚焦产业整合，立足主业高质量发展，推进传统产业转型升级。另外，大批企业通过被并购重组方式登陆资本市场，2021年有70家广东企业被创业板上市公司通过重大资产重组收购，交易金额达677.09亿元。三是深交所创业板的发展带动创新资本生态圈更富活力。创业板公司通过非公开发行股票、发行可转债、配股等方式融资，在上市前获得创投公司投资资金支持。

2021年9月2日，国家主席习近平在中国国际服务贸易交易会全球服务贸易峰会上发表的视频致辞中强调，要继续支持中小企业创新发展，深化新三板改革，设立北京证券交易所，打造服务创新型中小企业主阵地。时隔不到3个月，北交所已完成了工商注册，公布了三项基本业务规则——《上市规则》《交易规则》《会员管理规则》，并向社会公开征求意见，10 月 30 日发布。如此高规格的官宣，以及快马加鞭的推进，凸显出设立北交所意义重大。与沪深交易所定位有所区别，北交所面向规模更小的企业提供服务。设立后可更好发挥出其在多层次资本市场体系中承上启下的作用，不仅与沪深交易所互联互通，与新三板紧密联动，还将发挥对创业资本的引导作用，真正为中小企业发展服务。

2021 年 12 月 17 日，香港交易及结算所全资附属公司香港联合交易所公布引入新规则，在香港设立全新 SPAC（特殊目的收购公司）上市机制，并于 2022 年 1 月 1 日起生效。这使香港成为继美国、新加坡市场后，又一允许 SAPC 上市的资本市场。SPAC 是一种空壳公司制度安排，上市集资目的是在上市后一段预设时间内收购（SPAC 并购交易）一家公司（SPAC 并购目标）。SPAC 并不实际经营事务，公司可以先上市，然后在规定时间内收购资产充实业务，这在传统规则下是无法上市的，因此 SPAC 对于现有政策而言具有很大的灵活性、创新性和突破性，所以 SPAC 也被称为“空白支票公司”（Blank Check Company）。若 SPAC 无法在指定时间内完成并购，便需要将筹集的资金退回给投资者。根据 Refinitiv 的数据，2021 年上半年全球共有 386 宗 SPAC IPO，已超过了 2020 年全年的 256 宗，募资额达到 1100 亿美元，超过了 2020 年的 793 亿美元。

SPAC 将促进中国资本市场发展再上一个台阶，丰富国内企业的融资渠道。港交所 SPAC 是对国内主板、创业板、北交所的一种良好的补充。港交所 SPAC 对上市公司最低集资额有不低于 10 亿元的要求，这也意味 SPAC 上市前期最低市值高达 40 亿元，面向的客群主要有四类：一是国资背景的公司或资产项目。目前国有企业混合制改革正在推进过程中，SPAC 或会成为一大助力。二是民营科技独角兽企业，比如绿色科技、氢能科技等新能源、新技术企业，因为亏损等财务问题短期内难以在传统渠道 IPO，SPAC 显然是一种不错的选择。三是美股退市企业。中国公司撤美返港渐成趋势，港交所正在努力营造一个更好的资本环境，为回流企业提供更多融资机会。四是能够成为 SPAC 发起人的优质投资机构。港交所鼓励经验丰富、信誉良好的国际投资机构充当 SPAC 发起人，物色新兴和创新产业公司作为并购目标，扶植一些富有潜力的企业新星茁壮成长、迈向成功。

新设交易所以及新规则都将拓宽银行的资本市场服务空间，能够促进银行与其他金融机构加强合作，共同开发针对科创企业的金融服务方案。一是提供过桥融资服务。科创企业上市过程中对资金的较大需求，银行可以提供过桥性资金，协助投资机构及拟上市公司完成标的项目的并购，舒缓企业财务指标压力。二是提供财务顾问服务。银行可以发挥金融资源、社会资源的整合优势，与信托、私募、券商、投行等各类金融机构共同扶持拟上市科创企业，解决上市过程中的个性化需求，最终促成公司上市。三是上市后的战略合作。银行可以为科创企业后续发展提供综合性金融服务，支持项目建设及产业链运营，从而不断提升公司的估值水平。

4.9 隐形冠军，不上市也可以很强大

专精特新是指具有“专业化、精细化、特色化、新颖化”特色的中小企业，而“小巨人”则是其中的佼佼者，处于细分行业领头羊地位，它们是中小企业群体中的佼佼者，也是制造强国、科技强国战略的重要参与者和践行者。专精特新企业生产的产品就在普罗大众的身边，“身怀绝技”却默默无闻，独占鳌头又是隐形冠军，甚至不乏百年老店，这就是专精特新“小巨人”的特征。

我在客户经理岗位时就营销过一个隐形冠军型的客户，这家企业所生产的商品是我们平时办公使用最多的，在见面以前，我怎么也不会想到竟然是国内销量冠军，甚至全球都有很大的市场份额，至今这个牌子还处于垄断地位。第一次听品牌名字时还以为是日本企业，接触后才发现是明明白白的国货。企业对银行服务需求也很简单，从东南亚进口原材料给国内厂家，生产出成品后出口到日本和欧美地区。我为企业设计了融资方案，授信可行性主要考虑企业产品在市场的地位，且销售前景看好，老板个人也愿意提供连带责任担保，道德风险可控，商业模式也比较合理，最终风险部门批复了1000万元授信额度，产品包括信用证和押汇，一年周转4~6次，可以满足7000万元销售规模的资金需求。

隐形冠军这个概念是由著名管理大师赫尔曼·西蒙在《隐形冠军：谁是最优秀的公司》中首次提出，指的是在国内或国际市场上占据绝大部分份额，但社会知名度很低的中小企业。1986年，西蒙在研究德国出口数据时发现，德国有60%~70%的出口是由中小企业贡献的，远高于其他发达国家中小企业出口比例。西蒙认为，原因在于德国拥有一批世界领先的中小企业。这些企业营收规模很小，不为人所知，市场份额却很高，往往能占该行业世界份额排名的第一或第二。过去三十年，西蒙收集了全世界2734家隐形冠军公司的

数据，德国拥有1307家隐形冠军，数量最多，美国是366家，日本是220家，中国只有68家。德国370万家企业中，99.5%的企业为中小型企业，德国每100万人口拥有16家隐形冠军企业，这一比例为全球最高。

隐形冠军往往在各自细分行业中占据领导地位，市场份额要么是世界前三，要么是该国第一。隐形冠军往往不为众人所知。很多隐形冠军处于产业链中间环节，生产产品配件或为大企业做配套服务，所以它们的产出不能被消费者看到；另外，还有很多隐形冠军深谙“闷声发大财”的道理，出于对潜在竞争对手的戒备，刻意“隐姓埋名”，减少曝光度。隐形冠军之所以隐形，是不希望功高盖主，自愿充当绿叶、辅助的角色，这也是为了绑定大企业，大树下边好乘凉，为大企业做配套，尽量不做终端产品，给大企业提供其不愿意生产的零部件。隐形冠军也不选择上市，赚了钱就集中花在两个方面，奖励员工，打磨产品，所以隐形冠军往往有一支非常忠诚专业的团队，还有不断进化、迭代、高品质的产品，只要保持住这两样东西，隐形冠军就可以立于不败之地。所以，隐形冠军大都走的是合伙制管理模式，而不是公司制。如果照此标准，你就可以知道，华为其实也算半个隐形冠军，麦肯锡其实也算。

西蒙认为，成为隐形冠军可以参考一些方法：一是确立宏大的目标，希望自己的企业在某个领域要做到最好，先做到城市第一，再做到全省第一、全国第一。二是全神贯注、一心一意，只有认真和聚焦才能做出一流企业。三是要有全球化的视野和格局，我们的产品不能只适合本地用户，而应该面向更大、更多的客群，这样才能活得久远。四是要持续创新、进化，通常隐形冠军在研发上的支出比例会比普通企业多很多，甚至哪怕不分红，也要搞研发，有时候优势也会是劣势，但足够投入和坚持，劣势也会转化为优势。五是善待客户，以客户为中心不是一句口号，客户是上帝要转化为具体的服务内容，经常与客户交流、互动，了解更多的需求，才能够持续获得创新的灵感，以及更好的口碑和更多的客群。六是打造护城河，培育垄断级的竞争优势，不同的企业各有千秋，选择合适的赛道或者创造独一无二的品牌价值很重要，纵观当今的隐形冠军，从事的行业大多是寡头垄断市场。七是培育高效的团队，隐形冠军企业的劳动力生产效率非常高，跳槽率又比较低，管理层也有非常好的持续性，现实中接近2/3的隐形冠军是家族企业，文化传承到位，企业实控人平均在职时间长达20年，远长于大公司CEO 5年到8年的任期。中国也有很多优秀的隐形冠军，它们可能不在工业和信息化部的名单内，但业内知名度很高。

我在高新区支行工作时，就接触过不少隐形冠军企业。移动互联网用到的 Wi-Fi 大家并不陌生，但有谁能想到，在该领域最大的企业正是一家名副其实的隐形冠军，旗下品牌已经连续十年成为全球无线设备市场占有率第一，甚至超过了华为、思科、小米等强大的对手。公司是国内少数几家拥有完全独立自主研发和制造能力的公司之一，其产品远销全球，营收达到 200 亿元。企业能有今天的地位，离不开创始人的苦心经营，坚持走自主研发道路，利用专业知识，成功开发出第一块双口 10M 网卡，由于便宜实用迅速受到市场的追捧。后续产品不断升级迭代，深受消费者青睐，仅仅两年销售额便突破 1 亿元。在海外市场，公司也凭借高性价比很快就在路由器市场上击败了思科，并将优势保持至今，市场份额一度高达 70%。

对于这些不上市的隐形冠军企业，或许不需要太多的贷款资金支持，因为隐形冠军企业大都拥有雄厚的现金储备，但却需要银行更多样化的金融服务，比如支持企业的上下游产业链客户，为闲置资金做好理财增值服务等。对于外向型企业，银行还要提供便捷、优惠的收付汇服务，帮助企业安全、快速回款，规避汇率风险。

4.10 灯塔工厂的诱惑

如果你问我，科创企业终极理想是什么，我觉得不应该是上市，而是进入灯塔工厂名单，它相当于科技创新产业的诺贝尔奖。能够打造灯塔工厂的企业，都是业内公认最成功的科技创新企业。2023 年 1 月 13 日，世界经济论坛（WEF）公布 18 座最新“灯塔工厂”名单和新晋 3 座“可持续灯塔工厂”。自 2018 年首批评选以来，全球“灯塔工厂”数量上升到 132 家，位于中国的“灯塔工厂”增至 49 家（见表 9），占比 37%。

“灯塔工厂”由达沃斯世界经济论坛和麦肯锡咨询公司共同遴选，主要评判标准是工厂在运用第四次工业革命技术来提升经济和运营效益方面取得的成就。构建全球灯塔网络的目标是分享最佳实践经验，提供一个复制与推广的平台，创造跨企业学习和协作的机会，使得全球制造业充分汲取第四次工业革命的先进技术，共同进步。我国在“灯塔工厂”评比上能够获此佳绩，不仅说明了中国制造在第四次工业革命中焕发出的澎湃活力，同时也为制造业的政策创新、产业发展、银行服务提供更多的新思路。

表 9　2023 年中国“灯塔工厂”分布情况

入选企业	工厂数量	城市分布	所属行业
宁德时代	2	四川宜宾、福建宁德	电子产品
海尔	6	山东青岛（2）、河南郑州、天津、辽宁沈阳、安徽合肥	家用电器
美的	5	广东佛山（2）、湖北荆州、安徽合肥、广东广州	家用电器
三一	2	湖南长沙、北京	工业装备
西部数据	1	上海	硬盘
京东方	1	福建福州	光电子
博世	2	湖南长沙、江苏苏州	电器
宝洁	2	广东广州、江苏苏州	消费品
友达光电	1	台湾台中	光电子
中信戴卡	1	河北秦皇岛	汽车
富士康	4	湖北武汉、河南郑州、四川成都、广东深圳	电子产品
群创光电	1	台湾高雄	光电子
施耐德电气	1	江苏无锡	电气元件
联合利华	3	江苏苏州、安徽合肥、天津	消费品
青岛啤酒	1	山东青岛	消费品
纬创资通	2	江苏苏州、广东中山	电子产品
阿里巴巴犀牛工厂	1	浙江杭州	服装
美光科技	1	台湾台中	半导体
宝山钢铁	1	上海	钢铁制品
福田康明斯	1	北京	汽车
强生医疗	1	江苏苏州	医疗器械
潍柴动力	1	山东潍坊	工业机械
上气大通	1	江苏南京	汽车
丹佛斯	1	天津	商用压缩机
西门子	1	四川成都	工业自动化产品
工业富联	1	广东深圳	电子产品
上海华谊	1	上海	新材料
联想	1	安徽合肥	电子产品
亿滋	1	江苏苏州	—
日月光半导体	1	台湾高雄	半导体

资料来源：作者整理，麦肯锡咨询公司、世界经济论坛（WEF）

从行业分类来看，中国的“灯塔工厂”主要来自3C电子、家电、汽车、钢铁、新能源等产业。从省份分布来看，全国共有15个省拥有“灯塔工厂”，其中江苏（8家）、广东（7家）、山东（4家）入选数量最多，三省占到了全国的近40%（见表9）。从城市分布来看，苏州继续领先，坐拥6家“灯塔工厂”，合肥这批一次性增了2家，以4家位列第二梯队，青岛、上海、天津位列第三梯队（3家），北京、广州、郑州、成都、无锡、深圳6城并列第四梯队（2家）。中国在“灯塔工厂”的引进、培育和发展方面还拥有非常大的空间，有望成为“十四五”规划的经济重要增长引擎。

在2022年深圳市政府工作报告中，首次出现了“灯塔工厂”一词，体现了深圳推动制造业向数字化转型发展的决心。深圳规模以上工业总产值连续3年居全国城市首位，2021年新增规模以上工业企业1769家，新增国家级专精特新“小巨人”企业134家、国家制造业单项冠军企业19家。作为立市之本、强市之基，深圳制造业已形成华为、工业富联、中集、华星光电等大企业领头壮大，迈瑞、大族激光、大疆等众多骨干企业深耕枝繁叶茂的“阵形”。2021年以来，随着荣耀3C产品线等建成投产，华星光电T7项目一期达产，中芯国际芯片生产线扩产等项目加快推进，比亚迪深汕汽车工业园、重投天科第三代半导体等开工建设，都是深圳孕育“灯塔工厂”的后备中坚力量。

“灯塔工厂”将成为中国工业企业转型升级的重要榜样和咨询顾问。对于国内千万制造工厂来说，能入选“灯塔工厂”的尚属凤毛麟角，主要原因是我国制造业还处于发展转型期，大多数企业面临数字化改造困难、创新动力不足、生产管理效率低等问题。此时“灯塔工厂”的经验正好成为广大制造企业的指路明灯，为其展示如何从数字化中挖掘新的价值，包括大幅提升资源生产率、提高敏捷度和响应能力、加快新品上市速度、提升客制化水平等。

从“灯塔工厂”的评选结果看，需要满足四大标准：一是实现重大影响；二是成功整合多个用例；三是拥有可扩展的技术平台；四是在关键推动因素中表现优异。“灯塔工厂”企业不仅在内部横向复制“灯塔工厂”，也面向外部提供“灯塔工厂”方面的咨询、系统、经验、服务和培训。特别是海尔、美的、富士康等拥有两家以上“灯塔工厂”的企业，以其实际的案例为基础，对外开展“灯塔工厂”式的各种服务。海尔的COSMOPlat平台、美的M. IoT（美擎）平台、富士康的工业富联工业互联网平台，这些都是对外提供的综合“灯塔工厂”解决方案，并已在使用企业中初见成效，比如使用海尔的COSMOPlat平台的青岛啤酒也入选了“灯塔工厂”。

如果不出意外，特斯拉上海工厂不久也会入选“灯塔工厂”。根据2021年上海汽车产能比较分析，与特斯拉同等量级的汽车工厂产能占地比①均不到0.3辆/平方米，而特斯拉上海工厂已超过1辆/平方米。这里除了马斯克对生产制造的高标准要求外，与其产业链95%的国产化率也有很大关系。随着生产效能的提升，特斯拉也获得越来越大的技术与成本领先优势。

“灯塔工厂”赋能银行金融服务创新。一方面，“灯塔工厂”的一些商业模式和做法值得银行借鉴，包括大数据决策、科技民主化、敏捷工作模式、最小化成本等，这些对银行加快数字化转型有着巨大的参考学习价值。银行可以通过服务“灯塔工厂”，从中获取宝贵经验，开发更加智能化、高效、贴近市场的金融服务产品，提升金融科技服务水平和客户体验，实现与工业4.0适配的银行4.0服务模式。另一方面，“灯塔工厂”大多数为核心客户和跨国公司，能够为银行提供丰富的集团金融服务场景，包括：一是加大存量及潜在“灯塔工厂”企业客户的信贷服务供给，提升信贷服务水平。二是综合运用银行承兑汇票等授信产品，精准对接集团业务需求及重大项目建设，降低融资成本，助力产业结构升级。三是扩大金融服务覆盖面，实现与企业供应链金融平台的对接，满足“灯塔工厂”及链上企业多层次、多样化金融需求，提高集团的运营效率和资金周转速度。四是发挥银行客群关系优势，启动“灯塔工厂”示范工程，践行新金融服务理念，组织区内制造业企业走进“灯塔工厂”，为企业家面对面互动提供活动机会。五是引导企业用好政府专项支持政策，包括贷款贴息、保险补贴、融资租赁补贴、转型升级奖励、拨款补助等方式，联动担保公司和信保公司，在普惠金融和跨境金融方面给予支持。

4.11 “工业上楼”与“腾笼换鸟”

科创企业发展中有一个“囚徒困境”的难题，就是科技产业集聚的大城市，增量土地却十分稀缺，用地成本也在不断攀升，在此背景下一、二线城市如何解决科技制造企业的工业厂房需求，成为摆在政府面前的重大课题。深圳正是其中最具代表性的城市，从1986年到2021年，深圳城市建设用地已达到1000多平方千米，接近可建设用地总指标。其中，工业用地规模在2015年也达到了峰值，约为316平方千米，到2020年，深圳市划定了270平方千米的“工业红线”，并时至今日严格守住了这一标准。为破解这一困局，

---

① 产能占地比是每平方米占地面积设计的汽车生产能力。

深圳一直聚焦低效园区改造提升，实现“工业上楼”“腾笼换鸟”，推进城市更新和城市建设。

“工业上楼”的概念兴起于新加坡，20 世纪 80 年代在新加坡出现了一批“堆叠式厂房”应对城市土地资源极其紧缺的情况。新加坡本身国土面积较小，仅为 733.1 平方千米，而裕廊工业园区仅用不到全国 1/10 的国土面积，贡献了全国超过 20%的 GDP，“工业上楼”功不可没。不同于传统的单层工厂生产，“工业上楼”产业园区建设模式是一种转为在高楼大厦中进行生产、办公、研发、设计的产业空间新模式。比如，盛裕集团针对从事都市型无污染产业的中小型企业，创建了集研发、中试、制造、仓储和办公多功能于一体的工业空间。比较有代表性的项目有裕廊创新区武林广场、裕廊集团大士空间及裕廊集团淡滨尼北工业园。

深圳推广的“工业上楼”具有以下特征：一是在工业类用地上发生的生产空间创新；二是工业厂房高度超过 24m，或者楼层数达到 4 层及以上；三是服务对象为轻型生产、环保和低能耗类型的高端制造业。“工业上楼”建筑以更高的楼面承载力、更高的层高空间、更加集约化利用土地，为体量大的自动化生产、智能制造企业提供服务。像深圳这样具有全球影响力的科技和产业创新高地，正需要这种新型基础设施的支持，从而更好服务高新技术企业，助力工业经济稳增长、提质量。

香港也早在 20 世纪 80 年代就开始对“工业上楼”模式进行探索，后来被引入我国东南沿海地区。深圳全至科技创新园是境内第一个“工业上楼”项目，2011 年改造成为集研发办公、高端生产、生活配套于一体的产业综合体，工业空间面积从 5 万平方米拓展至 15.5 万平方米，园区主导产业转变为机器人和智能装备产业，缓解了当时经济发展与用地紧张之间的矛盾。2021 年 7 月27 日，国家发展改革委发布了《关于推广借鉴深圳经济特区创新举措和经验做法的通知》，总结梳理了深圳经济特区已复制推广的创新举措和经验做法。其中，在第十条划定“区块线”，保障工业发展空间的内容中，明确提出要推广“工业上楼”模式。此后，佛山、东莞、珠海等多地政府相继出台相关政策，积极探索与实践“工业上楼”的发展新模式。

2022 年 5 月 30 日，深圳市宝安区政府与深圳市投资控股有限公司签订战略合作协议，双方将合作开发建设和经营管理全市首个平方千米级的“工改工”城市更新项目——新桥东项目。这个“上市公司总部+母工厂+公共技术平台+湖光山色生态”的全新理念的产业园区，规划研究面积 2.3 平方千米，列入国家级高新区、深圳市 20 大先进制造园区。项目提出“三个 500”目标——500亿元投资、500万平方米优质产业空间、500亿元GDP，核心内容正是要探索“工业上楼”建设模式推动园区转型。2022年11月，深圳正式推出“工业上楼”计划，明确连续五年每年建设2000万平方米优质、经济、定制化厂房空间，“工业上楼”优质厂房租金平均35元每月每平方米，打造国际一流的新一代生产、生活、生态“三生融合”型制造业园区。2023年1月10日，深圳市举行“20+8”战略新兴产业“工业上楼”厂房空间项目招商大会，涉及72个“工业上楼”项目，用地面积854.8万平方米，平均容积率4.2，厂房面积2306.5万平方米，总投资超3400亿元。

“工业上楼”有助于城市强化科技创新服务功能，促进产业转型升级。一是更好落实国家绿色低碳以及数字经济发展的战略要求。“工业上楼”模式利用城市更新的机会，不仅扩大厂房面积，帮助企业解决无处扩产、产业集聚度低、企业总部与制造场地分离等难题，方便企业就近实施供应链管理，同时也倒逼地区工业结构调整和企业的数字化、绿色化转型升级，全面推动新一代信息技术、生物医药、智能制造、工业互联网、大数据等高附加值产业快速发展。二是促进工业地产及配套基础设施建设水平的提高。由于高新技术企业对生产研发的空间环境和建筑标准要求更高，为确保达到预期效果，政府高度重视，在“工业上楼”建筑设计方面出台配套政策指引，对荷载、层高、货梯、卸货平台、柱网轴线距离等作出相关规定，确保能够满足安全、体验及可持续发展等多方面要求。三是政府在“工业上楼”的同时，也需要根据当地中小科创企业的特点，提供更适配的产研环境，以此留住有潜力的科技企业和高端人才。国外已有国家将“工业上楼”作为支持中小企业发展的重要手段，比如韩国首尔采用“工业上楼”模式，在高层厂房的地面层布局完善的配套设施及商店，在周边配套宿舍，全方位服务园区企业职工，成功防止了重点工业领域中小企业和关键人才的流失。

“工业上楼”带动基建投资及新增入园企业，为银行落实信贷投放提供新的市场，助力实体经济健康发展。一是满足产业项目建设的资金需求。为扭转经济下滑的不利形势，加大投资力度已成为2022年我国稳经济主要政策之一，各地政府也推出了重大建设清单，比如香港计划设立1000亿港元专项资金用于发展北部都会区，其中不乏“工业上楼”模式项目，对银行的配套贷款融资需求也将非常巨大。银行可以采用城市更新贷款、跨境银团、REITs基金、园区PPP、永续债、投资信托、供应链金融等模式，协助政府及企业丰富项目建设的资金来源渠道，增强融资的安全性与稳定性。二是满足入园企业的生产、采购及日常经营需求。“工业上楼”园区的企业以高科技为主，需要购置高精尖设备，银行可以采用售后回租、保函、信用证等组合产品，满足企业前期为生产研发做准备的授信需求。同时，银行还可以与“工业上楼”产业园管理方合作，在租金、纳税以及日常运用需求方面为实体企业提供流动性融资支持，并通过交叉销售满足企业员工的消费、置业等民生需求。三是满足入园企业的科创金融服务需求。对有上市规划的园区科技企业，银行可以发挥投贷联动与业务撮合的优势，通过 QFLP、产业股权基金等方式，引入境内外优质的金融资本与产业技术，用好国家关于资本市场支持企业发展的政策红利。

第五章

银行供应链金融，服务产业“稳链、强链、延链”

2017 年，我调到贸易金融部工作，相当于隔了 15 年又开始做起了贸易融资和国际业务，只是原来的角色是客户关系服务，后来是产品专业服务。最大的变化，是贸易金融由原来的“四大金刚”（信用证、票据、保函、保理）向供应链金融产品模式的进化，这是一次非常重要的转变，不仅是组织架构上，更多的是服务理念上。很多国际上的玩法被引进国内市场，再根据国内企业的需求进行了很多创新。如今，叠加互联网、物联网、区块链等技术，供应链金融的服务内涵也越来越丰富，在国家扩展全球产业链的安全、稳定与发展方面起到了重要的作用。

5.1 信用证是“四大金刚”之首

对没有接触过贸易金融或交易银行业务的读者我们需要先介绍一些重要的概念，比如信用证、票据、保理、保函，我将之称为贸易金融的四大金刚。因为在部门里，它们分设成了四个团队，四种专业和服务逻辑。信用证是老大，历史最久。保理是新秀，也是供应链金融的底层基础，变化最多。票据是激进分子，也在朝证券化的方向演化。保函规模最大，但风险相对较小。我对信用证印象最深，应该是在早年做客户经理时，最多用的还是信用证工具。在后来从事金融机构工作的时候，国内信用证二级福费廷转卖又是我做得最多的品种。

信用证业务的历史悠久，在过去百年时间里，国际跟单信用证在国际贸易领域扮演着非常重要的角色。毫不夸张地说，信用证是银行服务领域最大的“网红”。在银行内部，从事国际单证业务的人员都是职场上的稀缺资源，但同时人才培养也极为不易，至今都有规范的资格考证程序。在 20 世纪 90 年代，全球超过 50%的贸易额是通过信用证方式实现结算的。使用信用证首先要真正吃透跟单信用证统一惯例。在以跟单信用证为收汇方式的情况下，银行处理的是单据，而不是单据所涉及的货物、服务或者其他行为。因此，银行履行付款责任的依据，只是单据！单据！还是单据！而不是有关的货物。受益人只要能提交符合信用证规定的单据，银行就必须承担付款责任。由此，我们可以看出单据在信用证结算中的重要性。

在特定时代背景下，信用证的功能优势凸显，使其得以快速发展，并成为全球贸易中不可或缺的工具。汤志贤（2020）则认为，既然信用证出现和兴盛的根本原因，是其在国际贸易中协助解决了信息不对称的问题，为买卖双方建立了较好的信任机制，那么，一旦时代发展和科技进步，就能够更好地解决需要信用证才能处理的问题，建立良好的信任机制，信用证就可能丧失继续发展的根本动力。日新月异的现代科学技术使这种担心成为现实。现代通信技术使信息流通越来越透明，各种数据越来越容易被获取，科技使跨境物流越来越快，世界连接越来越紧密，信用证生存的空间在理论上正越来越小。信用证在过去30年的发展进程也表明了这一点。

大概是从20世纪80年代末开始，随着信息科技的进步、其他国际贸易结算方式的兴起，全球贸易国际结算中信用证的使用占比开始持续减少，到2010年前后，该数值约为40%，到2018年，下降到20%以下，如今估计只有不到10%。基于信用证原理衍生出来的产品创新越来越少。在汇率市场和利率市场还未完全开放的国家或地区，也出现过多类出于纯套汇或套利动机的信用证业务，也称融资性贸易，这些交易都不是以便利贸易结算为目的，脱离了信用证功能的本源，在金融监管体系日益完善的今天注定无法长久。

全球信用证结算份额在下降，但仍保持一定的规模。信用证最突出的优势，应该是可以针对每一笔交易来设计安排不同的信用证条件，以适应该交易中存在的特殊风险。相对这一特点，其他贸易融资工具则显得不足。正因如此，信用证在世界上最复杂、风险高的地区仍有较大范围的使用。目前信用证在比较成熟的市场环境中的使用减少，比如欧洲、北美、新加坡，信用证基本被赊销方式所替代。但在风险较高或新兴市场，比如利比亚和毛里塔尼亚，信用证的业务量和业务金额仍在持续增长。过去六年中，部分亚洲和南美国家的信用证业务在金融危机后呈现复苏的迹象，因为贸易商们希望以更安全的方式替代赊销。

国内贸易融资中的信用证规模也在下降，出口打包放款这个产品在大多数银行已经清零，进口押汇也鲜有企业叙做，更多企业改使用保理、代付类的贸易融资产品。信用证的核心功能是以银行信用嫁接买方信用，促成交易。而信用证融资，则主要是基于买方银行信用，兼顾控制物流的融资。换句话说，当买方信用提升到无须银行信用介入时，信用证便退出了交易。但信用证也并不是没有市场机会，有两个需求可以关注，一是在境内外的组合套利产品（这里指基于真实贸易背景的业务），二是国内市场的轻资本运营方面。

境内外组合套利业务需求主要集中在大宗商品领域，比如国际四大粮仓，就曾向我们咨询过类似的交易。在海外，这类大宗商品公司会利用各地的离岸贸易机会，用信用证融资来寻找各国利率、汇率之间的价差，从而获得更高的财务收益或降低融资成本。由于我国出了“青岛港事件”，无论是各地监管机构还是银行对叙做此类业务都比较谨慎。在无法了解、穿透海外贸易真实背景的前提下，不敢贸然提供信用证融资服务。

由于经济发展趋缓，国内银行业信贷违约事件增多，信贷规模投放不足，国内证福费廷二级市场业务越来越热门，2020 年井喷式发展时，全年交易量达 3 万亿元。我在高新区支行和前海蛇口分行工作时，做了不少这类业务，很多转卖给了境外银行机构。所谓国内信用证项下福费廷业务，是指在议付信用证或延期付款信用证结算方式项下，银行收到开证行真实、有效的到期付款确认书后，从卖方无追索权地买入未到期债权。

近年来，福费廷同业业务已经成为银行增效益、控风险、调结构的重要工具，并适合网点层面的机构拓展。福费廷二级市场业务具有风险小、资产轻、增收益等多重特点，在信贷规模投放不足的情况下，是增加资产规模的有效办法。该业务的开展主要受市场价格、信贷规模、开证行授信额度等诸多因素影响。对中型股份制银行来说，国内信用证的经济资本占用比票据和保理业务都要低，仅有流贷的 20%，并且在做好了前端融资业务后，银行可以将国内证业务转化为福费廷资产转卖给国内同业或海外银行，提高资产的流动性。在某些时候，福费廷二级市场甚至替代了票据业务，成为承担信贷资产流动功能的银行间同业市场。2023 年 2 月，新的资本管理办法征求意见，将国内信用证的资本占用按 100%计算，或会对这一市场产生影响。

5.2　后起之秀保理，从“1+1”到“1+N”

供应链融资“Supply Chain Finance”是把供应链上的核心企业及其相关的上下游配套企业作为一个整体，根据供应链中企业的交易关系和行业特点制定基于货权及现金流控制的整体金融解决方案的一种融资模式。在贸易活动增长、融资渗透率提高以及有利的监管环境的推动下，中国供应链金融市场发展迅速。中国报告大厅的数据显示，各种供应链交易和业务的增长促使资产持续增长，供应链资产余额从 2016 年的 16.7 万亿元增加到 2020 年的 24.9 万亿元，年均复合增长率为 10.5%，预计 2024 年市场规模将达到 40.3 万亿元。其中包括了各类金融机构和供应链产品的数据。但对银行来说，供应链融资的底层资产其实就是保理业务，用于解决上下游企业融资难、担保难的问题，而且通过打通上下游融资瓶颈，还可以降低供应链条融资成本，提高核心企业及配套企业的竞争力。

保理也是历史悠久的贸易融资产品家族的一员。它的最初出现能够追溯到数千年前的古巴比伦时期，但现代国际保理的出现只能追溯到 19 世纪末叶，由美国近代商务代理活动进展演变而形成，20 世纪 60 年代传入欧洲，与欧洲国家传统的银行贸易融资活动相结合得以迅猛进展。如今，保理业务已经是一项集贸易融资、商业资信调查、应收账款管理及信用风险承担于一体的综合性金融服务。与传统结算方式相比，保理的优势主要在于融资功能。保理的种类也繁多，有追索权保理和无追索权保理，融资性保理和非融资性保理，公开型保理（明保理）和隐蔽型保理（暗保理），单保理和双保理，国际保理和国内保理，完全保理和部分保理，直接保理和间接保理，批量保理和逐笔保理，折扣保理和到期保理，正向保理和反向保理。银行可以根据客户提出的需求进行灵活的组合。慢慢地，保理也向供应链融资的方向转变。

我最早接触这个供应链融资产品是在 2003 年，经常听到别的客户经理说有同业在推广供应链融资业务。后来，我也参与了类似的贷款项目，针对深圳某大型通信设备制造企业和国内电信运营商分公司之间的交易设计“应收账款收购”新产品，同样也是供应链融资的雏形。顾名思义，供应链融资就是一种基于国内产业链上下游运作模式的贸易融资业务，之所以深受银行和企业的欢迎，是因为这一产品使贷款资金与企业的运作紧密结合起来，既提供了实质的资金支持，又有效把握住了资金运用的真实性风险，而且综合收益也比较高，因此，供应链融资被国内各银行作为拓展公司金融业务的重要利器，同时也是用来营销华为、富士康等制造行业大客户的主要融资服务模式。

供应链融资在银行还属新型产品，是传统贸易融资业务的升级版，深圳发展银行是最早推出此类产品的银行，后来民生、平安等股份银行都纷纷树立起自己的供应链金融品牌，阿里巴巴、京东等的电子商务金融公司的运作模式也参考了供应链融资的模式。在银行内部，供应链融资还只能算是贸易融资的一个组成部分，是银行提供给企业多种融资方式中的一种。对银行来说，供应链融资的服务效率要比传统融资方式高效，特别是在银监会出台了

“三个办法一个指引”的监管政策后，供应链融资由于可以确保贸易背景真实性，更加获得银行的青睐。对国家来说，发展供应链融资，也是支持中小企业、实体经济的优先选择。所以，政府监管机构对此种融资服务模式是大力推崇的。

供应链融资有三种模式。一是传统供应链融资，就是一对一服务，针对一家公司给予上游或下游的融资，这也是传统保理业务的形态。二是核心企业供应链融资，“1+N”模式，就是给一个核心大客户提供额度，它的 N 个上游供应商或/和下游分销商切分使用额度。三是平台供应链融资，银行给一家专业的供应链融资平台核定额度，由它切给其客户融资额度使用。我们银行三种模式都有采用，第二种受到大企业的欢迎，操作也比较便利，在各大银行的名称略有不同。比如招商银行的付款代理，建设银行的“融链通”，农业银行的“链捷贷”等，供应链金融已成银行竞速“新赛道”。2022 年上半年，中国银行先后发布了“中银智链·建筑链、装备链、医药链、汽车链、冷链、物流链”等行业子链供应链金融服务方案，累计为供应链核心企业提供超 1.3 万亿元流动性支持，为供应链上下游企业提供超过 1 万亿元表内外融资。建设银行累计为 4113 个核心企业产业链的 7 万余户链条客户提供 4388.88 亿元供应链融资支持。农业银行围绕 407 家涉农核心企业，向农业产业链上下游的 4805 家企业提供融资 50698 笔、308 亿元。交通银行产业链金融融资余额达 1744.49 亿元，较 2021 年底增长 11.83%。

表 10　供应链融资与贸易融资的主要区别

	供应链融资	贸易融资
参与主体	多方（银行、核心企业、上下游企业、物流企业、平台企业、保理商）	双方（银行与企业）
评级主体	企业群体	单一企业
评级范围	对供应链所有成员信用进行评价，首先评估核心企业的财务实力和行业地位，以及其对整个供应链的管理效率。对成员企业的评估侧重于其对整个供应链的重要性和地位，以及过去与核心企业的交易历史	单一企业
担保条件	核心企业的订单、供应链平台担保	单一企业信用
还款来源	核心企业的付款和成员企业的现金流	单一企业现金流
办理效率	业务一般授权支行办理，为供应链上下游企业批量提供融资支持，快速满足中小企业短期资金需求	为单一企业提供一次性融资支持，流程较长，效率相对较低

续表

	供应链融资	贸易融资
资金监控	资金去向明确，应付类业务资金直接给供应商，应收类业务资金为已发生的应收账款提供再融资	没有监控或监控力度很弱
基础产品	保理、赊销和垫付	信用证、票据
风控要点	供应链上下游的关联程度，可查核心企业的供应商系统	单笔贸易的背景真实性
业务主导	供应链核心企业	商业银行
融资环节	多级、全链条融资	单一环节融资
信息透明	连贯度高，全链条信息透明	信息片段化

资料来源：作者整理

银行拓展供应链融资项目也不是一件容易的事。早年深圳发展银行之所以能够成功，是因为体量小，投入资源服务中小企业的回报能够支撑银行的效益增长需求。但对大银行来说，仅凭企业订单逐个做小企业是不划算的，风险也不好把握，所以银行的竞争焦点都会放在优质客户的“1+N”模式方面。目标客户都是上市公司或者国企、央企等，营销难度自然会大很多。首先，银行还是要深入分析客户的需求，客户究竟有没有供应链融资的实际需求。其次，评估供应链的质量，如果是好的企业，其上下游企业也不会差到哪里去，可以发展成为银行的新客户。最后，要持续维护，如果是新客户，从简单有抵押担保的业务做起，例如票据贴现这类低风险业务，先试探客户的真实性，再加大授信支持的力度。

随着市场和技术的进化，供应链金融市场又涌现出多级流转电子债权凭证业务等新产品，俗称“信单链”业务。该产品是指核心企业通过搭建的供应链金融平台，签发被俗称为“信单”的电子债权凭证，以“应收账款多级流转”融资形式，将供应链融资的服务范围进一步拓宽，效率也获得提升，国内中企云链、TCL 简单汇都是非常好的案例。类似的银行产品有中信银行 2019 年推出的“信 e 链”，产品是基于优质核心企业线上开立的无条件付款承诺及债权凭证，为核心企业及其 N 级供应商提供的“一点接入、自由流转、多层穿透”全流程线上化的供应链金融服务。该产品通过企业网银、核心企业自建平台、第三方供应链管理平台等多种对接模式，引入工商大数据、发票自动核验、中登网自动登记等手段强化场景及数字风控手段，借助标准化电子付款凭证的多级流转，向核心企业上游 N 级供应商提供全流程线上化的快捷融资服务，具有手续简便、灵活高效、不受地域限制等业务特点，通过延伸核心企业的商业信用，有效破解中小企业融资难题。

在实践中，供应链融资产品出现不良的概率并不高，特别是“1+N”模式，违约事件我也只遇见过一两次，而且后来也化解了风险。但供应链融资业务也会受到大环境的影响，风险管理需要把握住几个方面：一是供应链的真实性，要确保未来回款是可预期的，而不是套取银行贷款的行为；二是约束道德风险，对于没把握、不熟悉或实力较弱的贷款企业和融资平台，合作初期还是要求实际控制人负连带担保责任，这对于民营企业来说是必需的防控措施；三是避免引入高危机行业，例如曾经出现的大宗商品价格下跌，钢贸、铜等供应链融资出现垫款事件频发。此外，对一些诚信不足的企业提供暗保理等新品种，也会容易出现风险。

综上不难看出，供应链融资的特点，决定了它是普惠贷款的安全打开方式。通过供应链的方式服务中小企业是大多数银行的优先选择。银行发展中小企业客户，除非提供了足额抵质押物，否则，与其零敲碎打地去撒网找客户，还不如集中拓展一个大企业或找一个产业园，集聚式地批量发展来得更有效率，也更加安全。“十四五”规划期间，国内各地都提出了产业集聚发展战略，这也为供应链融资业务发展提供了重要机会。银行可以在产业园区设置主题网点，可以就近服务更多的中小企业客群，更好地开展相关业务。

5.3　神奇的分离式保函

银行保函业务是指银行应客户的申请而开立的有担保性质的书面承诺文件，一旦申请人未按其与受益人签订的合同的约定偿还债务或履行约定义务时，由银行履行担保责任。由于保函以银行信用作为保证，比较容易为客户接受。保函是信用资源跨区域跨主体分配的重要工具，具有交易担保、风险分配、资信确认、融资支持等重要功能，是商业银行的基础业务。中国在从贸易大国到贸易强国的转型过程中，银行在保函领域超越外资银行，实现跨越式发展，领先全球。银行保函业务在服务国家战略方面发挥了重要作用，支持了国内经济转型和供给侧改革、中国企业“走出去”、国际产能合作、国际资本流动等领域。国内保函领域的法律监管环境也在不断改善，银行在保函领域面临全新的发展机遇。

面对广阔的市场和特殊的风险形势，各家商业银行都加大了保函领域的投入。比如，中国银行组建了超过 100 人的保函团队，配备了保函专家，负责国际国内保函的技术审查、业务处理、专业咨询。工商银行在国际结算单证中心组建了40余人的保函团队，并专门成立了小语种保函团队，为各分支机构提供专业支持。进出口银行设立了船舶保函团队，负责船舶保函这一细分市场的业务处理、纠纷处理以及船厂重组等事务，在业内领先。事实上，2006年我国境内保函余额已超越信用证，2015年四大国有商业银行的保函余额就达2.45万亿元，同期信用证余额为7232亿元，保函业务规模远远超过信用证，是其3.4倍。从全球范围来看，保函（国际上也称为备用信用证）的市场规模也远超信用证，比如，美国2014年第二季度164家大银行备用信用证（融资性保函）余额为2064亿美元，而同时的商业信用证只有103亿美元。

银行保函的种类也十分丰富。按开立流转方式区分，可分为直开保函和转开保函，直开保函是先由被担保人与受益人签订基础交易合同，然后被担保人向银行提出保函申请，银行向受益人开立保函；转开保函包括一次转开和多重转开两种，与直开的区别在于中间多了一个反担保银行。按开立方式区分，可分为信开保函和电开保函。按是否具有融资功能来区分，可分为融资性保函和非融资性保函。融资性保函是指为保函申请人融资行为承担担保责任的保函，出具保函的目的是资金融通，主要包括：借款保函、有价证券保付保函、融资租赁保函、延期付款保函、以现汇方式偿还的补偿贸易保函、授信额度保函等。非融资性保函是指为保函申请人的非融资行为承担担保责任的保函，主要包括：投标保函、履约保函、预付款保函、海事保函、即期付款保函、关税保付保函、诉讼保函、售电保函等。根据受益领域的不同可分为工程类保函、诉讼类保函、供货类保函、付款类保函，其中当下工程类保函业务最为丰富，且市场需求最大。按独立性区分，可分为独立保函和非独立保函。独立保函意指承诺一方，在保函有效期内收到符合保函条款规定的书面索偿通知和保函中规定的其他所有文件时，承担付款责任的承诺文件；受益人提出索赔声明并提供相符单据，担保人就必须赔付保函金额内的款项，而不得援引基础交易的任何抗辩。非独立保函又称从属性保函，是指作为一项附属性契约而依附于基础交易合同的银行保函。这种保函的法律效力随基础合同的存在而存在，随基础合同的变化、灭失而变化或灭失。在从属性保函项下，担保人承担的付款责任是否成立，只能根据基础交易合同的条款及背景、交易的实际情况来加以确定。

分离式保函（见图6）是工程类保函的一个细分品种，但这个产品的设计非常有创新性，不仅能够为中小工程企业节省成本，对银行来说也是一款“高频、低风险”的中收产品。随着国内基建和房地产行业的迅猛发展，保函业务需求巨大，但传统保函业务已经无法满足市场需求，分离式保函应运而生。从定义看，银行分离式保函业务是指银行应申请人的要求，以出具保函的形式向受益人承诺，当申请人指定的被保证人不履行合同约定的义务或承诺的事项时，由银行按照保函的约定代为履行债务或承担责任的信贷业务。

分离式保函的特点是，与传统保证业务的申请人与被保证人为同一主体不同，分离式保函业务的申请人与被保证人为不同主体。当前国内分离式保函业务的申请人主要为担保公司，也有的是财务公司或集团母公司，需要开具银行保函的企业向担保公司提出申请后，由担保公司作为保函申请方向银行提出申请，最终由银行为企业开具保函。对于过往履约能力较好且资质较高的担保公司，银行还可免收保证金。

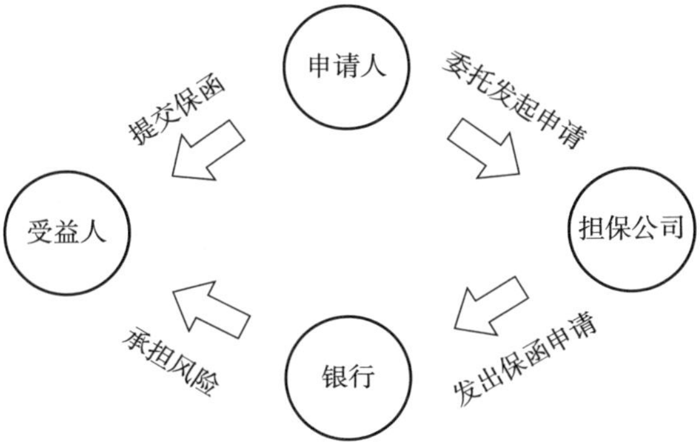

图 6　银行分离式保函示意图

资料来源：作者整理

分离式保函业务是 2010 年以后应国内建设项目增多而生的创新品种，现在该产品在一、二线城市应用比较多，特别是在北京、上海、深圳，主要还是这些城市的担保公司资质较好，面向全国业务发展需求较大。因为国内很多建设工程项目在中标文件中都会明确要求企业提供业主所在地银行开具的银行保函。摆在企业面前最大的问题是需要在短时间内向招标业主提供银行保函，但很多建筑企业在银行并没有授信额度，并且建筑工程类的中标金额一般都很大，若在银行申请授信额度，还需要缴纳较高比例的保证金，这无疑加大了企业资金成本。此时，分离式保函业务就可以让这些中小建筑工程公司借用担保公司的资信实力，寻求帮助。

担保公司为企业办理分离式保函，企业无须向银行申请授信额度，直接由担保公司向银行申请开立保函，最快可在几日内取得保函。同时，担保公司对于优质的施工企业还可以为其向银行申请免保证金的优惠，降低时间成本和资金成本，同时也让这些建筑工程和施工企业提升自身的投标竞争力。

对地方政府来说，分离式保函符合国家政策导向，现在政策上规定一般工程项目都需要出具银行保函，分离式保函能有效满足经济建设需求，同时也提高了工程项目效率，其中很多都是政府的基建项目和 PPP 项目，也包括路政建设、园林改造、生态工程等民生项目。

分离式保函的缺点在于合规性仍有一些有争议的地方。目前国内一些中小银行出具的是普适性分离式保函，对合作担保公司没有限制。而大的银行出具的是针对个别担保公司的专项分离式保函，制度安排上比较严谨。在实践中，基于分离式保函业务具有一定的创新性，但也不宜大范围地推广，因为虽然产品风险低，但没有对单一授信主体进行严格的审查。2018 年，我与支行联动拜访、调研过一家民营担保公司，他们的分离式保函业务做得很大，洽谈中最吸引我的是，与他们合作的一家村镇银行，仅分离式保函上年度就创造了 1 亿元中收，且经营多年没出现过垫款。从这个角度看，分离式保函也可以让村镇银行有机会安全地参与支持国内基建、房地产等固定资产投资项目。

5.4 票据的规范化、普惠化、证券化

票据业务是指信用机构，按照一定的方式和要求为票据的设立、转移和偿付而进行的日常营业性的业务活动。主要包括票据的承兑、贴现和票据抵押放款业务。其中票据贴现是银行的一项资产业务，汇票的支付人对银行负债，银行实际上是与付款人有一种间接贷款关系。1982 年中国人民银行推行“三票一卡”倡导银行发展票据业务，1988 年因违规现象、假票问题银行基本停办票据业务；1996 年颁行《票据法》，为票据市场发展奠定了法律基础，1998 年以来，人民银行采取了一系列措施推动票据市场发展，中国票据市场进入快速发展时期，2019 年以来，票据融资大幅增长和票据“套利”现象引起监管关注，政策逐渐趋严。2021 年我国票据市场业务总量为 167 万亿元，相当于 GDP 的 1.5 倍。票据融资余额为 9.85 万亿元，在企业贷款中的占比为 8.2%。票据业务涉及承兑、背书、贴现、交易、再贴现多个环节，在产业链金融支持中占有重要地位。

票据的种类没有保函那么多，主要包括银行本票、银行汇票、银行签发的支票等，目前我们常说的主要是银行汇票。按照承兑人划分，汇票分银行承兑汇票和商业承兑汇票。银行承兑汇票是银行出具的，承诺到期付款由银行信用担保；商业承兑汇票是由商业信用担保，由企业出具的。从票据业务

的形式看，票据业务有纸票和电票。电子银行承兑汇票是指出票人依托电子商业汇票系统，以数据电文形式制作的，委托付款人在指定日期无条件支付确定的金额给收款人或者持票人的票据。电票的好处是交易效率更高、交易成本更低、交易风险更小、票据管理更方便，通过推动电票的发展，杜绝了屡禁不止的假票和克隆票、一票多卖等问题，规范和统一票据市场，促进金融市场的联通和发展。

根据票据贴现的形式，又可划分为七种模式。一是票据直贴模式，指资金的需求者将自己手中未到期的商业票据、银行承兑票据或短期债券向银行或贴现公司要求变成现款。二是“协议付息票据贴现”运作模式，银行在双方交易结算博弈中，作为执行者操作双方的利益分割。三是“卖方付息票据贴现”业务运作模式，指商业汇票持票人将未到期的商业汇票转让给银行，银行按票面金额扣除贴现利息后，将余额付给持票人的一种票据业务操作模式。四是“买方付息票据贴现”运作模式，是指卖方（贴现申请人）在商业汇票到期日前为取得资金，在由买方贴付利息或者由买方和卖方共同支付利息后，将票据权利转让给票据营业部的行为。五是“银票质押贷款业务”运作模式，指客户以银行承兑汇票作为质押，银行提供短期流动资金贷款的一种授信业务方式。六是“电子银票质押业务”运作模式，指电子商业汇票持票人为了给债权提供担保，在票据到期日前在电子商业汇票系统中进行登记，以该票据为债权人设立质权的票据行为。七是“票据池业务”运作模式，指银行对客户持有的并暂时没有贴现需求的商票提供鉴别、查询、保管、托收等“一揽子”服务，银行可以根据客户的需要，随时提供汇票贴现、质押开票等一种综合票据管理业务。围绕着票据这一金融交易工具，市场上衍生出来的创新服务模式多种多样，需要机构和企业在实际中灵活运用。

国内企业使用商业承兑汇票进行支付结算的主要目的有三个：一是便于融资，为解决临时的资金周转困难，票据债权企业可以将持有的应收票据向银行申请贴现，从而从银行取得贷款资金。二是提前抵扣进项税，我国税法有关条款规定，商业企业购进货物，需等到所购货物的货款支付完毕以后才能够抵扣增值税进项税额，但企业在开出商业承兑汇票之后即可以抵扣进项税额。三是避免计提坏账准备，会计制度规定，企业应当定期或者至少于每年年度终了，对应收账款进行全面检查，并合理地计提坏账准备。

近年来，由于监管对于普惠金融投放的考核压力，票据贴现和转贴现业务成为国内银行完成小微企业贷款投放任务的重要方式。然而，银行承兑汇票贴现业务属于低风险授信品种，有开票银行的信用背书，与监管倡导的普惠金融发展理念并不完全一致，因此2021年普惠金融考核指标中已经剔除票据贴现和转贴现。

全国使用票据的企业超过260万家，其中90%以上是民营小微企业，中小企业占比超过2/3，而在中小微企业的交易性票据中，银行承兑汇票占比高达82%，商业承兑汇票占比仅为20%左右，可见商业承兑汇票质押授信业务出现机会，发展空间也比较大。商票融资是银行完全基于企业间商业行为提供的融资支持，更吻合监管政策要求。

国内大多数银行都已开展商业承兑汇票质押授信业务，它是持票人将供应链核心客户承兑的商业承兑汇票质押给银行，由银行向持票人提供资金融通，该业务适用于上下游供销关系稳定、日常接受买方商业承兑汇票支付结算的上游供应商客户。持票人可将持有的商业承兑汇票及时变现，确认收入和利润，加快企业资金周转，无须持票人提供其他形式的担保，除了普惠金融规定的利率外没有其他费用支出。

2022年1月14日，央行发布《商业汇票承兑、贴现与再贴现管理办法（征求意见稿）》（以下简称《办法》），2023年1月1日正式实施。随着市场经济的发展和市场主体之间的债权债务关系多样化，部分票据的功能和性质发生变化，旧《办法》对承兑和贴现的管理滞后于市场发展实践。2021年以来，在宏观经济持续向好的情况下，我国票据市场持续稳健运行，在支持实体经济发展方面发挥了重要作用。根据上海票据交易所数据，2021年1—10月，票据市场业务总量136.18万亿元，同比增长13.05%。央行、银保监会修订《办法》，旨在与时俱进健全和完善制度，加强票据承兑和贴现资质管理，建立完善信用约束和风险防控机制，保护中小企业权益，促进票据市场规范发展。

新修订《办法》促进市场主体规范管理。针对以往票据市场案件频发及市场乱象，监管部门在修订《办法》中明确了承兑、贴现应具备相应的资质和符合监管要求。一是明确主体要求。承兑人应经营和财务状况良好，具备到期付款能力，根据承兑人的不同具体划分为银行承兑汇票、财务公司承兑汇票、商业承兑汇票三类业务。持票人申请贴现，应具有真实交易关系。二是关注到期付款能力，承兑人须按时披露承兑信息情况，并且最近两年不能出现6个月以内3次以上付款逾期，这点主要是针对财务公司承兑汇票和商业承兑汇票。三是新增票据经纪机构参与主体，并且《办法》也限定了票据经纪机构的范围为金融机构，如此一来其他市场主体（如保理公司、信息服务公司、金融科技公司等）或须转型，寻求与金融机构合作。

新修订《办法》助力普惠金融业务发展。《办法》缩短最长付款期限，商业汇票的付款期限自出票日起至到期日止，最长不得超过6个月。中小企业的账期管理痛点一直为政府所重视，2020年5月26日召开的国务院常务会议就曾提出，将商业汇票承兑期限由1年缩短至6个月。此次《办法》已对“保护中小企业权益”的政策诉求加以考虑。实际上，1997年的旧《办法》中商业汇票期限最长也是不能超过6个月，商业汇票期限拉长为不超过1年源于2009年出台的《电子商业汇票业务管理办法》，当时规定：“电子商业汇票的付款期限自出票日起至到期日止，最长不得超过1年。”近年来，随着电子票据的发展，票据融资已成为中小企业快速获得银行融资的重要工具。但票据拉长了中小企业的账期，处于产业链强势地位的核心企业通过向中小供货企业支付承兑汇票作为货款的方式，美化了自身财务报表，却牺牲了中小企业的提现时间和财务成本，因此新修订《办法》有望帮助中小企业破除这一困难。

2020年6月18日，上海票据交易所发布信息显示，首批供应链票据贴现业务于当日成功落地，9家企业通过供应链票据贴现融资10笔、506.81万元，其中，中企云链2家、欧冶金服4家、简单汇3家，贴现利率2.85%~3.8%，贴现票据全部为商业承兑汇票。上海票据交易所打造推出供应链票据平台，开辟出了一个线上化供应链票据金融服务技术，实现票据等份额的签发、流转，使企业不仅可以更加灵活支付，也便于实现资金流、信息流、商流、物流的四流合一，解决信息不对称问题，更容易获得银行融资支持。其中，“票付通”就是票交所基于供应链、B2B电商业务场景向企业提供的线上票据支付产品，为企业提供安全、便捷、高效的线上账期支付工具。“贴现通”则是票交所为解决企业在线下银行网点办理票据贴现业务的现实困难，而推出的线上创新业务。传统贴现模式下，持票企业贴现询价往往受制于地域和人脉限制，只能向当地有限的金融机构询价，由于银行授信额度、信贷规模、贴现价格等因素，都可能导致企业难以找到满意的贴现银行。在“贴现通”业务模式下，企业可以向全国范围的银行询价，拓宽了贴现渠道，发挥票交所整合全国金融资源的优势，完善价格发现机制，大大减少企业的沟通成本。

此外，国内商业银行也在加大资源投入，与金融科技公司合作打造个性化的“商票生态圈”平台，其中运用了AI智能匹配技术，建立票据流转模型，筛选信用级别高的票据资产，确保优质票源。中小企业依托平台，自主发布票据需求，由线下的1对1转变为线上的1对N票据流转模式，智能匹配、即时议价、即时票据流转，业务效率大幅增长。这一方向已经获得地方政府的认可和支持。以深圳为例，2020 年 8 月通过的《深圳经济特区科技创新条例》中，就明确鼓励商业银行建立聚焦科技企业信贷服务的风险控制和激励考核体系，开展商票质押贷款等融资业务。国内也涌现了不少典型案例，如江苏的同城票据网、广东的商票圈科技等，均是交易规模超过 100 亿元的供应链票据金融服务平台。

票据的证券化步伐也在加快。2020 年 6 月 28 日，中国人民银行公布了《标准化票据管理办法》，并自 2020 年 7 月 28 日起实施，该办法规范了标准化票据融资机制，支持将票据作为基础资产打包后在债券市场流通，支持资产管理产品投资标准化票据，发挥债券市场投资定价功能，减少监管套利，更好地服务中小企业和供应链融资。

我国资产证券化业务实施备案制以来，资产证券化市场快速发展，其中以票据收益权或以票据为结算方式的应收账款债权作为基础资产的票据资产证券化，是推进我国票据市场更好地服务于实体经济的一种发展新思路。票据资产证券区别于传统的票据融资方式，不仅降低了企业的融资成本，盘活了企业的存量票据资产，并且改善了企业的资产负债表。票据作为一种有价证券，因其包括设权性、无因性、要式性、文义性、流通性等在内的特殊法律属性，使其得以作为一种特别的通道性工具，在结构化融资和资产证券化交易中发挥独特的功用。

前端供应链票据平台大力发展，形成涵盖各企业、各金融机构统一的票据来源，后端标准化票据作为供应链票据的重要出口，通过对票据“债券化”，拓宽融资渠道，降低融资成本并提高融资效率（张楠和邹淑，2022）。核心企业供应链票据的出票、背书、贴现等可在供应链金融平台上实现，企业有融资需求时，可发起标准化票据业务。通过票据市场与债券市场的互联互通，推动“供应链票据+标准化票据”的票据“债券化”模式的进一步发展，以精准服务企业的融资需求，大幅提高票据服务实体经济的能力。

5.5 产业金融 3.0

数字经济时代，产业的数字化转型已成为企业把握新一轮科技发展机遇的必然选择，同时对银行金融服务提出了新的要求。自 2020 年开始，国内不同领域的专家均提出了产业金融 3.0 的概念，并展开了相关的研究。

普华永道的研究报告认为：产业金融的未来应该呈现科技化、资本化、垂直化、生态化四大趋势，金融类、产业类和网络平台类等三种主体展开多样化的竞争。科技是产融升级的加速器，随着人民银行印发《金融科技（FinTech）发展规划（2019—2021年）》，金融科技越来越成为产业和金融企业开展业务的重要手段。资本将成为连接产业与金融的纽带，它帮助产业金融企业形成了与合作伙伴的关系，在共赢的目标下实现整体共同发展和价值增值。随着市场竞争日趋激烈，产业分工和行业划分出现垂直化特征，包括产业联盟出现新模式，产业分工格局被重构，拓展产业链细分市场，纵深挖掘行业全链，辐射覆盖周边地域。构建行业生态是产业金融未来的主旋律，产融结合的程度是一个经济体活跃程度的重要指标，资本以合理的成本，精准地流向实体产业，才能促进经济的健康发展。

重庆市前市长黄奇帆认为：产业金融在我国是以银行业为代表的传统金融机构专注于服务B端产业链企业的重要金融服务形式。产业金融发展之路可以分为三个阶段，即：以银行对公业务为代表的产业金融1.0阶段；以供应链金融为代表的产业金融2.0阶段；以产业数字金融为代表的全新的产业金融3.0阶段。无论是在1.0阶段还是在2.0阶段，传统产业金融服务都面临严重的信息不对称痛点，缺乏技术手段赋能，金融机构对产业链情况难以掌握。而在产业金融3.0阶段，数字技术在产业链上的大规模应用，能够让金融机构看得清、管得住资产，显著降低了金融服务的风险成本。

产业金融的背景是工业互联网、农业互联网、服务互联网三网互联互通的新态势。工业互联网是新一代信息通信技术与工业经济深度融合的新型基础设施、应用模式和工业生态，通过对人、机、物、系统等的全面连接，构建起覆盖全产业链、全价值链的全新制造和服务体系，为工业乃至产业数字化、网络化、智能化发展提供了实现途径，是第四次工业革命的重要基石。农业互联网是将互联网技术与农业生产、加工、销售等产业链环节结合，实现农业发展科技化、智能化、信息化的农业发展方式。服务互联网则是以第三产业为基础的服务业经济新形态，其内核是服务数字化，具备产业属性和公共服务属性，且兼具产业互联网及消费互联网的特征。三大互联网业态均有产业金融的服务需求。

根据市场和政府在产业金融中发挥的作用不同，还可以将产业金融分为市场主导型和政府主导型。前者强调的是市场在金融资源配置领域的基础性作用，政府只是在此基础上发挥指导性的作用。而后者则更加强调政府对产业金融的调控作用。不同的产业金融发展模式直接决定了产业金融在经济发展中的不同地位。从日本、韩国等国家的崛起可以看到，政府主导型的产业金融运行模式似乎更适合处于经济起飞阶段的国家，这一模式在促使国民经济迅速重建、复兴与起飞方面具有明显的积极作用。

国内不少银行同业在产业金融方面已有比较好的实践。比如，工商银行的网络金融业务在政务、产业、消费互联网三端发力，紧抓政府和企业数字化转型发展契机，深化政务数字化建设，助力产业互联网布局。工行金融云平台已经涉及6大行业和19个细分领域，上线教育云、党建工会云、物业云、商医云等17项标准化云服务，提供“行业+金融”综合化服务。微众银行是互联网产业金融的代表，借助金融科技手段大力拓展产业金融服务模式，构建了与相关行业龙头品牌达成业务合作，覆盖上下游供应商、经销商企业的生态圈，批量触达小微企业。微众银行已和200余家核心企业建立了合作关系，涉及快消、家电等民生相关行业的企业，如蒙牛、旺旺、宝洁、格力及海尔等，为超过10万家上下游小微企业提供了超过650亿元的授信支持。

银行向产业金融转型的策略可以关注以下几个方面（胡文杰和梁红明，2014）。一是建立产业金融服务组织架构，设立不同的产业金融服务部门，便于实行矩阵式公司组织架构管理，待条件成熟后，对一些产业可以考虑实行事业部管理体制。此外，银行还可以在一些产业集聚区试点设立专业支行或特色支行。二是设计推广针对不同产业的金融服务方案，加强对不同产业的系统长期跟踪研究，贴近产业一线或驻厂式观察研究和记录分析，变财务分析式的表层接触为参与企业管理诊断式的专家研究，突出不同产业金融服务方案的个性特征。三是打造特色化产业金融服务品牌。充实和强化研究团队，制定工作流程，建立工作标准，完善项目小组，着力抓好产品整合创新和方案设计，建立方案“设计—评估—运行—提升”的规范管理机制。四是构建联合运作的产业金融管理机制。建立高层定期交流和专家人员定期交流机制，建立与行外金融机构和非金融机构的战略合作联盟，通过产业研究和制定产业金融服务方案，搭建社会中介机构与银行合作的平台，调动和整合社会资源为我所用。

产业投资基金也是银行发展产业金融的重要模式。近年来，国内产业投资基金数量、募集资金规模快速增长。凭借在客户资源、风险控制、零售渠道等方面的优势，银行正成为产业投资基金发展不可或缺的参与主体。同时，产业投资基金投融资模式的不断创新，也为银行公司金融业务的拓展提供了诸多机遇。产业投资基金是一种对未上市企业进行股权投资和提供经营管理服务的利益共享、风险共担的集合投资制度，即通过向多数投资者发行基金份额设立基金公司，由基金公司自任基金管理人或另行委托基金管理人管理基金资产，委托基金托管人托管基金资产，从事创业投资、企业重组投资和基础设施投资等实业投资。

产业投资基金的分类有很多种。根据投资阶段和领域不同可以分为创业投资基金、支柱产业投资基金、基础产业投资基金、企业重组基金以及特定概念基金。根据发起人的不同可以分为政府背景型产业基金、机构背景型产业基金和产业背景型产业基金。根据投资标的不同可以分为股权投资、债权投资和股加债等三种基本的投资模式。根据法律实体的不同可分为公司型、契约型和有限合伙型。从风险收益分配来看，不同类型的产业基金模式有所区别：基础产业投资基金一般属于政府项目，投资、建设周期长，资金需求量庞大，有政府信用作保障，所以风险较低，收益相对也较低；而创业投资基金由于其投资于新兴产业、高技术产业，行业前景、项目盈利状况面临较大的不确定性，但是一旦成功则能够带来相当可观的收益，因此属于高风险、高收益型；支柱产业投资基金、企业重组基金与特定概念基金则由于其投资项目的不确定性，风险收益的匹配也不确定。

产业投资基金中有一种“明股实债”的“灰色模式”，这一创新型投资方式最初形成原因并非特定的法律概念，而是伴随着实务操作产生的。银监会将其列入非标债权资产，称为“带回购条款的股权性融资”。中基协在2017年2月13日发布的《证券期货经营机构私募资产管理计划备案管理规范第4号——私募资产管理计划投资房地产开发企业、项目》中对“明股实债”进行了详细定义：投资回报不与被投资企业的经营业绩挂钩，不是根据企业的投资收益或亏损进行分配，而是向投资者提供保本保收益承诺，根据约定定期向投资者支付固定收益，并在满足特定条件后由被投资企业赎回股权或偿还本息，常见形式包括回购、第三方收购、对赌、定期分红等。

“明股实债”能够帮助企业在有效降低负债率的同时优化财务报表，使得部分企业尤其是上市公司和需要公开发债的企业信用评级有所提升。该产品虽在实践中得到广泛运用，但由于它既不是典型的股权投资也不是典型的债权投资，而是一种介于两者之间的模糊状态，存在着极大的不确定性，容易诱发多方面风险。后来监管机构接连发文规范“明股实债”模式，引导产业基金规范发展。其中，国家发展改革委出台《政府出资产业投资基金管理暂行办法》，要求禁止从事“明股实债”等变相增加政府债务的业务。

银行与产业投资基金合作具有很多优势。比如拥有强大客户资源，尤其是高净值人士，募集资金优势明显。拥有良好的银政关系，有助于获得合作机会和政策支持。产业投资基金是当前地方政府扶持经济增长重要抓手，银行凭借多年与政府的合作关系，可以获得更多优惠政策的支持。银行长期从事贷款业务，积累了大量的风险管理经验，有助于风险控制。银行参与产业投资基金的合作模式主要有以下几种：一是投行模式，包括自有资金投资和理财资金投资。二是选择权贷款或投贷联动，在产业基金运作中，银行以发放贷款模式成为项目的债权人，同时银行也通过投行资金的形式成为项目的股东，获得股息收入，参与项目的管理运作，利用自身在资金、渠道、客户方面的协同整合优势，推动产业基金的良好运作。三是撮合或顾问服务，为产业投资基金募集资金推荐投资人、推荐股权直投对象，在基金募集方面提供支持，并分析项目投资价值/发展前景等，将自身的优质客户资源推荐给产业投资基金作为投资备选项。

5.6 财务公司的使命

财务公司，更规范的名称为“企业集团财务公司”，按《企业集团财务公司管理办法》定义，为“以加强企业集团资金集中管理和提高企业集团资金使用效率为目的，为企业集团成员单位提供财务管理服务的非银行金融机构”。企业集团财务公司系银保监会及派出机构监管的非银行金融机构。截至2022年3月31日，我国共有255家企业集团财务公司，主要分布在经济较发达的省市。其中，北京注册有28%的财务公司，共有73家，广东、上海、山东分别为24家、22家、21家，前7个省（直辖市）占比65%，地理位置比较集中。截至2017年第三季度末，我国财务公司行业表内外资产总额7.75万亿元，创造利润总额达735.48亿元，行业平均不良资产率0.03%。监管对财务公司发展产业链金融业务寄予了很多期望，不仅可以满足集团对财务公司支持集团产业生态、服务集团发展战略的要求，还符合监管部门金融供给侧改革，支持中小企业的政策导向。

财务公司的发展历史最早可追溯到1716年法国创设的通用银行，后相继出现在英美，并逐步形成美国模式和英国模式，美国模式的财务公司是以搞活商品流通、促进商品销售为特色的非银行金融机构，它依附于制造厂商，是一些大型耐用消费品制造商为了推销其产品而设立的受控子公司，如通用汽车，这类财务公司主要是为零售商提供融资服务，几乎涉及从汽车、家电、住房到各种工业设备行业的所有商品，主要代表国家是美国、加拿大和德国。英国模式财务公司基本上都依附于商业银行，其组建的目的在于规避政府对商业银行的监管，因为政府明文规定，商业银行不得从事证券投资业务，而财务公司不属于银行，所以不受此限制，这种类型的财务公司主要分布在英国、日本和中国香港。中国内地采用的是类美国模式，自 1987 年 5 月内地第一家企业集团财务公司东风汽车财务公司成立以来，全国能源电力、航天航空、石油化工、钢铁冶金、机械制造等基础产业和重要领域的大型企业集团几乎都拥有了自己的财务公司，其中包括很多民营企业。

在高新区支行工作时，我服务过一家民营上市企业集团的财务公司，对财务公司的业务范围有比较全面的了解。财务公司与银行、信托公司、租赁公司、资产管理公司等金融机构一样同属银监会监管，很多指标都按银行标准执行，但财务公司也有自己独有的特点：一是业务范围包括存款、贷款、结算、担保和代理等一般银行业务，还可以经人民银行批准开展证券、信托投资等业务，定位是企业集团内部的金融机构，其经营范围只限于企业集团内部，主要是为企业集团内的成员企业提供金融服务，是集团的“内部银行”，作为集团资金归集平台、结算平台、监控平台以及金融服务平台。二是资金主要来源于集团，用于集团，对所属集团的依附性强。集团成员企业在财务公司有存款，而财务公司的资金主要用于为成员企业提供资金支持，少量用于证券投资。三是接受集团和银保监会的双重监管，经营活动必须接受银监局监管。四是服务与效益相结合、服务优先的经营原则，也就是经营中应较好地处理服务与效益的关系，在坚持为集团公司成员企业提供良好金融服务的前提下，努力实现财务公司利润的最大化。

银行与财务公司合作，实际上就是与其所属企业集团及成员的合作，财务公司就好比原来的财务部门，但由于财务公司的先天属性，现实当中银财竞争却是越来越多，因为财务公司可以自己从事很多类似银行的吸存、结算、融资业务，挤占了银行的业务空间，而留给银行的是利润比较薄或难度比较大的业务品种。比如，由于财务公司集中的资金管理，提高了对银行的谈判地位，存款或理财的价格要求比较高，而融资成本要求比较低。另外，财务公司可以办理承兑汇票、信用证等业务，挤占了银行贸易融资需求。财务公司对企业集团来说，好处是提高集团内各成员的资金使用效率，加快结算速度，增强集团公司整体竞争力。对政府和监管部门来说，财务公司可以促进金融业的良性竞争，促进深化改革，更好支持实体经济，在稳定供应链方面起到积极的作用。

2022 年 10 月，为强化对企业集团财务公司的监管、促进行业稳健发展，银保监会修订发布了《企业集团财务公司管理办法》（以下简称《办法》），从市场准入、业务范围、监管指标和公司治理及对外开放等方面对沿用了 15 年的原《企业集团财务公司管理办法》作了较大调整。《办法》的出台意味着我国财务公司行业将迎来强监管时代，监管新规为行业的稳健发展画出了应有的“底线”和“红线”。整个行业也将由此进入一个更加规范、更加高质量的发展轨道。

从近年来银保监会对财务公司的定性看，部分财务公司存在公司治理不完善、集团不当干预财务公司经营管理和公司治理、法人独立性丧失、沦为集团融资的工具和渠道等问题。部分集团经营不善，资金链断裂，风险传染至财务公司。有的财务公司定位偏离主业，异化为集团工具，有的公司受制于集团，盲从于集团，合规意识欠缺，造成较大的社会负面影响。

本次《办法》修订的内容集中在提高准入门槛、限制业务范围、优化风险监管指标、强化公司治理等方面，具体包括：提高准入标准，调整财务公司服务范围；区分低风险与高风险业务，取消了发债、融资租赁、代理保险等部分业务；优化监管指标，新增了贷款比例、票据承兑与存放同业比例、承兑保证金与各项存款的比例、集团外负债比例等指标；强化向上延伸监管，防范集团产业风险，增加了强化股东监管的相关措施。

财务公司新规有利于扩大对外开放。2021 年中央经济工作会议强调，要“推动制度型开放，落实好外资企业国民待遇”。《办法》落实对外开放政策要求，进一步明确了外资跨国集团可直接设立财务公司，也可通过其在中国境内设立的外资投资性公司设立财务公司，外资财务公司的准入条件与中资机构一致。《办法》对财务公司跨境资金业务也做了界定：原《办法》规定财务公司不得从事除协助成员单位实现交易款项的收付之外的跨境资金业务，而新《办法》改为财务公司仅可以从事人民银行及外汇管理局批准的离岸业务或跨境资金业务，不可以办理其他跨境资金业务。

近年来，国家不断出台对外贸易和投融资的便利化政策，允许财务公司利用跨国集团外汇资金集中运营及跨境双向人民币资金池的主办企业资格，实现对境内外资金的一体化管理，构建起包含本币、外币的全球资金管理平台，充分利用境内外两个市场、两种资源，在全球范围内统筹调配各类资金和财务资源。我国加快支持建设更高水平开放型经济新体制，不断便利跨国公司经济发展。

2022 年 7 月 22 日，中国人民银行、国家外汇管理局发布开展第二批跨国公司本外币一体化资金池试点，进一步优化管理政策，便利跨国公司企业跨境资金统筹使用。而此版修订《办法》对跨国公司离岸业务或跨境资金业务也做了相应的要求，预计未来外资跨国集团设立的财务公司的资金也将同步运用到跨国公司资金池，这也将持续推动金融市场对外开放。

财务公司新规为银行联动服务实体经济创造更多机会。随着财务公司管理不断规范，优质外资公司的加入，银行可以加强与财务公司的合作，根据其所属行业特点提供差异化服务，借力企业集团更好服务中小微企业。一是对于资金短缺型行业，银行可以探索打包资产业务创新服务模式，通过为财务公司提供信贷投入、同业拆借、质押式回购、票据转贴现等一揽子常规产品，帮助企业集团实现较低成本的高效融资。二是对于投资偏好型行业，银行可以借助自身的风控资源、机构网点优势，协助财务公司在政策允许范围内在集团内外实现多层级投资，除理财产品、债券分销等传统投资渠道外，还可以通过撮合交易的方式为财务公司寻找与其风险收益对应的投资项目。三是对于供应链型行业，银行可以根据集团成员单位产业链特点，创新供应链金融服务，以财务公司同业授信为核心，为集团成员单位提供票据、信用证、保函等贸易融资类产品。银行还可以借助财务公司的服务终端，接触非成员单位的上下游企业，量身定做“1+N”、多级债权电子供应链融资服务方案，充分利用集团核心企业的信用支持，降低企业融资成本。四是对于跨境、国际型行业，银行可以提供跨境现金管理及境内外联动服务，对资金跨境流动提供实时额度管理及信息监管，实现海外账户资金的可视性。银行还可以结合跨国公司资金流、信息流和物流需求，用好国家贸易投资便利化政策，持续改善客户体验，并在外汇资金保值增值、跨境银团、跨境并购等方面与财务公司开展更多合作。

5.7　振兴乡村的互联网

实施乡村振兴战略，是党的十九大做出的重大决策部署。2018 年以来，国家出台了一系列支持乡村经济发展的政策，中共中央、国务院印发《乡村振兴战略规划（2018—2022 年）》，颁布实施了《中华人民共和国乡村振兴促进法》，明确了乡村振兴战略的阶段性目标和重点任务，也为银行的金融服务行动指明了方向。2017 年至 2021 年，全国农村居民人均可支配收入由 13432 元增至 18931 元，年均实际增长 6.6%，高出城镇居民近 2 个百分点。

数字经济时代，实施乡村振兴战略最基本、最重要的一点，就是要提升农业竞争力和可持续发展能力，最终实现农业农村的现代化。“互联网+”农业是互联网等新一代信息技术与农业跨界融合、创新而形成的农业新产品、新模式与新业态。其实质是当代信息技术嵌入并作用于农业产业链各环节，与生产力的其他要素有机结合，在改进和完善生产工具、扩展劳动对象中，促进农业生产智能化、经营网络化、管理高效化和服务便捷化，促进农业物质、资金和信息流的融通，促进生产要素的合理配置和优化调度，从而大幅度降低生产成本和流通成本、提高经济效益和农业效率。

农业产业互联网是一种模式，也一套体系，更是一种机制，将互联网技术与农业生产、加工、销售等产业链环节结合，实现农业发展科技化、智能化、信息化。中国“农业产业互联网”运行主要有三种模式：一是互联网技术深刻运用的智能农业模式，是指以计算机为中心，对当前信息技术的综合集成，集感知、传输、控制、作业于一体，将农业的标准化、规范化大大向前推进了一步，不仅节省了人力成本，也提高了品质控制能力，增强了自然风险抗击能力。二是互联网营销综合运用的电商模式，是指以农业的生产为基础的电子化交易活动，以信息技术和全球化网络系统为支撑点，构架类似B2B、B2C的综合平台，提供网上交易、拍卖、电子支付、物流配送等方面的支持，主要从事与农产品产、供、销等环节相关的电子化商务服务。三是互联网与农业深度融合的产业链模式，是指将互联网与农业产业的生产、加工、销售等环节充分融合，用互联网技术去改造生产环节提高生产水平，管控整个生产经营过程确保产品品质，对产品营销进行创新设计，将传统隔离的农业一、二、三产业环节打通，形成完备的产业链。

农业产业互联网的优势也很明显。一是可以通过物联网实时监测，应用大数据进行分析和预测，实现精准农业，降低单位成本，提高单位产量。二是互联网技术推动农场的信息化管理，可以实现工厂化的流程式运作，进一步提升经营效率，更有助于先进模式的推广复制。三是“互联网+农业”不仅能够催生巨大数据收集、信息平台建设等技术服务需求，也拓展了农资产品销售空间。

困扰农业企业获得银行金融服务资源的核心小问题在于农业企业或农户与银行间的信息不对称。农业产业链通过连接农户、农业资料供应商、加工商、物流及仓储企业、销售企业等，将分散的信息进行集中，形成有效数据集合，为企业获得金融服务提供支持（李梦宇，2021）。银行服务乡村振兴的主要模式有：一是银担模式，主要是指银行通过与国家农担以及各级农担公司合作，上游生产资料供应商提供的担保也比较有效。此外还可以用好农业保险和再保险政策，通过优化完善“保险+期货”模式，强化涉农信贷风险市场化分担和补偿机制，发挥好农业信贷担保作用。二是银政模式，主要是指银行与国家乡村振兴局、农业农村部等各级农业相关政府部门进行合作，通过相关金融产品，比如推广活畜抵押贷款，有效缓解广大农户和新型农业经营主体合格抵质押物不足问题。三是产业链模式，主要是以核心企业、专业合作社为中心，服务上下游企业和农户等，该模式对银行服务能力、多方信息共享等要求较高。对于部分中小金融机构而言，由于其具备地缘优势，与本地产业链有天然的地理优势，因此很多中小银行将其作为服务乡村振兴的重要服务模式（马玲，2022）。

2022 年，中央一号文件中提出要强化乡村振兴金融服务，上半年国有银行的涉农贷款呈增长态势。其中，工商银行增长较快，涉农贷款较上年底增长超 15%。农行虽然在县域网点数量上少于邮储银行（见表 11），但涉农贷款规模远高于邮储银行。银行对农村（县及县以下）、农户及农业贷款投放量也在加大，截至 2022 年上半年底，农村（县及县以下）贷款余额 39. 27 万亿元，同比增长 13%。涉农信贷投放是衡量国有银行支持实体经济的重要指标，也是履行社会责任的一种担当。

表 11　国有银行涉农贷款业务比较

业务种类 银行	县域网点数（个）	县域网点占比（%）	2021 年涉农贷款规模（万亿元）	2022 年中涉农贷款规模（万亿元）	同比（%）
中行	2925	27. 37	1. 74	1. 96	12. 64
工行	6100	30. 00	2. 66	3. 08	15. 79
建行	4323	27. 63	2. 47	2. 77	12. 15
农行	12545	47. 77	4. 7	5. 3	11. 8
邮储	23617	59. 15	1. 61	1. 72	6. 83
交行	278	9. 01	0. 65	0. 75	15. 8

资料来源：作者整理，上市银行年报

农业银行作为我国乡村振兴金融服务的先行者，积极创新线上融资业务，推动农户贷款全线上化运作。截至 2021 年末，“惠农 e 贷”余额 5447 亿元，比年初增加 1913 亿元，增速 54. 12%，服务覆盖农户 368 万户。农行还加快县域小微线上融资产品创新，推出“微捷贷”“链捷贷”“抵押 e 贷”等多种线上信贷产品，截至 2021 年末，县域“小微 e 贷”余额近 2000 亿元。在融资业务领域，农行运用互联网、AI 等新技术，创新县域特色金融场景，推进县域智慧政务、智慧农业、智慧医疗、智慧教育、智慧旅游、智慧生活等场景金融建设，特色场景总数达 1. 1 万个。

互联网银行科技赋能乡村振兴的力量也不可小觑。2021 年 9 月，网商银行在陕西洛川宣布，其自主研发的卫星遥感信贷技术“大山雀”迎来技术突破，成功识别苹果、猕猴桃等经济作物。这也意味着，许多果农贷款难的问题有了新的解决方案。该技术原理是通过解析卫星影像，判断农户耕种面积和品类，预测产量产值，从而给予合理的贷款额度。“大山雀”成功识别水稻、小麦等粮食作物，数十万种粮大户因此成功获得贷款，这一技术也入选2021年度农业农村部新技术优秀案例。

网商银行“大山雀”卫星贷款产品，其作物识别算法模型，实现了融合识别不同分辨率的影像，提升了水果等经济作物的识别度。同时，升级的算法机器，还融合了人工经验，能利用地形、降水、积温、历史产量等知识识别作物，比如“冬天主要种小麦”“夏天主要种水稻、玉米、大豆”等，让天上的卫星真正掌握了传统“信贷员”的技能。网商银行作为专注服务小微和三农群体的科技银行，累计服务2000万涉农用户，并与全国超过850个涉农区县深度合作。

5.8 跨境供应链服务双循环

以前，尽管我国工业经济规模世界第一，却存在诸多短板，其中包括“两头在外”的加工业效益低下的问题，研发、原材料、深加工和销售渠道这几块最赚钱的业务都掌握在外国公司手中，而中国生产企业只能赚取微薄的代工收益。国家构建以国内大循环为主体、国内国际双循环相互促进的运行模式，将有效地解决这一难题（黄奇帆，2023）。随着中资企业“走出去”，积极布局全球市场，新打造的产业链含金量也在大幅提升。中资企业渐渐掌握了产业链的中高端价值环节，比如很多企业将生产基地设在东南亚，将销售部门设在欧美，将研发和财资中心设在香港或深圳，用足了全球资源的比较优势。针对这一趋势，地方政府可以借此机会加快建设数字贸易平台，在支持本土企业扩展全球产业链的同时，也将核心环节留在境内。而银行则在跨境供应链方面需要加快创新，跟上企业的步伐。

2021年，全球供应链危机爆发，芯片、稀土食品、劳动力短缺、物价大涨，对于中国的银行业来说，是危机也是机遇，可以利用跨境供应链金融服务，支持“走出去”企业的稳定发展，促进双循环战略实施。跨境供应链融资有助于银行服务的延伸，但具体模式的设计不可脱离风险把控和银行的自身条件。通过对跨境融资供应链模式的运用，银行可根据核心企业与境外子公司的结算方式、境外子公司与第三方企业贸易往来特征等因素为核心企业及境外子公司量身配置差异化的贸易融资产品，满足核心企业及海外上下游企业对不同贸易融资产品的需求，从而形成贸易供应链金融服务模式。

跨境供应链金融服务离不开跨国合作的支持，需要在符合境内及海外当地外汇管理及其他相关监管部门的要求下开展业务。在 RCEP 的背景下，成员国在跨境供应链金融便利化、合规监管、支付结算、信息分享、风险管理等方面可以更加积极地推动务实合作倡议，形成具有区域特色的相关规则标准。成员国通过制定完善的法律制度和体系，依法合规监察各主体是否有违法行为，在支付结算、信息分享、风险管理等方面不断加深务实合作，形成 RCEP 成员国间经济、贸易、信息交流等的良性互动（许正中，2022）。此外，借助区域金融协会等商业领域非营利性平台，可以推动我国金融机构与域内其他成员金融机构、供应链核心企业和中小企业、监管机构、行业协会等主体的合作，为跨境供应链金融服务创造良好的发展环境。

2021 年 4 月，星展银行通过数字化技术推出跨境供应链金融方案。星展银行不仅有自己的数字化网上平台，同时也跟不同的金融科技、ERP 的供应商有各种直连，共同服务企业客户，包括现金管理、贸易融资等服务。星展银行以代理买家支付为核心的供应链融资产品服务方案，较好地满足了企业跨境供应链融资需求。企业客户是一家欧洲在中国的造纸跨国工厂，在中国有六家子公司，供应商遍布国内外，主要是通过流贷的形式支付供应商货款。由于上市公司在报表上有优化要求，经过银行和此公司的沟通和分析，银行为客户设计了供应链融资方案代替传统的流贷产品。星展银行通过 API 和客户 ERP 系统 SAP 直接对接，整个供应链融资流程全部线上完成。从客户提需求到完成第一笔交易，执行时间是 1 个月左右。客户的国内外供应商可以通过线上注册申请贷款，银行可以在线上放款。同时随着项目的推动，可以衍生到一个多层级的代理支付。

2021 年 11 月，交通银行与简单汇首度开创跨境金单业务模式，成功为核心企业境外供应商提供了 1200 万美元的无追索预支价金。简单汇通过数字化、科技化手段将操作时间成本由原有从开证到议付的 T+7 缩短到 T+1，高效解决了境外供应商融资问题，这也是广东省首笔金融科技公司/平台的跨境反向保理业务。与既有模式不同，简单汇首笔跨境金单业务是在占用境内核心企业信用额度的情况下，直接通过境内银行为境外供应商提供应收账款融资款项。该方案不仅通过跨境应收账款电子债权凭证（跨境金单）实现买方对应收账款的主动确认，同时通过保理融资天然的自偿性，从整体上降低跨境融资风险，并将核心企业信用传递给境外供应商，共享低成本利率，真正实现了交易各方共享、共赢。简单汇结合区块链等金融科技手段，将跨境反向保理业务全流程线上化，实现数据共享、加密不可篡改、可追溯的交互方式，为交易各方奠定高效、可靠、互信的合作基础；同时，平台通过集国际短信认证、跨境 CFCA 数字证书线上签约等场景于一体，为境内外企业打造可信线上化体系，加速跨境数字化贸易进程。跨境金单业务是简单汇拓展海外市场，谋求跃迁式发展的重要举措。在人民币国际化的驱动下，简单汇积极挖掘跨境贸易中新的业务场景，助力跨境贸易的电子化、数字化，不断提升跨境贸易便利化水平。

2023 年 3 月，中国银行全球首单与欧洲供应链融资平台合作的跨境供应链人民币融资业务成功落地江苏中行。江苏中行针对“走出去”企业、世界 500 强等各类客群的金融需求及实用场景，充分发挥“一体两翼”优势，联动中国银行法兰克福分行，基于镇江某电池生产商针对某世界 500 强汽车制造商的销售，设计了专项跨境人民币融资方案，带来超 5 亿元的人民币跨境贸易收款，同时利用海外人民币资金降低企业融资成本，为我国制造业企业融入全球供应链提供金融支持。

跨境供应链融资发展空间非常大。由于中国持续对外开放，越来越多境内的供应商到海外设厂生产，跨境融资需求越来越多。但“走出去”的企业很多由于经营实力或是制裁，不容易从当地银行获得融资，虽然企业也可以选择国际信用证加福费廷或内保外贷、备用信用证等方式解决融资问题，但成本依然很高。如果采用跨境直贷或联行代付业务方式，对银行来说则风险较大。所以银行在设计跨境供应链融资产品时，既要考虑信用风险，也要考虑企业融资成本以及核心企业的财务报表优化需求。

综上，银行跨境供应链融资服务有三种可选择的模式。一是进口双保理模式，通过联动境外金融机构作为出口保理商，境内银行作为进口保理商，续做进口双保理融资。二是开国际证+福费廷模式，境内银行为境内公司开立国际信用证，开立 NRA 账户于境内银行交单并申请福费廷融资，这种模式双方业务流程复杂、时效性较低、需核心企业承担部分的手续费用。三是反向保理产品，整体放款操作简易、时效高，可满足客户融资需求。境内银行受让境外供应商对核心企业的应收账款，在核心企业确认到期无条件付款的前提下，占用核心企业在境内银行的授信额度为境外供应商办理跨境供应链融资业务，融资期限与实际账期相匹配，最长不超过 180 天，基础交易限于核心企业境外供应商形成的合格应收账款债权。

对中小银行来说，发展跨境供应链融资业务还需要评估实力和寻找境外合作伙伴。张闻沁（2015）认为，在跨境供应链融资业务领域，现阶段规模小的银行还难以在短期内取得实质性突破，因为仅依靠其自身难以支撑全球性布局。我国内地多数中小银行的海外机构仅限于中国香港、中国台湾及新加坡等地，且业务规模有限。如果中小银行要作探索式规划，可考虑与境外外资银行合作，在占用机构间授信额度的基础上实现评级互认及专项业务信贷流程管理的一致性开发，配合全球性机构在贸易金融服务创新型系统平台（如 TSU）的基础上增加专项贸易供应链融资模块，并制定全球性的类似于结算类产品的规则（如 UCP600 等），实现国际供应链融资标准化、规范化。同时可适当考虑与拥有海外平台规模的大型商业银行合作，实现信用捆绑，即仍在占用机构间授信额度基础上，借助其海外平台的优势实现跨境贸易供应链融资，并对未来国际业务发展的海外区域化布局进行规划。

5.9　供给侧深化改革的推手

2015 年，中国经济出现了一些异常苗头，主要经济指标之间的联动性出现背离，经济增长持续下行与 CPI 持续低位运行，居民收入有所增加而企业利润率却在下降，消费上升而投资低迷，简言之，就是部分产品供给过剩了。为此，国家提出推进供给侧结构性改革，实现资源优化配置，矫正要素配置扭曲，扩大有效供给，提高供给结构对需求变化的适应性和灵活性，提高全要素生产率。改革的主攻方向是减少无效供给，落实“三去一降一补”（去产能、去库存、去杠杆，降成本，补短板）五大任务，受影响最深的应是钢铁行业。

2000 年以后，中国钢铁行业进入高速发展期，房地产市场的崛起拉开了钢铁需求快速增长的帷幕。地方政府财政收入的增加也推动各类基建项目纷纷上马，钢材市场需求火热。我国粗钢产量由 2002 年的 18225 万吨攀升至 2010 年的 63874 万吨，复合增速高达 17%。从 2011 年下半年开始，钢铁产能利用率快速下降，从 2011 年的 81%下降至 2015 年的 67%，产能过剩问题愈演愈烈。而钢材价格也进入了下行通道，综合普钢价格指数从 2011 年 6 月的 173.8 下降至 2015 年 12 月的 69.67，四年左右的时间从高点计算跌幅超过 60%。由于钢价的断崖式下降，钢企利润大幅收缩。2012 年全国重点钢铁企业利润仅有 16 亿元，同比减少了 98.17%。2015 年钢铁行业更是出现全面亏损，全国重点钢铁企业利润为-645 亿元，亏损企业超 2200 家，钢企遭遇“越产越亏”的困境。之所以出现供给侧问题，关键原因还是我国没有建立起真正的现代化供应链管理体系，供需出现失调。因此，建设中国式现代化经济体系，迫切需要以发展现代化供应链为抓手，发挥供应链助推供给侧结构性改革、促进资源优化配置和经济质量、效率提升的重要作用。

2017年8月，商务部、财政部联合发布的《关于开展供应链体系建设工作的通知》，规划了一批重点城市，开展供应链体系建设。同年10月，国务院又出台了《关于积极推进供应链创新与应用的指导意见》，对下一阶段供应链的工作任务进行指导。2020年12月召开的中央经济工作会议，提出的第二项重点任务就是"增强产业链供应链自主可控能力"，进一步明确了产业链供应链的安全稳定是构建新发展格局的基础，这也从侧面印证我国已经全面迈入供应链体系创新与应用的新阶段，未来将深度融入全球产业链价值链的竞争与合作，重塑我国在全球供应链竞争中的优势。

2022年，为加快推进产业链供应链生态体系建设，国家工业和信息化部确定了杭州、武汉、成都、宁德、南通、潍坊、合肥、株洲、广州、深圳、包头、齐齐哈尔等12个城市入选首批产业链供应链生态体系建设试点城市建议名单。在全球产业链区域化、本土化、短链化的发展趋势下，"断链""脱钩"风险持续攀升，"建设全国统一大市场""保障产业链供应链稳定""畅通国内国际双循环"被中央提到了前所未有的高度。在先进制造业主要集聚区域建设产业链供应链生态体系，既是"稳链、强链、延链"的重要支撑，也是供给侧结构性改革深化的重要推手。

长期以来，生产要素低成本是我国制造业国际竞争优势的重要体现，但随着国内生产成本的提升，这一优势逐渐弱化。近年，印度、马来西亚、越南等东南亚新兴经济体成本优势日益凸显，同时采取一系列产业扶助政策，在价值链低端环节对我国造成了较大冲击，抢走了不少外贸订单。我国要培育和打造产业链供应链竞争新优势，关键在于创新发力、融合发展，发挥区域比较优势，解决供应链关键环节中的堵点、卡点问题。工信部开展产业链供应链生态体系建设试点工作，也是针对形势，遴选一批制造业发展基础较好、集群化特征明显的地区，围绕特色优势产业，通过机制创新、要素集聚、平台搭建、数智赋能和政策支持，建设区域产业链供应链生态体系，形成龙头企业、配套企业、高等院校、科研院所、第三方平台、金融机构等协同联动、竞合共生的生态发展格局，探索形成"遴选试点—加强指导—资源倾斜—滚动评估—持续优化—推广应用"的工作推进模式。

先进发达地区试点能够发挥产业梯度转移带动作用。产业链供应链生态体系建设首批试点涵盖了东部、中部和西部区域的重点城市，随着国家政策引导的强化，东部沿海地区制造业高质量发展对中西部地区的引领带动作用也会进一步增强。2021年，东部地区制造业增加值占地区生产总值比重为30.5%，比全国平均水平高3.1个百分点，是我国智能制造发展高地。以试点城市广州为例，新兴产业增加值占地区生产总值比重逐年提高，高新技术企业突破1.2万家，科技创新资源富集，集聚了广东全省80%的高校、70%的国家重点实验室、50%的粤港澳联合实验室。相比之下，中部地区先进制造业规模虽仍有差距，但进步明显，通过承接东部地区转移产业和加快培育新兴产业，中部地区的特色优势产业实现跨越式发展，中部六省聚焦工程机械、智能语音、光电子信息、新材料等领域，培育形成了一批国内领先水平的先进制造业集群。西部地区工业也保持较快增长态势。2012—2021年，西部地区规模以上工业增加值年均增速达到6.7%，占全国规模以上工业增加值比重由17.84%上升为19.21%，与东部、中部的发展差距正在逐步缩小（孔德晨，2022）。

银行支持生态体系建设，也将迎来更快、更高质量发展。在产业金融方面，试点城市拥有庞大的市场需求，仅广东省就包括各类产业市场主体超过1000万个，占全国总量的1/10。与此同时，试点城市陆续出台政策措施优化营商环境，积极吸引外资，全球资本快速集聚，已经形成涵盖银行、证券、保险、私募、融资租赁、商业保理等多种细分领域的金融业态，能够满足产业链供应链各类企业的金融服务需求。试点城市还将根据产业链供应链发展的需求进一步完善现代化金融产业生态圈，建立全链条企业培育、孵化、上市金融支持体系，并借助境内外机构的联动优势促进跨境金融领域的产品创新，引导金融资本重点投向产业链供应链的高端环节，包括数字经济、高端装备制造、绿色经济等。随着我国跨境投融资便利化水平不断提高，为构建跨境供应链产业链金融服务体系提供有利的契机，助力双循环战略。银行将持续发力金融科技赋能，支撑产业链供应链补链、固链、强链，为制造业高质量发展增添动能。

5.10　冷链物流的春天

我在风险管理部评审贷款业务时，特别关注冷链物流行业，不仅因为当时很多房地产企业向这个行业转型，且该行业也符合我国建设统一大市场的政策方向，说明冷链物流是全球供应链物流领域的新增长点，可能也是爆发点。2019年冷链物流的议题就上了中央政治局会议，要求实施城乡冷链物流基础设施补短板工程。中央一号文件连续15年提及冷链物流发展，2020年更是明确开展国家骨干冷链基地建设。2021年12月，国务院办公厅印发了《“十四五”冷链物流发展规划》，是我国冷链物流领域第一份五年规划，要求布局建设100个左右国家骨干冷链物流基地。2022年2月18日，供销总社发布《全国供销合作社“十四五”公共型农产品冷链物流发展专项规划》，明确“十四五”期间，全国供销合作社系统将建成600个县域产地农产品冷链物流中心、100个农产品冷链物流枢纽基地、200个城市销地农产品冷链物流中心。2022年5月，财政部、商务部联合下发《关于进一步促进冷链物流发展的通知》的加急文件，决定以促进农产品冷链物流发展为重点，支持加快农产品供应链体系建设。从政策面讲，冷链行业至少在推动乡村振兴、保障人民生命安全、促进国内国际双循环三个方面发挥重要作用。

冷链物流支持乡村振兴战略，是农民增收、减少浪费的“助力器”。过去我国由于产地先一公里冷链物流体系不健全，例如预冷设施、田头冷库、产地冷链市场、低温加工中心缺失等，导致每年都有大量应季果蔬滞销，无法实现错峰上市和农业产业化加工，农产品损耗和资源浪费极为严重，影响了农民收入。为此国家和各地政府高度重视，城乡冷链物流体系日益完善，有效改善了农产品损耗问题，提升了农产品附加值和品牌效应，帮助农民实现稳步增收。特别是在国家乡村振兴战略稳步推进过程中，电商下乡、名特优农产品进城等一系列新业态出现，为农民增收拓宽了道路。冷链物流利用温控、保鲜等技术工艺和冷库、冷藏车、冷藏箱等设施设备，确保冷链产品在初加工、储存、运输、流通加工、销售、配送等全过程始终处于规定温度环境下，在减少损耗的同时，保证了农产品的新鲜度。冷链物流的助力，让农产品从运得出到卖得好，在为广大消费者提供更新鲜食材的同时，也为农民增收创造有利条件。

冷链物流是人民生命健康的重要保障，能够提高疫苗等医药产品全过程品质管控能力。国内老龄化趋势逐渐增长，广大消费者的健康保健意识不断增强，叠加疫情影响下疫苗运输需求增长，医药冷链迎来了重大发展机会，多重需求因素共振带来冷链物流行业生机勃发。新冠肺炎疫情暴发后，作为疫情防控重要物资的疫苗等医药产品至关重要，而其存储运输等环节都离不开冷链物流的助力。冷链物流作为专业物流，为需要在低温条件下存储运输的医疗物资提供了必要的条件。得益于医药品消费快速增长，新冠疫苗的大量需求，人民对于健康安全意识的加深以及政策方面的加持，医药冷链物流行业发展迅速。我国医药冷链物流市场销售额从2016年的2251亿元增长至2020年的3903亿元，四年复合增速为14.8%。

冷链物流能够支持双循环战略，促进我国消费升级。随着我国经济水平和消费能力的提升，以及跨境生鲜电商的日趋发达，越来越多的进口高品质海鲜、乳制品、肉制品、水果等摆上百姓餐桌，消费者的消费理念在不断升级，愿意支付更高的费用来获得更好的满足感。而这种体验的好坏，在很大程度上取决于商品下单之后冷链物流的给力程度，一旦冷链断链往往会造成产品变质，直接影响消费者复购，消费升级也无从谈起。而一些跨国公司布局跨境冷链物流，不仅方便引进新鲜农产品，同时帮助优质国产食品“走出去”。在冷链物流的支持下，具有较高价值的反季节产品和具有地域特色优质农产品能够不断走出国门在全球范围内流通，距离越远，农产品价值越高，冷链运输又促进了外贸出口，进一步缓解滞销困境。

我国冷链物流行业市场规模增长迅速，2021 年再创新高，达到 4184 亿元，较上年同期增长 9.2%，2017 年至 2021 年五年间年复合增速为 13.2%，但与美国相比还有一定距离。据 Statista 数据测算，2021 年美国冷链物流行业规模近 1000 亿美元（约合人民币 7200 亿元），预计到 2024 年将达到 1426 亿美元，2019—2024 年五年复合增速达到 9.7%，将继续保持稳健增长态势。同期美国冷链药品市场规模占全球比重约 60%，我国占 19%。诸多数据表明，我国冷链市场仍存在很大提升空间。

正是由于冷链物流服务环节多且复杂，服务对象要求各不相同，再加上中国冷链物流行业还处于较早期阶段，因此整个行业的集中度低，行业格局还处于群雄并起的混战阶段，我国参与冷链物流的企业来源及服务类型极为复杂。大型国有物流企业代表有招商局、中外运、海航冷链，知名民营物流企业代表有郑明现代物流、鲜易供应链、九曳供应链，外资企业代表有太古冷链物流、CJ 荣庆物流、大昌行。此外，快递的顺丰、生产的新希望、电商的京东、外卖的美团、房地产的万科、互联网的腾讯等，都有布局冷链行业。如此多的不同企业共同征战在冷链市场，显示了冷链市场的复杂和分散，但是从另一个角度来看，也说明这个市场有很大整合提升的空间，发展前景广阔。中国冷链企业目前约有 2300 家，企业营收年复合增速达 15.0%，其中百强企业冷链业务营业收入由 2015 年的 174 亿元增长至 2020 年的 715 亿元，冷链物流总额占社会物流总额比重由 2015 年的 1.3%增长至 2020 年的 2.3%。食品冷链需求仍然是中国冷链需求的核心，占行业总需求的 90%以上。

冷链物流行业对银行金融服务需求非常丰富。2023 年 1 月 10 日，农发行投放贷款 1 亿元，用于支持津市澧水流域冷链物流中心项目建设。农发行结合地方资源禀赋，提前介入项目规划设计，一企一策制定融资方案，创新开展物流园区+冷链、物流园区+配送、物流园区+粮食仓储、物流园区+产业发展、物流园区+铁路专线的“农村物流+”信贷支持模式。中国银行苏州沧浪支行为贯彻落实中共中央、国务院关于保障物流畅通，促进产业链供应链稳定的决策部署，为受疫情影响的冷链物流行业中的小微企业建立绿色审批通道，苏州三沐冷链物流公司从对接需求到获得300万元授信批复，只用了3天时间。

2021年9月30日，商务部、中国银行制定《关于支持冷链物流发展的通知》，明确6个重点支持方向，分别是冷链物流基础设施设备建设、农产品冷链物流建设、专业品类冷链物流建设、国际冷链物流建设、冷链物流标准化及绿色化建设、冷链物流数字化和智能化改造（曹朝霞，2021）。中国银行将在最近三年内提供1000亿元的专项融资额度支持冷链物流发展。各地商务主管部门正在紧锣密鼓收集冷链物流金融需求重点项目并报送商务部流通发展司，首批将在10月底前报送；此后，每季度结束后15日内报送新一批重点项目。根据通知要求，各地商务主管部门将根据冷链物流相关规划和金融支持方向，建立金融支持冷链物流发展重点项目库，定期向商务部推荐3000万元以上资金需求大、预期成效明显的重大优质项目；对于其他常规性项目可自主对接当地分行予以支持。

王博璐（2022）认为，冷链在国家绿色低碳发展战略中也占有非常重要的位置，对银行绿色金融服务需求也非常可观：一是提供绿色信贷支持。冷链行业正处于大规模兴建和资产收购的扩张期，对长期、可快速复制的银行项目贷款资金有很大需求。银行可以重点提供高能效冷库、新能源冷藏车、冷链数字化系统开发等项目的信贷支持。二是设计适合冷链企业的绿色债券产品，并可聘请第三方机构进行绿色债券、绿色ABS的鉴证，提高企业绿色可信度。三是联动绿色私募股权基金提供低成本资金、长期资金解决方案。目前市场上绿色私募股权投资者的资金（如来自海外养老金、多边银行的资金）对回报率要求更低廉，对投资期限要求更宽松，有助于企业降低加权资金成本。银行可对企业的冷链产业园等已建、新建项目和拟收购项目进行绿色判定，筛选出绿色资产和非绿色资产。针对存量项目，大型冷链企业可将旗下绿色资产打包，通过成立绿色私募股权基金吸引可持续金融私募投资者。针对拟收购项目，大型企业可借助并购基金和并购贷款提高杠杆率，从而提高投资收益。四是联动公募基金为冷链企业发行绿色REITs，这也有助于企业试点申请和产品推广，绿色仓储项目低运营成本的特点也将使项目投资人进一步受益。五是创新可持续绩效挂钩贷款，通过将贷款利率与冷链企业的可持续发展目标挂钩，激发借款人实现可持续发展。银行可以加强与在环境、社会等企业社会责任领域有出色表现的冷链企业的合作，共同探索此类产品的运用潜力。

万科是国内冷链物流行业发展的佼佼者。从 2014 年万科成立物流地产事业部着手布局仓储物流赛道，至今 8 年时间，万科的仓储物流业务规模已稳居全国第二，冷链业务规模已位列全国第一。2017 年，万科成立了万纬冷链物流，进军冷链市场，逐步迈向国内“冷链之王”的宝座。为了这一战略，万科与厚朴、高瓴资本、SMG、中银投资组成财团，以 790 亿元的价格收购了仓储物流界老大——普洛斯，这也是当时亚洲历史上最大的私募股权并购，其中万科作为新晋股东出资 21.4%约 169 亿元，为第一大股东，借此机会也让万科学习到了行业标杆先进的物流地产建设经验和运作模式，促进了万纬在高标仓领域的快速发展。虽然收购了普洛斯，但普洛斯的高标仓业务与万纬的高标仓业务各自运作，并无过多交集，两者在国内缺口巨大的高标仓业务领域有竞争，更有着良好的合作。对万科来说，投资普洛斯不会让老大变成自己的对手，而是要把老大变成自己的朋友（周莹莹，2017）。2018 年，万科又并购了太古冷链，将英国太古集团在中国的所有冷库收入万纬囊中，大幅拓展了自己的冷链业务版图，在冷链业务上迅速形成差异化的竞争优势。

目前万科万纬的核心业务已布局全国六大城市群，覆盖了全国 47 个主要城市，冷链物流也已入驻 21 个城市，整体覆盖一、二线城市和内陆核心城市。万纬物流已逐步形成全国性仓网布局，仓储规模已超 1100 万平方米，为万纬物流构建了稳固的基础设施基本盘，且万纬还在持续不断地外拓，进一步构建强大的仓网优势。在万科的经营布局下，万纬物流的营收能力、经营效益持续显著提升。截至 2021 年底，万纬物流营收 31.6 亿元，同比增长 68.9%。NOI（租赁活动净收入）达 17.85 亿元，同比增长 54%。高标仓当前仍是营收的主要贡献来源，贡献了总营收的 65%，营业收入达 20.6 亿元，同比增长 59.8%。冷链业务高速增长，同比增长高达 89%，增速极快。所以我一直觉得，万科看得很准，既找到了新的利润增长点，又支持了国家战略。

从冷链物流的发展状况可以看出，我国仓储物流行业的发展特点是大但还不够强。我国仓储物流市场规模为 5 万亿元，远超美国的 3 万亿元。在 2020 年全球物流仓储系统集成商 TOP20 的企业中，美国有 5 家，德国 6 家，日本、意大利、奥地利都是 2 家，中国没上榜，国内外物流仓储系统集成行业的头部企业存在很大差距。我国仓储物流市场整体仍处于发展期，设施库存总量大但现代化设施占比较低，如果按人均计算，我国仓储物流设施库存不及 1 平方米，仅相当于美国和日本的 20%。从结构上看，由于行业发展历史较短，中国现代仓储物流设施库存占比仅 7%，低于一般发达国家水平，未来提升空间大，更加说明了冷链物流行业的发展前景广阔。

第六章

银行绿色金融，服务碳中和及绿水青山建设

虽然在 2004 年我就接触过绿色环保企业，但那时对环保的理解远没有现在深刻和全面。身边的环保公司的贷款要不与城市清洁有关，要不与水务有关，或者与垃圾处理有关。而今天的绿色环保是“双碳”战略，是绿色经济，意义和格局完全不一样了。随着在研究院深入分析之后，更加感觉到环保、碳中和对未来国家经济及全球格局都会产生很深远的影响。所以，绿色经济在未来很长时间都将是经济的主角。

6.1 碳中和的本质

碳中和这个名词最早被提出是在 1997 年，出现在欧洲环保人士的口号当中，后来传入美国，英国伦敦贝丁顿是世界上第一个碳中和社区，2006 年碳中和被《新牛津美国字典》评为年度词汇。根据字面意思：“碳”就是二氧化碳，“中和”也就是正负相抵，字面意思就是让人类生产活动排出的二氧化碳，和植树造林、节能减排等形式抵消的二氧化碳数量达到平衡，最终实现“零碳排放”。2018 年 IPCC 发布《全球升温 1.5 °C 特别报告》，讨论了若全球升温高于工业化前水平 1.5 ℃可能导致的影响，以及其对应对气候变化威胁、可持续发展和消除贫困的启示，以及通过最新模型预测的全球温室气体排放路径，并提出需要将人为的温室气体净排放量降至零。

碳中和的出发点其实跟发达国家和我国的污染治理没什么两样。任何国家的工业化的逻辑都绕不开“先污染，后治理”的道路。所不同的是，过去环境治理主要针对“三废”、塑料等看得见、摸得着的污染物，而碳中和要治理的是看不见的空气“污染”，并且这种污染只能通过全球合作来解决，没有国家可以独善其身。事实上，碳中和对经济以及人民的日常生活产生的影响已经越来越显著，结合近年来发生的种种事件不难看出，碳中和不仅有着必要性，还有着紧迫性和战略性。

碳中和的必要性：世界各国的承诺。2015 年，196 个国家或地区政府为应对气候变化签订了《巴黎协定》，确定了 2050 年全球气温升幅与工业革命前水平相比不超过 2 ℃的总体目标。从那时开始，全球主要发达国家与地区纷纷出台政策措施，积极推动绿色产业发展。对我国来说，碳中和与加快发展海洋经济都是中国式现代化的必然选择。碳中和最大的难点在于它和我们现在的生活、生产方式相悖，想快速发展经济的同时实现碳中和对发展中的国家来说非常困难。因此早期承诺的基本上都是发达国家，但中国于 2020 年 9 月令人意外地承诺，将于 2030 年实现碳达峰，承诺当年中国二氧化碳排放量占 GDP 的比重，比 2005 年下降 65%以上，到 2060 年则实现碳净零排放，即碳中和。也为全球实现“双碳”目标注入了强心剂。

碳中和的紧迫性：全球气候的异常变化。近年世界多地出现了反常天气。比如 2022 年前所未有的热浪席卷西欧，气温超过 40 ℃，而根源很有可能是温室气体的过度排放，导致全球气温上升。在国内，干旱、水灾、超高温、暴雨、台风以及导致的电荒、菜价上涨等事件均有发生。气候风险已不只是绿色环保和碳中和达标问题，也影响到了经济社会发展和人民群众的正常生活。

碳中和的战略性：对国际货币发展格局的影响。从经济学角度看，虽然碳中和早期会增加环保成本，但这种成本会在技术进步后逐渐消化，最终成为新的经济增长引擎。对美国来说，碳中和可能会影响到石油美元战略。一直以来，美国通过控制全球大宗商品交易来强化美元功能，其中就包括石油。近年来，由于欧元等其他货币使用范围扩大，美元交易份额呈现下降趋势，根据 SWIFT 公布的报告，2022 年 8 月全球美元使用份额下降至 42.63%，创两年新低。碳中和促进可持续、清洁能源的发展，将进一步减少对石油的依赖，为此美国也开始调整战略，加强对全球芯片、粮食交易的控制，从而维持美元市场地位。

我国在全球是较为重视碳中和的国家之一，银行的绿色金融服务也走在了世界的前列，截至 2021 年底，中国的绿色信贷规模已居于全球第二位，绿色债券居于全球第一位。我们相信，如今在绿色产业投入的资源，未来将给我们带来巨大的收益。因为碳中和的本质也是产业升级。企业所感受到的变革驱动力不仅来自对利润的追逐，还有更多的因素，包括可持续发展和社会责任，碳中和就是其一。银行有望成为绿色、可持续业务领域的专家，不仅提供金融服务，还可以提供环境、社会和治理（ESG）方面的专业意见，助力政府和企业做出正确决策，创造和保护价值，成为可持续发展过程中的重要力量。

银行不仅在对外服务方面聚焦碳中和的需要，在内部运营管理方面也会体现绿色要求。比如，在银行的报告中都会披露碳中和的执行情况，根据国家规划设立银行的碳达峰和碳中和期限目标。在公司治理层面，银行也在进行低碳转型升级，构建相应的顶层设计。未来评估一家银行良好的公司治理的核心原则中将包括了解、评估和应对气候相关风险，以及银行如何与外部利益相关方（如监管机构、投资者、社区、客户和媒体等）沟通的行动，履行更多促进“双碳”达标的社会责任。

中国银行业在绿色金融产品方面不断推陈出新，各有特色，但产品的同质化和集中度比较高，且未见一家银行能够推出完整的绿色金融服务解决方案，业务未能覆盖所有绿色金融品种，银行服务的绿色程度还不够高。一方面，绿色融资占整体总融资的比重只有5%左右，绿色债券占存量银行债券比重也仅为0.73%，比重均偏低。另一方面，在中国银行业的绿色金融披露信息中，绿色基金、绿色保险、绿色信托、绿色PPP等新产品、新业态介绍较少，能够形成完整绿色金融产品体系（见图7）的银行还比较少。此外，值得注意的是，以银行为主体发放的绿色信贷在绿色债务工具中的占比高达90%，远超人民币贷款存量在社会融资总存量中的比重60.2%。因此，提高绿色融资占比与提高绿色产品渗透率，这两项工作对中国绿色金融市场来说仍需进一步加强。

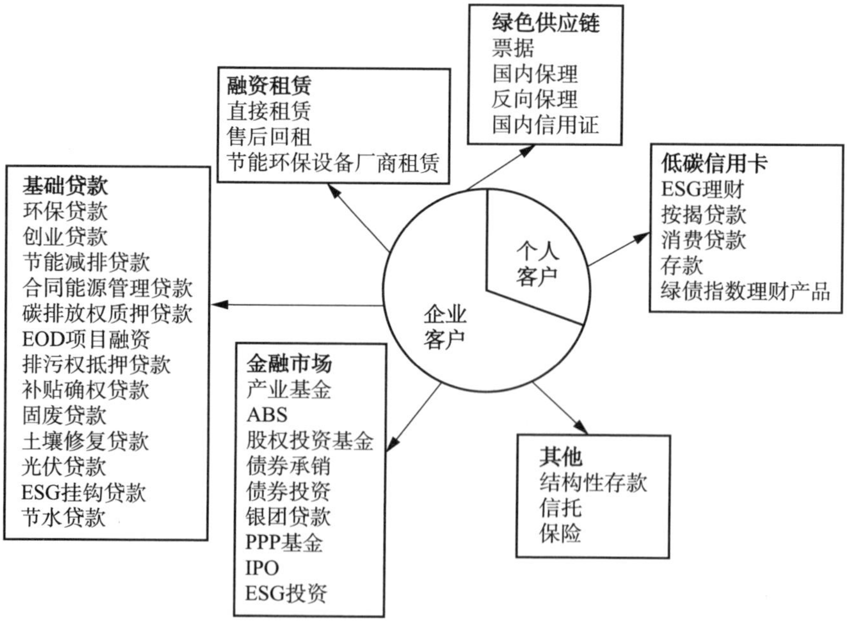

图7　国内银行业绿色金融产品体系

资料来源：曾圣钧、郭燕整理

6.2　大国博弈

截至 2021 年底，全球已有 137 个国家做出了“碳中和”承诺，这一范围覆盖了全球 88%的二氧化碳排放、90%的 GDP 和 85%的人口。已实现碳中和的有 2 个国家，已立法的有 6 个国家，处于立法中状态的包括欧盟和其他 5 个国家，有 20 个国家（包括欧盟国家）发布了正式的政策宣示，提出目标但尚处于讨论过程中的国家和地区近 100 个。

自从俄乌冲突爆发后，世界各国对碳中和的态度更是出现了一些分歧。西方国家为应对俄罗斯天然气供应减量，德国、奥地利、荷兰、法国等欧洲国家纷纷改变了碳中和目标，宣布重启燃煤发电或推迟退煤进程。中国快速的经济发展、燃煤发电量的增加是碳排放巨增的主要原因。自 2000 年以来，中国的二氧化碳排放量增加了 3 倍多，超过美国成为世界上最大的年排放国，约占全球年排放总量的 1/4。所以一些西方国家认为，中国需要付出更多的代价，担负起减少排放的责任。但中国代表了发展中国家的普遍困难，工业化只有几十年，而欧美国家早已经过碳排放时期，按照历史累计的二氧化碳排放量来算，欧美国家普遍比中国、印度等发展中国家要高，更别说人均排放水平，中国也是低于欧美国家水平（见表 12）。

表 12　2020 年世界各国二氧化碳排放量统计情况

国家	排放量（亿吨）	人口（万人）	人均排放量（吨）	占全球比重（%）
中国	98.99	139538	7.09	30.70
美国	44.57	33307	13.38	13.80
印度	23.02	137008	1.68	7.10
俄罗斯	14.82	14653	10.11	4.60
日本	10.27	12598	8.15	3.20
伊朗	6.78	8155	8.31	2.10
德国	6.04	8045	7.51	1.90
韩国	5.8	5170	11.22	1.80
印度尼西亚	5.45	26935	2.02	1.70
加拿大	5.17	3728	13.87	1.60
南非	4.34	5778	7.51	1.30
墨西哥	3.73	13325	2.80	1.20

续表

国家	排放量（亿吨）	人口（万人）	人均排放量（吨）	占全球比重（%）
土耳其	3.69	8340	4.42	1.10
英国	3.19	6719	4.75	1
意大利	2.87	6719	4.27	0.90
法国	2.51	6583	3.81	0.8
巴西	4.17	20970	1.99	1.30

资料来源：《BP 世界能源统计年鉴》2021 年第 70 版

根据 IEA 披露数据，2021 年中国二氧化碳排放量占全球总量的 33%，成为全球最大的二氧化碳排放国。如果从 1850 年开始统计，中国能源累计碳排放 2100 亿吨，占全球碳排放的 11.4%。但中国自从做出承诺以后，就积极履行减排的义务，2020 年我国碳排放强度比 2005 年下降了 48.4%，累计少排放二氧化碳 58 亿吨，基本扭转了二氧化碳排放快速增长的局面，超额完成了向国际社会承诺的到 2020 年下降 40%~45%的目标（刘毅，2022）。中国的全国碳市场也于 2021 年中启动交易，成为全世界覆盖排放量最大的碳市场，覆盖超过 40 亿吨二氧化碳排放，占中国碳排放的 40%以上。

在碳中和的博弈中，无论海外国家如何变化，我国都将坚定“道路自信”。一是中国的产业升级是自己的需求，而此次碳中和、碳达峰是产业危机，也是产业升级的动力。二是中国并非石油大国，是世界上石油进口大国，能源安全将会是一个隐患，所有能源结构升级是必然的，目前我国已将光伏产业做到世界第一，新能源也处于世界前列。三是产业链重构带来大量弯道超车机会。因欧美汽车产业起步早，关键技术专利较多，新能源汽车属于新的赛道，我国有可能塑造新的竞争力。目前全球汽车约有 15 亿辆，假设全部转换成新能源电动车，保守估计能够新增 60 万亿~100 万亿美元的经济产值，假如新能源电动车再迭代成氢能源燃料电动车，接着进一步迭代成无人驾驶电动车，那么这个市场就可以有三次迭代机会，最高可增加 300 万亿美元的经济产值。这将足以改变全球经济格局，要知道，2022 年全球 GDP 生产总值也就 101 万亿美元。

碳中和已经不只是一个环保概念，更是一场“权力的游戏”。碳中和可能会成为发达国家的贸易壁垒，国际交易中需要碳中和认证。欧美国家经过多年发展，基本实现“碳达峰”，难免会以碳排放不达标为理由向发展中国家施压，加征碳税，用限制能源进口、限制商品出口完成对发展中国家的又一次经济压榨。而新能源与碳中和，正是发展中国家的突围之策。中国努力争取碳中和的主导权，就是争夺未来的生存权与发展权。中国如果无法完成碳中和目标，中国制造就会面对贸易出口的“碳壁垒”，并可能逐渐失去中国制造的“世界绿色通行证”。

碳中和是一项系统工程，小到个人衣食住行，大到国家农业、工业、基建等方面，都会产生碳排放。这也注定了实现碳中和目标不可能只是国家大包大揽，同样离不开企业的参与，尤其是电力、建材、钢铁、石化、化工、有色、造纸、航空这八大高耗能行业。2021 年国内某能源电力公司碳排放高达 3.7 亿吨，碳排放强度高达每万元营收 18.08 吨。如果国家要开征“碳税”，按每吨 54.22 元（2021 年底收盘价）的碳排放配额交易价格计算，该公司一年需要负担 200 亿元的额外成本。而这家企业 2021 年因原材料价格上涨，巨亏 100 多亿元，“碳税”负担无疑是雪上加霜。

银行在支持减排方面扮演着重要角色，所推出的绿色金融产品，正是要鼓励企业和个人参与到碳中和工作中来。甚至银行也担心，没有足够的碳权指标，无法在国外经营。随着“人与自然和谐共生”成为中国乃至全球的共识，越来越多的企业，看到了企业自身的商业价值与环保这一社会价值从对立走向协同的可能性甚至是必然性，开始愿意主动探索全新的发展路径。在可预见的未来，没有碳权指标，银行可能无法在他国为中资企业提供服务，国家对外开放、供应链稳定、人民生活品质、科技企业发展等目标都会受到影响。碳中和，已然成为全球新的游戏规则。

6.3 绿色经济“大四角战略”

世界各国要实现碳中和，关键聚焦两点：一是不排放或者减少碳排放，二是将已排放的碳消化掉。全球还推出了两个控制碳排放量的政策：一是交碳税，如果你的企业想排放更多的碳，那么就需要交更多的钱，很多国家对于进口产品中碳排放量高的产品还会收碳税；二是设立碳交易所，规定好每个行业或者每家企业的碳排放量之后，不够用的就得向新能源企业购买碳排放量，特斯拉、比亚迪等新能源车企收入中，已经有很大一块是出售碳排放量权利带来的利润。二氧化碳排放来自煤、油、气等化石能源，减少排放可以推动能源替换，通过核电、水电、光伏、风电等对煤、油、气等化石能源进行全方位深度替代。为了让清洁的硅能源取代碳能源，一个能源大三角“光伏—特高压—新能源车”就诞生了，对应着一个新的“生产—传输—利用”循环体系。

能源大三角战略除了减少碳排放外，还有一个重要原因就是“去石油化”，减少石油进口的依赖，更多使用煤来发电，供给汽车能源。因为石油在我国外汇支出中的占比很大，国内石油消费中70%需要进口，而交通部门消费又占了70%。煤是我国储备较大的资源，利用煤来发电，可以降低社会运营成本，但对于碳中和的作用却是有限的，所以发展更多元化的清洁能源，提升能源电力的传输、储存技术，丰富环保应用场景，增强固碳能力，这四个方面是我们必须重点考虑的方向，我也称其为绿色经济的大四角战略（见图8）。

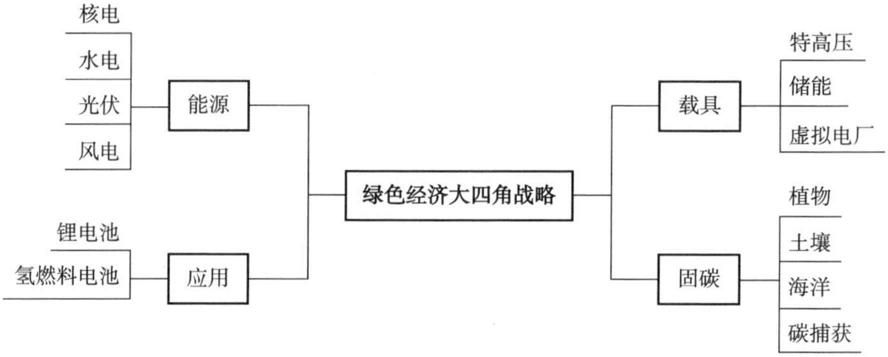

图8　绿色经济大四角战略

图片来源：作者整理

在发展更多元化的清洁能源这方面，各种能源都有自己的优势与缺点，需要互相补充。全年365天共有8760小时，其中核能发电全年可发电时间超过7000小时，高空风能超过6500小时（高空风能的密度是低空风能的十倍至百倍），火力发电超过4500小时，水力发电超过3800小时，而光伏与风电很难超过2500小时（很多日光照少的地区开展光伏投入产出比很低），为保证电力供应平稳充足光风电必须配备20%以上的储能装置，否则无法安全并网，而储能成本超过发电成本，且储能设备生命周期短，还有二次污染。所以能源的传输和储存的环保技术还要不断地开发，否则只是将碳中和的成本转嫁到另一种污染身上。所以，第四角的作用也就愈加重要，除了通过植树造林将碳转化为氧气外，还可以利用海洋的功能，实现高效的固碳功能。

“大四角”是一个相对完善的碳中和闭环发展模式，这其中涉及非常丰富的场景和各种行业的需求，银行需要深耕研究不同市场的特点，将金融服务嵌入每一个环节。银行也可以在制定绿色金融发展规划时，参考大四角战略去布局未来的绿色金融资源，并定期评估战略的执行情况。

6.4　经济的核电

核能的原材料“铀”是矿产资源，属于不可再生能源。核能是一种清洁、高效、运行稳定的能源，从20世纪50年代开始发展，1966—1980年为高速发展阶段，1981—2000年受切尔诺贝利核事故影响，西方国家核电发展滞缓，但中国、韩国和印度等国家仍继续大规模建造核电站。进入21世纪，全球能源紧张、碳减排约束等因素交互影响，全球核电进入逐渐复苏阶段。截至2021年底，全球共436台可运行核电机组，核电以占全球装机容量4%的比例贡献了全球10%的发电量，产能利用率在90%左右，可以看到核电具有能源密度高、稳定性强的属性。只是2011年的日本福岛核泄漏事件，世界各国又开始严格审核工业项目，我国也暂停了新建核电站的审批。

我在公司业务部规划管理科工作时，核电站是我较早服务的电子银行客户，有一次陪同科长去营销介绍我们的服务，亲身进入了核电站参观，觉得环境非常好。据核电站工作人员的介绍，从安全性来说，核电是非常可靠的，之前出现的事故都是极端的小概率事件。因为核电站与原子弹所用的核燃料浓度及工作原理不一样，不会发生类似原子弹爆炸的现象。核电站使用的核燃料中铀-235的含量是3%左右，而核武器中的铀-235含量达到90%以上。这就如同生活中的白酒和啤酒，都含有酒精，但白酒酒精浓度高可以点燃，而啤酒的酒精浓度低不能点燃。至于核辐射，在人类集体辐照剂量中，有3/4来自自然界，约1/5来自医疗和诊断（比方说照X光、核磁共振），而核电只占1/400。假设全球人类的预期寿命是60岁，那么每天抽一包烟的话将减寿7年，而核电的影响只是减寿24秒。我有好几个同学都在核电公司工作，传达给我的观点也是一样，他们有些工作生活都在站内，享受着安静、清新的环境条件。不同能源的优劣势比较见表13。

表13　不同能源的优劣势比较

种类	优势	劣势	发电成本
火电	建设周期较短且能够配合风光进行调峰。技术成熟，融资成本较低	采用化石能源，资源有限、高耗能，长期可能会受到政策限制不能优先调度发电。具有强周期性，发电成本受煤炭价格影响	燃煤的发电成本为0.25元/千瓦时，燃油发电成本为0.5元/千瓦时

续表

种类	优势	劣势	发电成本
水电	清洁环保可再生，具备灵活调峰。二类优先发电	建设周期长，投资成本高，选址严格，受资源总量限制，存在季节性波动	0.04~0.09元/千瓦时
核电	清洁能源，发展电规模和现金流稳定可靠，不受天气和燃料成本的影响。二类优先发电	建设慢，投放大，对安全要求严苛。日本福岛事件后，社会顾虑较多	0.2美分/千瓦时
风光	安全环保，无枯竭危险，不受资源分布限制，运营商产业链话语权较高，一类优先调度发电	发电不稳定，易受限制，具有间歇性和分散性。建设及运营成本较高	风电为0.5~0.6元/千瓦时。光伏为0.25~0.3元/千瓦时

资料来源：作者整理

核电在我国发电中占比较风电略低，是光伏的两倍，占到5.02%，我国规划到2035年占比要达10%。截至2022年6月底，我国在运行的核电机组54台，总装机容量是5578万千瓦，在全球排第三。在建及核准核电机组23台，在全球排第一。核能是一种经济的能源。跟火电（指利用煤炭、石油、天然气发电）相比，核电的燃料总费用只占发电总成本的16%左右，而火电的燃料总费用占发电总成本将近70%。且核电价格稳定，不像火电强周期特征明显，受煤炭等资源限制，价格波动较大。从碳排放量来看，火电的碳排放量是核电的近百倍。由于核电行业的特殊性，有着很高的技术门槛，我国经国务院正式核准的核电项目，2020年之前都是由中国核电、中广核和国家电投三家有资质公司运营。中国核电装机量市占率达到42.3%，中广核不含联营的装机量市占率达到42.5%。2021年华龙一号正式投入商运，也代表着我国已经能够独立建设第三代核电站，核电技术已走在世界前沿。

2022年以来，俄乌冲突导致能源价格升高，也为核电发展提供了助力，许多国家政府重新把目光聚焦在核能上。科尔尼全球趋势报告显示，波兰、瑞典和英国正在奋力推进核能项目，而长期反对核电的德国也将其剩余的3个核电站的使用寿命延长至2023年。阿根廷、卢旺达以及巴基斯坦等发展中经济体也在加大对核能项目的投资。全球核能市场预计将以每年1.5%的增速增长，预计到2027年，装机量将在现有的基础上增加10%。为了克服高成本这一不利因素，新的技术也在快速发展。2006年由比尔·盖茨出资3500万美元设立的泰拉能源公司正在开发的新一代核电站——小型模块化反应堆（SMRs），有望消除放射性废物并增加能源产出的核聚变。泰拉能源在2021

年底还宣布，将与美国能源部投资 40 亿美元，在该国怀俄明州的凯默勒建设 345 兆瓦级的 SMR“钠反应炉”，沃伦·巴菲特旗下的电力公司也将参与该项目，于 2028 年竣工，运行 60 年。通过利用先进的制造技术和模块化设计，小型模块化反应堆可以快速有效地大规模生产，降低成本，使核能更容易用于各种应用场景，包括为偏远社区提供清洁和可靠的电力，甚至在太空中使用。但也有专家预测，这一技术需要几十年才能够实现商业化投产。

我所在银行是最早服务核电站的金融机构之一，当时通过境外转贷款的方式支持了核电站项目的建设，这种融资模式也称为“三贷”，指外国政府贷款、外国政府混合贷款和外国买方信贷。这些贷款在办理时贷款利率比较低，可以贷款的时间比较长，而且办理贷款时可以享受一定的优惠政策。到了今天，核电项目的资金需求依然很多，主要还是通过绿色银团贷款以及碳中和债券的方式来筹集所需资金。对于核电项目的融资来说，主要还是以未来发售电所产生的现金流量作为偿还贷款的最主要资金来源，与其他融资方式相比，核电项目未来发电能力和售电价格在很大程度上影响了银行对项目风险的研判与融资意向。与其他固定资产投资项目相比，核电项目建设前期投入高、投资规模大、建设周期长，这种项目特性使得核电在项目建设期需要融入巨量资金，且对资金占用的时间很长，其间所面临的市场风险更多，导致核电项目建设期融资对银行具有较高的要求。

得益于核电项目建成投产后能够产生长期、大量、稳定的现金流量，且我国核电企业基本都有国有大型能源集团支持，基本不存在债务违约风险，使得国内核电项目债务融资目前基本是以大型国有银行的银团贷款或联合贷款的形式进行。中小银行可以通过参与银团或购买债券的方式为核电站项目提供金融服务。核电项目建设阶段一般限于资本金融资和银行贷款，其他诸如融资租赁、票据、信用证等融资方式，会受成本、期限、额度、供应商接受程度等因素的影响，应用场景比制造业要局限些。但核电项目融资所面临的形势还是比较复杂的，毕竟需求的资金量大、价格低，如果遇到货币紧缩，市场资金成本上升的情况，就需要寻找更多融资方式满足需求。核电企业也在优化融资策略，丰富融资手段，创新融资渠道，打造更为健康的融资体系，实现融资便捷性、高效性与低风险性兼顾。

6.5　建成的水电是好能源

受地理环境和气候条件影响，全球水能资源分布很不均匀。从技术可开发量分布来看，亚洲占比为50%、南美洲18%、北美洲14%、非洲9%、欧洲8%和大洋洲1%。全球水电开发程度按照年均发电量计算，约占技术可开发量的27.3%。分地区看，欧洲、北美洲国家水电开发程度较高，增长潜力有限。非洲、除中国之外的南亚及东南亚地区水电开发程度较低，开发潜力大。南美洲基本与全球平均水平持平。总体而言，全球水能资源开发程度不高，未来还有很大的发展空间。根据国际研究机构的成果，2050年全球水电技术可开发利用程度将达50%，届时年发电量约为7890太瓦时。发展水电，除发电、防洪、灌溉、水资源优化配置等对生态产生有利的影响之外，也存在一些不利的影响，包括水库淹没、移民安置、河流泥沙、水文情势变化的影响，尤其是筑坝修库对洄游性鱼类生存环境产生的不利影响。

我在分行公司业务部工作时，就服务过多个水电站项目，这些项目最初由民营企业投资兴建，后来都被国有能源公司收购。在管理贷款期间，每个月我都要去现场查看工程进展，最大的体会是，水电站的确是个好项目，但一定要建成才算。水电开发涉及的利益主体很多，不同的利益主体都有自己的考虑，利益相关者包括土地所有者、移民、开发商、融资机构、电力公司，还包括设计者、承包商、材料和设备供应商、建设管理者和运行管理者，以及受水电开发影响的渔业、农业、种植业和环境保护机构，等等。所以，建成一座水电站，是一件非常复杂的系统工程，民营企业跨界去建水电站，风险还是比较大的。

由于水力发电不消耗矿物能源，开发水电有利于减少温室气体排放和生态环境保护，在碳中和背景下，水电行业发展前景长期依然向好，众多能源中，水电的碳排放量也是最低的。水电是技术成熟、运行灵活的清洁低碳可再生能源，具有防洪、供水、航运、灌溉等综合利用功能，经济、社会、生态效益显著。水电建设的风险点在于选址要求很严，建设周期也比较长，而且具有季节性，发电不稳定。但水电也是可以进化的能源种类，智慧水电就是将人工智能、大数据、云计算、产业互联网等技术，融入水电能源开发、生产、运输、使用等全产业链，能够提升企业管理能力和发电效能，帮助企业提效益减成本。

发达国家水能资源开发较早、水电开发程度总体较高，瑞士、法国、意大利水电开发程度已超过80%，德国、日本、美国水电开发程度也在67%以上，而我国水电开发程度仅为37%，稍高于全球平均水平，但与发达国家相比仍有较大差距（徐佳成，2020）。截至2021年12月底，我国水电装机容量约3.91亿千瓦，发电量13401亿千瓦时，同比下降1.1%。《2030年前碳达峰行动方案》提出，“十四五”“十五五”期间分别新增水电装机容量4000万千瓦左右，西南地区以水电为主的可再生能源体系基本建立。水电一年的发电量相当于替代了4.5亿吨标煤，减少二氧化碳排放约11.8亿吨，节能和环保效益显著。据统计，70年来我国水电累计发电量为16万亿千瓦时，替代标煤59亿吨，减排二氧化碳154亿吨。

银行支持水电发展的重点是在建设阶段。水电项目在建设期间为了形成设计生产能力，需要进行大额的资本化投资，其现金流表现为大额的净流出，这时需要从外部筹集大量的资金，而进入经营期后，取得发电收入的付现成本相对较低，其现金流则表现为大额的净流入，这时不需要或很少需要从外部筹集资金。针对这一特点，在水电项目的前期阶段应对融资活动进行合理筹划，以最大限度地降低融资成本和风险，提高建设资金的使用效益。银行需要帮助水电企业设计更加有效的融资方案。在融资主体的选择上，承担水电项目的投融资主体可以采用既有项目法人或新设项目法人的组织形式，二者在举债的难易程度、对债权人权益的保障程度和融资风险方面等都存在比较大的差异。既有项目法人为项目对外举借债务时，为项目举债将导致既有公司信用等级的下降，从而不利于为开展其他投资业务而进行融资。相比之下，新设项目法人对外举借债务时，只凭借新设项目法人本身的资信，即以实施项目所形成的资产和现金流量为项目的债务清偿提供保证，而投资者只以其出资额为限对项目债务承担清偿义务。

关于融资产品结构的安排，根据国务院有关项目资本金的规定，水电项目的资本金占投资总额的比例最低为20%。也就是说，水电项目的资产负债率往往可以高达80%。在对未来现金流量的稳定性缺乏把握的情况下，不宜大额举债，而应以自有资金作为项目投资的主要资金来源。但是，水电项目通常在经营期具有大额的稳定的净现金流量，也就是说，其本身具有较强的、可靠的债务清偿能力，现实中，水电项目的全部投资回报率通常比债务资金成本率要高。如果企业不进行其他的资本投资，经营期内几乎不需要进行融资。对水电项目而言，一方面，其高投资回报为贷款利息的清偿提供了充分的保障；另一方面，通过折旧费的回收，其每年可以获得相当的现金流入量，财务指标也比较好看。所以对于有把握建好的项目，不宜选择过长的贷款期限，避免负担不必要的利息支出。

在融资担保的选择方面，最常见的是找股东担保，如果股东是国有能源电力公司，银行贷款的风险是有保障的。其次是项目抵押。水电项目可以其资产（电站）为贷款提供抵押担保，这种方式需要对抵押物的价值进行评估，工作量比较大，但是相对于投资者的保证而言，债权人的追索权将被限定于项目本身，不会给投资者带来不利影响。还有就是权益质押，水电项目可以其电站的收费权为贷款提供质押担保，这种担保方式往往伴有账户监管，使项目法人的财务灵活性受到约束，但是，相对于保证和抵押两种担保方式而言，质押显得更为简捷、方便。

6.6 光伏逆袭，择时的重要性

近年全球光伏装机需求持续增加，尽管在2021年市场面临原材料涨价、海外疫情等不稳定因素，但各国仍然把发展光伏放在非常重要的位置。截至2021年底，我国光伏发电并网装机容量达到3.06亿千瓦，突破3亿千瓦大关，连续7年稳居全球首位。在光伏行业，我国从硅料、硅片，到电池、组件，产业链上下游几乎每个环节我国均站在世界前沿，早在2017年我国光伏产业就占据了全球70%以上的份额，规模及产能全球第一。综合来看，我国的光伏行业特征为：产业发展迅猛、企业数量倍增、技术力量薄弱、质量参差不齐、原材料与产品两头受制、供求关系日趋紧张、市场竞争更加白热化。

我在风险管理部工作期间，见证了光伏行业曾经由盛转衰的一段时期，至今中国光伏行业也算经历了一场史诗级绝地逆袭。光伏技术最初起源于美国，盛行在欧洲。中国初入光伏行业时，靠着吃海外补贴赚了不少钱，然而2012年整个行业遭遇毁灭性打击，西方联合起来对中国光伏产业发起了反补贴、反倾销的“双反”调查，让国内多家行业巨头破产重组。十余年间，50家多晶硅企业倒闭，超过300家组件企业倒闭，600多家光伏企业倒闭。银行等金融机构融资也出现风险。此后，国家出手救市，启动了大规模的光伏补贴新政，标杆电价补贴政策出台，国内的光伏行业才迎来喘息之机。隆基也因为熬过了困难时期，同时选择了单晶硅这条正确路线，从而一跃成为当今的光伏巨擘。2020年，隆基以3000亿元市值，成为全球市值最高的光伏企业。如今光伏发电成本已下降了超过90%，光伏行业也将进入黄金时期。

光伏是银行金融重点支持的产业，多家银行2021年年报都显示，进一步优化光伏发电等绿色产业行业授信政策、创新产品与服务、加大资金投放。比如：工商银行推出“光伏贷”创新金融场景；农业银行通过农银资本设立绿色债转股投资基金，聚焦光伏等清洁能源行业；中国银行通过中银资产落地光伏产业多个新能源企业债转股项目；招商银行持续与光伏发电企业合作补贴保理。银行支持光伏产业的方式也更加多样化，通过参与公募REITs市场，延伸对光伏行业的服务模式。在国务院《关于进一步盘活存量资产扩大有效投资的意见》及财政部“推动解决可再生能源发电补贴资金缺口”政策推动下，清洁能源电站的资产估值得到重塑，清洁能源基础设施公募 REITs 也得到大力发展。银行参与公募 REITs 产品的发行，形成表内贷款、战略配售、基金托管、代销、认购、资金监管、发行主题理财产品等全链条服务方案。资产证券化也是银行支持光伏行业的创新产品。截至 2021 年底，我国光伏电站存量资产约 1 万亿元，若该存量资产实现资产证券化，将为银行解决光伏电站在信贷方面的风险缓释问题。此外，乡镇银行在小微光伏企业方面也发挥了重要作用，中银富登针对太阳能产业的普惠贷款自推出以来持续保持高质量稳定增长，月均贷款增长约 435 万元，不良贷款率仅为 0.04%。

2015 年以前我国光伏产业遭遇困境的原因还是供过于求，加上企业的原料、技术、市场“三头在外”，产业发展不均衡。2015 年以后光伏产业进入成长期，年均增速为 69.62%，以隆基股份为代表的单晶全面替代多晶等行业技术发展迅猛并日趋成熟，产业利润保持增长且利润率走高。2020 年后行业的年均增速为 35%，增长率趋于平缓，各环节龙头效应明显，行业集中度较高，各环节的技术较为成熟，制造业端的逆变器、组件企业产品质量高。目前，我国光伏产业经历 25 年的谋篇布局，已有多项技术处于全球领先水平，全产业链基本实现自主可控，产品性价比全球最优，各环节产能规模全球第一，产品供应全球占比在 70%以上，光伏发电成本下降近 90%，产业具有规模效应，供给端的弹性有一定的保证。从需求方面看，光伏发电作为新基建的代表，将承担我国能源结构调整和拉动经济回暖的重任。

2021 年 6 月 21 日，国家能源局正式启动整县屋顶分布式光伏开发试点工作。我国建筑屋顶资源丰富、分布广泛，开发建设屋顶分布式光伏市场尤其是光伏建筑一体化（BIPV）市场潜力较大。贺朝晖（2021）认为，存量建筑将是未来中短期内 BIPV 的主要增量市场，全国存量建筑屋顶面积超过 200 亿平方米，2030 年建筑可安装屋顶 BIPV 总装机空间有望达到 662~745GW，对应投资规模约 3 万亿元。另据隆福投资的数据，预计 2025 年光伏建筑市场空间总量 4236 亿元，BIPV 总体渗透率将接近 20%，产生 866 亿元以上的市场空间（白雪，2022）。

国内银行业对光伏产业的支持还是侧重于光伏产业的下游终端光伏电站，原因主要是运营主体以央企、国企居多，光伏电站自身稳定的现金流满足了项目贷款的需求。从信贷投放倾向来看，银行业整体上坚持择优介入、风险可控原则，在制造业产业链上，优先支持“硅片—组件”全产业链布局，主营业务、研发能力突出，产业线及销售渠道分布全球的光伏制造龙头，而对逆变器、光伏新材料、光伏设备等细分领域整体的融资需求关注偏少。逆变器为光伏发电系统的“心脏”和“大脑”，属于技术密集型行业，光伏新材料、光伏设备为当前国家重点战略性新兴产业，虽然产业授信需求规模相较光伏发电运营企业及制造业主产业链龙头较小，但银行与产业链各个环节的合作有助于银行业为我国的产业技术进步提供强劲动力，也为保障产业链稳定发挥作用。

王涛（2022）认为，银行在发挥传统信贷服务优势的基础上，还需要加强对光伏企业资本运作的理解。从光伏制造业的周期和经营特点来看，其融资期限偏中长期，为保障支持光伏经济的可持续性，银行需要运用“投行+商行”来保障产业充足的长期资金。从企业成长周期来看，光伏产业具有“泛半导体”技术属性，光伏设备、光伏新材料、光伏逆变器产业成长性突出，银行应保持关注产业技术迭代，加强与创投基金联动，满足产业股权融资需求。从光伏电站融资需求来看，银行在提供电站项目融资的同时，应结合公募 REITs、ABS 等资产盘活安排。有条件的集团型银行，在多牌照协作服务基础上，可以构建自身绿色金融循环体系，基于光伏的绿色产业属性，围绕资产投放、财富管理等需求，发行绿色债券、资产证券化、绿色理财产品等，促进银行资金与资产的高效双向流转。银行可以与工商、税务等部门实现数据互联互通，利用大数据等现代化科技手段提升对光伏制造业的信用评价能力，从而减少对传统抵质押手段的依赖。

6.7　锂氢之辩，既生瑜、何生亮?

2022 年 7 月，我受邀参加了氢能产业发展论坛，并作了主题演讲。此前，我也牵头了银行的氢能行业研究项目，所以对于氢能产业的发展也特别关注。但同时也跟大多数人一样，会提出一个问题，锂电池以及氢燃料电池都是未来重要的能源发展方向，谁更有前途？如果仅从目前的市场化情况来看，显然锂电已经领先了。但长期看，氢燃料的潜力也很大，所以在新能源应用端的这一只“角”中，锂与氢之间的博弈会持续受到各界的高度关注。

我曾服务过新能源电动车企业，也深入研究过它的成功过程，不得不说，王传福和马斯克对光伏与锂电的发展趋势看得很准。未来锂电池仍然是新能源最主要的载体之一，尤其对电动车来说更是如此。市场上所看到的大多数新能源汽车，采用的电池材料基本上都是锂电池，近年发展非常迅猛，从特斯拉、比亚迪到宁德时代、天齐锂业等企业的市值可想而知。按照全球新能源汽车的发展趋势，销量仍会大幅增加，取代传统燃料车只是时间问题。市场对锂电池的需求量也会持续上升，至少十年内锂电池仍然是新能源汽车最主要的动力路线。

之所以行业对氢燃料有期待，是因为锂电本身的弊端暂时还没有找到解决方案。一是锂电池能量密度存在上限，更长的续航和应用场景存在瓶颈。二是污染以及回收的问题，虽然锂电池的拆解回收利用率已经达到90%以上，但在拆解的过程当中有可能产生一些二次污染。三是锂电池需要发电厂的支持，需要充电，电力来源也可能是火电，所以并不是100%的清洁能源。

在众多锂电的替代方案当中，氢源燃料无疑是理想的替代方案之一。一方面，氢燃料可以做到100%清洁，燃烧之后只会释放出水，不会产生其他污染。另一方面，氢燃料的原料非常广泛，主要以水为主，取之不尽用之不竭，不用担心能源枯竭的问题。再者，虽然氢能源在能源利用效率上不如锂电池，但能源密度比锂电高100倍，因此想象空间还是很大的。

诚然，氢燃料的制作成本非常高昂，电解水制氢的成本为39.87元/公斤，跟传统的锂电池及石化燃料没法比，卖到市场端的价格几乎是汽油的10倍。加氢站核心部件都需要依赖进口，建设成本也十分昂贵，是充电站或加油站的7~10倍。截至2021年底，我国在燃料电池的各环节，国产化程度都很低，我国氢能源市场化道路还任重道远。最不确定的还是安全性，氢同样也是易爆燃料，就可控性来说，锂离子电池的控制难度要高于燃料电池。不过在遇到极端剧烈碰撞的情况下，燃料电池的危害程度则要更大。各国也在致力于攻克氢燃料的这些技术难题，短期内不可能大量普及（见表14）。

也有市场主流观点认为，锂电池主要应用于家用乘用车市场，对于发电侧再生能源和商用车，氢能源将更具优势。由于商用车的碳排放量远高于家用乘用车，商用车碳排放占据交通碳排放的70%。锂电池成本太高，不适用商用车，因此商用车或是氢燃料的重要应用场景。氢能源与天然气类似，比较适合于端对端固定线路上的用车场景。

氢燃料电池的一些核心技术及方案目前还在巴拉德、康明斯等外企手中，不过按照中国发展速度，几年内弯道超越是有可能的。比如储氢一直是氢能源大规模推广的难题，但国内有技术突破。2022年8月9日西安交通大学开发了一种高密度固态储氢材料，采用石墨烯纳米技术实现储氢材料安全、可控，但未来实现产业转化还有待验证。除了储氢，还有制氢和运氢等方面的技术瓶颈，工业上煤制氢已经比较成熟，而光伏制氢也有好的前景。

新能源电动车的发展离不开政府补贴。我国对新能源汽车的财政补贴最早可追溯到 2009 年，当时国务院首次提出新能源汽车战略，最初补贴的重点是公共服务领域，也就是在公交、出租、环卫等领域推广新能源汽车。2010 年，财政部开始对私人购买的新能源汽车补贴进行试点，并于 2013 年正式出台全国统一的补贴标准。根据工信部统计数据，从 2010 年政策起步到 2020 年，新能源汽车补贴已经超过 1521 亿元，至少覆盖了 317 万辆汽车（朱悦和卫瑶，2023）。在补贴政策支持下，新能源汽车市场取得了快速发展，从 2016 年到 2022 年，新能源汽车渗透率从 1%提升到 25%。

随着新能源电动车市场的发展，政府补贴也逐步退出，2023 年正式取消。2016 年以前，新能源车平均能得到超过 10 万元的补贴，而到 2020 年，下降到了 2 万元以下。对车企来说，对新能源补贴的依赖也逐渐下降。比如东风汽车，2016 年新能源补贴占新能源汽车收入的 53.2%，到 2021 年降到了 10.9%，说明规模上去了，效益就出来了。我国新能源汽车市场足够大，有条件在锂电池和氢能路线“双下注”。

在锂电池电动车发展起来后，接下来可以重点支持氢能的发展。但国家对氢能产业的政策补贴会往上游核心技术开发与氢能基础设施建设集中，对下游消费端的补贴力度可能没那么大。总之，要先把基础设施搭建好，支持电堆、膜电极、质子交换膜、碳纸、催化剂、双极板、氢气循环系统、空气压缩机等关键核心技术研发取得突破（钟俊鹏、侯彰慧和姚远，2022）。美国的主流方向也是如此，先跑氢燃料电池重卡，用于物流公司的运输业务，政府同步解决加氢配套设备，把基础设施和应用端两头都解决了，全链条打通了，氢燃料电池的落地推广才具有现实意义。

表 14　氢燃料电池与锂电池比较

电池类型	氢燃料电池	锂电池
能量密度	提升空间大	提升有限
功率密度	开放动力系统，提升容易	提升有限
时间	补给时间短，直接加氢，3~5 分钟	充电时间长，充满电 3~8 小时不等
污染程度	氢燃料电池主要的成分是氢，在使用寿命结束后，不会对环境造成污染	锂离子电池含有重金属镍、钴、砷等有毒污染物，要进行回收处理。且排放转移到上游发电端
续航	续航里程均超过 500 千米	普遍集中在 150~250 千米，超过 300 千米的电动汽车仅有特斯拉等少量产品

续表

电池类型	氢燃料电池	锂电池
充电站成本	加氢站建设成本高达 100 万~200 万美元	特斯拉超级充电站修建成本约为 30 万美元
消耗成本	百公里成本 8~40 元	百公里成本 30~120 元
电池成本	氢燃料电池化学反应所需的催化剂成本高，使用铂这种稀有贵金属，价格比黄金还高	锂电池广泛使用在手机、电脑、汽车中，成本低，已经商业化
安全性	易燃不易爆	电池材料燃烧剧烈，难以扑灭
低温性	可以在-40℃至-30℃的范围内实现启动，启动 70 秒后可以实现 100%的功率，燃油车大约需要 40 秒达到 100%功率	低温下电池容量下降迅速，内阻也会快速上升，需要加大电池热管理系统技术要求
补贴政策	力度仍较大	会逐步退出
商业化程度	商业化前期	锂电池汽车在全球均已实现商业化
资源约束	铂金资源消耗不断降低	锂矿稀缺

资料来源：作者整理

氢燃料汽车销量与锂电汽车相比只能算得上是零头。2022 年前 11 月，全球氢燃料汽车共售出 1.85 万辆，同比增加 14.2%。其中，韩国现代汽车氢能 SUV 车型“NEXO”售出 1.07 万辆，远超排在第二位的丰田“Mirai”（3238 辆）。2022 年中国氢燃料电池汽车产销累计分别完成 3626 辆和 3367 辆，同比分别增长 105.4%和 112.8%。加氢站建设方面，截至 2021 年底，全球在营加氢站达到 659 座。其中，我国加氢站数量位居世界第一。截至 2022 年 6 月底我国已建成加氢站超 270 座，在营 183 座。但与 400 万个充电桩比较就显得相形见绌了。

2022 年中国氢能市场高增长的原因主要有三个方面：一是城市群示范政策落地后，政策迎来四年稳定期，五大城市群在未来四年将推广超过 32000 辆氢燃料电池汽车，都有明确的年度推广目标，力度比前几年显然要大不少。二是“双碳”目标的推动和《氢能产业发展中长期规划（2021—2035 年）》的出台，加之 2022 年 20 多个省（自治区、直辖市）均出台氢能产业规划，有部分地区还有明晰的补贴政策，示范城市群和非示范区域推广应用氢燃料电池汽车的积极性空前高涨。三是燃料电池货车发展较快，燃料电池重卡更是呈现出较强的发展势头，为氢燃料电池汽车的增长提供了有力的支持。未来氢能的绝地反击，还要看储氢、运氢、加氢的技术突破和整体成本的大幅压缩。或许到那时，会形成锂电和氢能二分天下的格局。如今中国政策力度明显强于海外国家，有望将氢能打造成为超越全球的新增长极。

银行在氢能行业的信贷支持要弱于锂电行业，因此可以进一步加强氢能行业的研究，关注技术进步变化情况，及时提供适配的金融服务产品。对于在原行业为头部企业的新进入者，考虑到企业自身实力较好，银行可以根据客户的实际需求配置全部授信产品，重点支持客户的重大的具有行业技术先进性的固定资产项目投资。对于资产实力、企业规模一般，但在氢能源行业深耕多年、存在自身核心技术且技术具有一定市场领先优势的本行业企业，则主要以流动资金贷款、上下游供应链业务为主，突出解决企业短期资金，提高企业资金运作效率为主，审慎满足企业长期资金需求。对于资产实力弱、企业规模一般，且无核心技术的氢能源企业，则主要通过上下游核心企业，以提供供应链融资产品为主，或者在提供足够风险缓释条件下提供相应流动资金产品。对于已经形成一定技术实力和拥有自主知识产权的企业，银行可以创新知识产权质押等新型贷款产品为企业提供金融服务。对于氢能产业的基础设施建设，银行可以结合氢能产业特点，通过绿色债券、银团贷款、金融租赁等多种方式满足加氢站、输氢管道等建设资金需求。对于产业链运营的企业，鉴于氢能应用可以减少碳排放量，银行可以运用碳减排支持工具，创新碳排放权质押贷款业务，并面向氢能产业链核心企业和平台创新绿色供应链融资服务。对于个人消费端的客户，银行可以开发低息氢燃料电池汽车消费贷款、绿氢产品消费贷款等信贷产品。

此外，银行可以通过加强与资本市场的联动为氢能企业提供服务。针对氢能产业链中的未来独角兽企业 IPO 需求，银行可以连同风险投资、股权产业基金，发挥投贷联动优势，提供辅导、顾问等一揽子综合金融服务。私募股权投资模式主要是风险投资机构（VC/PE）以投资氢能为主体募集资金，用于氢能产业的投资。氢能产业基金的设立主要有两种，一种是由政府主导设立，基金由政府旗下投资管理机构进行管理，目标是促进氢能产业的发展。政府主导的氢能产业基金更多的是起到示范和带动性作用，促进氢能产业在地方的发展，并引导社会资本积极进入相关产业领域。另一种是由企业发起设立，发起对象可以为单家企业，也可以是多家企业共同发起设立。目前发起设立氢能产业基金的企业多为能源相关领域的企业。

一些城市在确定了氢能作为重点发展的产业后，还采用“政府+银行+企业”的多种出资模式，设立氢能产业投资平台，支持区域内氢能全产业链的发展。比如通过央企、地方国企、金融机构与社会资本，共同设立氢能绿色金融服务平台，支持氢燃料电池领域核心关键技术创新和成果转化、氢能汽车运营推广、产业发展平台建设以及扶持重点企业成长。通过拓宽融资渠道，既解决了资金问题，又共同分担了金融风险。比如内蒙古一派氢能、江苏兴邦能源、鄂尔多斯银行、航天科工金融租赁等四家公司在鄂尔多斯签署了氢能重卡金融服务战略合作协议，为氢能汽车生产方、销售方及客户提供流动资金贷款和融资租赁业务，满足各方融资需求。

机会总比困难多，新能源技术还是在不断进步，锂氢还没有决出胜负，钠离子电池又横空出世。由于碳酸锂价格不断上涨，国内电池厂商也在寻找替代方案。2022 年 9 月 30 日，华阳股份称旗下山西华钠芯能科技投资建设的钠离子电芯生产线正式投产。宁德时代也透露，2023 年争取实现钠离子电池的产业化。在锂矿资源紧张、锂价持续高位的趋势背景下，我国发展钠离子电池有重要的战略意义，产业链建设有望提速。与磷酸铁锂相比，钠离子电池不仅原料来源低廉、丰富，在充放电深度上存有优势，同时其耐低温特性适用于寒冷地带或气候温差较大地带（王东岳，2022）。预计到 2030 年，钠离子电池的市场规模有望达到 600 亿元。

6.8　风电拥抱未来

风能是开发难度较低且无污染的可再生能源，同时风力发电也是目前再生新能源利用中技术较成熟的方式，具备规模开发条件。世界各国尤其是发达国家，对风电发展高度重视，把开发风电作为调整能源结构，保护环境，合理利用资源，实现可持续发展的重要措施。风电是把风的动能转为电能，根据安装区域不同可以分为陆上风电和海上风电。

风力发电是环境效益最好的电力来源之一，具有投资少、无污染、不消耗煤、汽油等不可再生资源的优点。2018 年以来，国家多项政策催生了海上风电项目“抢核准潮”。2019 年 5 月 24 日，国家发展改革委发布《关于完善风电上网电价政策的通知》指出，对 2018 年底前已核准的海上风电项目，如在 2021 年底前全部机组完成并网的，执行核准时的上网电价；2022 年及以后全部机组完成并网的，执行并网年份的指导价；并将 2019 年新核准海上风电指导价调整为每千瓦时 0.8 元，2020 年调整为每千瓦时 0.75 元。在这一政策背景下，各大发电集团纷纷加紧海上风电的施工，相关融资需求也提上了日程。

我国风电行业 2016 年之前属于快速发展期，于 2015 年新增风电装机达到历史最高水平，根据国家能源局相关数据，2015 年新增装机并网容量达

32.97GW，比2014年增长66.4%。受补贴政策调整及限电建设放缓等方面的影响，2016年新增并网装机容量出现大幅回落，行业进入低谷期。随着外部弃风限电情况逐步改善，2018年风电行业回暖，新增装机并网容量20.59GW，比2017年增长37.0%。风电新增并网装机4757万千瓦，占全国新增装机的27%，为“十三五”以来年投产第二多，其中陆上风电新增装机3067万千瓦、海上风电新增装机1690万千瓦。从新增装机分布看，中东部和南方地区占比约61%，“三北”地区占39%，风电开发布局进一步优化。

截至2021年底，我国风电累计装机3.28亿千瓦，同比增长16.6%，占全国总发电装机容量的13.8%；其中陆上风电累计装机3.02亿千瓦、海上风电累计装机2639万千瓦，风电并网装机容量、海上风电累计装机容量均位居全球第一（见表15）。2021年，全国风电发电量6526亿千瓦时，同比增长40.5%，风电发电量占全社会用电量的7.9%，贡献度不断提升。全国风电平均利用率96.9%，同比提升0.4个百分点。与此同时，我国风电产业技术创新能力也快速提升，已具备大兆瓦级风电整机、关键核心大部件自主研发制造能力，建立形成了具有国际竞争力的风电产业体系，风电机组产量已占据全球2/3以上市场份额。

表15　2021年全球主要国家风电新增装机容量情况

情况 国家	总排名	新装机占比（%）	陆上风电排名	新装机占比（%）	海上风电排名	新装机占比（%）
中国	1	50.91	1	42.34	1	80.02
美国	2	13.58	2	17.62		
巴西	3	4.06	3	5.31		
越南	4	3.74	4	3.70	3	3.70
英国	5	2.78			2	10.99
其他		24.93		31.03		5.29

资料来源：WindDaily，全球风能理事会（GWEC）

根据全球风能理事会发布的《2021全球海上风电报告》，2021年全球新增风电装机93.6GW，累计装机量达到837GW，较2020年增长12%。中国及美国这两个全球最大风电市场的陆上风电新增安装量有所下降，而其他地区纷纷创历史新高，欧洲、拉丁美洲、非洲及中东的陆上新增装机分别增长了19%、27%及120%。即便如此，中国装机占比仍超过50%。全球风能理事会估计，从2021年到2025年，中国每年需要新增50GW以上的风电装机容量，从2026年起，每年需要新增60GW以上的风电装机容量，才能在 2060 年前实现碳中和。

由于陆地上可经济开发的风能资源越来越少，全球风电场建设已出现从陆地向海上发展的趋势，海上风电是未来清洁能源重点发展方向之一。海上风电是指在潮间带、近海海域等主要区域建立风力发电场，并将风能转换为电能的一种使用离岸风力能源的方式。海上风电可运行 4000 小时以上，一些风量不够丰沛的地区，也能运行 3000 余小时，而反观陆上风电，年均利用小时仅 2200 小时左右，两者差距较大。与陆上风电相比，海上风电的优势还有很多，包括风机发电量高、单机装机容量大、机组运行稳定以及不占用土地、不消耗水资源、适合大规模开发等优势，且海上风场距离负荷中心较近，消纳能力强，风电发展逐渐向海上转移的趋势已然成为行业共识。

全球海上风电在 2021 年实现了 21.1GW 的新增并网，为 2020 年的 3 倍多，创造了历史最好成绩。中国一枝独秀，海上风电增量占全球的 80%，这也让中国超越英国成为全球海上风电累计装机最多的国家。2022 年，全球海上风电及其子行业漂浮式海上风电项目的规划装机容量再次翻了一番，海上风电市场的快速扩张势不可当，就连美国也开放海上风电市场。我国海上风电资源丰富，海岸线长度超过 1.8 万公里，海上可开发和利用的风能储量为 7.5 亿千瓦，是陆上风能资源量的 3 倍，海上风电市场的开发前景非常广阔。

海上风电涉及的产业链也较广，上游原材料主要包括钢材、有色金属、复合材料、电子元器件等；中游零部件可分为叶片、发电机、齿轮箱、主轴、电控系统，此外还包括轮毂、基座等铸造件。海上风电铸件是海上风电机组设备的重要零部件，对海上风电机组起到支撑、保护和传动作用，主要包括轮毂、弯头、偏航支座等；其市场发展和前景，与风电行业尤其是整机行业的发展密切相关，海上风电铸件的市场需求主要取决于海上风电新增装机容量。风电铸件 80%以上的产能集中在中国，其余 20%产能主要分布在欧洲和印度。近年来，由于发达国家受人工成本、下游产业转移等因素的影响，铸件产业正面临整体性的结构调整和战略转移。从铸件制造业的全球竞争格局来看，虽然国外产品较国内拥有一定的技术优势，但随着国内企业技术水平的不断提高，国内企业生产的铸件在性价比等方面具有较强的市场竞争力。

2022 年 7 月，英国首相苏纳克在任前接受采访时就表示，上任后将加大海上风电的建设。在我国的科研项目中，海上漂浮式风电技术也有了新进展，预计 2030 年前中国漂浮式海上风电度电成本将在 0.3~0.4 元，与平均上网电价持平。在上海和浙江的新能源中长期规划中，都提出了探索海上风电基地发展的新模式，包括利用海上风电制氢的解决方案，为我国的氢能源产业发展也提供了新的思路。天风证券研究所根据各省出台的海上风电“十四五”规划，预测2022—2025年国内海上风电新增装机量CAGR将超过40%，其中海外市场的增幅会高于国内市场，这对于我国扩大外贸出口也是重大的利好和机会。

海上风电行业作为中国能源使用结构调整的重要组成部分，持续受到中国政府政策和法规的支持与推动。例如，《2030年前碳达峰行动方案的通知》要求，坚持陆海并重，推动风电协调快速发展，完善海上风电产业链，鼓励建设海上风电基地，推进退役风电机组叶片等新兴产业废物循环利用。虽然海上风电单位成本造价更为高昂，但随着技术提升，开发成本存在较大下行空间。海上风电造价由2010年的23700元/千瓦左右逐步下降，重点省份海上风电工程造价范围已在14000~18000元/千瓦。海上风电目前还未实现平价，但降本空间较大，平价上网指日可待。引用国际可再生能源署（IRENA）在2021年6月22日发布的“关于2020年可再生能源发电成本”的报告数据。截止到2020年底，全球陆上风力发电每度电的成本折合人民币，已经降到了平均只有0.25元，而同年光伏每度电的成本还有0.37元，水力发电的每度电成本平均有0.29元。更不用说动力煤提价后高达0.6元。陆上的风力发电已经表现出了明显的市场化的成本竞争优势。照此趋势，海上风电的成本优势也将逐渐显现出来。

全球风能理事会预测，在现有风电政策推动下，未来10年全球将新增海上风电装机235GW，这一增量相当于现有海上风电装机的7倍。根据国际能源署（IEA）及国际可再生能源署的最新报告，如果希望把地球温度上升控制在1.5℃以内，全球海上风电装机需要在2050年达到2000GW，而现在的装机量还不到这一目标的2%，2030年的预测装机量也只是这一目标的13%。

银行对风电行业的金融支持力度正在持续加大。由于海上风电项目本身的内部收益率在小幅下降，融资成本的降低成为银企双方共同关心的问题，也考验银行的信贷管理水平。针对客户的痛点及现实需求，招商银行围绕风电设备占项目总投资比例高的特点，敏锐把握住“租赁设备的租金可以做增值税进项抵扣”的政策支持，与央企G集团及其下属租赁公司探索风电项目贷款与风电设备租赁业务的有机结合，为客户提供了全新的融资渠道。为此，招商银行还完成了创新产品“银融通”的开发，由招商银行长春分行与苏州分行组成行内银团，为G集团下属海上风电项目提供了4.8亿元的资金支持。G集团内的融资租赁公司从设备供应商购入风电设备等固定资产，出租给该客户，招商银行向该融资租赁公司发放保理融资，在该项目融资额度下无追索权受让融资租赁合同项下的未到期应收租金，间接为该客户提供融资。融资租赁公司通过增值税进项税抵扣，在融资总额不变的情况下，降低了该项目的实际融资成本（魏倩，2021）。截至2021年11月，招商银行“银融通”产品累计放款超20亿元，目标客户主要为能源类企业，融资用途限定为输配电项目和清洁能源发电项目。

银行创新财政补贴确权贷款助力风力发电。2021年2月，国家发展改革委、财政部、中国人民银行、中国银保监会、国家能源局等五部委联合印发了《关于引导加大金融支持力度，促进风电和光伏发电等行业健康有序发展的通知》，明确指出，已纳入补贴清单的可再生能源项目所在企业，对已确权应收未收的财政补贴资金，可申请补贴确权贷款。银行可以审核公布的补贴清单和企业应收未收补贴证明材料等为增信手段，按照市场化、法治化原则，以企业已确权应收未收的财政补贴资金为上限自主确定贷款金额。据此，农业银行创新推出金融产品“可再生能源补贴确权贷款”，解决可再生能源发电企业因财政补贴不能按时到位而产生的资金周转需求。2021年6月25日，农业银行湖北孝感分行向中广核湖北大悟风力发电有限公司授信“可再生能源补贴确权贷”6300万元，并发放全国首笔“可再生能源补贴确权贷”950万元。

银行为风电产业园提供综合化绿色金融服务。工商银行为内蒙古兴安盟风电项目提供了综合化绿色金融服务方案，涉及112亿元的项目贷款，支持该项目的投资、建设与运营。该项目通过整合区域资源，打通产业链，与政府联合布局了“一园一校一地二场”整体规划，形成以重大项目带动区域经济、持续助力改善民生的新能源可持续产业循环帮扶模式，为促进经济社会绿色发展和乡村振兴提供了新路径。其中，风电装备制造创新示范产业园总投资20亿元，年产值超70亿元，可安置就业1000余人，风电基地全生命周期将为地区税赋贡献超过50亿元。工行在满足企业产业园基础融资需求的同时，还帮助其进一步优化融资组合，提供“贷+债+股+代+租+顾”六位一体综合化绿色服务。

6.9 新型电力系统：特高压、储能与虚拟电厂

2023年1月，国家能源局发布《新型电力系统发展蓝皮书（征求意见稿）》。其中提出以2030年、2045年、2060年为新型电力系统构建战略目标的重要时间节点，制定新型电力系统“三步走”发展路径，其中在加速转型

期（当前至2030年），全国统一电力市场体系要基本形成。而这一目标的实现离不开特高压、储能设备和虚拟电厂系统的发展，从而更好地满足电力系统的平衡调节需求。

2022年，国家电网提出未来五年计划投入3500亿美元推进电网转型升级。同时将在“十四五”期间规划建成7回特高压直流，新增输电能力5600万千瓦，初步建成国际领先的能源互联网。我国特高压电网项目中的成本主要包括基建、线路、铁塔和站内设备，随着特高压电网投资逐步推进，特高压电器的市场规模有望扩大。预计2025年，中国特高压市场投资规模累计将达到5200亿元，特高压工程累计线路或将超过7.5万公里，将带动装备制造、配电网建设等相关产业投资超过1万亿元。特别是东部沿海地区用电量快速提升以及西部清洁能源发电的并网需求的增加，特高压电网的新增需求持续增加。特高压电网建设的相关政策也是密集出台，投资建设持续落地，特高压电器的订单有增无减，市场规模不断扩大，且特高压电器行业的市场格局也比较稳定。

储能也是业内普遍看好的绿色经济细分领域。此前国家发展改革委、国家能源局发布《关于加快推动新型储能发展的指导意见》，提出了坚持储能技术多元化目标：液流电池等长时储能技术进入商业化发展初期；到2025年，实现新型储能从商业化初期向规模化发展转变，装机规模达30GW以上；到2030年，实现新型储能全面市场化发展。储能作为能源革命的中流砥柱，助力电力系统向“源—网—荷—储”协调优化模式转变。储能设备作为一种优质的灵活性资源，在电网调频、调峰、平抑新能源波动等方面均能起到重要作用。在政策的推动之下，未来新型储能的商业模式有望逐步构建和成熟，“十四五”期间迎来大规模发展。2022年9月7日，在第十二届中国国际储能大会上，中国化学与物理电源行业协会秘书长刘彦龙表示，2021年中国储能生产制造产业链市场规模已达500亿~600亿元，比2020年增长超过120%。

我国储能存在多种技术路线，包括传统的抽水蓄能，也包括除抽水蓄能外的新型储能，后者覆盖锂离子电池、钠离子电池、液流电池等电化学储能及压缩空气储能、飞轮储能、熔盐储能、重力储能、超级电容等技术。截至2022年9月底，国内已投运电力储能项目累计装机规模达50.3GW，同比增长36%。其中，抽水蓄能占85.6%，新型储能占13.2%，熔融盐储热占1.2%。新型储能项目累计装机规模达6663.4MW，同比增长78%（孟培嘉和罗京，2023）。锂离子电池储能凭借灵活性，在新型储能中占比最高，达89.3%，但也存在安全性不足的缺点。在总体形成期，以机械储能、热储能、氢能等为代表的10小时以上长时储能技术攻关取得突破，实现日以上时间尺度的平衡调节。

2022年8月26日，由深圳市发展和改革委员会管理、设在南方电网深圳供电局的深圳市虚拟电厂管理中心正式揭牌，成为全国首家虚拟电厂管理中心。“虚拟电厂”（Virtual Power Plant，VPP）是通过软件系统和信息通信等技术搭建的一套能源管理系统，借助这个系统，可以将不同空间的分布式电源、储能设施、可控负荷等资源整合起来，并实现协调优化控制，从而模拟出类似电厂的功能，还可作为主体参与电力市场，通过容量、电量调节和辅助服务等获得经济收益。随着我国新能源发电日益增长，未来新型电力系统将以非化石能源发电为主，电源侧随机性、波动性加大，同时用电需求增长以及极端天气增多，电力系统供需两侧负荷峰谷差越来越高，不断冲击电力系统的稳定性，频频出现局部缺电现象，急需有效的调峰手段和供需调节机制。一些可再生能源占比较高的省份如甘肃已出现调峰难题，极端情况时该省新能源发电量一天内波动幅度最大达到1200万千瓦，而其用电负荷波动的峰谷差最大300万千瓦，调峰需求极大。

相较于电源侧新建电厂存在的建设周期长、成本高、结构性浪费等问题，虚拟电厂是一种更加及时、经济且绿色低碳的电力平衡方式，可挖掘分散的电源侧与负荷侧调节能力，以较小成本解决电网峰谷差大、局部电力供应紧张等问题（郭燕，2022）。在电力供应紧张时段，虚拟电厂平台通过提供响应补贴或购电等方式，调度海量分散的充电桩、空调、储能等用电资源降低用电功率，并可组织分布式光伏等向电网供电，甚至调动新能源电动汽车等反向供电；在电力富余时，虚拟电厂则可调度负荷侧以低价加大用电、储电，实现填谷，再在需要时以更高价格输出电力。

虚拟电厂作为智慧能源体系的组成部分，在欧美发达国家发展已较为成熟，存在侧重发电资源聚合的欧洲模式和侧重用电侧资源聚合的美国模式两种道路，但在我国还处于探索初期。“十三五”期间，江苏、上海、河北、广东等地相继开展了试点。2022年，国家发展改革委、国家能源局发布的《关于加快建设全国统一电力市场体系的指导意见》和《“十四五”现代能源体系规划》均提出要推动虚拟电厂的投资建设，北京、上海等多地的“十四五”规划中也都提到发展虚拟电厂，山东、广东等省份正加速推动虚拟电厂参与电力现货市场。随着“双碳”战略的推进、新能源渗透率的提升以及新型电力系统、电力市场交易化的逐步完善，虚拟电厂市场空间有望打开。中金公司研报显示，2021年我国虚拟电厂利润市场空间约为659亿元，预计2030年将触达 1320 亿元的理论市场空间。虚拟电厂建设运行中，涉及互联网、5G、物联网、智能网关等先进通信技术，智能终端、智能控制系统、智能计量技术等支持工具，以及分布式能源、储能设施、充电桩、V2G（新能源汽车与电网能量互动）、节能设备等接入设施，涵盖信息技术、大数据、新能源、智能设备等多个领域。未来虚拟电厂的铺开建设将带动生态链上下游产业如软件系统开发、硬件供应、储能设备制造等发展。

以特高压、储能、虚拟电厂为代表的新型电力系统建设，代表着能源智能化、低碳化转型的方向和趋势，相关产业链的形成与发展将为银行金融服务提供市场机遇。一是银行可以通过绿色债券、绿色信贷、绿色保险、ESG 理财等产品为新型电力系统产业链中的核心企业提供大额资金支持。比如 2022 年 5 月 23 日，兴业银行宁德分行为国网时代福建吉瓦级宁德霞浦储能工程项目发放贷款 9669 万元。该项目是目前国内单体规模最大的电化学储能电站项目，总规模 400 兆瓦时，项目投产后，预计每年可减少二氧化碳排放 11.8 万吨。二是银行可向产业链上下游的物联网、互联网、5G、软件供应商、智能设备制造等企业提供固定资产贷款、供应链融资、知识产权质押、风险投资等服务。三是银行可以协助电网企业探索以特高压直流工程作为基础设施项目发行 REITs 产品。目前市场中此类产品研究较少，特高压发行 REITs 产品银行除应关注基础设施项目共性以外，如特定资产投资管理手续、土地合法合规性等，还需要特别关注基础设施项目的现金流问题（郭燕，2022）。

6.10 海洋蓝碳的潜力

蓝碳是一个非常新的概念，我也是在 2022 年 9 月受邀参加一次论坛作主题演讲时才第一次接触。在论坛上，我有幸听到了专家对蓝碳经济的介绍，深受启发，我自己也对配套的金融服务研究机会作了整理。2009 年，联合国等国际组织联合发布的《蓝碳：健康海洋对碳的固定作用》中正式提出“蓝碳”的概念，明确了海洋生物捕获并储存于海洋生态系统部分的碳称为“蓝碳”，也称为海洋碳汇。海洋储存了约 40 万亿吨的二氧化碳，是地球上最大的碳汇体。三大滨海“蓝碳”生态系统分别为红树林、海草床、滨海盐沼，二氧化碳以生物量和生物沉积的形式储存在海底。与绿碳相比，蓝碳储存时间会更长，多达数百年，因此也被认为是增加碳汇、实现碳中和最具潜力的生态学途径之一。自 2011 年起，从国家到地方政府在蓝碳领域都出台了政策及规划指引，加大配套技术的研发与引进。预计 2030 年实现碳达峰后，蓝碳会因技术进步使碳税对经济增长的负面作用得到扭转，从而实现碳减排与经济增长的双重目标。

“十四五”时期我国蓝碳发展进程将加快。我国蓝碳发展的自然条件得天独厚，有着约300万平方公里的主张管辖海域和1.8万公里的大陆岸线，是世界上少数几个同时拥有海草床、红树林、盐沼这三大蓝碳生态系统的国家之一。近年我国加快蓝碳发展进程，广泛开展国际合作，加强蓝碳顶层设计。根据规划，预计未来将推动蓝碳交易市场规划，推动红树林、海草床、盐沼这三种被IPCC承认的蓝碳生态系统以及“渔业碳汇”和“海洋微生物碳泵”等作为蓝碳交易重要领域。沿海省份聚焦蓝碳出台中长期发展规划。福建、广东、上海、山东、海南等沿海省市立足当地海洋生态系统，围绕蓝碳制定了中长期发展规划，内容涉及深入开展海洋碳汇科学研究、推动海洋碳中和试点工程，推动形成粤港澳大湾区碳排放权交易市场，开展蓝碳标准体系、海洋碳汇核算技术方法及标准等研究，大力推进蓝碳增汇工程，探索培育蓝色碳汇产业，巩固和提升海洋生态系统碳汇（见表16）。

表16　国家及地区主要蓝碳政策

时间（年）	发文单位	标题
2011	山东	《山东半岛蓝色经济区发展规划》是首个提出发展海洋碳汇的省级海洋领域发展规划
2014	国家	中国科学院等科研院所共同宣布成立中国未来海洋联盟（CFO）
2015	国家	《中共中央　国务院关于加快推进生态文明建设的意见》
2016	山东	山东威海南海新区启动国家海洋碳汇研发基地建设
2017	国家	国家发展改革委和国家海洋局联合发布《“一带一路”建设海上合作设想》
2018	山东	山东威海举办“2018蓝碳倡议国际会议”
2017	福建	厦门举办“2017蓝碳国际论坛”
2020	国家	《关于完整准确全面贯彻新发展理念做好碳达峰碳中和工作的意见》
2020	国家	自然资源部、国家林业和草原局印发《红树林保护修复专项行动计划（2020—2025年）》
2021	国家	生态环境部发布的《关于统筹和加强应对气候变化与生态环境保护相关工作的指导意见》
2021	山东	山东威海市发布《威海市蓝碳经济发展行动方案（2021—2025）》
2021	福建	福建省出台《加快建设“海上福建”推进海洋经济高质量发展三年行动方案（2021—2023年）》
2021	广东	湛江完成我国首笔红树林碳汇交易项目

续表

时间（年）	发文单位	标题
2021	福建	全国首个海洋碳汇交易平台——厦门产权交易中心设立
2021	国家	生态环境部等六部门联合印发《“十四五”海洋生态环境保护规划》
2021	广东	广东省出台《广东省海洋经济发展“十四五”规划》
2022	上海	上海市出台《崇明世界级生态岛发展规划纲要（2021—2035 年）》
2022	福建	连江县依托全国首个海洋碳汇交易平台——厦门产权交易中心（碳和排污权交易中心）
2022	山东	山东省出台《山东省“十四五”应对气候变化规划》
2022	海南	海南省成立海南国际蓝碳研究中心
2022	海南	海南省出台《海南省海洋生态系统碳汇试点工作方案（2022—2024 年）》
2022	海南	成立了海南国际碳排放权交易中心
2022	广西	广西出台《广西蓝碳工作先行先试工作方案》

资料来源：作者整理

蓝碳属于海洋经济的一个细分行业。海洋经济是为开发海洋资源和依赖海洋空间而进行的生产活动，以及直接或间接开发海洋资源及空间的相关产业活动，由这样一些产业活动形成的经济集合均被视为现代海洋经济范畴。海洋经济的范围很广，涉及海洋渔业、海洋交通运输业、海洋船舶工业、海盐业、海洋油气业、滨海旅游业等。20 世纪 90 年代以来，中国海洋经济以两位数的年增长率快速发展，2021 年海洋生产总值已突破 9 万亿元，同比增长 8.3%，占沿海地区生产总值的比重为 15.0%。因此我国沿海省市也纷纷出台了海洋经济的“十四五”规划，作为重要经济增长引擎。而蓝碳无疑又是海洋经济中的新星，有望成为经济新的增长极。

相较绿色金融，蓝碳金融还处于起步阶段。关于银行服务蓝碳市场的方式境内外也有一些探索和尝试。比如澳大利亚某银行与地球证券公司共同开发以红树林为主题的蓝色市政债券，并作为银行全球可持续金融市场中的重要产品予以推广。该银行探索采用聚合模式，将离散的红树林保护项目聚合起来，将蓝色项目与其他绿色项目打包形成债券融资标的，为非标准化的红树林项目提供标准化融资方案。在国内，也有银行设计蓝色金融产品组合方案，通过组合海洋产业园融资、海洋生态圈供应链融资、海域使用权质押、蓝色债券等多样化产品，向蓝碳产业中的初创期、成长期、成熟期海洋客户，提供全成长周期综合金融服务。2021 年，兴业银行青岛分行开创了全国首单海洋碳汇贷（湿地碳汇贷），是比较有代表性的蓝碳金融服务。该银行综合评定胶州湾湿地的固碳能力，以减碳量的远期收益权为质押测算贷款金额，通过人民银行动产融资统一登记公示系统进行质押权利登记和公示后，为企业发放贷款。

作为一项新兴业务，蓝色碳汇投资也面临一定的风险（林伯是，2021）。由于补偿市场没有完全商品化和信贷定价很复杂，意味着价格不仅在不同的标准之间存在差异，而且在不同的项目类别之间也存在差异，价格波动有可能会使投资者的行为变得更不稳定。此外，从自然环境的方面来考虑，沿海生态系统特别容易受到气候变化的影响，由于海平面上升、气温变化和沿海土地开垦，其退化率可能高于陆地生态系统。因此，蓝碳项目的开发商考虑潜在的气候变化影响变得越来越必要。缺乏解释当前气候数据和未来气候预测能力的小型干预措施，也有可能无法确保长期蓝碳项目取得成功。为此对于蓝碳市场，银行还需要加强更加全面和深入的研究。

6.11　不可忽视的金融租赁助绿

在国内的绿色金融产品体系中，主要以信贷和债券为主，随着绿色金融政策体系不断完善，金融机构绿色产品日益丰富，我国绿色金融实现快速发展。绿色租赁作为绿色金融市场的重要组成部分，近年来也呈现出蓬勃发展势头。在国内，开展融资租赁业务的主体有金融租赁公司和融资租赁公司之分，目前全国融资租赁公司总数约为 1.2 万家，其中金融租赁公司数量保持为 72 家。金融租赁公司已经成为绿色租赁一支不容忽视的发展力量，全国至少有 30 家金融租赁公司将绿色租赁作为主要业务领域。2021 年，全国金融租赁行业新增绿色租赁业务投放 1243.40 亿元，同比增长 81.75%。截至 2021 年底，金融租赁行业绿色租赁资产规模达 2114.07 亿元，同比增长 24.57%。

融资租赁于 1952 年起源于美国，因设备销售的分期付款方式所有权和使用权同时转移，资金回收的风险比较大，于是有人借用传统租赁的做法，销售方根据购买人的需求先出资购买设备，再租赁给购买人使用，双方约定租赁期间设备的所有权属于销售方，直到销售方融通的资金全部以租金的方式收回后，才将所有权以象征性的价格转移给购买人，这种方式被称为“融资租赁”。1952 年美国成立了世界第一家融资租赁公司——美国租赁公司（现更名为美国国际租赁公司），开创了现代租赁的先河（杨兆义，2021）。在欧美发达国家，融资租赁是仅次于银行贷款的第二大金融工具，与银行、保险、信托、证券构成现代金融的五大支柱。在美国，每 100 亿元贷款就有高达 60

亿元的融资租赁（陈琳，2019）。

融资租赁行业在服务实体企业绿色转型发展方面具有自己的独特优势。以光伏发电、风电等新能源为代表的绿色产业，在金融需求上存在轻型化、长期化、多元化等特征，与当前的金融供给之间存在错配。金融租赁拥有融资便利、期限灵活等优势，可以有效满足绿色产业发展的资金需求。

国银租赁发挥租赁“融资”和“融物”特色优势，以绿色租赁工具为抓手，在新能源领域以新能源车辆租赁业务作为切入点，积极寻求与新能源厂商的合作。截至2021年8月底，国银租赁累计为6家国内大型公交企业提供超过51亿元的融资额度支持，更换新能源公交车累计超过5300辆。与此同时，国银租赁也通过国内多家头部新能源客车制造厂商开展租赁业务，建立新能源汽车厂商合作体系，支持中小微客户购买新能源车辆。在船舶租赁业务上，为减少污染、降低碳排放，国银租赁要求当前所有在造和计划下单建造的新造船舶均满足国际海事组织为落实国际社会降低碳排放要求的标准（在基线标准下碳排放能效指标提高20%至30%）。同时，按照联合国海事组织减少硫排放的最新要求，国银租赁部分船舶安装了脱硫塔。据了解，国银租赁于2021年2月、6月分别打造的2艘24000TEU级集装箱船和10艘5万吨级MR型油化船，就是安装有脱硫塔的节能环保型船舶。发动机排放经过脱硫处理后，硫排放全部达到国际海事组织要求的排放标准，可降低船舶航行过程中的硫氧化物等有害气体排放，减少大气污染。在航空运输业务上，国银租赁专业飞机租赁子公司国银航空积极与优质客户开展A320neo等新一代节能飞机的售后回租业务，降低飞机租赁业务油耗和温室气体排放。

2022年兴业金融租赁围绕减碳领域投放突破200亿元。“蓝天工程”成为兴业金融租赁“蓝天、绿水、净土”绿色金融实践中占比超70%的首要战场。在“双碳”战略提出之前，兴业金融租赁于2020年8月即先行筹备设立了新能源专业团队，大力开展新能源租赁业务。已与多家电站运营商、主流设备厂商合作，大力支持集中式新能源电站、工商业分布式光伏、户用分布式光伏、分散式风电、优化升级产线、盘活生产设备等多种业务落地；支持光伏产业转型升级，为产业链客户生产线改造提供资金。兴业金融租赁推出电动工程机械、新能源商用车产品的厂商租赁模式，作为供应链绿色金融产品，该模式可帮助中小微企业满足电动化工程机械、新能源商用车置换需求，实现厂租企的三方共赢和持续合作。2022年兴业金融租赁在该领域已累计投放22亿元，支持了6400余台电动高空作业平台销售。截至目前，兴业金融租赁在绿色租赁整体投放规模超过1860亿元，绿色租赁在总业务中占比50%。

6.12　EOD 模式

EOD（Ecology-Oriented-Development）模式是以生态保护和环境治理为基础，以特色产业运营为支撑，以区域综合开发为载体，采取产业链延伸、联合经营、组合开发等方式，推动收益性差的生态环境治理项目与收益较好的关联产业有效融合。近年来，生态环境导向的开发模式作为能较好解决环境改善项目资金但不增加政府债务负担的创新方式，受到广泛的关注，配套金融产品日益丰富。该模式旨在将绿色项目的经济效益与环境效益相结合，探索一条"绿水青山"与"金山银山"统筹发展的新路径。以前认识了总行的一位授信评委，在政府融资方面很有研究，后出来创业成立了自己的工作室，每年都在各地给政府、银行做培训和咨询，EOD 模式我也是看到他的朋友圈后才开始跟踪研究的。虽然当时周边还未见具体的 EOD 项目落地，但不可否认它的确是我国平衡环境保护与成本效益的一种方案。

2018 年 8 月，生态环境部发布了《关于生态环境领域进一步深化"放管服"改革，推动经济高质量发展的指导意见》（环规财〔2018〕86 号）：探索开展生态环境导向的城市开发（EOD）模式，开始提出 EOD 模式的倡议。此后国家多个部委陆续出台 EOD 相关政策，各地政府重视程度也是与日俱增。环境保护中的植树造林环节，对固碳、吸碳起到了重要作用。2020 年 10 月 28 日，《自然》（*Nature*）杂志研究报告显示，过去 20 年里，地球增加的绿化面积相当于亚马孙热带雨林的覆盖面积，而中国贡献突出植被面积仅占全球的 6.6%，但全球植被叶面积净增长的 25%都来自中国，这其中又有 45%来自植树造林。中国植树造林的碳吸收作用被低估了，中国西南地区和东北地区的"碳汇[①]"占了中国整体陆地的 35%还多一点（Wang J，Feng L & Palmer P I，2020）。

2015 年 7 月 28 日，中国第七大的库布齐沙漠 1/3 绿化成果荣获联合国颁发的 2015 年度土地生命奖，发展沙漠经济治理模式获得世界认可。2022 年 5 月 31 日，国家电投内蒙古公司与亿利洁能成立合资公司，合作开发内蒙古杭锦旗库布其沙漠 EOD，即沙漠风光氢储化一体化项目及乡村振兴项目。项目建成后还将新增沙漠绿化面积约 1000 平方公里，减少二氧化碳排放约 3135

---

① 碳汇（carbon sink）是指通过植树造林、植被恢复等措施，吸收大气中的二氧化碳，从而减少温室气体在大气中浓度的过程、活动或机制。

万吨，预计“库布其光氢治沙零碳产业示范园”林草系统年吸收二氧化碳约50万吨（马爱平，2022）。

由于绿色项目广泛的“外部性”和“公益属性”，决定了它们初期投入大、项目回收期长的特点，并且项目直接产生的经济收益有时难以覆盖建设成本，因此项目融资成为较为突出的难题。随着全社会对生态环保的重视，这类绿色项目数量日益增多，政府财政支出压力也越来越大，亟须探索市场化融资有效补充。推动这些项目融资的出路之一，是在政府支持的同时，积极创新市场化融资手段，通过将现金流不足的项目和与之关联的盈利项目相结合，或开发环境权益等特色资源作为补充还款来源，构建成本与收益相平衡的项目包。2020年9月，国家发展改革委等四部门联合印发了《关于扩大战略性新兴产业投资　培育壮大新增长点增长极的指导意见》，指出“探索开展环境综合治理托管、生态环境导向的开发（EOD）模式等环境治理模式创新”，为绿色环保项目的市场化开发提供了新的思路。

侯江虹（2022）认为，典型的行业EOD项目有以下几种：一是废弃矿山修复。对于废弃矿山修复，可争取实现投入与产出的自求平衡。比如，以修复过程中开采的石料销售收入弥补修复成本；运用城乡建设用地增减挂钩、土地复垦等政策，通过耕地“占补平衡”延伸土地价值；矿山修复后的土地可用于建设农业基地、主题公园、特色产业园等，拓展经济效益；部分矿山可通过煤矸石粉粹形成的低成本混凝土替代原矿产支撑柱，替换出矿产资源，产生收入。二是农业农村综合开发。生态果蔬采摘、美丽乡村旅游等是将农业生产与环境治理相结合的代表模式。此外，中共中央办公厅、国务院办公厅《关于调整完善土地出让收入使用范围优先支持乡村振兴的意见》中指出，土地出让收入中用于农业农村的资金，可重点用于与农业农村直接相关的山水林田湖草生态保护修复。这无疑为农村农业产业与环境协调开发提供了一定的资金保障。三是城乡供排水一体化。城市水务基础设施建设经过较长时间的发展，已较为完善。而农村供排水项目通常小而分散、收益较低，特别是农村污水处理率不足10%，存在较大的资金需求。因此，可考虑供排一体化、城乡一体化。以供水支持排水，以城市支持农村，构建大项目包，确保整体实现盈利。四是重点流域治理。流域内生态产品资源、周边土地资源均有丰富的潜在价值，目前阶段可优先关注砂石的开采和利用。在重点流域治理的项目开发中，可搭配砂石开采收入作为项目融资的还款来源。此外，亦可将砂石开采权、海域使用权等作为融资的补充担保措施。

EOD模式的落地方式。一是PPP模式，在政府财政支出额度较大，但支出额度未超过财政部规定的上限，且项目实施不紧迫的区域，EOD 模式可采用 PPP 方式实施项目。二是 ABO 模式，在政府财政支出额度较大，支出额度未超过财政部规定的上限但项目实施紧迫的区域，EOD 模式可采用 ABO 方式实施项目。ABO 模式，一般指授权（Authorize）—建设（Build）—运营（Operate）模式，由政府授权单位履行业主职责，依约提供所需公共产品及服务，政府履行规则制定、绩效考核等职责，同时支付授权运营费用。三是“流域治理+片区开发”模式，在政府财政支出额度超过财政部规定的上限、项目实施紧迫，但土地市场较为活跃的区域，EOD 模式可采用“流域治理+片区开发”方式实施项目。

EOD 的配套三大融资筹措方式：一是政府债券模式，现阶段最容易实施，且落地性最强的投融资模式。核心优势在于政府性基金收入可以作为专项债券的还款来源，最大限度地丰富了投资收益；成本低和期限长，筹集资金成功率高，只要发行不易出现筹资不足的局面。二是政府投资基金与投资运营公司模式，两种模式本质相同，都是针对投资主体的合作形式和项目资本金的充实性而言的。在社会资本方不参与的情况下，所在地政府及本地国有企业自行出资设立基金或者直接组建公司；社会资本方参与的情况下，共同进行投资。若有社会资本方参与，则投资回报机制必须健全，即要明确满足投资人的投资收益；如果仅有本地政府和本地国有企业参与，可以超出本项目的综合收益作为投资收益不足的补充。三是开发性金融、环保贷模式，通常将以创新型贷款的形象得以应用。需要项目具有相应的资本金，因此，创新型贷款模式实际上在很大程度上是与前述的政府投资基金和投资运营公司模式共同合作使用的。项目贷款的收益应能够覆盖本息。贷款主体为本地国有企业，则自然本地国有企业自行担保；贷款主体为本地国有企业与大型社会资本组建的合资公司，此时社会资本方将可能存在一定的不提供担保的风险；贷款主体为本地国有企业和一般类型的社会资本，社会资本方的担保能力可能得不到贷款银行的认可。三种类型下，贷款的成功率各有不同，应在实践中谨慎把握。

第七章

银行政务金融，服务政府及事业单位提质增效

银政合作是银行金融服务中的重要内容，狭义的银政合作，大家联想比较多的是协助政府管理财政资金，包括社保、土地出让金、国库等。但广义的银政合作范围要大得多，除了与政府合作外，还包括与下辖事业单位的合作，包括医院、学校、部队、村委等机构，都是银政合作的范围。我在多个部门工作期间都接触过行政金融服务项目，比如参与重大投标和营销活动，与政府人员交流和开展课题合作的机会也比较多。

7.1 从一次投标开始

2011 年的春节前 1 天，我接到了一项特殊的任务，所在银行让我牵头准备一份标书，春节后就要提交给政府相关部门。为了完成这个项目，标书写作工作组成员大部分时间都集中封闭在南山区北环大道的某个地方工作。这份标书之所以重要，是因为它可能会改变银行行政存款业务的市场格局，涉及千亿元级的存款资金规模。银行只有获得代理资格，才能在未来四年内经营某项金融业务。事实上，这项业务不仅关乎对公存款市场份额，还关乎上千万个人客户的服务机会，重要性不言而喻。

一般地，银行给政府提供金融服务建议方案时，是有章法和步骤的。第一步是要先了解政府的需求，如果服务对象是一座城市，你要了解这座城市的经济情况、产业特点、地理环境等。城市的经济发展目标是什么？换作现在，我们可以研究政府工作报告和“十四五”规划，从而分析银行可以给政府提供哪些帮助。第二步是提出银行能够提供哪些金融服务，公司方面有授信、投资银行、债券发行、理财、财务顾问等，个人方面有公务员的代发薪、代扣费、信用卡等，差不多也涵盖所有的银行金融服务。银行的服务要体现高效、便利、低成本、高收益、安全稳定的特点。第三步是介绍银行的优势，包括员工的规模与队伍素质，网点机构数量，与海外机构渠道的对接情况如

何。第四步是附上工作服务小组，比如客户经理及项目负责人的联系方式，让对方人员随时可以找人咨询。这是银行金融服务方案建议书的基本架构。如果是针对某类具体业务的标书，内容会更丰富。

2011 年的那次投标，让我充分体验到团队合作的重要性。作为标书的牵头人，我也算是“总架构师”，搭好框架后也要选择写作小组成员，文笔好的、会用统计软件的、图画得漂亮的、熟悉各类业务的等。主笔只有 3 个人，但参与开会讨论的同事就超过了 20 人。现在回忆起来，应该说承受了巨大的压力，深圳 70 多家银行竞争 3 个机会，若剔除原来就负责此项业务的主办银行以及本地的总部银行，实际上其他银行是在竞争 1 个机会。幸好，在总分行领导的全力指导与支持下，参与项目的伙伴们都很给力，最终我们银行还是中标了。

时至今日，银行助力政务服务的方法与内容也越来越多。在政府层面我们会面临多种不同的服务对象，比如区政府、财政、海关、国土、社保、交通、监管机构等，它们大都负责统筹、管理各类社会资金，需要银行提供配套的资金结算服务。在事业单位领域，大类的有学校、医院、协会等，学校又进一步细分为中小学、大学、职业技术学校等，不同类型的学校都需要不同的金融服务方案来匹配需求。此外，村、镇及街道办也是银行需要关心服务的客群，它们与市民离得最近，对于银行的辖属网点来说是非常宝贵的客户和渠道资源。

银行政务金融服务的主要方向有以下几个：一是服务渠道共建共享，银行可以发挥网点机构覆盖广、贴近群众的优势，开展线下综合服务工作。比如把工商登记注册窗口前移至银行网点，为市场主体和群众提供“一站式”导办服务。或者银行在政务服务中心划定专门区域，服务网点实现整体入驻。在政务大厅开设“金融专窗”，构建“政务服务+金融服务”互帮互联“双通道”。二是人员联动推进便民活动，比如银行制定人员驻点办公和金融联络员制度。在办理需求较大的乡镇便民服务中心由当地银行派驻常驻人员，为办事群众提供金融咨询、银行开户、小额贷款等金融服务。三是平台共享推进数据资源应用，拓宽线上“政务+金融”合作渠道。很多地区都在搭建银政企大数据金融综合服务平台，以政务数据为基础，融合多方数据，全面展现企业真实经营状况，有效解决银企信息不对称，缓解中小微企业融资难融资贵问题，同时为金融监管部门、地方政府决策管理提供数据支撑。四是业务融合推进服务内容互联互通。推动社保、医保、市场准入等高频政务服务事项和手机话费、医院挂号、水电气缴费等便民生活服务以及支付结算、信贷融资等金融服务线上线下融合共建。

7.2 中国式造城

截至2022年底，我国常住人口城镇化率为65.22%，较2012年上升了12.65个百分点。随着城镇化步伐加快，地方政府需要借助建筑工程公司、房地产商、银行等力量来共同开发、经营、发展城市经济，并且逐渐形成了中国特色的造城模式。从众多成功案例中，我们都能够看到一家银行的身影，它就是国家开发银行。在中国的银行系统中，国家开发银行在金融服务“造城”方面有着丰富的经验，不仅因为它是政策性银行，本身就肩负着城市建设的责任，还因为它更是城投发展模式的先行者，探索了很多新理念、新方法。

我在高新区支行工作时，正好对口服务国家开发银行，是战略合作关系，在客户和项目上都有很多合作和交流。国家开发银行发挥开发性金融功能作用，发放贷款支持产城融合、城乡融合等重点领域发展，对地下综合管廊、城市燃气等基础设施给予中长期信贷支持，积极服务以县城为重要载体的城镇化建设。伴随经济的发展需要，国家开发银行的职责也在不断丰富。比如2014年，为加大对棚户区改造支持力度，监管部门批准国家开发银行住宅金融事业部开业。此后棚改贷业务迅速发展，至2017年底，国家开发银行棚改贷款余额高达3.4万亿元（陶凤，2018）。也因为有这项业务支持，我国三、四线房地产库存“一泄而光”。与此同时，居民部门杠杆率从2016年的44.8%上升到2017年的49.0%，提高了4.2个百分点，达到历史最高水平（程竹，2018）。棚改贷的资金来源主要是国家开发银行获得的央行抵押补充贷款，还款来源则是国家开发银行住宅金融事业部在银行间债市发行的住宅金融专项债券。我国新型城镇化的加速推进需要大量的资金投入，如果没有一条为地方政府推进城镇化进行融资的有效途径，地方政府必然会过度依赖土地拍卖获取收益。国家开发银行2013年就发放了城镇化贷款9968亿元，占当年人民币贷款发放的65%（赵晓辉，2014）。作为业内公认的城镇化融资主力，国家开发银行航母地位不可撼动。

国家开发银行也是城投金融业务的先行者。早在2009年，国家开发银行在地方融资平台贷款余额占比就接近70%。以重庆为例，国家开发银行重庆分行于1999年挂牌，成立以后的十余年里累计向重庆市交通建设领域发放表内外贷款1499亿元。截至2012年3月末，国家开发银行重庆分行平台贷款余额占到该分行全部贷款余额的 86%，占全市融资平台贷款余额的 23%，贷款集中度可见一斑。据统计，从 1998 年到 2008 年，国家开发银行对政府融资平台大约累计发放贷款 1.4 万亿元。而在 10 年的时间里，国家开发银行的坏账率由高于 40%降至不足 1%。这一不良率在中国主要银行中是最低的（史进峰，2012）。2017 年底，国家开发银行不良率已连续 51 个季度控制在 1%以下。2014 年底，国家开发银行资产首度超过 10 万亿元，资产规模直逼四大行。

2008 年，在四万亿元刺激方案之后，商业银行纷纷进入国家开发银行主导的政府投资领域，国家开发银行的市场份额减小。国家开发银行年报显示，国开行公共基础设施贷款占比由 2009 年的 30%下降至 2016 年的 11%，同期广义基建（包含公共基础设施、铁路、公路、电力四类）贷款占比由 65.5%降至 43.5%。2015 年底，国家开发银行棚户区改造贷款余额为 1.35 万亿元，占比为 14.68%。2016 年上升至 2.25 万亿元，占比为 21.87%，成为国家开发银行贷款余额占比最大的一类业务。在飞速扩张后，各界对融资平台及地方政府债务风险的担忧与日俱增，地方债成为“灰犀牛”之一。

地方政府通过各种融资平台借款，形成了较多的债务，这在统计上体现为企业部门债务，导致企业部门债务被高估。融资平台对利率不敏感，更高的利率也敢借入资金，对民营部门形成挤出，由此也衍生出货币政策传导不畅等指责。回头看，2009 年地方融资平台贷款余额大幅扩张，2010 年监管层控制平台贷款后，以信托为代表的影子银行向融资平台“输血”，2015 年后地方政府融资转向政府购买服务和 PPP。此后 7 年间，虽然监管层对融资平台的监管日趋严格，但地方政府融资仍然经过三轮不同形式的扩张，并且方式更加隐蔽，这也显示出地方政府债务问题处理的复杂及艰巨。而另一个事实是，县级以下融资平台的融资规模有可能远大于省级和市级，在全国 3800 多家地方政府融资平台公司中，70%~80%是隶属县级以下人民政府的。

近年，因为疫情、贸易摩擦、美元加息等原因，中国经济形势迎来新的变化，地方城投面临巨大还债压力。2022 年第二季度，兰州城投爆出债务违约新闻，主因还是效益亏损和负债率高。兰州城投 2021 年净利润-4.92 亿元，资产负债率 72.97%。截至 2021 年底，我国地方政府债务余额 25.66 万亿元，加上纳入预算管理的中央政府债务余额 20.89 万亿元以及国债，中国政府杠杆率为 57.1%（广义负债率，债务余额/GDP），低于国际通行的 60%警戒线，风险总体可控。但疫情使城市债务率普遍上升。2020 年国内有 85 座城市债务率超过 100%，75 座城市债务率较 2019 年翻倍。贵阳市债务率高达 929%，主要系贵州省奉行举债—投资—发展路径，以及城投公司数量较多，且设施项目建设较多所致。

一线城市中，广州 2020 年债务率最高为 282%，深圳债务率最低，不到 20%，但也较 2019 年略有上升。深圳地方政府债务余额不到 1000 亿元，债务负担较轻，主要因为市财政收入较高，接近万亿元（包含中央级收入），另外深圳城市本身较小，城市开发和基础设施已经较为完善，不用再大规模“烧钱”。省会城市中，2020 年债务率居前的扎堆分布在西北地区，这些城市虽地方政府债务余额不高，城投债也较低，但由于财政收入一般，导致债务率较高，西宁、呼和浩特、兰州债务率均超过 400%（见表 17）。

表 17　2020 年国内主要城市债务率分布情况②

债务等级	2020 年城市债务率
红（债务率≥300%）	贵阳（929%）、哈尔滨（764%）、昆明（677%）、西安（669%）、南宁（586%）、天津（581%）、武汉（578%）、长春（564%）、重庆（559%）、兰州（520%）、呼和浩特（516%）、成都（505%）、西宁（426%）、太原（422%）、珠海（355%）、大连（321%）、福州（314%）、郑州（308%）
橙（200%≤债务率<300%）	广州（282%）、金华（279%）、无锡（255%）、沈阳（253%）、杭州（255%）、合肥（239%）、宁波（219%）、厦门（215%）、佛山（214%）、北京（201%）
黄（120%≤债务率<200%）	中山（160%）、苏州（147%）、上海（123%）
绿（债务率<120%）	深圳（19%）

数据来源：作者整理，数据宝、腾讯财经

2022 年 12 月 30 日，贵州遵义市最大城投发债主体——遵义道桥建设（集团）有限公司在中国债券信息网披露了关于推进银行贷款重组事项的公告称：本次银行贷款重组涉及债务规模 155.94 亿元，以债权保全为前提，经各方友好平等协商，近期完成签署相关补充协议。根据重组协议，重组后银行贷款期限调整为 20 年，利率调整为 3%/年至 4.5%/年，前 10 年仅付息不还本，后 10 年分期还本。2021 年我国城投平台的有息债务余额高达 56 万亿元，2022 年就可能已经达到了 65 万亿元（侯江虹，2022）。城投债务违约风险正在挑战中国银行业等金融机构的风险管理能力，考验着银行高层的决策水平。

② 财政部从 2019 年起对各地隐性债务和法定限额内政府债务的风险情况进行评估，债务率的计算口径为（地方政府债务余额+隐性债务）/综合财力。财政部根据债务率数据，将债务风险分为红（债务率≥300%）、橙（200%≤债务率<300%）、黄（120%≤债务率<200%）、绿（债务率<120%）4 个等级，风险依次由高到低。

城投债务风险的不确定性，也是导致我国资本市场中银行低估值的其中一个原因。

2022 年上半年，共有三家股份制上市银行披露了地方政府融资平台贷款信息。招商银行地方政府融资平台广义口径风险业务余额 2683.8 亿元，较 2021 年增加 66.99 亿元。占对公贷款 5.6%，较 2021 年下降 0.1 个百分点。2022 年底平台不良率 0.74%，较 2021 年底上升 11 个百分点。平安银行 678.4 亿元，同比增长 5.7%，占对公贷款 6.3%，暂无不良贷款。兴业银行 2523.04 亿元，平台不良率 3.37%，较 2021 年上升 1.4 个百分点。

7.3　拿什么吸引你

城市除了管理和建设，政府最关心的事情莫过于招商引资。我在前海蛇口分行工作时，对口服务政府机构客户，经常会扮演所在地区招商引资“政府助手”的角色。或者是介绍当地的优惠政策，或者推荐某栋大楼给国内外的企业入驻，或者为政企之间牵线搭桥，有时还会为政府提供重要客户的线索，某某客户能够为某个产业发展带来很多作用，或者是在论坛作报告时嵌入地区的宣传广告等，多措并举。因为在吸引投资这个事情上，银行与政府是利益共同体。由于从小在深圳长大，有机会见证到这个“渔村小镇”的历史巨变。那么是否意味着，参考深圳的模式，中国还能够打造出另一个先行示范区呢？这个问题并不好回答，深圳毗邻香港的优势是独一无二的，就跟北京是首都，上海拥有近代史传承一样，都很难复制，但可以学习借鉴。

入世 20 年来，国内外也有不少好的城市招商引资经验和做法，比如重庆、合肥、新加坡等，它们在金融支持、产业布局、联动周边国家地区、把握国际形势变化机会等方面都能够有针对性地设计招商引资方案。这也在一定程度上解释了我国经济“北升南降”“西快东慢 ”“中部崛起”的发展新格局。

重庆是一个历史底蕴非常深厚的城市，1891 年重庆成为中国最早对外开埠的内陆通商口岸，1929 年重庆正式建市，1997 年 6 月 18 日，重庆直辖市正式挂牌揭幕，进入了发展的新时期。前市长黄奇帆经常分享他在任内的主政经验，在招商引资方面也颇有心得。过去 20 年，重庆经济一直保持较高的 GDP 增速，即便是在全国宏观经济增长乏力跌破 7%的 2015 年，仍然保持着 11%的成绩。也是在这一年，重庆金融业增加值达到 1410 亿元，年均增长率保持在 14%左右，金融业不仅成为重庆新的支柱产业，也是重庆招商引资的重要抓手，打造长江上游金融中心城市的愿景也在这一时期勾勒成型。

2015年，重庆各类金融机构数量就已达到1500家，重庆首家互联网消费金融公司马上消费金融挂牌开业，新增再担保、金融保理、民营资产管理公司等新型金融机构牌照16个。2016年，全国首家专业信用保证保险公司以及民营银行也落地重庆。中国平安为控股重庆金融资产交易所，接受后者提出的苛刻条件：注册地、纳税地不迁离重庆；替重庆金融资产交易所偿还渝富集团的全部借款本息；三年内不得对外转让股权，且未来三年保证使金融资产交易所规模分别达到5000亿元、1万亿元、2万亿元。

重庆也是发放网络小贷牌照最为密集的地方，阿里巴巴在2011年拿到这里的首张网络小贷牌照，此后的数年时间里重庆又陆续发放出总计20张。京东金融在重庆筹办小贷公司的前后一段时间里，百度、小米、乐视等互联网企业，海尔、苏宁、世贸集团等传统线下企业也相继赴渝申请网络小贷牌照。对于这些网络小贷的经营范围表述主要有三种类型：在全国范围内开展办理各项贷款、票据贴现、资产转让业务，如阿里小贷；在全国范围内开展业务，在重庆市以外限于互联网方式线上开展，如百度小贷；在重庆市主城九区内开展业务，在除重庆市主城区外的全国范围内仅限于通过互联网方式线上开展。与其他地方相比，重庆小贷牌照的优势似乎在于将经营范围推至全国，政策松绑的步伐上快人一步。但其中还有更深层、更全面的理由吸引互联网科技中的巨头企业。比如重庆市金融办于2015年9月份印发的通知，其中内容涉及进一步扩大小贷公司的经营范围，允许小贷公司以不高于注册资本金30%的比例进行股权投资，允许不良资产转让，以及让小贷公司享受金融企业贷款损失准备金所得税税前扣除、享受财政资金风险补偿。诸多条款引领着小贷行业的改革步伐。让小贷公司以较低比例尝试股权投资，可在风险可控的前提下起到投贷联动的效果，在坏账风险大面积来临时，用债权转换股权能以时间换空间，对小贷和企业双方都能起到松绑的效果。

重庆当时先试的政策创新引领全国，并且“押”对了方向。金融办对公司资质的要求十分挑剔。比如，互联网类企业过来做金融至少需要经过五个方面的考察：一是平台的合法合规性；二是平台的目标客户是否有可持续增长的可能，首先要有海量的客户才能支撑全国范围的互联网金融业务，其次如果不是增长的态势，那很快就会干不下去；三是平台所累积的信息数据是否具有真正的金融价值；四是平台提供的实际产品是否具有普惠性，有没有经过大范围的检验；五是平台上提供的产品在风险方面是否可控（刘汪洋，2016）。总之，重庆利用金融促进招商引资，但也确保高质量发展，宁缺毋滥。

相较于重庆，合肥的故事更具“赌性”。2020 年 6 月 5 日，一篇《合肥，一座赌出来的英雄城市!》刷爆了朋友圈，2020 年 6 月 9 日，著名投资人但斌转发了一条微博《中国最牛逼的风险投资机构其实是合肥市政府》，也让这座城市映入大众的眼帘。经过 27 年的创新建设，合肥在科技产业方面确实取得了非常好的成绩，2000 年时合肥 GDP 仅 369.2 亿元，全国排名 80 之外。而 2020 年，合肥 GDP 首次突破万亿元，成为安徽首个迈入“万亿俱乐部”的城市。2021 年合肥 GDP 为 11443 亿元，连续两年 GDP 超过万亿元，排在全国建制市第 19 名。从 2005 年起，合肥就将工业立市作为长期战略，经济总量年均增长率高达 19.2%，财政收入年均增长率更高达 21.9%，经济总量跻身全国省会城市第 9 位，增速超过重庆、贵阳、成都、武汉、杭州、深圳，是全国经济增速最快的城市。

合肥的成功，首先还是归因于政府较早对高新技术产业给予重视。作为 1991 年国务院首批设立的国家级高新区，合肥高新区把创新摆在发展全局的核心位置，在发展价值链高端产业、构建创新创业生态、引进优质资源、优化发展环境、培育新兴业态等方面取得了一定成效。如今合肥高新区内市场主体 3 万余家，高新技术企业 852 家，自主培育上市公司 21 家，实现工业总产值超 2000 亿元，成为安徽省第二家两千亿元园区，全年 GDP 700 亿元。合肥模式的经验是，它将落地点放在头部企业、围绕产业链进行投资。合肥把有为政府跟有效市场有机结合，通过政府更有为推动市场更有效。在国内，招商是一项非常“内卷”的事情，好的项目全国各地政府都在抢，合肥能频频抢得战略性新兴产业的头部企业，这主要在于政府寻找到对的伙伴及领域之后完全 All In，并一直渗透到这个产业的头部。头部企业意味着产业链的掌控权，产业链带来产业集群，产业集群才能让合肥成为新的产业基地。政府推动产业发展，发力点只是在产业培育的初期，这时候项目缺钱，政府通过国有资本吸引和撬动社会资本，在资源配置中起到决定性作用的仍是市场。在“扶上马送一程”后，国有资本将通过市场安全退出。以京东方项目为例，在完成 6 代线、8.5 代线项目建设后，合肥国资通过二级市场减持完成投资退出，为新的投资积累资金，实现良性循环。

与普通风投不同，合肥通过设立引导基金（见图 9）“以投带引”具有较强的政策意图，其目的不是高额投资回报，而是引导促进地方产业发展，通过引导基金招引优质产业项目，进而推动调整产业结构、促进产业集聚、引导区域经济转型。多年探索，聚焦“芯屏汽合”“集终生智”产业龙头企业和关键核心技术，合肥围绕投资前期、中期、后期全链条，形成了“国资引领→项目落地→股权退出→循环发展”的产业投资运作模式（方娟，2021）。一轮运作下来，合肥不仅获得了成功的投资回报，也积累了丰富和宝贵的经验，形成了合肥特色打法：先成立市场化运作的产业投资基金，服务于招商引资战略性产业，大手笔投资基金吸引企业落户，后期再将投资所获股份卖出获利，然后继续扩充投资基金，以一笔投资换一个产业。所以，从京东方、兆易创新再到蔚来汽车，合肥撬动了显示屏产业、半导体产业和新能源汽车产业，带动形成几千亿元的产业链，更推动了合肥战略性新兴产业的风生水起，被市场评为“最牛风投城市”。2007 年用全市 1/3 的财政收入投入京东方，最后赚了 100 多亿元；2011 年又拿出 100 多亿元投了长鑫/兆易创新半导体，上市估计浮赢超过 1000 亿元。

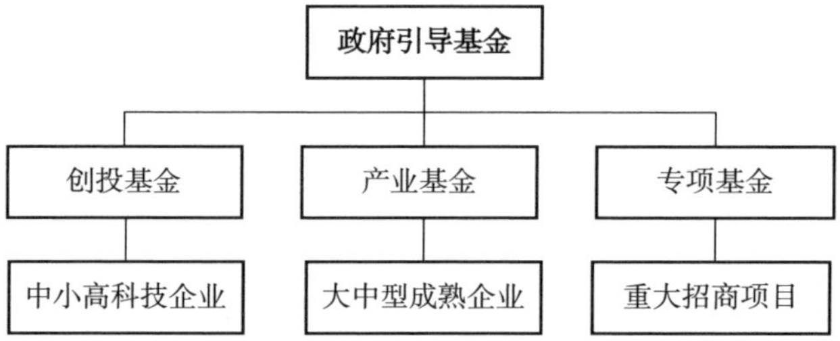

图 9　政府引导基金示意图

合肥的经济野望或比我们想象的更加高远。在 2022 年 9 月举行的“世界制造业大会·中德新能源汽车产业发展论坛”上，合肥市政府表示要全力打造“新能源汽车之都”，实现整车 350 万辆、电池 300GWh、产业规模超万亿元的目标。近年来，合肥累计签约新能源汽车产业重点项目 158 个，总投资 1411 亿元。2021 年，合肥的新能源汽车产业实现营收 1029.5 亿元，产量 14.5 万辆，同比增长 148%，拥有 120 多家新能源汽车相关企业（左茂轩，2022）。2021 年 4 月，邻近机场的合肥新桥智能电动汽车产业园开工，一座占地万亩、产能达 100 万辆/年的汽车之城在此诞生。

在国外，新加坡在招商引资方面也是大家效仿的优等生。而近年来，新加坡的招商力度有增无减。2020 年 10 月 29 日，新加坡经济发展局推出《新加坡：致全世界的一封公开信》视频，该视频有中英文配音，也有德语、日语字幕，表明新加坡招商引资的步伐不会因疫情而退缩。新加坡总理李显龙转发该视频，并强调说，“无论面临怎样的挑战，我们都能获得胜利，小红点将继续闪耀光芒。”尽管面临新冠肺炎疫情的严峻挑战，新加坡在 2020 年仍吸引到 172 亿新元固定资产投资，创下 2008 年以来的最高纪录，那么，新加坡招商引资为什么做得这么好？

首先，新加坡遵循的是经济全球化理念和精英人才战略。作为一个国土面积比较小的国家，自然资源缺乏；新加坡一直致力于经济全球化发展，服务对象从未局限在某个区域或某个国家，而是引导企业以新加坡作为其区域或国际总部，进军全球化市场，为企业基业长青打下坚实的基础。新加坡也始终将人力资源作为新加坡的首要资源，重视人才培养、吸纳全球人才、人才政策扶持等，比如2021年实行的科技准证制度，已成为全球高科技人才竞争的典型范例，营造了良好的经商环境。新加坡打造良好的经商环境，包括基础设施等方面的硬环境，也包括政策扶持等方面的软环境，拥有最顶尖的数码基础设施、世界一流的交通体系、稳定的水源供应、可靠的电力供应等。新加坡推出“智慧国”计划，着眼于未来数字化基础设施建设。

其次，新加坡重视软环境的建设，如廉洁高效的政府、稳定的政策、多元化均衡的产业结构、和全球各国的多种合作协议、一系列协助企业融资和提供员工培训的政策措施、健全的获得全球认可的法律法规、完善公平开放的环境、良好和谐的社会秩序等。虽然全球税制改革会对新加坡的税收优惠政策造成一定的冲击，但新加坡自信不会影响其吸引外资的能力。原因就是新加坡已经建立起了一整套全方位如上所述的“亲商服务体系”，能够让海外企业在新加坡享受到真正的“国民待遇”。

2022年9月22日发布的“第32期全球金融中心指数报告”（GFCI 32）显示，新加坡已取代中国香港成为亚洲第一大金融中心。许多大型跨国企业如索尼音乐、Modena、VinFast等都选择新加坡设立其在亚洲或全球地区的总部。花旗银行、法国兴业银行等金融机构也将大量员工迁移至新加坡。从银行金融服务的角度看，新加坡在银行金融服务方面也有着完善的产品体系，比如近年主推家族办公室计划和离岸家族信托产品，能够满足高净值客群在应对国际复杂经济形势、“多重身份”税务筹划两大方面的需求。全球跨国企业的选择与人员流动的变化都说明了金融服务在招商引资方面的重要性。

2022年以来，国内各地招商方式层出不穷，虽然政策各异，但方向基本一致。比如瞄准总部经济、龙头企业、隐形冠军开展精准招商、敲门招商，围绕大项目，做强产业链，形成大产业，打造新集群。具体策略包括：一是市级部门加大放权赋能，推动各类辖区和园区的创新发展。为了优化营商环境，政府也提出构建“无难事、悉心办”“24小时不打烊、360度无死角”“无事不扰，有求必应”等招商护商工作体系和服务品牌。二是主动、出海、上门式招商越来越多。在全球范围内招聘招商大使、招商专员等高端人才，提高招商引资的效果。创新委托代理招商模式，发挥国际、国内有影响的行业组织机构代理招商的独特作用。通过各类直播、社交平台，利用口碑效应吸引外商。三是借助银行等金融资本的引领作用，实现市场化、专业化的招商效果，增强外资落户的信心。

7.4 医疗服务路还长

医疗服务是民生工程，产业发展不仅关系到人民生活质量，还是地区经济高质量增长的重要来源。医药健康产业与城市必需产业构建、城市突发事件应急体系建设、城市规划建设息息相关，是城市未来可持续竞争力建设不可或缺的重要组成部分。《“健康中国 2030”规划纲要》指出，2030 年医疗行业将创造 16 万亿元产值的经济规模。在 2019 年发布的《关于培育发展现代化都市圈的指导意见》中，也明确提出要促进都市圈内医疗一体化，将会带动医疗服务功能的结构重塑和重新布局。并且随着人口老龄化加剧，中国医疗服务市场的需求还会进一步加大。

2022 年 9 月，权威医学杂志《柳叶刀》刊登“全球医疗质量排行榜”，涉及 195 个国家和地区，研究指出，过去 25 年，中国是医疗事业进步幅度最大的国家之一，在榜上的排名我国从第 110 位上升到第 60 位。成绩固然可喜，但提高我国医疗服务水平仍任重道远。我有一位大学同学是医疗服务行业的创业者，他为政府搭建了一个就医预约叫号平台，为市民就医提供了便利。但他也坦然，中国的医疗服务与美国的差距还比较大。2021 年美国医疗卫生支出已经升至 3.2 万亿美元，占 GDP 的 18%，创新药在研占全球 48.7%。相比较，日本医疗费用占 GDP 的 10.9%，欧盟 38 国的平均值是 8.8%左右，而中国只有 5%左右，在 187 个排名国家和地区中位列第 117 位。但中国经济增长来自消费的动力源中，用于医疗卫生服务的贡献是最大的。

对照美国等发达国家医疗产业发展趋势，我国市场还有很大增长空间，对经济的拉动作用也会越来越大。从投资效率看，公共卫生领域的投资可以转化为 60%~70%的 GDP，远高于交通设施 30%的比重（黄奇帆，2020）。未来我国医疗服务产业可以与现代科技充分融合，进一步带动先进医疗设备、智能硬件设施等现代信息设施、人才教育等高质量 GDP 的产生。目前大数据、人工智能、5G 等现代信息科技的深度应用正推动智慧城市的建设，并将全方位、全生命周期的生命健康管理充分融入智慧城市的相关建设环节中。如智能可穿戴设备与城市环境监测系统、智慧家居、远程医疗服务平台相衔接，形成个人健康指征与城市健康环境监测、远程诊断服务的充分结合，构建精准的健康评估系统。由于中国医药整体水平不高，准入门槛低，企业在快速发展的同时，产业基础又比较薄弱，药品低水平重复现象比较严重。为此我国医药行业正在制定更加系统、执行力更强的政策，行业改革正从量变到质变，为真正的医药分家做最后的准备。《关于全面推开公立医院综合改革工作的通知》和《公立医疗机构药品采购中推行“两票制”的实施意见（试行）》的相继出台，可见未来医改将进一步加大医药行业的格局分化。

我在交易银行部工作时，参与了银医合作服务方案的设计。一种服务是解决医药公司与医院之间的资金结算账期问题，开发了应付账款融资产品。全球供应链金融论坛在其《2016年供应链金融技术的标准定义》中将应付账款融资定义为：“一种由买方主导的融资方案，买方供应链中的卖方能够通过购买应收账款的方式获得融资。”因此，如果卖方选择早于买方的标准约定条款获得付款，则该技术“为货物或服务的卖方提供了选择，其可以在实际到期日前获得应收账款（以未偿付发票显示）的贴现金额”。应付账款融资方案中供应商（医药企业）的融资成本与买方（医院）的信用风险挂钩，买方的信誉可以帮助卖方改善融资条件。这也很好地解决了医院不好作为贷款申请人的问题。实际工作中，银行为医院提供的金融服务内容是很丰富的。沈旭英（2016）认为，从最原始的账户结算到互联网医疗金融服务，银医合作可以分为三个阶段。

第一阶段是支付结算与项目资金扶持阶段，20世纪80年代的银行主要围绕医院结算账户、收付出纳、代发工资、财政预算资金监管等环节开展服务。此时银行以传统柜面服务为主，有少量的上门服务。银行与医院的业务大都还要通过手工半手工、电算化组合方式联系，银行客服人员与医院财务部门当面接触，传递纸质资料。在融资方面，银行会为医院的一些大中型基建项目、大型医疗设备采购等提供项目贷款。总体看，银医双方业务合作内容比较单一，关系松散，银行略占主导地位。

第二阶段是物理设备布置与联名卡共享阶段。这一阶段始于会计信息化逐步普及的90年代。最典型的标志是银行在医院门诊、住院费等收缴点配有POS机、ATM等自助设备，方便患者付费刷卡、转账和现金存取。银行卡作为医院收费结算的辅助工具参与医院运维部分环节，有的银行与医院发放联名卡，或医院诊疗卡与银行借记卡“合二为一”，有的可通过银行卡、社保卡自助缴费实现挂号、缴费等功能，还有的银行将医院内部门禁系统、员工停车、就餐等功能与银行卡绑定，实行“一卡通”。这个阶段的银医合作业务空间被打开，银行的客户与患者身份识别结合在一起，资金存储、支付结算与业务流程结合在一起，电子钱包在银行卡交易子系统和医院业务系统之间双向流转。

第三阶段是“银医通”互联与智慧医疗融合阶段，最明显的标识是“互联网医疗”和“智能支付”的出现。“银医通”平台在很多医院上线运行，网上银行、银医直联平台、手机 App、终端柜员机等普及，非银行的第三方机构参与进来，云平台、互联网、大数据、智能化在医院多个业务领域得到推广应用，支付宝、微信等渠道的加入，医院在收付结算和资金清算等方面有了更多选择，收付款方式优化、综合现金管理、投融资组合、理财增值服务等个性化需求和一体化方案成为银医合作新趋势。“移动医疗”“线上就诊”“智能复诊”等开放式共享系统，线上线下多方资源的集中共享，可能带来医疗行业全新的变革。这种模式下银医合作的关系趋于复杂化，一方面医院与某一家银行业务合作份额有所减少，对整个银行业的业务依赖反而加强；另一方面第三方机构虽然也侵吞了部分传统银行业务，但银行业在资金监管和风险控制方面的专业化优势仍受到青睐。

7.5 疯狂建学校

党的二十大报告对科教兴国给予了很高的期望，高质量教育体系建设步伐将会加快。教育不仅为经济输送人才，也可以拉动投资经济的增长。在未来，国际竞争的焦点是人才资源，决定人才资源的质量实质在于教育。更多的大学毕业生和职业技术人才，也将预示着未来更加庞大的生产能力和消费能力。回顾“十三五”期间，我国各级各类教育事业发展取得新进展，全国各级各类学校 53 万所，幼儿园、特殊教育学校、高中教育学校、普通高等学校和民办学校数量均有所增加。2021 年中国在校生人数再创历史新高，2021 年中国在校生人数达 2. 91 亿人。教育经费投入也逐年增加，2020 年总投入达 5. 3 万亿元，同比增了 2836 亿元，其中国家财政性教育经费 4. 3 万亿元。入学率逐年稳步增长，其中高等教育毛入学率达 57. 80%，较 2015 年的 40%上升了 17. 80 个百分点。2021 年全国专任教师数量达 1844 万人，较 2020 年增加了 52 万人。未来我国教育网络化、社会化、产业化会是主要发展趋势，教育在城市竞争力的提升中将发挥更加重要的作用。

在高新区支行工作时，我有幸服务自己的母校深圳大学。由于工作地点与学校东门只有几百米距离，所以下班后经常会去校园走一走，看看美丽的风景。对深圳来说，深大具有不一样的意义，在很长时间里它是深圳唯一的本科院校。众所周知，深圳不仅高校少，中小学学位也不够，与其他一、二线城市相比，教育资源匮乏。2019 年，某世界 500 强民营科技公司的高层就说过，该司 4 万海外员工多数不回国，一个重要原因是深圳在学籍管理方面非常严格，员工在非洲工作，孩子可以上最好的学校，但是回到深圳就拿不到好的学位。深圳建设学校的核心不是钱，而是土地。深圳的陆域面积不足 2000 平方公里，其实际建设用地却不到 60%。经过 40 多年的开垦，深圳建设用地基本已经耗尽，想要在有限的土地满足 2000 多万人就业、居住、教育以及各种公共服务设施的需求，深圳面临的空间压力极大。在深圳的城市发展进程中，虽然规划了大量的教育设施用地，但现实中这些教育用地都是工业厂房、城中村或者一些小产权的土地，需要通过城市更新、土地整备利益统筹等第二次开发手段完成土地拆迁以后，才能进行收储用于学校的建设。如果完全由政府运作，成本非常高，财政难以承受。

深圳目前普通高校只有 14 所，在校大学生不到 15 万人，双一流大学仅有南方科技大学，远比不过国内其他重点城市。从高校数量看，北京 92 所，武汉 83 所，广州 83 所，重庆 70 所，郑州 67 所。从高层次院校（双一流）数量看，北京 34 所，上海 15 所，南京 13 所，武汉、广州、西安、成都均是 7 所。毗邻深圳的广州在校大学生已达 140 万人。中国城市要向前发展，需要有人才做基础，高校恰恰能持续不断地为城市提供人才。好在越来越多的港澳高校把校区先后开到深圳等大湾区境内地区，比如香港中文大学（深圳）、澳门大学（横琴）、香港科技大学（广州）、香港大学（深圳）、澳门科技大学（珠海）、香港理工大学（佛山）、香港城市大学（东莞），不仅可吸引更多香港学生来内地上大学，也让内地学生享受到香港的教育服务。虽然教育行业的经济转化率短期比不上医疗行业，但中长期的影响会更大。印度尼西亚的一项研究发现，为每 1000 个孩子多建一所小学会使他们长大后工资平均增加 1. 5%到 2. 7%，预计经济回报为 6. 8%至 10. 6%（Dufflo，2021）。

在现代化教育体系建设中，职业教育和县域大学这两个方向引起了大众的关注。在职业教育体系建设方面，2022 年 4 月 20 日，十三届全国人大常委会第三十四次会议表决通过了新修订的职业教育法，修订后的职业教育法自 2022 年 5 月 1 日起施行。“新法”鼓励行业组织、企业等参与职业教育专业教材开发，更大范围地发挥职业教育的影响力。到 2025 年，我国制造业十大重点领域人才需求缺口接近 3000 万人，服务业的缺口更大，仅家政、养老等领域至少需要 4000 万人，而 2021 年中职、高职相关专业毕业生只有 100 万人左右，职业技术人才的缺口很大（贺春兰，2021）。“新法”不仅保障了对实体经济人才的有效供给，也为我国教培产业的转型健康发展开辟了新的道路。在县域大学建设方面，2022 年 5 月，清华大学鞠建东撰文建议：在今后 10 年，每年通过货币产业政策投入 2 万亿元建设 2000 所县域大学，实现我国经济从工业化阶段向知识化阶段的转型。背后的核心逻辑是，建设 2000 所县域大学，每年可以推动 2%的经济增长，将使我国今后 10 年经济增长率稳定在 5%以上，实现可持续的高速、高质量增长。

教育建设是一项长期的系统工程，涉及国家巨额的投入。一所知名科技大学每年获得的教育经费就高达数十亿元。银行金融服务就是要帮助学校用好这笔资金，发挥最大的效用。实际工作中，银行服务学校不仅有公司金融业务机会，还有大批量的学生个人金融业务机会，并且学生毕业多年后也将成为高净值人群，未来都将是银行潜在的财富金融客群。目前银行为学校提供的服务主要分为以下几类。一是代收、代发类服务，银行可发挥“银校直联”“数字人民币”等无现金支付系统的功能优势，为学校承担代发工资、代收学费、上门服务、“一卡通”、保本理财等金融服务，提高学校的财务运营效率，为师生日常工作与生活提供更多的便利。银行还可以助力职业学校加快科技转型，共同打造智慧校园，建设集智慧学习、智慧党建、智慧办公、智慧生活于一体的新校园生态圈。二是授信融资业务，银行可以联动政府、基金等机构不断创新、丰富融资产品，为学校建设或扩容校区提供资金支持，并且当学校建设资金到期存在资金周转困难时，还可以探索“债转股”等解决方案，降低金融风险。同时，银行还可以为高校和职业学校的学生个人提供满足日常生活需求的信用卡或消费贷款服务，提供满足学费缴纳的助学贷款服务。针对贫困学生的学杂费、生活费以及其他与学习有关的费用，银行可制定优惠利率政策，成立帮扶基金，鼓励优秀学生顺利完成学业。三是科创类金融服务。银行可以为高校提供优惠贷款支持师生开展科研活动，特别是支持科研成果的转化和高新技术产业的孵化工作。为业绩优良、有发展前途的具有高新技术能力的校办企业或学生创业企业扩大市场规模、融资上市、资产重组、增强市场竞争能力等提供全面的金融服务。四是开展银校内训合作。银行业 300 万职工同样有提升技能的需求，银行可以采购高等院校或职业学校的培训服务来满足员工需求，也可以提供金融领域的专家师资和研究力量，帮助学校不断丰富教学内容和案例资源。此外，银行还可以发挥海外网点优势，撮合境内外学校师生间的交流，并为广大师生提供先进、优质、安全和个性化的校园一站式出国金融服务和政策咨询服务。

7.6　城中村改造

回顾中国城市建设的历史，城中村扮演着极为特殊的角色，在经济上升时期，人口流动以就业为导向，城中村呈碎片化，但却有基层组织管理，不同于国外的贫民窟，随着城市的更新改造，我国城中村也不断地融入城市的发展进程当中，而拆迁改造，不仅是城中村治理中最大的问题，也为城市经济发展和银行金融服务提供了巨大的商机。所谓“城中村”，是指在城市高速发展的进程中，由于农村土地全部被征用，农村集体成员由农民身份转变为居民身份后，仍居住在由原村改造而演变成的居民区，或是指在农村村落城市化进程中，由于农村土地大部分被征用，滞后于时代发展步伐、游离于现代城市管理之外的农民仍在原村居住而形成的村落，亦称“都市里的村庄”。

城中村这个概念最早出现在深圳、珠海等新兴城市，随后在北京、广州等城市蔓延开来。参考2008年的数据，深圳市有241个城中村，北京231个，西安市417个，昆明288个，中小型城市也存在，如浙江绍兴有45个城中村。城中村不是中国的专利，海外国家也有，并且都有不同的管理策略。比如金砖五国的巴西，在经济高速发展后又陷入了经济的停滞，人口的高度膨胀造成了贫民窟的泛滥，圣保罗市政府实施的“贫民居住区城市更新计划”，致力于消除社会的排斥现象。印度贫民窟不仅有经济的问题，根深蒂固的种姓制度在城市里更加隐蔽，也难以根除。印度政府曾发起“拉吉夫住房计划”，中央政府和地方政府各出40%，个人出资20%合作建设保障性住房和改造贫民区。美国的贫民窟在黑白的隔阂之下，不同的移民、发达的城市化，造就了不同的贫民区类型，也积累了丰富的改造经验。美国开始采用城市更新做法，后来逐渐改以提供投资和工作机会为主要手段，开启邻里复兴。

国内各城市也结合自身的特点实施城中村改造。比如，广州市的城中村改造采取“政府引导，村民自行开发”的改造模式，由村集体与村民出资，政府提供相应配套资金，村委会转为居委会，村民转为市民，村集体经济变为股份公司。但地产开发商被排斥在外，资金、运营、建设各个环节便薄弱许多，结果良莠不齐。上海市采用政府主导，在立项、拆迁、建设、管理等各个环节都发挥主导作用，由土地储备机构代表政府完成土地的一级开发，形成“净地”后，进行二级开发。这一模式保证了城中村改造的品质，并且说明上海除了土地紧张之外，还很有钱。深圳的城中村改造有两种模式，较为灵活。针对规模较小的城中村，采用村集体筹建+政府扶持，如同广州市的模式。针对规模较大、情况复杂的城中村，采用政府主导+开发筹建，政府立项，开发商完成拆迁、规划设计和建设，资金由开发商自筹，原住民原地返迁。后一种的关键在于村民的利益维护与协调。多数城中村的改造注重建筑、产业等内容，但是，公共空间也是其中的关键部分。村落的公共空间往往是传统文化的载体，具有强烈标示性与公共性。在对公共空间的改造上，更需要对其文化特色的重塑与延伸，植入现代化的功能与审美。边角型、小尺度的零星地块也能发挥不小的作用，当下的城市更新的“针灸”，便是这类空间价值的体现。

城中村对银行的服务需求具有比较多的特色。我有一位同学是南山区某村企的负责人，跟我交流了很多金融服务方面的需求，最多还是体现在村办企业的租金收入如何更好地理财方面。其实，深圳在城中村改造领域的金融服务也位列前沿。2004 年的渔民村改造项目正是深圳市“城中村”成功改造的榜样之一。当时渔民村在广泛征求意见的基础上，决定旧村改造的资金每户需要出资 260 万元到 280 万元全部由村民负担。其中每户村民自筹 50 万元，其余部分的资金由区政府出面协调有关银行，村民向银行融资，股份公司用集体资产作为融资抵押，建设期内融资利息由区政府支付。工程竣工后银行把贷款转化为楼宇按揭，村民各户按揭年限不等。项目建成后每户村民可住进一套 240 平方米的顶层复式住宅，绝大多数村民户均拥有的物业面积由过去的 980 平方米增加到 1400 平方米，居住的环境变成了花园式的小区，村民们的投入得到了回报。在改造模式上，渔民村创造出了独特的“村股份公司自己组织改造、村民自筹资金的改造模式”。即由村股份公司组织改造，就避免了房地产公司为经营利润而高强度、高密度地开发，违背改造本意和影响村民利益；村民自筹资金，采取灵活的多元化融资机制，由股份公司担保、银行贷款，竣工后银行将其转化为楼宇按揭贷款，使融资机制活起来；政府的倾斜政策有力地支持改造，由此降低了改造成本。

除了渔民村这种集体组织和村民自己改造的模式外，还有两种与开发商合作的模式。一是开发商与村集体、村民合作改造。村集体、村民的积极参与，可以有效地降低拆迁的难度，而开发商的加入，又解决了村民与村集体改造资金的问题，村集体、村民的利益也得到了保障。二是开发商投资改造模式。开发商自筹资金，按有关规定先对所有被拆迁业主进行补偿安置，所开发的商品房进入市场竞争经营。这种模式缓解了政府大规模资金投入的压力，不需村民及村集体再投入改造资金，规避了投资风险。但无论采用哪种模式，都离不开银行的贷款资金支持，只是由于农村土地权属的问题原因，与开发商合作对于银行来说授信风险会更加可控。

在城中村改造完成后，银行的金融服务机会也有很多，涉及城中村居民的生活、就业、创业等领域。首先，城中村聚集着大量的外来务工人员，一般属于人口的高密度区，这大量的外来人口必定会产生大量的存取款以及汇款等金融服务需求。其次，城中村的原村民相对富庶，村民的征地补偿款、房屋租金加上进城务工收入十分可观，拆迁造就千万元、亿万元资产的高净值家庭是银行私人银行和财富金融服务的对象。2018 年，深圳南山区沙河街道沙河五村城市更新单元规划推出，随后白石洲诞生了 1878 个亿万富翁（程昕明，2019）。最后，城中村在发展过程中，出现了一批依托低地租等特殊优势成长起来的集体企业，这些企业在创业期、成长期以及成熟期都存在资金需求。比如杭州四季青服装市场、深圳石碑电脑城等，在创业期都是从当地农村信用联社取得融资支持，并与农信系统建立了较密切的关系，当然随着这些集体企业的发展成熟，其资金需求量越来越大。

城市更新与土地整备是银行服务城中村的重点领域。2022 年 8 月，深圳市发布《深圳市城市更新和土地整备“十四五”规划》，计划其间城市更新和土地整备实施规模不少于 95 平方公里，固定资产投资总额不少于 1 万亿元，由此间接拉动的银行融资需求预计可高达数万亿元。根据 2021 年公开数据，深圳共有 1129 万套住房，但从住房结构来看，商品房仅有 189 万套，公共住房存量仅为 55 万套，而城中村住房为 577 万套，占比超过 50%（戈振伟，2021）。可见，深圳在住房质量、住房配套，以及住房租购结构等方面不仅要与新增住房同步，更需要在存量住房上做文章。而这种需求和情况在国内很多一、二线城市都存在，包括毗邻深圳的香港北部都会区建设，也面临同样的金融服务需求。

国内农商行与农村信用社也是城中村金融服务的一支重要力量，它们的做法也同样值得同业借鉴。比如，武汉农村商业银行推出的“融城富业贷”算是城中村的专属产品，为参与“城中村”及旧城改造、新农村建设的中小企业主和创业者量身定制的，集资产、负债、中间业务于一体的综合性金融服务方案。银行还针对每个项目将派驻专职客户经理，按照“一村一策、一村一案”的原则，制定个性化的金融服务方案。有些城市的村集体在意的不仅是拆迁补偿金，更加注重的是利用金融力量，适当杠杆化，将集体资产增值，实现“钱生钱”，将获得的收益用于缴纳村民养老金、分红等惠民福利上。银行唯有下沉者、速度反应快者、信贷产品创新者才会更有市场竞争力，迎来城中村客群的青睐。福州农商行践行福建农信“党建+金融助理+多社融合”服务模式，将支行行长、网点主任、客户经理等优秀人才挂职乡镇（街道）、村（社区）金融助理，建立与农信社、益农信息社、供销社、农民专业合作社等“多社融合”的长效机制，通过继续做熟人的业务、熟悉的业务，将金融助理驻村（社区），打通金融服务“最后一公里”。

城市有机更新是城中村改造的新亮点。在本书前面诸多内容中不难发现，城市更新对我国房地产投资发挥重要的拉动作用。截至 2021 年底，全国 411 个城市共实施 2. 3 万个城市更新项目，总投资达 5. 3 万亿元。2021 年城市更新首次被写入政府工作报告，《中华人民共和国国民经济和社会发展第十四个五年规划和 2035 年远景目标纲要》中明确提出“实施城市更新行动”，将城市更新上升为国家战略，这也意味着，大规模、扩张式、以房地产开发为主的城市发展建设方式将转向以盘活存量、提升质量为主的城市更新。城市更新不再是大拆大建，走房地产开发的老路。以内涵集约、绿色低碳发展为路径，针对城市发展补短板、升功能、强活力的有机更新才是今后的方向。城市有机更新理论是中国建筑大师吴良镛先生于 20 世纪 90 年代最早提出，即根据城市改造的要求与内容，选择适当的尺度、规模处理当前城市发展与未来发展之间的关系，提高城市更新规划设计质量，使城市趋于完整性与系统性，实现可持续发展。城市有机更新下进行城中村改造，不仅要改造老化的建筑实体，还要更新、延续空间环境、生态环境、产业结构、历史人文环境、文化环境、社会心理、功能业态等软环境，为居民创造适宜居住、兼顾精神文明与物质文明的生活环境，提高生活质量，促进社会和谐发展（蒋施思，2019）。对银行来说，城市有机更新与传统房地产开发的金融服务需求不同，涉及的产业链条较长，主要靠持有经营获得收益。城市有机更新下的融资链条分为“投资—建设—运营”三个环节，前期由于盈利的不确定性较大，较多地区需要股权方式的融资；随着项目改造进程的深入，项目不断成熟、风险点逐渐排除，更新资产价值逐渐显现，可更多利用债权方式融资；当项目进入运营阶段后，由于经营过程的现金流已经趋于稳定，这个环节可采取资产证券化的方式进行融资。所以，城市有机更新投融资的基本规律是：投资基金化、建设信贷化、运营证券化。甚至还有专家学者提出，在信贷政策上，应该将城市有机更新从房地产信贷中独立出来，单独监管（秦虹，2021）。为了支持城市有新更新项目顺利推进，一些地方政府还会通过金融机构发放一定政策性补贴。比如，2018 年上海市出台的《上海市历史风貌保护及城市有机更新专项资金管理办法》规定，对于社会资本参与成片历史风貌保护地块改造项目给予一定期限的利息补贴，补贴时间不超过 5 年。

7.7　财政体制改革

地方财政状况一直是国内各界非常关心的经济问题，也是学术研究的重点课题。改革开放以来，地方财政在实际运行中出现过多轮困难加剧期，地方财政长期处于困难之中，即便是在财政收入年均增长率 20% 的时期，也有县乡拖欠工资、差旅费、医药费等现象，刚性财政支出压力有增无减。相比较而言，当前的刚性财政支出压力之强劲实属空前，财政体制加快改革已经箭在弦上，不得不发。2022 年，关于国家财政体制深化改革的消息增多，比如对深圳、山东的授权等。11 月 18 日公布的《关于进一步推动政府和社会资本合作（PPP）规范发展、阳光运行的通知》（财金〔2022〕119 号），更是让社会对推进财政体制深化改革有着更多的思考。

党的十八大以来，我国财政改革初步建立起了现代财政制度，并在预算管理制度改革、政府收入制度改革、财政体制改革等方面取得重要突破。收入制度改革也呈现多个亮点。比如推进深层次的货物和劳务税、所得税和财产税三大类税制改革，大幅降低了全社会个人所得税负担，并有针对性地进行收入再分配扩大消费，进而拉动经济增长。非税收入制度安排深度调整，大幅降低全社会政府非税收入负担，包括分批次减少行政事业性收费。逐步减少政府性基金项目，大幅降低社会保险缴费实际费率，每年为市场主体减负数千亿元，助力稳增长、稳就业、调结构。10 年来，我国累计新增减税降费 8.8 万亿元，2021 年宏观税负为 15.1%，比 2012 年降低了 3.6 个百分点。

财政领域的核心问题是积极财政政策所带来的债务问题。从中国情况来讲，虽然政府的债务风险不是非常大，但债务的结构性风险比较突出，集中体现在地方政府显性隐性债务风险高、基层政府财政运转困难。财政收入增速下降，财权与事权之间不匹配，财政的功能定位需要改进，财政体系已经处于一个大转型、大改革、大调整的时代，肩负着前所未有的主导性的作用，因此会出现相应的效率问题和公平问题。财税体制改革是“十四五”规划重点，但财政领域的利益关联广泛，改革尤其困难（张寒，2021）。

我国要继续支持绿色经济、高科技产业、小微企业、贫困地区、外贸出口等领域，财政支出仍需要持续增长，所以财政改革在“开源”方面聚焦在如下几个方向。一是探讨新的税种，比如老百姓关心的房地产税，但如何征，征收对象是谁，多少套房起征，何时开征等问题都是不确定的事情，需要统一衡量。二是加强税务征收工作，比如上线金税四期，可以有效地减少避税、逃税、漏税等违规行为，减少税收流失。三是盘活国有资产，推进混合所有制改革。2022 年 11 月 1 日，财政部发布关于盘活行政事业单位国有资产的指导意见，其中指出，加快推进行政事业单位各类国有资产盘活利用，建立健全资产盘活工作机制，通过自用、共享、调剂、出租、处置等多种方式，提升资产盘活利用效率。《经济观察报》报道，我国国有企业经营性资产（含金融类企业）可能已经占全国各类企业经营性资产总额的 60%以上，超过 500 万亿元。四是扩大离岸债券的试点发行范围，比如深圳 2021 年在香港地区发行了两期离岸人民币债券，用以支持绿色、蓝色经济的发展。该政策在内地城市放开，将有利于减轻地方财政压力。此外，在“节流”方面，财政部也发文要严格审核不必要的平台融资项目，减少利息支出，控制地方债务率，确保地方举债和财政收入、项目收益等相匹配。

银行服务财政体制改革可以聚焦在民生普惠、绿色经济、国资国企改革等领域（郭燕，2022）。一是加大对保障性住房建设方面的信贷投入力度，并积极参与相关公共设施新型建设运营模式的全面金融服务，加大个人保障性住房租赁贷款等创新力度，满足新市民及中低收入人群的住房需求。二是地方债承分销服务，特别是针对政府境外发债、发行绿色债券/蓝色债券等需求，配合优化定价方式、优选资产项目、增加分销支持，当好政府发债的一站式服务商。三是支持政府做好国有资产全面盘存工作，提供全方位、综合化并购金融服务，积极推荐合适认购方，推动国企混合所有制改革进程。四是关注国有资本投资动向，加强与政府投资平台合作，积极推荐优质投资项目，并为被投企业提供授信等一揽子金融服务方案。五是参与税制改革研究、助力人才培养等工作，银行可发挥在金融领域的专业、数据和人才等优势，为税务制度改革优化、财政增收、政府产业规划等出谋划策，特别是配合政府做好金税四期上线工作，为企业和居民提供便捷、合规、安全的涉税金融服务，并通过挂职交流、联合研究、基地共建等方式帮助政府培养财政专业人才。

7.8 体育新动力

我国体育产业虽然起步较晚，但发展很快，特别是 2008 年北京奥运会成功举办以后，国内体育产业的领域不断拓展，发展规模也不断扩大，产业的质量也有所改善，产业的效益也明显增高。从 2012 年至 2020 年，中国体育产业总规模和增加值分别由9526亿元和3136亿元增至2.74万亿元和1.07万亿元，年均增速分别达14.1%和16.6%。产业增加值占GDP的比重也由0.6%增长到1.06%。体育服务业占体育产业的比重由34.6%增长到68.7%，增速远高于同期第三产业的平均增速。但新冠肺炎疫情给体育产业带来较大影响，体育服务贸易业也受到很大冲击。2021年我国主要体育服务贸易进出口总额仅为101.9亿元，比上年下降44.16%（王继松，2022）。从长期来看，依托我国较大规模市场优势，体育服务贸易业发展潜力巨大，特别是借助北京冬奥会成功举办的契机，3亿人参与冰雪运动，把冰雪产业的冷资源转化成熟经济，这将为体育服务贸易业增添新的发展动力。

体育对城市来说，不仅是软实力的重要体现，也是满足市民对美好生活的向往、提高市民身心健康水平的重要途径。我是一名羽毛球爱好者，经常会参加业余的比赛，曾获得深圳市的团体赛亚军和单项赛第四名，在银行内部也获得过团体和单项的冠军。深圳有近百万的羽毛球爱好者，所以从事这项运动让我结识了很多球友，他们分布在各行各业，包括政府、监管、企业、学校和医院系统等。由此可以看出，运动能够集聚一群爱好者，从而打造良好的体育生态圈。

对城市来说，建设体育之都无疑能够吸引更多高质量的企业和居民。通过举办大型运动赛事，城市体育各项配套基础设施建设以及产品的消费均能直接或间接地带来理想的经济效益。2019年，国务院办公厅就出台了《体育强国建设纲要》，首次为体育强国建设制定实施文件。2022年体育产业发展被正式写入“十四五”规划，并明确通过中央预算内投资支持全民健身和体育产业基础设施建设，表明了中央推动体育产业高质量发展的决心。2022年8月26日，国务院办公厅同意广东、香港、澳门承办2025年第十五届全国运动会，筹备和举办经费主要由广东省人民政府、香港特别行政区政府、澳门特别行政区政府自筹，中央财政给予一次性定额补助。相信通过大型体育比赛项目，可以进一步夯实城市的体育产业基础，并推动大型体育场馆数字化、智能化转型。此外，引进国际高端赛事还可以吸引全球消费者到现场旅游观光，拉动体育消费，助力城市打造具有国际竞争力的现代体育产业体系。

近年来，电子竞技的发展也为体育赋予了新的解释，同时也带来了更大的参与群体。2021年11月5日，杭州亚运会组委会首次公布了电子竞技小项设置，《英雄联盟》《王者荣耀（亚运版）》《和平精英（亚运版）》《炉石传说》《刀塔2》《梦三国2》《街霸5》和*FIFA Online* 4等8个项目入选。随着全球电竞中心逐渐向中国转移，国内城市也纷纷出台相应政策抢抓电竞产业发展机遇。

2019 年，上海提出“电竞 20 条”，布局电竞全产业链发展，扶持电竞游戏、赛事、俱乐部、主播解说、播出制作项目 24 个，举办规模电竞赛事超过 1500 场，占全国近半数，集聚的电竞企业和俱乐部超 250 家，占全国 80%以上。发力建设“网络游戏之都”的北京，也举行了“电竞北京 2020”系列活动，北京国际电竞创新发展大会、电竞之光展览交易会、2020 年王者荣耀世界冠军杯总决赛相继上演。2020 年，海南也发布了支持电竞产业发展的“海六条”，在资金、人才、税收、免签、赛事审批和转播上逐步完善和推出相应支持政策，大力支持电子竞技发展。在海南自由贸易港生态软件园区内，以电竞、游戏等为主的数字文体企业超过 1000 家。深圳在吸引优秀电竞团队、人才方面也是不遗余力，龙岗、南山两区已经相继发布电竞产业扶持政策，英雄联盟职业联赛（LPL）V5 俱乐部、王者荣耀职业联赛（KPL）DYG 俱乐部分别于 2020 年 9 月、2021 年 1 月相继落地深圳。

2021 年 6 月，文化和旅游部发布的《“十四五”文化产业发展规划》中也再次提出促进电子竞技与游戏游艺行业融合发展的要求。艾瑞咨询《2022 年中国电竞行业研究报告》显示，2021 年中国电竞用户规模达到 5 亿人，整体市场规模达 1673 亿元，市场增长率为 13.5%，呈高速增长态势。

体育项目能够激活更多体育产业投资机会与银行金融服务需求。在国家“十四五”规划纲要中，共出现 14 次“体育”、1 次“文体”、3 次“运动”、5 次“健身”等涉及体育内容的字眼，可见体育产业发展的商机潜力巨大。一是在体育培训、体育康复、户外体育领域为银行提供服务机会。根据国际经验，当人均 GDP 超过 1 万美元时，学生从文化课外培训转向体育培训比例会迅速上升。新冠肺炎疫情暴发后，体育不仅可以通过全民健身降低医疗费用，还可以提前预防疫情，同时马拉松等户外体育运动也越来越受欢迎，这些产业未来都有机会孵化出高商业价值的独角兽。二是在创新体育消费模式方面，银行可以利用数字人民币试点推广的机会，给居民发放体育电子消费券，拉动消费经济增长。同时还可以将体育消费与公益经济相结合，引导富裕阶层通过体育活动消费参与第三次分配捐助贫困低收入人群。三是在银行创新体育产业金融服务方面，除了加强境内外机构联动，多渠道引入灵活且低成本资金支持体育设施建设及创业公司发展外，银行还可以利用 5G、鸿蒙系统为国内物联网技术发展创造良好环境，持续丰富场景服务方案。

中国银行作为“双奥银行”，在 2019 年底已正式启动战略级体育场景建设工作，将金融服务全面渗透到体育产业中，近年围绕“运动平台、体育政府、赛事协会、运动商户”等领域创新金融服务模式，开始打造金融机构体育场景“第一品牌”。中国银行为打造体育消费场景，利用 App 和微信公众号渠道，不断推出运动健身专区，在中国银行 App 上就可以实现场馆预订、卡片运动权益整合、运动类商品积分兑换以及运动资讯查看等功能，实现了金融与体育的深度融合。

电竞产业及相关的虚拟产业不仅是银行争先合作的对象，也是资本重点布局的赛道，主要体现在三个方面。一是提供传统金融服务，比如国内多家银行与游戏公司、电竞团队开发推出联名信用卡，为用户和粉丝提供快捷、多样、有趣、低成本的一体化金融服务。同时金融机构在比赛、队伍冠名中也能够获得良好的宣传机会，增加品牌声誉价值。二是提供科创服务。电竞行业准入门槛低，但要成为巨头或独角兽却很难，即便优秀的团队也离不开资本的支持。电竞行业发展至今，背后资本比较为人所知的主要是腾讯、万达和合生创展三股力量，其中 EDG 就是合生创展的团队。EDG 在 S11 的成功，应该让更多金融机构和投资家看到了电竞市场发展的机会。据预测，2030 年亚洲电竞产业规模将超过 1.4 万亿元，对资本来说，电竞行业的黄金时代其实才刚刚开始，但行业面临的政策风险依然存在，如何为这类虚拟产业创业团队提供投融资服务，其实也考验传统银行等金融机构的商业智慧。三是为虚拟银行转型提供借鉴。电子竞技是体育运动科技化、虚拟化、线上化的结果，而银行有朝一日可能也要走上同样的发展道路。金融科技的快速发展已经催生了多种商业银行创新业态，由此也形成中国内地互联网银行、中国香港虚拟银行、新加坡数字银行、英国挑战者银行百花齐放的局面，但哪种模式才是最优或可行的解决方案，目前还没有统一的结论。

7.9　夜经济的精彩

随着城市生活节奏不断加快，居民不得不选择在下班之后进行购物以及一些享受型消费活动，因此形成了夜间消费这种新经济形态，我们称为“夜经济”。为了能够更好地鼓励城市居民的消费，很多城市出台了对应的策略以及规划。以北京为例，2019 年先后出台促进夜经济的 13 条措施、推出首批北京夜经济的地标商圈，前门和大栅栏、三里屯、国贸、五棵松入选首批“夜京城”地标，这些商圈都极具北京特色，将传统和现代完美地融合，更好地进行自身风貌的全面展示，也为夜经济的发展提供良好环境，带动整个社会经济的良好发展。2022 年，文化和旅游部公布了第二批国家级夜间文化和旅游消费集聚区名单，广东省广州市长隆旅游度假区、广州市广州塔旅游区、深圳市蛇口滨海文化创意街区、佛山市华侨欢乐海岸 PLUS、佛山市千灯湖片区和惠州市水东街 6 家单位入选。

夜经济是指发生在当日 18 时至次日凌晨 6 时的经济文化活动，其业态囊括晚间购物、餐饮、旅游、娱乐、学习、影视、休闲等。从世界上看，2017 年，英国伦敦市夜经济收入达 263 亿英镑，预计到 2030 年将达到 300 亿英镑；2018 年，韩国首尔开办“夜猫子夜市”之后共计接待了近 430 万人次，总销售额达到 117 亿韩元（陈秋圆，2019）。根据艾媒咨询发布的《2021 中国夜间经济最新发展报告》，2021 年中国夜间经济发展规模超过 30 万亿元，2023 年中国夜间经济发展规模将增至 36 万亿元。打造国家级夜间文化和旅游消费集聚区是城市激发消费活力和推动旅游业发展的重要举措，政府可以结合不同地区差异化优势，进一步点亮夜经济，加速释放经济发展新活力。

在当前经济面临下行压力的情况下，发展夜经济有利于优化城市经济结构，激发创新创业潜力，拉动消费需求，加快疫后经济恢复步伐。根据《广州夜间消费报告》，夜间消费对多行业的营收日益重要，零点之后的消费金额占比达到 15%，零售业、住宿餐饮业和文娱业为夜间消费贡献最大的三个行业，合计贡献率为 89.6%。目前广州夜间营业的餐饮店铺已超过 15 万家，零时仍在营业的餐饮商家占比超过 1/4，同时夜经济还促进了其他消费持续升温，比如夜间运动也成为新的潮流，可见夜经济能够带动消费新增量（程依伦，2022）。

根据《2021 中国夜经济繁荣百佳县市》，广东省有 15 个县上榜居全国首位，其中大部分隶属广州、深圳与佛山。2022 年 7 月以来，以“夜生活·粤精彩”为主题的 2022 年广东夜经济暨暑期消费促进活动全面启动，全省各地发挥商业步行街、商圈的辐射带动作用，开展形式多样的夏日消费活动，一批新产品、新业态涌现，激发消费新活力。考虑到夏天天气炎热，一些水上乐园项目把夜晚作为重头戏，特意把营业时间延长到 22 时，为游客提供丰富的夜间娱乐活动。

对银行来说，抓住夜经济发展的新机遇，加快经营模式转变和服务方式创新，既能够为夜经济添加新能量，也能让自身在未来差异化竞争中形成新优势。一是探索社区银行夜间服务模式，中小银行可以考虑错时经营，避开白天与大型银行正面竞争的时间，在 19 时以后开门营业，满足居民和商户夜间的金融服务需求。二是满足文旅消费集聚区建设的融资需求，特别是夜经济后起之秀惠州、中山等城市，可借助大湾区发达的金融平台，招商引资助力本地夜经济项目升级改造。银行除了提供项目融资外，还可以联动基金、证券机构采用绿色债券、公募 REITs 等多元产品服务模式，为夜经济的发展提供助力和支持。三是为参与夜经济的商户提供普惠金融服务，在利率、费用等方面给予最大的优惠，同时运用数字化手段减少借贷的环节和时间，随借随还，让小微企业真正体验到夜经济的温暖。四是配合政府组织夜经济数字红包活动，为激活疫情下的夜经济消费市场，地方银行与商务局紧密合作，为市民发放数字人民币红包，满足吃、住、行、游、娱、购等消费需求，多维度覆盖夜间消费场景。五是银行可以更加主动地融入夜经济生活圈，积极赞助参与夜间旅游文化活动，并安排专业人员现场为游客普及反假货币、消费者权益保护、电信诈骗、非法集资、反洗钱、理财储蓄等金融知识，助力“促消费”“稳经济”，用实际行动为“夜经济”输入金融力量。

第八章

银行数字化转型，提升服务实体经济能力

近年来，国内银行业面临宏观经济金融环境深刻变化、“新冠疫情”黑天鹅事件、同业竞争加剧、非金融机构跨界竞争等诸多压力，迫使银行加快数字化转型，积极调整发展策略，以应对新信息时代带来的颠覆式冲击。我身处深圳这个先行示范区，能感觉到的机遇与挑战比其他地区更多、更复杂。深圳不仅有华为、腾讯这类全球领先的科技公司，还有微众这类新型的互联网银行，还有像一账通、平安金科这类前沿的金融科技公司，深圳也提出了要打造金融科技创新之城市的目标，可见，数字化转型已经不是选修课，而是必修课。银行只有加快科技赋能展业的步伐，借此打造更加坚实的核心竞争力，才能适应新形势。

8.1 科技的速度

我接触电脑可能比同龄人要早些，属于“286”一代，而且还是能够独立组装计算机的那种。考大学挑专业的时候，虽然没选计算机专业，但对电脑的新知识依然保持着浓厚的兴趣。深圳大学给学生练习计算机提供了非常好的环境，经常会看到机房里举办的各类小规模比赛。出来工作后，计算机也给了我工作上很多帮助，我所在银行也是以“科技兴行”著称，是最早推出 ATM 机服务的银行。

1998 年底，在景贝支行从事储蓄柜台工作时，我报名参加了深圳首届计算机技能比赛，由市劳动局组织，参赛选手没有行业或工作的限制，所以报名人员近 2000 人，奖品也很丰富。通过初赛的选手可以获得计算机初级技师证书，通过复赛的人可以获得计算机中级技师证书，冠军奖励一台价值 1 万元的英特尔奔腾处理器 686 多媒体电脑。后来看到初赛成绩我才发现跟我来自同一家银行的报名人员也不少。事实上，计算机是一门迭代很快的专业，越来越多的新技术出现，如今已经看不到我们当时比赛的程序了，比如 DBASE。最终，我侥幸在决赛中胜出获得了第一名，非常意外，可能当时有市里领导来现场观摩，还有记者带着摄像机到处拍，参赛人员普遍紧张，才

给了我机会。因为这次比赛，导致很多同事都误以为我是学计算机专业的，后来无论在什么部门，都有机会参与到科技类的研发项目当中。

金融科技在银行的应用，可以追溯到 20 世纪 60 年代，开始时用计算机对传统的手工记账方式进行变革，发展到今天，我只能用日新月异来形容，各种技术都在进化，没有最好的，只有更好。数字化转型已成为银行业转型升级的战略手段，但转型没有固定的模式和一成不变的路径，各家银行所要达到的目标都会根据实际情况而有所差别。数字银行、智慧银行、开放银行等已经成为银行数字化转型战略的高频关键词。银行数字化转型不再是口号，而是全面融入实际业务当中，融入战略纵深领域，转型也富有成效，金融科技投入持续增加，金融科技队伍日益壮大，客户服务体验也在不断得到改善。从 2022 年上半年银行年报中我们不难看出，国内大中小银行的数字化转型呈现出“方向一致，各有侧重”的发展特征。

一是数字化转型步伐普遍加快。大型国有银行重视金融科技的全面发展，覆盖内容全面，科技创新成果展示更加丰富。国有大行都制定了数字化转型的中长期战略规划，关注系统性以及新技术的应用，在企业级架构、金融云平台等方面取得进展。中型股份制银行在金融科技战略上也有明确的目标，转型主要聚焦银行服务能力的提升以及金融科技生态环境的建设。地区性小银行发展策略差异性比较大，由于资源有限，大多数小银行会集中发展某一业务领域的科技项目。

二是金融科技投入持续增加，中型银行增速最大。大型国有银行金融科技投入依然最多，占据市场领先位置，其中工商银行金融科技投入 2021 年增加 9.10%，占营业收入的 2.76%。中型股份制银行金融科技投入增速最大，比如渤海银行增速高达 68.75%，广发银行、兴业银行投入增速均超过 30%。地区性小银行受限于规模，金融科技投入不多，甚至个别小银行出现负增长。但部分银行增速较大，比如南京银行 2021 年金融科技投入增速达到 54.91%。从 2015 年起，国内银行开启了金融科技子公司创设之路，至今已有 19 家银行正式成立其金融科技子公司。

三是银行重视金融科技人才建设，人员素质不断提高。金融科技从业人员最多的是工商银行，达到 3.5 万人，超过万人的银行还有 3 家，分别是建设银行、中国银行和招商银行。金融科技从业人员占比最多的银行是平安银行，达到了 22.14%；其次是浦发银行，达到了 10.64%。高学历、年轻化、复合型人才群体逐渐成为银行金融科技队伍中的中坚力量，也是数字化转型成功的重要保障。

银行数字化转型的亮点也是精彩纷呈，在平台建设方面，工商银行建成了全球银行业规模最大、技术能力最强、业务场景全覆盖的金融云平台，实现全栈自主创新云服务供给，同业首家实现“一云多芯”架构部署，率先完成云平台对通用开放平台和自主创新技术体系的兼容适配，具备全栈自主创新基础资源的规模化供给能力。也是同业首家达到私有云四级、生态云三级安全能力的要求。在产品创新方面，招商银行围绕财富管理业务场景和客户服务需求，构建业内首个零售财富管理业务投研工作平台“财富 Alpha+”，助推财富管理数字化提速；平安银行将“五项领先科技能力”全面应用于以“用户+场景”为中心的金融服务中，促进前、中、后台决策精准、资源优配、运营高效和价值提升，推动实现决策“三先”、经营“三提”、管理“三降”的目标。在风控安全方面，农业银行在信息安全技术方面完成企业级网络安全运营中心在总行和 37 家分行的推广部署，实现 20 大类、590 个安全日志源的全面接入，支撑全行日常网络安全态势监测，并且将区块链应用于养老金管理、信贷风控等领域场景。

数字经济时代对银行数字化服务水平提出了更高的要求，同时也提供了更多的政策支持、更先进的信息技术以及更加丰富的客群和场景。2021 年，在国家“十四五”规划方案中，有许多数字经济方面的配套产业政策，为银行数字化转型创造更多的机遇。银行自身也要解决数据治理基础薄弱，数字经济应用能力不足，与政府、协会、行业等外部数据连接应用薄弱，与实体经济融合不深等问题。实现银行数字化转型要与数字经济的快速发展对接，银行重点可以把握好以下三个方面。

第一，支持政策推陈出新，政府及监管部门积极助力银行金融科技进步与数字化转型。中国人民银行金融科技委员会 2020 年第一次会议强调，要贯彻落实《金融科技（FinTech）发展规划（2019—2021 年）》，引导金融机构加快推进数字化转型，持续增强科技应用能力。2020 年 10 月，银保监会主席郭树清强调“所有金融机构都要抓紧数字化转型”。2020 年 11 月，国务院 43 号文鼓励商业银行运用大数据等技术建立风险定价和管控模型。2021 年，《中共中央关于制定国民经济和社会发展第十四个五年规划和二〇三五年远景目标的建议》中也提出“加强数字社会、数字政府建设”“发展数字经济，推进数字产业化和产业数字化，推动数字经济和实体经济深度融合”等数字化战略目标，为商业银行未来数字化转型指明了方向和目标，将加速推进商业银行数字化转型。2022 年 1 月 26 日，银保监会发布《关于银行业保险业数字化转型的指导意见》，提出数字化转型工作目标，到 2025 年，银行业保险业数字化转型取得明显成效。全国各地主要城市也提出集聚培育国际知名的金融科技领军企业，支持符合条件的金融科技类企业在境内外上市，打造国家级金融科技基础设施平台。相信在诸多政策的引导下，银行在技术创新、场景应用、人才培育等方面都将获得长远的助力。

第二，新技术迭代越来越快，为银行数字化转型提供更多选择。一是智能化技术在银行业率先实现规模化应用。随着 NLP、计算机视觉、生物识别、RPA、语音交互等技术能力的提升及门槛的降低，银行业丰富的金融大数据蕴含的价值将被充分发掘，为产品、流程、渠道、运营、营销、风控等传统金融服务体系带来智能化应用提升，并形成规模化应用，甚至能够对一些复杂程度高的金融业务做出科学预测及决策参考。二是数据来源与形式将会更加丰富，数据作为银行生产要素的作用和地位将会更加突出。伴随 5G、物联网、量子计算、Web3.0 等新技术的出现和进化，银行能够借助数字化技术无缝感知客户和市场，获取更多的数据生产要素。同时多方安全计算等隐私保护技术快速发展可以实现数据“可用不可见”，将推进金融数据与行业数据、政府数据等融合，加速数据要素市场建设。三是用户开发程序将变得越来越通俗和简易。开源、软件即服务和无服务架构等技术的出现，使银行快速创新而无须担心技术运营和基础架构投资。无代码开发平台则是重新定义程序开发，对于需要以敏捷模式快速响应市场的金融机构和金融科技企业而言将有较大助力。

第三，新客群与新需求不断涌现，银行数字化服务范围持续扩大。受新冠肺炎疫情的影响，人们的生活方式和企业的生产方式已经发生了重大改变，为银行带来更多线上化服务场景，数字金融服务的市场规模正在快速扩大。元宇宙发展背景下虚拟客群大量涌现，由此将形成巨大的数字化消费金融、财富金融服务需求，为银行产品创新开拓了思路和空间。产业互联网的发展，将促使银行与产业链上的核心企业更加紧密地合作，共建平台、共建 App、共建系统，从而帮助广大中小微企业融入产业链供应链网络，为供应链金融、绿色金融、普惠金融等业务的数字化场景创造更多的业务机会。

8.2　螺旋式上升的营销系统

2002 年我在公司业务处规划管理科工作时，分管副处长对信息化工作要求很高，科长带着我利用银行内部的办公自动化平台先是建了一个信息中心，用于分享内部与外部的营销辅助信息材料。后来我掌握 HTLM 网页编程技术，重新搭建了平台，此时我们使用的只是 Web1.0 技术，只满足了知识生产的需求。Web1.0 的任务，是将以前没有放在网上的人类知识，通过商业的力量，放到网上去；从内容产生者角度看，Web1.0 是以商业公司为主体把内容往网上搬。用更简单的话说，当时我做的只是一个门户网站，但也能够满足领导的要求。

对于银行内部管理来说，技术的实现并不是最重要的，关键是要能够理解领导的理念和意图。当时分管副处长对科技有着自己独到的见解，或许与他同时分管科技企业贷款有关，跨界汲取了制造业很多好的经验和做法。比如，分管副处长提出要打造一个螺旋式上升的营销系统，并据此建设“信息共享服务平台”，这些理念到今天对很多银行的营销工作也会有所启发。为了能够让读者更加直观地理解这些理念，我将原文和图附在下边，供大家参考（见图10）。

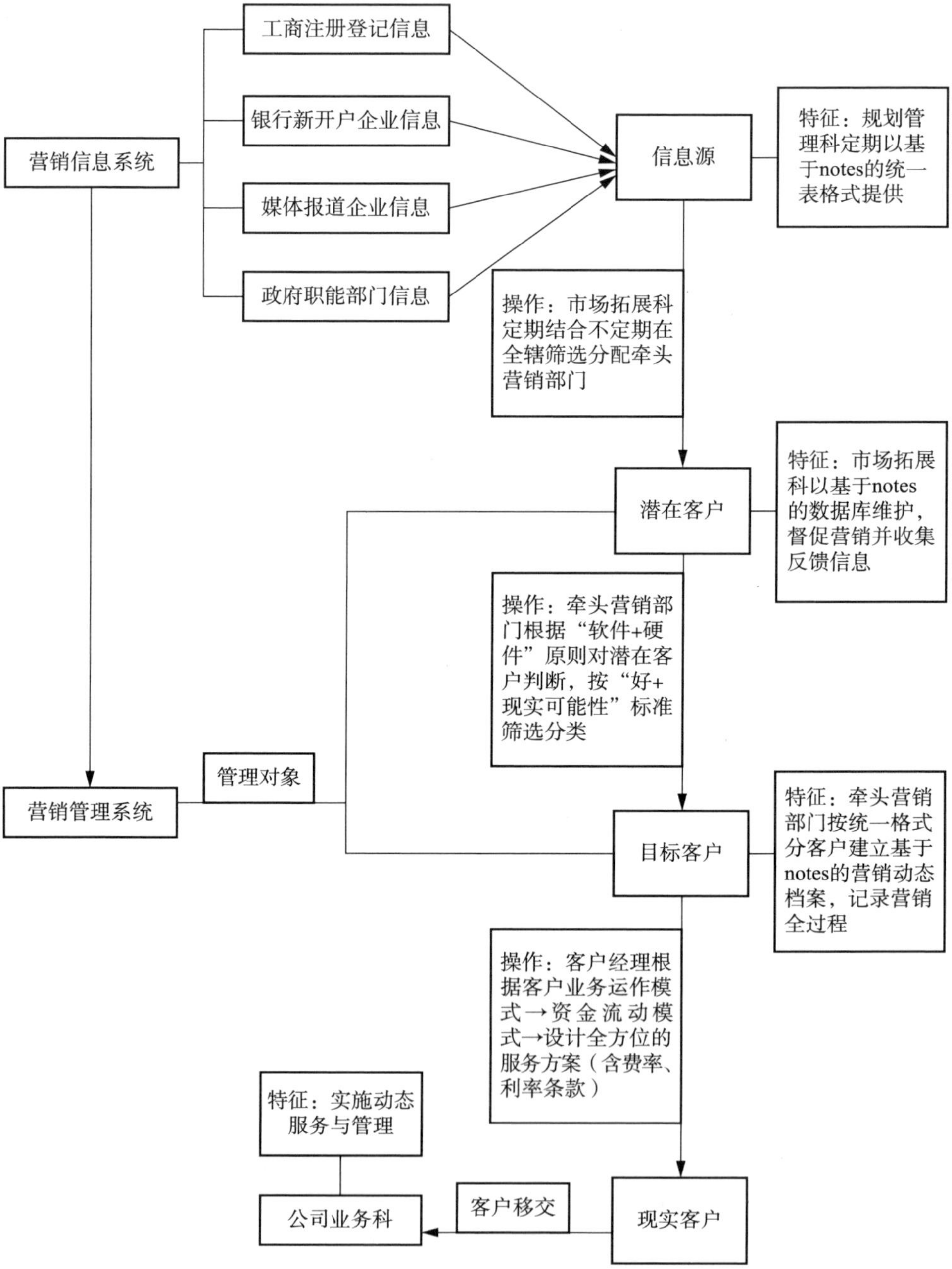

图10 银行公司业务营销系统流程

银行公司业务部门应是以进一步深化和完善新型公司业务体系为战略目标，以构建新型公司业务运行机制为核心内容；以建立螺旋式系统营销模式、动态客户服务模式、良性退出模式为手段；以建设“统一理念基础上的团队合作”为文化支撑；以IT管理架构平台为技术支撑；以风险利润为核心的激励约束机制为引导，塑造银行公司业务部门的核心竞争力，积极推进资源布局的合理优化和内部团队管理层的功能转型，最终促进银行公司业务发展能力的提高和业务的可持续增长。这个机制由三个部分构成。

1. 公司业务运行机制

目标客户系统营销运行机制。它是公司业务部门对所确定的目标客户开展营销公关工作的一系列活动的总称。

存量客户动态维护运行机制。客户经理按照公司业务的运作模式及现金的流动模式，为客户“度身定做”服务方案并调动全行资源予以实施。这种维护不是静止在某一时点或某一地点上，而是要关注客户的整个经营过程，抓住资金、产品、信息三个“流”。在运动着的物质中搜寻银行的发展空间，并在外部环境和客户状况发生变化时能及时改变经营策略。

弱势客户良性退出运行机制。公司业务部门以规范表格式的贷后预警情况信息为基础，通过集体讨论及后评价工作形成明确的客户授信政策。在业务往来中变被动为主动，提前安排退出时间，最大限度地避免因行业情况突然恶化所造成的损失。

2. 公司业务营销系统

公司业务营销系统：指分行公司业务部门按照系统工程的要求，建立的用于规范市场拓展和客户营销工作的体系。它定义了各个职能科室在市场拓展和客户营销工作中的职能职责，客户经理开展市场拓展及客户营销工作应遵循的基本程序和每一流程中应完成的规范性的工作。营销系统包括营销信息系统和营销管理系统两大部分。

营销信息系统：指公司业务部透过和利用（1）工商注册登记的客户信息；（2）本银行新开立账户的客户信息；（3）媒体（报纸、杂志、电视等）报道的企业信息；（4）政府职能部门（重点办、外资局、经发局、贸发局、高新办、保税区管理局等）信息，基于全处或全辖联网的信息平台，定期发布按照规范的格式收集和整理，并可用于市场拓展和客户营销工作的具体客户/项目的信息源。

营销管理系统：指公司业务部牵头组织有关人员对营销信息系统提供的信息源，进行非接触式的筛选及分类，从中筛选出潜在客户，然后按照行业及地理等因素分配全辖公司业务部门对潜在客户开展接触式营销，定期反馈营销情况并根据“硬件+软件”原则及“好+可能性”标准再次从潜在客户中筛选出目标客户，并以团队方式分行业对目标客户开展螺旋式系统营销工作，以规范的基于统一信息平台的方式记录营销全过程，不断发现并协调有关部门研究解决目标客户提出的条件及问题，条件成熟时根据目标客户的业务运作模式及相应的资金流动模式设计全方位的服务方案（含授信、费率、利率等条款），激发目标客户成为银行现实客户的全过程管理系统。

“硬件+软件”原则：指公司业务部门判断和分析潜在客户素质的基本方法，是确定潜在客户能否成为目标客户的前提条件。“硬件”包含潜在客户所处行业的发展现状及前景、客户在行业中的技术水平及地位、潜在客户的财务状况及现金流量状况等方面的情况；“软件”指潜在客户的管理方式及管理水平、经营理念、高级管理层（总经理、财务总监、财务经理等）的核心价值观等左右企业未来经营发展的企业核心文化的健康程度。只有“软件”好的潜在客户才能在市场竞争中乘风破浪，才具有源源不断的内聚发展力。“硬件”好，但“软件”不好的潜在客户终有一天会在市场竞争中被淘汰。因此公司业务部门强调对客户素质的评价及判断最重要的因素是“软件”。我们的目标客户必须是“软件”好的潜在客户。

“好+可能性”标准：指在经过“硬件+软件”原则评估后，确定潜在客户能否成为银行现实的目标客户的标准。好的客户可能因其特有的业务运作模式及相应的资金流动模式，在现阶段对银行提供的产品和服务没有需求（例如：部分“两头在外”企业，财务运作在时间上和空间上全在境外），这类客户目前不可能成为银行的现实客户。因此公司业务部门确定的目标客户是指有可能成为现实客户的好的（必须是“软件”好）潜在客户。

螺旋式系统营销：指公司业务部门对确定的目标客户开展营销工作的方式。一个客户从目标客户发展成为现实客户可能需要客户经理（小组）进行长期的跟踪、联络、磋商、谈判等工作，营销过程是一个螺旋式上升的过程，需要客户经理（小组）按照系统工程的要求，对每一环节和过程进行精心呵护，不断提炼客户的需求和要求，研究协调解决客户的问题，每一次营销都在上一次营销的基础上提升双方合作的诚信度和接近成功的可能性。

——摘自《银行公司业务部团队文化手册（2005）》，王炯等

当年也是在这位分管副处长的指导下，依照“营销系统”的要求，我搭建了部门的门户网站，为公司业务处及辖内支行条线客户经理提供及时的资讯信息，包括目标客户的工商信息、同业产品创新信息、市场机会信息、政

策信息等。我很怀念当时的工作条件，因为现在类似这样的平台已经没有了。整个营销系统如果用直白点的话来解释，就是公司业务的营销工作，不可能一步到位，从获得新客户信息，拜访客户，了解客户需求，提供服务方案，到最后成功发放贷款，这是一个“螺旋式上升”的过程。我们需要有足够的耐心，进行全过程、全生命周期的客户服务与业务管理。

8.3　开发客户服务平台

1999 年我在公司业务处从事客户经理工作时，每个人手上都会分配一个专门的笔记本，用来记录营销、贷款工作情况。银行虽然有系统，但只负责记录放款操作所需要的信息，并不记录客户经理在贷前、贷中、贷后的工作过程，所以也就产生一个非常棘手的管理问题。多年后的客户经理，想要了解存量客户信息，只能去档案室找贷款资料，这种事情屡见不鲜。所以，当时分管副处长就提出，既然有电脑，就可以利用科技的力量，将大脑里存储的信息上传到电脑，这样不仅可以方便后边的人接手工作，而且由于信息不可篡改，也方便日后检查人员和审计人员开展工作。为此，2004 年我们又开始新平台的开发工作，除了升级门户网站的功能，打造了“公司金融板块公馆系统”，还专门开发了客户关系管理、客户经理考核、大客户服务平台、仪表盘管理报告、产品皇历、存款数据报表查询等一系列辅助系统，从而实现多元化的客户服务功能，提升客户服务效能。当时的开发我们采用的是 Web2.0 技术，就是以用户为主，以简便随意方式，通过 Blog/Podcasting 方式把新内容往网上搬。从交互性看，Web2.0 网站对用户为更加友好；从技术上看，Web2.0 客户端化，工作效率越来越高。

时至今日，各家银行都建立了自己的客户服务工作系统或平台，不仅功能越来越完善，而且向移动化的方向发展，也就是通过手机就可以处理、完成大多数的工作任务。在我的设想中，一个完美、高效的客户服务平台，不仅能够及时分享传递重要信息，记录客户经理的日常工作情况和感悟，还可以在线完成授信业务和产品服务的操作。它不仅是业务办理的平台，也是数据查询的平台，绩效考核的平台，风险管理的平台，与客户互动交流的平台。平台应该为客户经理提供“一目了然”的操作台面，直接展示各种待办工作和任务环境，并按照优先级设定排序。平台能够自动进行客户价值评估与客户综合分类，内嵌利润贡献模型和成本分摊机制，智能完成客户经理财务绩效考核运算。平台可以进行 360 度信息导航与客户主体分析，包括融资、结算、理财习惯与交易行为分析，方便客户经理在在多个角度观察下实施销售和服务。

银行客户服务平台也是金融科技公司重点营销的目标市场，不仅中小银行有需求，国有大行的省市分行也有自己个性化的需求。毕竟，虽然各大行都建立了自己的金融科技子公司或软件中心，但依然满足不了全部需求，这也为第三方金融科技公司创造了服务合作机会。比如，2017 年平安集团旗下金融壹账通推出金融科技自助式服务开放平台——“金科空间站”，主要面向中小银行以及金融机构，用户只需登录注册，即可自助选购站内各项金融科技产品，实现与自身服务和产品的无缝对接，从而快速提升金融科技水平。现有网上公开信息显示，民生银行对公服务平台和招商银行对私服务平台比较有特色，市场反应也不错。

2015 年，民生银行推出“金融 e 管家”对公客户服务平台。该行在历时 2 个月、进行 31 次版本更新、完成 3200 多次登录测试后，4 月正式上线，系统充分利用大数据分析挖掘技术、实施精准营销制导的又一大创新，推动对公业务操作从“手工时代”升级到“智能时代”。系统具有四大特征（刘振冬，2015）：一是大数据挖掘，结合上市公司数据、工商数据、征信数据等，整合了民生银行 200 多个系统的数据。二是供应链开发，对公司业务交易网络进行全网络分析，实现精准的客户推荐和产品推荐。三是完善的客户关系管理体系，客户经理可以运用平台的客户拜访、到期提醒、产品推荐、产品专家等功能和服务。四是科学的客户绩效评价体系，实现对客户绩效的全面评价，为不同特点的客户提供个性化金融服务。比如，民生银行有一个上市集团客户，总资产达 80 亿元，市值 297 亿元，但其 2014 年上半年净利润仅为 1.5 亿元。通过“金融 e 管家”平台分析发现，该集团有 370 家上下游企业，年往来资金量超过 10 亿元，但通过民生银行结算的仅占 26%，集团整体的交易成本非常高。为了帮助该集团打通供应链，“金融 e 管家”分析了其资金往来特征，建立了交易网络模型和上下游客户推荐模型，并为其匹配了最佳的金融产品，推荐了优质伙伴。近半年来，该集团的盈利水平实现了大幅提升。

2022 年，招商银行 App11.0 全新上线功能级陪伴系统，为个人金融队伍作业和队伍管理提供方便好用的数字化平台工具（洪偌馨，2022）。一是打造客户经理日常客户关系管理平台财富 W+，具有目标客户精准营销、打通多渠道信息、打通企业微信、精准业绩计量等优势功能，利于提升客户经理工作效率；并于 2022 年打通客户陪伴服务与财富 W+平台，使对客户、对客户经理之间的服务内容和逻辑保持“同源、同频、同服务”。二是 2021 年全面推广企业微信，基于微信生态打造客户经营及队伍管理平台，通过企业微信监督队伍服务质量，并开展客户群管理及运维，提升传播效率和效果。三是2021年推出财富管理投研平台“财富Alpha+”，作为产品经理作业平台，并与招商银行App和理财经理工作平台打通，同时面向客户、客户经理提供服务。平台从财富管理业务落地的角度倒推设计功能，如产品解读、AUM的穿透式管理、大类资产组合管理等，招行零售条线每天使用财富投研平台的员工人数已接近万人。招行携手合作机构共同打造“财富智库”，在专业视角的加持下输出可视化、降维化的观点，帮助客户在几分钟内快速看懂市场、把握机会、缓解焦虑。根据招行数据，2022年其“陪伴”的覆盖客户已经超过3000万人，较上年增长了275%，累计服务次数3600多万次。而在今年的市场环境下，接受“陪伴”的客户AUM流失较未受“陪伴”客户的AUM少流失近3/4，效果显著。

8.4 线上化、智能化、开放化

我在分行交易银行部工作时，负责公司金融板块的数字化转型工作，同时也分管网上银行团队，因此对数字化转型有了更多的理解和认识。从功能的视角来看，银行数字化转型可以分为线上化、智能化、开放化三个方向。从机构的视角来看，银行数字化转型又可以分为公司金融、个人金融、运营管理、风险管理、智慧网点五大块内容。从转型的进度看，个人金融要比公司金融转型步伐更快一些，特别是从手机银行的普及程度就可以看出。2022年上半年四大银行的个人手机银行月活用户数量已达6.43亿人，工农建三大行的手机银行用户数均超过4亿人，全国使用比率高达86%。而企业手机银行的用户数量近几年才迅速增长起来。2021年，全国性银行的企业手机银行平均用户规模为120万人，较2020年几乎翻一番，占同期网上银行用户数接近47%，使用比率仅有21%。国有六大行已全部上线企业手机银行应用，12家全国性股份行中已有11家推出企业手机银行服务。移动互联网时代，用户逐渐倾向于在手机银行完成支付、转账、理财等业务，手机银行App已经成为各大银行最重要的业务渠道，个别银行还将手机银行定位为数字化转型的“1号工程”。有理由相信，银行竞争，得移动端者得天下。

2018年算是银行业“线上运营元年”，一些业内科技实力领先的银行开始着手搭建线上线下一体化的无界运营体系，以手机银行等终端为前沿阵地，以存量数据为后方基石，运用大数据、人工智能等技术，围绕产品、平台、风控、内容、用户、营销等多个维度不断寻求运营新思路。疫情出现后，银行线上金融产品推广迎来一次全面的爆发期，个人网上及手机银行均能够实现7×24小时提供快捷捐款、转账汇款、账户查询、生活缴费、信用卡还款等非接触式服务，让客户足不出户即可办理银行业务。对公线上业务也取得重大突破，比如2019年中国银行浙江分行推出了“交易银行十大线上产品”，包括在线账户服务、企业网银服务、中银票e贴、现金管理、在线供应链金融、在线单证、在线保函、“单一窗口”金融服务、跨境资金池及场景金融等，融合企业“存、贷、汇、兑”多种类产品需求。几乎你能想到的银行产品，现在都有了线上化的服务平台。而微信银行也进入了大众的视野，成为银行移动化转型的重要方向之一。

2013年3月，招商银行率先推出信用卡微信客服，当年7月又升级推出微信银行。随后，十几家全国性商业银行相继推出微信银行服务，掀起了一波微信银行建设的小高潮。微信银行是银行与腾讯公司合作，通过微信社交平台，开通金融银行服务功能，以满足广大客户群体要求。微信银行在利用微信功能的同时，其交互手段比起手机银行更加丰富。腾讯科技财报显示，截至2022年6月30日，微信月活用户增长至12.99亿人，是真正的“国民应用”。也是中国用户量最大的App。微信银行是典型的直销银行模式，具有实时便利的交互体验和随时随地可应用特点，在方便用户的同时，减轻了银行网点压力。如今，基本上国内所有银行都推出了微信银行服务。

比如，2021年某日，我因缴费要去建行办理用户信息完善业务，周末跑了好几家网点都没办成，后来在建行的微信银行“建行到家”上操作5分钟就解决了。可见微信银行在提升用户体验方面效果很明显。过去客户遇到问题（无论是账单查询这样的日常问题，还是丢卡挂失这样的紧急情况），绝大多数情况下只能通过拨打客服热线寻求帮助。而拨通人工坐席后通常需要等待一段时间，有时候甚至无法接通。有了微信银行之后，客户可以随时随地查询账单、办理挂失，花时仅数秒，客户体验的提升不言而喻。又如，客户在银行网点办业务需要取号和排队，通常要等候很长时间。有了微信银行之后，客户可以轻松查看周边银行的排队信息，提前预约，省时省力。此外，微信银行还可以降低银行服务成本。微信银行用智能客服替代传统人工坐席，可以有效节约成本。以信用卡业务为例，2012年招商银行信用卡中心客服的人工话务量超过6000万通，每通电话的成本大约为5元（包含人员工资、通信费、水电、坐席硬件设备等）。采用微信的自助和互动服务能节省10%的话务量，则一年节省的费用大概为3000万元。此前各家银行习惯用短信推送优惠活动信息，短信的发送成本为 3~5 分/条，以每个月 2 条短信计算，如果换成通过微信发送，则 1000 万用户规模的发卡行可节省 1200 万元（黎子文，2014）。

微信银行能够利用腾讯打造的生态圈来提升银行的营销获客能力。过去银行要实现“精准营销”并非易事。以信用卡业务为例，优惠活动信息通常只能按客群批量推送，很多缺乏针对性的信息显然是无效的。有了微信银行之后，持卡人从北京到上海出差，想了解附近有什么优惠活动，只需打开微信银行，选择“定位”，几秒之后所在位置周边的优惠活动信息马上显示出来。即使客户没有主动了解优惠信息，但只要在上海南京路刷卡消费吃了一顿饭，银行系统马上就能识别出他所在的位置，并在发送微信交易提醒的同时，提示他南京路附近还有哪些优惠活动。这种精准营销有利于商业银行以最小的成本实现最有效的促动。未来银行可以围绕微信银行完善客户服务平台，集中银行各种服务和合作伙伴资源，形成一个个专属于每个客户的“微生活圈”，这个线上化平台的价值或将超乎我们的想象。

微信银行将成为银行 O2O（Online To Offline，线上线下打通）的纽带和客户管理的利器（赵飞，2014）。由于即时通信工具本身所具有的超高黏性，微信银行用户活跃度和用户规模增长速度远远超过手机银行客户端。一个可参考的案例是，2013 年上半年，招商银行信用卡移动客户端“掌上生活”绑定用户近 80 万人；而微信客服上线仅 3 个月，绑定用户就突破了 100 万人。诚然，各大银行在推广微信银行的同时，也在担忧在客户金融服务方面与腾讯微信产生竞争关系。所以银行的主要策略还是借助微信银行服务渠道进行获客和引流，客户可以在办理某项业务时跳转至手机银行界面进行操作，完成微信银行到手机银行的迁移。在促进手机银行用户数量增长方面，微信银行不是手机银行的“重复产品”，而是“辅助产品”。因此，微信银行是银行向移动互联网金融领域拓展的重要渠道，将与手机银行相辅相成，优势互补。

在银行智能化转型方面，我们联想比较多的会是智慧网点。伴随着金融科技能力的增强和数字化转型的深入推进，全国银行网点整体扩张趋势在 2017 年按下“顿点”，自此之后网点总量开始做“减法”，持续缩减。银保监会金融许可证信息数据显示，截至 2022 年 6 月末，全国银行网点数量共 22 万个，较 2021 年底减少 252 个。即便如此，银行网点依然是业务发展最重要的一股力量，关键在于提升智能化水平。比如，现在很多网点都配置了智能柜台，个人开卡、账户挂失、个人结售汇、理财签约购买等 90% 以上的常见个人业务都可以在上面办理，优化了网点的业务流程。农业银行还推出 MAXHUB 智能营销一体机，通过对客户进行人脸识别，自动采集数据，记录其在每一个模块停留的时长，通过后台数据抓取可定位用户的兴趣爱好、收入水平等信息，打造全景用户画像，使原有在网点“看不见”“摸不到”的产品和服务变为了“可见、可听、可体验、可购买”的货品，成功打造网点“产品服务展示+人员主动营销+客户自助交易”营销模式，有效降低客户流失率，促进高效获客。工商银行智慧银行推出升级版“工行驿站”、便民缴费服务、周边商户特惠信息；为有医疗需求的客户配置医疗机具并提供医院预约挂号服务；对现有流程、产品和技术进行整合，提高业务处理效率，创新应用大额存取款机、柜台智能现金处理设备（TCR）、VTM 远程柜员机、即时制卡机、智能领取机、现金及非现柜台智能双录设备等智能机具，进一步优化了业务流程，实现了客户一站式便捷办理业务。

RPA 机器人是银行业务运营中常用的智能化技术。RPA 作为一种新型自动化工具，其通过模拟人类与计算机的交互过程，自动执行基于规则、重复的业务流程，从而实现代替人工劳动、提升工作效率、减少人力成本的作用。RPA 机器人可以全年 7×24 小时不间断工作，在为银行提升服务效率的同时节省了劳动力资金成本。比如一个 RPA 机器人可以替代 3 名银行员工的工作投入，一年的租金和维护费用不超过 20 万元。并且 RPA 还能够精确地在更短的时间内完成大量工作，更好地适应“环境变化”。目前银行的业务场景中，账户复审、贸易融资票据单证复核、信用卡审批、对账单等业务场景，财务报销、风险审核、欺诈检测、报文数据等内部运维场景，均可以通过 RPA 予以高效解决，并且降低人工操作失误风险。

2022 年 11 月，美国 OPENAI 开发的 ChatGPT 上线，引发了全球人工智能的一场轰动，推出仅两个月，在 2023 年 1 月末的月活用户已经突破了 1 亿人，成为史上用户增长速度最快的消费级应用程序。获客速度超过有史以来的所有搜索类和办公类软件，并超过 TikTok、Instagram 等风靡一时的娱乐性产品。对于正处于数字化转型中的银行业来说，ChatGPT 及其底层的文本生成技术和强化学习技术也可能成为一股不容忽视的智能化助力。一是在与客户的交流方面，利用这一技术将有望大幅提升银行在线智能客服的服务质量，给客户更好的互动体验。二是在内部文案工作方面，能够减少银行工作人员的案头工作，比如客户经理的调查报告、风险经理的行业分析等，节省更多时间用于与客户的交流和市场推广。三是技术开发工作方面，ChatGPT 还能为银行人员“减负增效”，可以协助处理大量数据，了解用户感受，以便为客户创造更好的对话体验，从而提升软件开发生产力，进一步提高科技运营效能。可以看出，ChatGPT 智能聊天机器人在银行的前中后台多个部门和岗位都具有应用潜力，甚至将改变银行的业务流程和组织架构。

开放银行也是未来数字化转型的重头戏，是实现银行外部“一体化”协同的关键策略。2020 年 2 月 13 日，中国人民银行发布《商业银行应用程序接口安全管理规范》，对外部 API 接口提出安全要求，这也是国内对开放银行相关技术安全要求的第一步。同时央行还发布了《个人金融信息保护技术规范》，从全生命周期的角度，对个人金融信息保护提出规范性要求，从数据安全的角度规范开放银行的健康发展，监管为开放银行发展保驾护航。事实上，已经陆续有不少银行发布了“开放银行”的新进程，包括建设银行、浦发银行、招商银行、兴业银行等在内的多家全国性商业银行都升级了相关战略。开放银行的概念不断升温，更成为商业银行转型的重要方向。如果说金融与场景的融合只是开放银行的第一步，那么接下来助力产业升级、赋能商业生态将是开放战略推进的必然趋势。市场需求驱动行业发展，监管到位为开放银行发展扫清障碍，开放银行发展进入快车道。开放银行采取哪种模式不重要，重要的是两点：数字能力与开放合作。银行要将自己的金融服务渗透到客户需求金融服务的场景中，就需要不断强化自身的金融数字化能力。在银行有了基础的数字化能力之后，要积极将自己的服务能力输出，输出给合作伙伴、输出给同业，让参与各方都得到利益。赋能给合作伙伴、同业的同时，银行也会在其中获得自身发展的空间。

中国银行在 2012 年就提出了开放平台的概念，并在 2013 年正式发布中银开放平台，开放了 1600 多个接口，涉及跨国金融、代收代付、移动支付，以及地图服务、网点查询、汇率牌价等服务。中银开放平台整合了银行各类金融业务接口，为广大开发者打开了开发各类金融服务应用的大门，通过将银行、开发者、用户汇聚在一起，建立互利共赢的“金融服务生态圈”。

民营银行在开放银行创新中的表现更为积极。微众银行连接了诸多中小型金融机构提供联合贷款，同时连接了多家 O2O 生活服务平台，将其金融产品嵌入不同的服务场景中。微众银行还推出了“微动力”开放平台，将线上理财产品和服务封装到 SDK（软件开发包）中，直接集成到合作伙伴的移动银行 App 里。通过应用软件包的嵌入，中小银行的用户能够在其银行 App 上体验到微众银行提供的金融产品及服务（周萃，2019）。

数字化技术在银行发展普惠金融业务中发挥了至关重要的作用。2005 年，普惠金融概念在联合国国际小额信贷年上首次提出，定义普惠金融为能够以可接受的成本为社会各个阶层的群体，尤其是为被排斥在金融体系之外的人群提供金融服务与金融产品的金融。但此后多年银行都没有找到一个支持普惠金融的高效办法，经营服务成本高，不良率还居高不下。

2018 年，建设银行开了数字普惠金融服务的先河，推出“惠懂你”移动端信贷服务平台，将线上化、智能化、开放化运用到极致，具体特色功能包括：一是针对小微企业、个体工商户、农户、“专精特新”、科创企业和进出口贸易企业等各类普惠客群的特点，利用大数据分析，适配提供小微快贷、个人经营快贷、小微善贷、裕农快贷、跨境快贷等多元化线上信贷产品。业务审批及担保抵质押手续较传统模式更加便利，融资服务多达 26 项，包括自助提额、智能推荐、贷款攻略等新功能。二是发挥了建行集团金融资源优势，提供“B+C、资产+负债、收入+支出”的全景视图，满足用户动态化、精细化的财富管理需要。三是开放聚合他生态，面向企业注册、财务管理、快递物流、法律服务等领域开展互联网场景共建，为客户提供一体化解决方案和更加优惠的服务套餐。同时，融合打造生态，构建基于企业名片的社交服务，推进打造立体化、多维度企业社区，帮助平台小微企业实现人脉拓展，让小微企业更容易找到生意（谢永旺，2020）。至今，建行“惠懂你”产品已升级到 3.0 版本，App 有近 2 亿次访问量，服务个人用户超 1700 万人、企业用户超 850 万户，建设银行也因此成为国内首家普惠金融贷款余额破 2 万亿元的银行。

远程银行是线下网点替代的解决方案之一。经历过新冠肺炎疫情，人们对“非接触式”服务的需求快速激增，推动银行进一步探索远程服务创新。远程银行概念起源于国外，一般认为远程银行是指通过电话、微博、微信、短信等多媒体平台为客户提供远程金融服务。2019 年中国银行业协会发布的银行业首份远程银行团体标准——《远程银行客户服务与经营规范》，将远程银行（Air Bank）定义为单独组建或由客户服务中心转型形成，具有组织和运营银行业务职能，借助现代化科技手段人工智能、大数据、云计算技术等，通过远程方式开展客户服务、客户经营的综合金融服务中心。

回顾银行业发展历程，远程银行应该算是电话银行、网上银行、手机银行的进化物种。相较其他线上模式，远程银行具备技术领先、多渠道协同、场景化创新等优势。近年国内远程银行发展提速，2021 年客服中心与远程银行从业人员为 5.02 万人，全年人工处理来电 7.14 亿人次。中国银行业协会数据显示，截至 2022 年 6 月末，已有 22 家客服中心更名为远程银行，11 家客服中心计划建设远程银行。银行业服务渠道的转变趋势明显，离柜率持续走高，2021 年已超过 90%，与 2015 年相比已提升超过 12 个百分点。

在远程银行建设过程中，各家银行主要从服务渠道、服务模式、服务内容及产品体系四个方面进行转型创新，打造“人工+智能，线上+线下，服务+营销”的综合化客户服务经营体系。除了主流的手机银行、网上银行、微信银行及短信服务渠道以外，远程银行及客服行业中26%机构提供视频客服、22%机构提供微博客服，13%机构开通百度知道、QQ、知乎、支付宝生活号、抖音、电商等服务渠道。远程银行全面提升大数据、人工智能等技术应用能力，以科技驱动服务方式进行转型，从客户提请服务开始，依次提供客户自助、智能机器人、在线客服及人工客服等多层次递进式的客户服务体系。

民生银行是国内较早建设“远程银行”的商业银行。该行的“远程银行”以“有温度的非接触线上金融服务”为理念，为客户提供实时在线、全程零接触、无纸化、安全可靠的线上金融服务，在符合监管要求的前提下，可覆盖大额转账、远程见证、账户信息等85%的柜面业务，7×24小时的不间断视频服务，将传统金融服务时间延长50%。截至2020年底，民生银行“远程银行”日均业务量已达到全行线下网点业务总量的42%，成为民生银行新型重要服务渠道，一名远程坐席日均服务客户量已达到民生银行网点柜员日均服务客户量的274%（杜冰，2021）。

民生银行“远程银行”从多个维度创新金融服务。在客户服务方面，打破物理网点的时空和空间限制，实现电话、视频、微信等空中渠道同网点服务资源的深度融合，在视频服务渠道不断丰富服务范围和交易品种，已覆盖多项高频且原来仅物理网点可办理的业务，让客户无须脱离场景即可体验全流程的无缝衔接服务。在风险管理方面，增加多维度客户身份辅助识别机制，保证客户信息的安全性、保密性，实现“技防+预警+提醒”等全方位立体风控管理模式。在创新应用方面，打造“一对一”客户贴身金融服务管家的“云管家”服务模式，整合客户服务入口，支持客户需求快速响应，将客户问题解决到底。在专业化团队建设方面，建立以“远程坐席”为核心的新型金融服务岗位，将远程柜员培养成为懂业务、懂产品、懂服务的综合金融服务触点，使其成为客户随时召唤、伴在客户身边的金融服务助手和管家。

8.5 数据民主化促进要素市场

在分行公司业务处时，分管我们的副处长经常讲“表哥、表姐”的故事，大意就是，在大数据未出现之前，银行员工在给上级部门报数这个事情上花费大量的无效时间，如果这些时间能够用来服务客户，或许会更有价值。对于这点我深有体会，在处理不良资产剥离工作的那段时间，80%的时间都用在核对数据上。哪怕后来到了各个条线部门，数据处理都是梦魇一般的问题，我们大多数银行人，都摆脱不了“表哥、表姐”角色的困扰。直到后来，我接触了数据民主化这个概念，以及实现数据民主化的理念和工具，才发现这或许是能够真正解决银行内部数据高效应用的可行方案。

当前很多银行都提出要成为数据驱动型银行，就是希望能够更好地洞悉内部运营、客户关系、员工队伍和竞争地位的数据需求，不断地提升组织数据管理优势，保证经营效率，把握市场先机。在商业银行推行数据民主化，采用自助式商业智能技术 BI，可以促进员工对数据的平等访问，有助于优化管理决策，指引员工朝着既定目标努力并激发出色的工作绩效。反之，缺乏足够数据支持，银行服务难以满足客户期望，也会掣肘产品创新。近十年来，全球大数据以指数级的速度增长，银行数据库好比“金矿”，谁能更好利用和挖掘，就能在未来的发展中保持优势地位。数据民主化的理念和技术获得合理、合规的推广，将有助于商业银行推动金融科技创新，持续提升商业银行的市场竞争力。

理论界明确提出数据民主化这一概念可追溯至 2009 年美国、英国发起的“数据公开运动”。数据信息获取对于公民为国家的利益和发展做出贡献起到积极的作用。同样，企业赋予员工获取数据的权力也能够有效促进组织的发展。数据民主化鼓励组织授权员工开展工作，并为员工提供所需的数据信息以辅助优化工作，还可以提高员工的敬业度和参与度。Gartner 将民主化定义为：通过完全简化的体验，无须大量且昂贵的培训，即可使人们获得机器学习或应用程序开发工具等技术领域的专业知识或销售流程和经济分析等业务领域的专业知识。

数据民主化的核心目标是在组织内部打破“孤岛效应”，并在需要时向所有需要的人提供数据。当前，国内外具有前瞻性思维的政府及跨国公司都了解数据民主化的价值，但付诸实际行动的还是非常有限，尤其是商业银行这类有着高度保密、隐私要求的企业机构。因此，对于数据民主化，需要强调它的实现效果，使普通用户能够快捷地获取数据而无须外部帮助，但并不是对组织中每个人都绝对、广泛地开放数据访问。准确的数据、合适的人员、合理的时机，这三点是数据民主化秉持的原则。

目前公认的数据民主化解决方案是商业智能技术（Business Intelligent，BI），它是支持企业决策分析的一系列软件、技术、方法的集合。1989 年，Gartner 首次提出了商业智能的概念，将其定义为一类由数据仓库、查询报表、数据分析、数据挖掘、数据备份和恢复等部分组成的，以帮助企业决策为目的的技术及其应用。商业智能技术的提供，使企业能够掌握迅速分析数据的方法，包括收集、管理和分析数据等，将这些数据转化为有用的信息，然后分发到企业各处，让企业决策有数据依据，减少决策盲目性，理性地驱动企业决策和运营。近年来，商业智能技术越来越多地用于实时对接大数据平台进行数据分析计算，已经成为数据民主化的最佳解决方案。2022 年 9 月，IDC 国际数据公司发布了《2021 下半年中国商业智能软件市场跟踪报告》，其中提到 2021 年中国的商业智能 BI 软件市场规模达到 7.8 亿美元，同比增长高达 34.9%，并预测 2026 年市场规模将达到 20.2 亿美元，看好商业智能 BI 的市场前景。

商业智能 BI 核心内容有三大特征：一是一套完整的由数据仓库、查询报表、数据分析等组成的数据类技术解决方案；二是将企业中不同系统（ERP、OA）中的数据打通并进行有效的整合；三是利用合适的查询和分析工具快速准确地提供报表，为企业提供决策支持。准确来说，商业智能 BI 不仅仅包含前端可视化分析、报表展现的能力，更包含了底层数据仓库的建设过程。吕品（2023）认为，如果把商业智能 BI 比作一个人的话，上半身特别是脸这个部分就是颜值，下半身脚踏实地吸取大地的精华，中间这部分的核心力量就是数据仓库。

数据民主化要考虑的风险及成本也有很多。近年来，我国在数据质量、数据治理等方面提出要求，客户隐私、消费者权益保护要求也日渐提高，金融行业数据领域的强监管趋势明显。数据民主化过程中衍生的冗余过剩及投资成本都是商业银行推行数据民主化亟须考虑的因素。数据民主化在商业银行应用并非易事，哪怕是最前沿的专家也会低估当前商业银行大数据管理的难度。

Gartner 曾指出，至少 85%的财富 500 强企业不能有效利用大数据来获得竞争优势。相比其他行业，银行业的数据不仅庞大，且数据结构复杂，涉及诸多业务品类和产品线，数据来源系统也存在大的差异。某些国有银行的数据积累时间长达数十年，历经多次升级改造，数据整合非常困难，要打造一个满足所有需求的通用数据库几乎不可能，但数据民主化搭载合理的技术环境恰好能够解决这一痛点。

数据民主化有助于建设数据要素市场，同时也能为银行创造更多的金融创新服务机会。科尔尼在 2020 年的全球趋势报告中曾预测欧盟推出《通用数据保护条例》（GDPR）后，全球各地有关数据隐私的法律法规数量将进一步激增。联合国贸易和发展会议的相关数据表明，全世界已有 71%的国家和地区就数据隐私立法，另有9%的国家和地区有相关的立法草案在案。2021年以后中国也相继出台了《数据安全法》《个人信息保护法》等新规，但政策目标还是打击非合规的数据交易产业链，使得数据交易市场整体往合规化发展，同时保护消费者权益。世界银行指出，强制性的数据本地化要求将对小型和发展中经济体产生更大的影响，因为相较于发达经济体，它们建设基础设施所需的投资更为高昂，同时限制相关服务贸易的机会成本也可能更高。在微观层面，也有越来越多的证据表明，数据隐私法正在逐步影响企业的收入及利润。

数据强监管无疑会增加国家、地区之间的数据壁垒，但同时也有可能会赋予数据更多的价值。数据民主化也并非要倡导免费的数据供给，相反，只有当数据更稀缺、具有更高的交易价值时，才能够真正打造一个可应用推广的“数据经济圈”，从而吸引政府、银行、企业、个人等数据持有主体进行数据、内容、信息的认证和规范，建立真正意义上的数据交易所。银行也可以借此开发与数据相关的金融产品，比如数据质押融资业务等。只有在健全制度和政策环境的保障下，一系列数据相关的经济活动才能够开展起来。而当世界各国在数据民主化和数据要素市场建设方面能够重新统一认识的时候，跨境数据要素市场的建设也就不远了。合理、合规的数据交流和分享，对推动社会经济发展和企业成长均有着积极的作用。2015年，江苏银行在国内率先推出的全线上、纯信用、基于税务大数据的“税E融”贷款产品，就是一款比较成功的数据质押业务，也是银行与政府共享数据，支持小微企业和实体经济的优秀案例。据统计，“税E融”80%的客户是由国税局网站转介的，只有20%的客户是通过江苏银行官网转介。

为提升数据分析及用数能力，国内银行业已紧锣密鼓地加快数据要素市场建设步伐。工商银行积极开展内外部数据融合，通过隐私计算参与政务数据合作，与地方市场监督局、公积金中心、人社局、政务中心、税务局、不动产登记局等单位合作，合计引入政府机构数据达13个大类，成为国内金融界数据要素市场主力军。目前，工商银行已经在尽职调查、便捷开户、授信审批、信息核验、网格化营销等众多业务场景取得突破性进展（李冰，2022）。招行搭建了全行统一数据门户“招数”，推出了可以为全行提供可视化数据产品的商业智能平台。平安银行、光大银行建立了智能数据资产化管理体系。民生银行创新研发“灵犀意愿分、新竹信用分、百川信用分”等大数据风控和营销模型，释放数据的生产要素价值（见图11）。

深圳在数据交易方面有重大突破（王巍，2022）。2022年11月15日，深

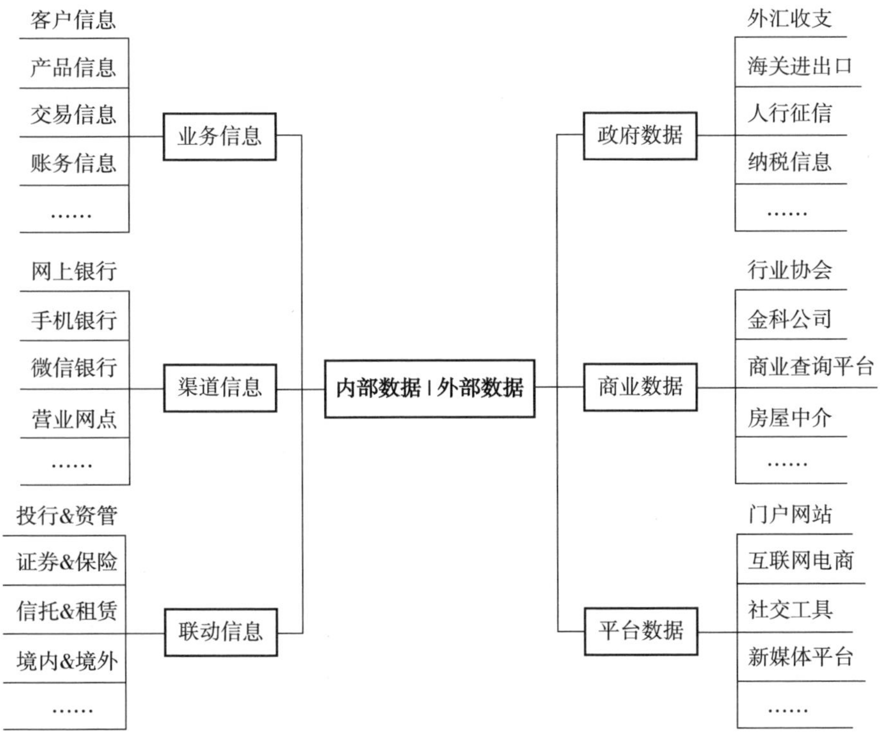

图 11 银行内外部数据关系

资料来源：作者整理，李冰（2022）

圳数据交易所正式揭牌。该所以建设国家级数据交易所为目标，从合规保障、流通支撑、供需衔接、生态发展四个方面，打造覆盖数据交易全链条的服务能力，构建数据要素跨域、跨境流通的全国性交易平台。截至 2022 年 12 月 31 日，深圳数据交易所累计交易规模超 12 亿元，交易场景 61 个，市场参与主体 551 家，覆盖省市超 20 个。首批跨境交易规模超 1100 万元，跨市交易比例超过 73%，接入超过 600 种数据产品，数据 API 接口超过 12000 个，覆盖 53 类数据应用场景。根据累计交易金额统计，企业服务类交易金额最高，累计 31510 万元，占比 28%；第二是金融，累计 24578 万元，占比 22%；第三是政务服务，累计 16795 万元，占比 15%；第四是广告营销，累计 3400 万元，占比 3%。比较典型的场景案例有深圳供电局于 2018 年开始打造首个电力数据产品——"电力看征信"。该产品构建了一套基于电力数据的企业征信指标，包括用电状态、电费缴纳、用电量、违约行为共 4 大类 23 项征信指标，帮助银行等金融机构从新的维度考察企业的信用情况，支撑征信机构开展贷后预警、空壳企业识别、信贷反欺诈、授信辅助等业务（张雅婷，2022）。

粤港澳大湾区的银行业在跨境数据方面也有探索与尝试，是数据民主化对外延伸的重要一步。2022 年 3 月 25 日，横琴粤澳深度合作区金融发展局发布消息，粤港澳大湾区首个跨境数据验证平台——粤澳跨境数据验证平台在粤澳两地上线试运行。作为区块链开源技术支持方的微众银行表示，平台设计的核心逻辑正是基于目前存在的痛点，采用“用户自主携带传递，数据严格保密”原则，尽可能打消用户的担心以及满足监管的要求。用户自主跨境传递数据，粤澳两地机构不直接传输和交换用户数据，通过比对约定的加密哈希值而非具体原文数据信息校验数据可信与否，从而保护用户与机构的数据隐私，降低跨境数据可信风险、滥用风险、泄露风险，也符合最新的数据相关法规及条例的规定。工商银行的“琴澳资信通”是平台上实现的首个银行服务场景，用于澳门居民资信信息的跨境验证。未来期待有更多的场景上线：一是银行涉及需要验证材料的服务流程均有望得到进一步优化，比如开户、办卡、保险理赔、税务登记、存款证明等；二是能够在一定程度上发挥跨境征信的核验效果，为推动跨境个人贷款提供新的思路；三是促进银行打造一个跨境联合贷款生态圈，使境内外银行能够共享创业者及投资方的信用记录数据和信息，防范道德风险以及贷款集中风险。

8.6 金融科技人才培养

银行数字化转型离不开人才的支持。银行的金融科技人员既有别于其他行业及金融机构，也有别于专业金融科技公司，有着自身的成长环境特点和个性化业务需求。传统模式培养出来的金融科技人才或已不能满足市场的要求，现今的金融科技人才，不仅需要熟悉金融产品、风险管理和监管政策，还要了解前沿技术并能运用技术改造传统业务，兼具复合学科的知识体系背景和跨专业统筹能力。

从银行的经营发展需求来看，金融科技人才队伍主要有三类：第一类是纯技术型人才，他们中多数拥有计算机及相关专业学习背景，能够独立开发或维护科技产品及业务，这类人才主要配置在信息科技部门，在我们银行，条线部门和支行也设置 1~2 位。第二类是业务型人才，这类人才以非计算机专业背景员工为主，但所负责的业务与科技密切相关，在长期的工作过程中，已经深入了解产品的科技功能和应用，对科技在本业务领域的应用有较多的认识。第三类是研究型人才，这类人才可能不具备计算机背景，也不在相关的科技类产品的岗位工作，但对信息科技有着浓厚兴趣，对同业科技应用有自己的见解，并且能够转化为研究成果。银行金融科技人才的培养，可以围绕这三类人才，持续引导、强化、扩充，打造一批“文武双全”的金融科技复合型人才队伍。彭芸、李菁昭（2021）认为，银行在新时代对金融科技培养的要求主要体现在四个方面，更加突出复合性、创新性、国际化和应用性。

在金融科技人才培养策略上，国内银行同业形成了一些好的做法：（1）组织科技专题培训模式，中国银行与40余所高校建立战略合作关系，未来三年计划打造50~100家产教融合的实训基地。（2）组建产学研联盟模式，工商银行2009年9月即发起成立国内首家金融创新产学研联盟，成员包括知名高校、研究机构和高科技企业。（3）冠名建立学院方式，2018年7月，建行与中南财经政法大学联合成立“中南财经政法大学建行学院”，旨在从高校出发，针对普遍存在的融资难、融资贵、普惠金融等问题，提供一些解决方法。（4）成立实验室模式，2018年6月，招商银行与上海交通大学成立“上海交通大学—招商银行掌上生活AI联合实验室”，通过人工智能赋能其核心信用卡业务；旨在在现有人工智能领域研究基础上，围绕支付、风控、营销、消费金融等应用场景持续深入，赋予系统语义理解能力，让系统越来越有温度，真正地理解用户。（5）开展课题研究模式，平安银行依托母集团先后与复旦大学、清华大学、中南财经政法大学等携手，围绕供应链金融、智慧医疗、法律科技等课题开展合作研究。（6）虚拟学院建设模式，中银香港秉持“以岗位核心能力为基础，与员工职业生涯发展相配套”的理念，搭建线上“虚拟学院平台”，包括创新科技学院、领导力学院、个人金融学院、卓越营运学院、企业金融学院等，丰富全员序列培训体系，加大专业资格认证。银行方面积极完善业务虚拟学院架构，与认证课程相配套，持续加大培训资源投入力度，和知名培训机构及大学合作，引入和开发多样化在线和线下课程，丰富培养模式；形成学习文化，鼓励员工考取外部各类专业资格，助力专业人才把握市场趋势，深耕专业领域，着眼银行未来培养科创人才。（7）组织金融科技大赛模式，自2019年开始，微众银行金融科技高校技术大赛至今已经连续举办三届，共吸引了2100多名海内外高校学子参赛，提交项目作品360余件，参赛学生涵盖国内外众多知名院校，覆盖从本科到博士的各个学历层次，在全球高校中产生了广泛的影响力。

招商银行的金融科技人才培养体系比较完整，建立起了金融科技人才内生培养体系，大力推进产品经理、运营经理、数据分析师、研发工程师等人员队伍建设，构建协同顺畅、梯队合理的人才结构，不断强化全行员工的金融科技意识，提升全行员工的数字化思维能力。在招行的精益转型过程中，由总行信息技术部 EPG 工作组（工程效能团队）牵头，在招行内部培养了 430 多位精益教练和看板专家，负责推动业务和科技的融合，这些都是复合型的数字产品人才，招行已在过去的两年时间里重点培养了 700 多位 PO 和 BA。未来，这些复合型科技人才将成为招行转型的发动机、播种机，组成招行内部的咨询小分队，深入业务和 IT 团队里，作为团队专属的赋能服务伙伴，提供一站式服务，推动招行的精益转型落地（夏寅，2022）。

2021 年，我参加了由中国银行业协会牵头组织的第一期金融科技师（CFT）认证培训班，上课地点就在深圳大学。这个培训项目的质量非常高，内容丰富且大咖云集，实务场景案例特别多，有效地提升了学员们对金融科技的认识水平，哪怕是金融科技“小白”从中也会有所收获。经过这次培训我还发现了三个金融科技师职业发展方向，分别是数据分析师、系统架构师和用户体验（UX）设计师。

如果你仅想成为一名普通的数据分析师很容易，数据的处理用 Excel 就能解决。但若要成为优秀的数据分析师则很难，SAS、Stata、Lisrel、Spss、Eviews、R、HLM 等统计软件你得掌握 1~2 种。可惜在银行内部，熟悉这些高级统计技术的人员还是偏少，甚至我在招聘新人时也鲜有见到相关人才。据悉，数据分析师专业证书在香港地区资历架构体系中列为第 6 级，与高等教育中的硕士学位同级，且为第 6 级中唯一一个适用于银行业的专业证书。可见这一职业的市场价值和职场潜力。

系统架构师就更不用说了。我认识一位世界 500 强高科技公司的首席系统架构师，他的经历也非常丰富，此前在国有大行、股份行、城商行都曾分管过 IT 工作，对金融科技的架构需求很熟悉，一些需求我与他交流几句彼此就有共识。系统架构师需要足够多的实战经验和更加开阔、全面的视野，好的系统架构师比数据分析师在市场上更加难寻。从职能来看，系统架构师主要负责规划银行应用系统体系架构、对应业务战略及 IT 战略的技术路线图，组织制定公司整体及领域级 IT 架构规划，并进行分解落地。可以说，系统架构师属于金融科技人才中的“塔尖”成员。

用户体验设计师是更加新颖的职位或概念，现在也有人称之为数字产品设计师。在金融科技市场中，一些无法获得系统架构师职位的 IT 人员也正在转型成为用户体验设计师，后者的工作更加具体。严格来说，用户体验设计师和产品设计师之间并没有什么本质的区别，只是前者更聚焦用数字化手段来实现客户的极致体验。UX 设计师承担了“设计不同触点的体验”的任务，包括组织转型，制定策略，改革创新，市场营销，设计包括从 App 到广告、服务、设备、地点、事件，甚至银行文化在内的所有事情（Maciej Lipiec，2019）。可以看出，UX 设计师是一项非常有趣且有挑战的科技工作类型，未来将吸引大量的年轻人加入。毕竟，银行所努力的一切，不正是设计出让人梦寐以求的数字化产品吗？

8.7 互联网银行冰火两重天

在前海蛇口分行工作时，我与微众银行开展合作，具体服务项目是为港人薪资汇划方面提供更多便利。在后来，微众银行推出了跨境数据验证平台后，我们有了多次交流，也萌生出研究互联网银行的想法。互联网银行近年在全球成为金融业界的“新兴产业”，亚洲各国及地区都在推动有关发展，部分目前仍在发牌阶段，如新加坡刚刚发出了 4 个互联网银行牌照，中国香港、韩国、印度等都已有互银推出市场；虽然各市场的发展步伐不一，但总体方向一致。其实，互联网银行在互联网普及后就已开始在市场出现，中国香港大新银行旗下的丰明银行早于 2001 年便以无分行网络的互联网银行形式在市场出现，由于种种原因最终于 2010 年与大新银行进行品牌整合。放眼全球，目前有 100 多家互联网银行，知名度较高的如加拿大的 ING Direct、英国的 Monzo 及 Revolut、德国的 N26、瑞士的 Dukascopy、巴西的 NuBank、印度的 Digibank、中国内地的微众银行、韩国的 Kakao 等，都已经在当地市场站稳了脚跟，更逐步进入了获利的阶段（关振球，2021）。

值得一提的是，韩国 Kakao 互联网银行于 2017 年开业，营运仅 5 天便吸纳逾百万客户，至 2021 年 5 月更达 1650 万户，占当地人口 5182 万的约 32%。此外，Kakao 互联网银行于开业后仅两年内已开始实现盈利，2020 年税后盈利为 1556.23 亿韩元，约是同期当地最大商业银行“国民银行”盈利（3.46 万亿韩元）的 4.5%。虽然盈利水平与传统大型银行存在距离，但已成功打破互联网银行在当前经营环境下难以获利的思维。最受市场注目的，相信是该行招股上市后的股价表现。Kakao 互联网银行于 2021 年 8 月 6 日挂牌首日的收市价为 6.98 万韩元，较其招股价 3.9 万韩元急升约 79%。至 8 月 25 日股价为 8.21 万韩元，总市值 39.05 万亿韩元（约 2600 亿港元），其市值更远高于当地老牌银行“国民银行”（KB Financial Group Inc.，约 20.48 万亿韩元），一跃成为韩国市值最大的银行集团，也接近中银香港的市值（9 月 7 日为 2521 亿港元）。Kakao 的成功为全球互联网银行发展注入了强心剂。

相对于内地的互联网银行来说，香港的互联网银行发展的步子迈得更大一些，弹丸之地就开了八张互联网银行牌照。2021 年对香港互联网银行来说是具有重要意义的一年，香港八家互联网银行经历了首个完整运营年度，各行积极推出特色产品，发挥股东、技术和牌照优势，为香港金融市场注入了新的活力。深圳的微众银行则是借助先进的金融科学技术以及庞大的国内市场，把握住国家普惠金融发展的有利机遇，取得了更加喜人的业绩。

由于香港地区的互联网银行还处于发展前期，各银行主要采取“高举低放”的营销模式，即大幅提升存款利率，同时降低贷款利率，以此来拓展市场。同一时间，相比传统银行年化 0.5%的存款利率，香港天星银行就推出了 3 个月年化利率 0.9%的港币定期存款，众安银行 3 个月定存年化利率为 1.5%，蚂蚁银行存款宝账户年化利率最高达 2%。众安银行为个人客户和中小企业提供多种贷款产品，推出实际年化利率 1.99%的私人贷款产品，以低成本优势吸引客户贷款。截至 2021 年底，香港八家互联网银行均处于亏损状态，并且亏损幅度较上年还进一步扩大，税前共亏损 35.6 亿港元，亏损总额同比扩大了 32.4%，自 2019 年筹建以来已累计亏损 68 亿港元，占总股本的 42%（见表 18）。香港八家互联网银行的营业收入也甚微，可见各行均未找到持续盈利的模式，市场对互联网银行的乐观情绪正在减退，对未来盈利能力以及发展前景也持观望态度。此外，受美联储持续加息影响，香港也进入加息周期，部分互联网银行因未拓展到对应的贷款规模，高息获取的客户存款进一步增加了银行的盈利压力。

表 18　2021 年香港互联网银行财务情况　（单位：亿港元）

互联网银行	总资产	股本	营业收入	客户贷款	客户存款	税前利润	客户规模
富融	44.07	18.5	-0.15	1.52	34.16	-4.34	90 万
众安	98.03	36	1.33	25.12	73.24	-5.82	50 万
LIVI	43.51	25	-0.01	0.88	31.57	-6.67	20 万
MOX	67.63	25.5	-0.08	6.95	57.18	-6.89	20 万
平安壹账通	24.84	12	0.34	13.61	17.86	-2.14	200 家
蚂蚁	19.89	15.63	-0.02	0.01	7.92	-2.32	300 万
天星	32.27	15	0.39	9.32	22.66	-2.44	15 万
汇立	29.18	13.71	-0.06	4.97	24.06	-4.95	10 万

注：蚂蚁的单位为中小企业，其余单位为个人。

数据来源：作者整理

得益于国内广阔的市场空间和经济环境，微众银行 2021 年赢得了更加亮眼的业绩，年底资产总额达 4387.48 亿元，同比增长 26.65%，其中各项贷款余额2632亿元，较年初增长32%，普惠型小微企业贷款余额较年初增长超过40%。营业收入269.89亿元，同比增长36%；净利润68.84亿元，同比增长39%；净息差4.38%；净资产收益率为28.24%。有效个人客户数量达到3.2亿人，同比增长19%；企业客户数超88万户，同比增长55%。从2021年财报数据看，微众银行主要财务指标已远超国内其他互联网银行（见表19）。回顾成立之初的首个财年（2015年），微众银行也曾亏损5.84亿元，营业收入仅2.24亿元，但第二个完整财年（2016年）就扭亏为盈，实现净利润4亿元，营业收入增长了10倍。

表19　2021年微众银行及境内主要互联网银行财务情况

互联网银行	总资产（亿元）	营业收入（亿元）	净利润（亿元）	不良率（%）	拨备覆盖率（%）	用户数量（万户）
微众	4387.48	269.89	68.84	1.20	467.46	32000
网商	4258.3	139	20.9	1.53	363.95	4500
新网	571.16	26.41	9.18	1.05	345.14	7000
众邦	871	14.87	3.21	1.11	301.39	3500
苏宁	1007.55	34.56	6.93	1.05	241.82	4000
百信	794.06	29.98	2.63	1.66	230.00	6900

数据来源：银行年报

随着客户规模的增加以及市场的培育，香港互联网银行逐步实现服务及产品领域的突破，结合自身优势创新推出特色业务。比如，富融首先推出外汇买卖业务，众安代销纯保障型保险产品，LIVI推出BNPL（先买后付）分期服务以及多功能合一的快捷支付产品，MOX推出亚洲首张全功能无号码信用卡，平安壹账通与第三方平台合作开发针对中小企业客户的贷款产品“壹易贷”，这些业务吸纳了不少市场关注，在拓客和展业过程中也起到了积极作用（见表20）。互联网银行虽然对香港传统银行业造成了一定的竞争压力，但新技术的应用及新产品的推出有利于促进香港金融科技业务创新，提升当地银行的普惠金融服务水平，并且也为当地保险、证券和基金等行业带来新的交叉销售业务机会。

表20　香港互联网银行的特色产品服务与成效

互联网银行	特色产品服务及成效
富融	成为香港首家推出外汇买卖服务的互联网银行，香港用户可以通过富融银行买卖港元、人民币和美元；基于人脸识别技术，用户最快可在5分钟内完成开户

续表

互联网银行	特色产品服务及成效
众安	首家获得香港保险代理机构牌照的互联网银行，面向香港用户推出多款纯保障型保险产品，新增保单曾获得月环比35%增长的成绩
LIVI	在香港首家推出 BNPL（先买后付）产品，透过 Mastercard 虚拟扣账卡提供签账即时分期服务；推出含 ATM QR Cash、转数快扫码转账及银联扫码支付“三合一”功能的 liviScan，所有功能均可透过二维码一键办妥
MOX	推出了亚洲首张全功能无号码银行卡，为用户提高隐私度及安全性；成为香港首家同时支持 Apple Pay 及 Google Pay 的互联网银行；Mox Credit 不设最低消费要求，推出 4 个月即批核信用额超过 30 亿港元
平安壹账通	与“贸易通”平台合作，为中小企客户提供贷款产品“壹易贷”。至 2021 年 8 月中小企业贷款资产达 10 亿港元，毛利率和净息差分别为 6.9%及 6.3%，主推的“中小企融资担保计划”下的“九成信贷担保产品”市场占有率高达 41%，客户从发起贷款申请至收到银行放款最快只需 2.5 个工作日，单一股东开户更可在 25 分钟内完成申请，78%的客户未曾从其他银行获得无抵押贷款
蚂蚁	香港首家与数字钱包账户打通的互联网银行，实现 AlipayHK 的用户在线下 5 万多家香港商户消费时可直接从银行划账支付，在手机上最快只要 3 分钟开户、使用本地转账服务，以及推出年利率最高 2.5 厘的“存款宝”活期储蓄存款
天星	存款服务内容丰富，期限比较灵活，日计息，50 万~100 万港元大额存款有高利率，偏高净值用户；贷款服务利率也以日息计算，客户可随时提前还款，无须缴付任何手续费
汇立	推出首个根据参与人数而定、融合社交元素的高息定期存款产品杆产品 GoSave 定期存款，2021 年 6 月存款已超过 20 亿港元，首个与存款挂钩的个人贷款产品 GoFlexi 申请金额累计近 7 亿港元，首张无卡号银行卡 WeLabDebitCard 累计成交已达约 4.5 亿港元，多次使用该卡的客户占比达 87%；手机 App 的月活客户达 56%

数据来源：作者整理

与香港互联网银行略显“零敲碎打”的产品创新模式相比，微众银行已经打造了更加成熟、系统和完整的创新发展体系。2015 年推出服务个人消费客群的“微粒贷”，已辐射全国 31 个省、自治区、直辖市，逾 44%的客户来自三线及以下城市，笔均贷款约 8000 元，约 70%的客户单笔借款成本低于 100 元。2017 年依托线上化、标准化的企业贷款产品“微业贷”走出了践行小微普惠金融的全新路径，凭借无须抵押质押、无须线下开户、无须纸质资料的低门槛，“微业贷”已辐射 22 个省、3 个自治区、4 个直辖市，累计触达超 270 万家小微企业，累计发放贷款金额超 1 万亿元，年营业收入在 1000 万元以下企业占客户总数的 80%，客户中约 60%的企业客户系首次获得银行贷款。2021 年，以“微账户”作为核心抓手大力发展代销业务，代销品类也日益丰富，陆续新增了基金、高端理财（信托、基金专户）、保险等产品，2021

年微众银行 AUM 同比增长 52%，达到 1.5 万亿元，实现大财富管理与互联网金融的紧密结合。

互联网银行有着科技应用方面的先天优势，在某些领域已经超过了传统银行。比如，微众银行的个人客户数量已经超过了大湾区内注册的所有法人银行，包括招商、汇丰、渣打、中银香港等，但论资产规模还与传统银行有着较大的距离。因此，无论是境内机构还是境外机构，我国互联网银行要实现长期、健康发展，还要考虑多个方面的因素。

技术创新是互联网银行竞争力的核心保障。互联网银行通过大量应用科学技术，在成本费用、服务时效、运营理念、触客模式、生态建设等方面占据优势。一是基于云计算构建敏捷的 IT 架构，可以不受传统银行的系统制约，采用全新的底层技术架构，从零开始搭建更加先进的 IT 系统，并根据业务压力自动弹性扩容，从而提升 IT 资源利用率，以适应互联网银行产品快速开发及敏捷迭代的需求。二是基于大数据优化业务流程，可以全面收集客户数据、精准提取客户特征、深度分析客户行为，并根据挖掘出的有价值信息，打造"以客户为中心"的产品服务体系。利用大数据建立新的风险控制模型，更好地管控信贷、合规风险。三是基于人工智能提升银行服务能力，AI、RPA 技术的应用能够减少银行业务中的人为干预，帮助互联网银行建立以高级数据分析、行为分析为基础的运营模式，更好地与客户进行交流互动，打造智能理财服务。四是基于人脸识别技术应用于远程账户开户、线上线下支付，在改善客户体验的同时，降低欺诈风险，提高支付环节的安全性和便利性。

股东资源是互联网银行服务客户的比较优势。互联网银行的背后均有国际知名金融机构、大型企业集团和互联网科技巨头的身影，这些股东不仅提供资金，还提供宝贵的客户资源、销售渠道和技术支持。比如，微众银行依托腾讯庞大的微信、QQ 生态圈，在个人金融服务方面就得到了渠道获客及大数据风控优势。富融银行与微信支付香港公司合作，将客户银行账户与微信支付香港公司对接，进而打通本地消费与跨境支付网络。蚂蚁银行与支付宝香港公司合作，将银行服务与多元生活场景融合，超过 200 万名的支付宝香港用户可以直接利用电子货币在蚂蚁银行小程序实现远程开设银行账户。众安银行在众安人寿的帮助下，取得了香港保监局的保险代理机构牌照，打造"银行+保险"的双牌照运营模式。LIVI 银行获得京东科技的技术支持，搭建更加有利于拓展消费金融场景的 IT 架构。天星银行以锚定小米上下游产业链为突破口，打造电子产品供应链全场景、全链条的金融服务，为实体经济赋能（见表 21）。

表 21 大湾区互联网银行的股东情况

互联网银行	成立时间	股东集团	背景优势
富融	2020 年 12 月	腾讯科技、工银亚洲、香港交易及结算所有限公司、高瓴资本	社交、银行、投行
众安	2020 年 3 月	众安在线、百仕达集团	保险
LIVI	2020 年 8 月	中银香港、京东科技、怡和集团	银行、电商
MOX	2020 年 9 月	渣打集团、电讯盈科、香港电讯、携程金融	银行、旅游、通信
平安壹账通	2020 年 9 月	壹账通、中国平安	科技、保险
蚂蚁	2020 年 9 月	阿里巴巴蚂蚁金服	支付、消费金融
天星	2020 年 6 月	小米金融、尚乘集团	电子产品、金融
汇立	2020 年 7 月	WeLab、我来数科	互联网金融
微众银行	2014 年 12 月	腾讯、百业源、立业等	社交、支付

资料来源：作者整理

监管政策是优化互联网发展环境的基本原则。香港与内地在监管规定及管理逻辑上基本相同，互联网银行和传统银行采用同一套监管规定，资本要求也没有区别，只是政策设计上香港出台了专门的“虚拟银行认可指引”，作为申请互联网银行牌照的依据，从原则上规范了虚拟银行的经营管理，但并未涉及远程开户、网上贷款等具体业务准则。香港与内地监管部门对互联网银行发展的态度比较谨慎，坚持实质重于形式的原则，避免线上线下业务规则不统一可能导致的监管套利。比如 2021 年国内出台的互联网存款新规，就是为了避免存款市场的恶性竞争。境内监管部门对民营银行从事外汇及跨境业务把握较严，微众银行尚未获得外汇经营资质，这也影响其跨境客群的服务与发展。

复杂、新型的风险是互联网银行面临的主要挑战。互联网银行面临的风险比传统银行更多、更复杂。在信用风险方面，由于缺乏相应的缓释品，理论上讲互联网银行的违约损失率较传统银行高，因此需要保持更高的贷款拨备覆盖率。在科技风险方面，互联网银行投入更多的资源，比如要求董监高具备科技知识，聘请符合资质的独立专家，评估银行科技管理和系统是否足够安全，重大业务外包计划要事前汇报监管并遵守相关规定。互联网银行在反洗钱合规风险方面也面临越来越严峻的形势，2022 年 5 月 13 日，香港破获了一个利用互联网银行账户洗黑钱的犯罪集团，涉案户口超过 20 个，金额达 9700 万港元。此外，产品创新风险也不容忽视，2020 年境内某互联网银行卷入蛋壳公寓“租金贷”业务风波，不仅造成了大量贷款损失，还引发“社会维稳”风险和声誉风险，仅深圳就涉及签约业主约 1.1 万人，租客 3.15 万人。

8.8　物联网技术赋能银行转型

2022 年 9 月 21 日，工信部发布信息表示，蜂窝物联网用户规模首超移动电话用户。截至 8 月末，三家基础电信企业发展蜂窝物联网终端用户 16.98 亿户，较上年底净增 3 亿户，移动网连接终端中代表“物”连接的蜂窝物联网终端用户数，首次超出代表“人”连接的移动电话用户数，占比已达 50.3%。马雨霏（2022）认为，“物超人”意味着移动网络从过去的服务人和信息消费，进一步发展到服务千行百业，也标志着中国物联网时代的来临。

物联网（Internet of things）的概念最早于 1998 年由英国工程师 Kevin Ashton 提出，指利用各类信息识别设备［二维码、射频识别（RFID）、红外传感器、全球定位（GPS）、激光扫描等］，将各类物品通过传输协议相连接，进行数据与信息交互，实现智能化识别、定位、跟踪、监测、控制和管理。根据陆岷峰（2017）的定义，物联网银行是指商业银行利用物联网思维和技术，整合用户生产、生活场景等的数据和信息，提供智慧金融服务的组织模式。近年来，随着移动互联网技术不断迭代升级，5G 商用加速，华为推出 2.0 版本的鸿蒙操作系统，给我国物联网银行转型创造了良好的条件。在国外，物联网银行发展也受到重视，2016 年欧洲金融管理协会提出，物联网银行是金融业发展的十大趋势之一。2021 年国家编制发布“十四五”规划纲要，也将“物联网”划定为七大数字经济重点产业之一。商业银行作为金融重器，应把握物联网技术发展的重大机遇，以金融力量促进各行各业进步，共同推动国家经济高质量发展。

物联网银行转型对实体经济的发展有着重要意义：一是支持物联网发展符合国家战略要求，从 2006 年开始，国家相关部委已着手发展物联网产业的部署，2010 年物联网被列入首批培育七大战略性新兴产业之一，2019 年物联网被纳入科创板鼓励创新企业类别，2020 年工信部印发通知要求深入推进移动物联网全面发展。二是物联网产业给银行带来高质量业务机会，我国物联网产业规模近 5 年复合增长率保持在 20%左右，2020 年产业规模约 1.7 万亿元。根据 Strategy Analytics 报告，2024 年全球物联网产值有望突破 1.1 万亿美元，覆盖工业制造、城市建设、家居消费、交通运输等多个产业，物联网产业发展的同时也带动了金融服务需求。三是物联网技术能够解决传统商业银行的服务痛点并提升客户体验，物联网银行有望克服信贷业务发展中的信息不对称问题，通过物联网银行将授信批复额度与客户的财务经济状况、健康状况、家庭成员情况、供应链信息（水、电、仓单等）等实时关联，由传统的主观信用调查变为客观数据验证，有效降低风险并优化流程，从而更好地支持民营小微企业及实体经济的发展。

我国建设物联网银行的环境条件逐渐成熟。首先，物联网银行建设需要稳定、可靠的运行环境。2019 年 5G 网络开始进入商用阶段，具有高传输速率、低延时、低功耗、广连接等优势，已覆盖全国地级以上城市及重点县市，能够确保物联网金融服务运行稳定不间断。其次，物联网银行需要高度保密、便捷智能和数据快速运算处理等技术支撑。“人工智能+云计算+大数据”组合技术可以让银行快速获得客户财务状况的基本信息并加以运算分析，执行以前需要人工协助的复杂业务活动，提高工作效率。最后，物联网银行发展需要完备、宽松的政策监管环境。自 2013 年起，我国陆续出台多项物联网政策规定，包括《物联网标志白皮书》《物联网工作要点》《物联网发展规划（2016—2020）》《物联网安全白皮书》等。与物联网金融应用有关的法制也有实质性的进展，包括《中华人民共和国电子签名法》《中华人民共和国知识产权法》《中华人民共和国数据安全法》等，为物联网金融产品创新提供了政策依据。

国内商业银行物联网应用实践及成果也越来越丰富。比如：工商银行利用分布式技术架构构建“工银物联网服务平台”，支持物联网终端设备连接管理及数据的采集加工；建设银行的物联网服务平台实现物联网终端统一接入、统一管理、统一控制和数据共享；平安银行“星云物联网平台”实现大量场景接入，且独立发射卫星用于服务物联网平台的后续开发和建设。综合来看，物联网技术在商业银行应用主要聚焦五个场景，包括个人金融、公司金融、智慧城市、风险监测、内部运营。国内外商业银行物联网应用场景统计见表 22。

表 22　国内外商业银行物联网应用场景统计

场景分类	实施商业银行
开发物联网平台	平安银行、建设银行、工商银行、浙商银行
发射物联网卫星	平安银行
幼儿教育	中国银行、招商银行
可穿戴设备	美国银行、Capital One（美国）、巴克莱银行（英国）

续表

场景分类	实施商业银行
智能家居	兴业银行、建设银行、英国挑战者银行 Starling
商户 B2C	建设银行、星展银行 DBS、瑞典银行、苏格兰皇家银行
能源、电力	平安银行、建设银行
仓储、物流	平安银行、邮储银行
智慧城市及公共服务	平安银行、农业银行
智慧农业	平安银行、农业银行
动产质押	江苏银行、无锡农商行
智慧网点	农业银行、建设银行、邮储银行、美国银行、花旗银行、WestPac（新西兰）
车联网	平安银行、兴业银行、Blueshore（加拿大）
工业互联网	平安银行、中信银行
跨境贸易	澳大利亚联邦银行
风险监控管理	工商银行
银行内部运营	工商银行、邮储银行、Idea Bank（罗马尼亚）

资料来源：周建东、作者整理

在个人金融服务场景方面。物联网智能化、线上化的理念与个人金融客户需求相契合，银行可通过可穿戴设备、手机等移动通信设备入口，将金融服务融入个人日常生活，包括家居、工作、校园、出游、运动、健康、消费及娱乐等场景。比如，兴业银行与科大讯飞、京东金融联合成立“AI 家庭智慧银行联合实验室”，App 授权绑定银行账户后，消费者即可通过语音互动享受账务查询、信用卡在线分期、客服交互以及产品、资讯、促销活动信息等服务。中国银行与诺基亚贝尔共同打造物联网金融产品“宝宝存钱罐”，可通过智能手机应用程序连接到银行系统，儿童客户可以体验音频交互等有助于幼儿教育的多种应用服务。在美国，Capital One 银行已经实现基于亚马逊 Echo 音箱率先提供了以语音操作作为入口的银行交易功能，包括信用卡还款和支票账户等服务，方便个人在网上商铺进行消费活动。此外，物联网还可以帮助银行更好地连接 B 端商户经营者（包括零售门店、餐饮门店及本地生活门店）与个人客户，提升消费者体验和商户经营管理决策效率，实现供需精准匹配，创造连接消费需求侧和供给侧的桥梁和纽带。比如，建设银行利用物联网技术与加油站、洗车店等商户合作，全程自动识别车牌、自动扣款。

在公司金融服务场景方面。借助企业资源的网络互联、数据互通和系统互动，物联网能够实现制造原材料的灵活配置、制造流程的按需执行、制造工艺的合理优化和制造环境的快速适应。银行利用传感器技术采集企业数据和信息，将商流、物流、信息流、资金流四流结合，开发满足客户需求的信贷融资产品。比如，无锡联合多家银行开展动产质押融资试点，提供线上贷款，随借随用随还，授信业务效率提高 4~5 倍，成本降低了 70%~80%。平安银行与港口合作，获取底层生产作业系统的第一手数据，以液态化工为例，借助物联网传感器可获取储罐里的实时物理状态数据，提升了贷款业务效率。平安银行还与仓库和物流园区合作，设计大宗商品交易平台服务方案，通过物联网实时跟踪融资企业的原材料采购、生产、销售、运输和仓储等情况，解决异地监管容易产生的仓单重复质押、虚假质押、骗贷挪用等问题。在支持农业发展方面，物联网通过数据采集、远程监控，实现种植、养殖可感知，使农企通过知识产权质押、互联网订单质押、仓单质押等新型融资产品改善经营状况。在支持普惠金融业务方面，建设银行与国家电网合作推出电 e 贷，借助物联网接入全国 5.4 亿台智能电表终端，采集数据感知企业经营情况，将“电表”变得线上化、智能化、可视化，创新“数据质押”征信手段，达成银行、企业、电力公司三赢的效果。

在智慧城市服务场景方面。物联网是智慧城市建设的关键技术之一，以物联网为特征的智慧城市发展模式必然要求建立与之匹配的物联网金融支持模式，民生物联网（包括水、电、煤气、交通等公众基础设施的物联网化）是物联网银行的重点服务对象。物联网银行在县域经济中也大有可为，比如平安银行为县及以下地区的公共管理打造数字乡村一体化平台，在村镇基层单位管理端通过数据采集、治理、挖掘、分析，实现乡村产业、乡村治理、乡村服务、监测预警一张图数字化管控。智慧城市以实现居民安全、便捷、舒适的生活为目标，将在很大程度上依赖基于物联网技术的智慧金融来提高生产、交易和生活效率。

在风险监测管理场景方面。银行可以通过物联网改造风控手段，用“物管”思维叠加“人管”思维，使风险监测工作更加客观、透明和及时，弥补传统主观信用调查机制的不足。通过物与物、人与物的信息、资金、实物交互，银行实时掌握企业销售情况、运营情况，动态调整信用评级，引领金融业务流程向智能化、便捷化、透明化提升，帮助金融机构及时发现、提前预警，降低信用风险。比如，工商银行采用物联网技术开发了 RFID 封签、仓库区域出入报警系统，实现对融资押品的远程、实时、直接监控。物联网可以加强欺诈风险管理，通过跟踪客户消费金额与地理位置，判断消费支出提供偿还贷款的最优方法，降低管理费用并消除欺诈借款人活动的可能性，防止信用卡、消费贷等业务欺诈事件发生。物联网嵌入融合区块链不可篡改功能后，可以实现产品“端到端”的全链路数据记录和防伪监控，完善金融征信系统。

在银行内部运营场景方面。物联网用于银行内部管理可以解放人力、提升效能。以往实物操作、手工清点等环节存在处理效率低、断点多、耗时长、易引发道德风险等问题。运用物联网的定位、跟踪、协同等技术，将实现对物品的身份标识、精准定位、快速查找、自动盘点等功能。比如，工商银行通过应用 RFID 电子标签、智能款箱、智能货架等设备，结合生物识别、物联网定位等技术，实施了贵金属实物的全流程智能化管理和可视化监控，并同时代理了 14 家同业的 340 多个款箱管理业务，达成智慧金库管理的效果。此外，在银行固定资产出入库、企业上门收款、安全消防、重要空白凭证、ATM 设备管理、大数据分析等工作场景，物联网都能够找到适配的智能化解决方案。

8.9　元宇宙中的金融场景

早在 1981 年，美国计算机教授弗洛文奇在科幻小说《真名实姓》中，就构思了一个可以通过脑机接口进入并拥有感官体验的虚拟世界。而元宇宙“metaverse”一词正式起源于 1992 年尼尔·斯蒂芬森（Neal Stephenson）的科幻小说《雪崩》（*Snow Crash*）。metaverse 是“meta”（意思超越）和“universe”词干“verse”的组合，表示下一代互联网，其中用户作为化身，可以在三维（3D）虚拟空间中交互和应用软件程序。这一术语的演变经历了大约 30 年。2003 年，美国林登公司推出虚拟游戏《第二人生》，是元宇宙概念发展的里程碑。2009 年，美国著名导演詹姆斯·卡梅隆的划时代电影《阿凡达》，将真人虚拟传输技术演绎到极致。2018 年，美国电影《头号玩家》获得成功，将 metaverse 概念再次带回到社会讨论的焦点。

对银行来说，元宇宙或许是未来金融服务的主要形态之一，从实体银行到开放银行、物联网银行、虚拟银行，元宇宙银行的进化路径开始变得清晰。2021 年 7 月，美国互联网公司 Facebook 宣布全面向元宇宙产业转型，并将金融服务作为三大重点开发项目之一。元宇宙及其虚拟产业的发展，在传统商业银行数字化转型以及金融服务创新中有着非常重要的地位。此外，元宇宙社交面向海量年轻客户群体，也许能够改变当前的全球银行竞争格局，特别是为中小银行提供弯道超车的机会。

元宇宙产业对经济发展有着重要的意义。首先，元宇宙符合全球产业发展方向。元宇宙吸纳了5G、互联网、人工智能，以及VR、AR、MR等虚拟现实等技术革命的成果，融合了区块链以及DeFi、IPFS、NFT等数字金融技术，丰富了数字经济转型的模式。其次，元宇宙推动传统社会经济结构的变迁。元宇宙为社会居民提供全新的数字化生活体验，并且将重新定义资产的物理属性，使元宇宙中的资产和商品有了和现实世界比较、交换、互通的可能性。知识、创意、IP可能成为新的经济增长点，这也能够减轻能源消耗和碳中和达标的压力。最后，元宇宙行业促进产业链金融服务。彭博智库（Bloomberg Intelligence）预计元宇宙市场规模将在2024年达到8000亿美元。IDC也预测2022—2024年全球虚拟现实产业规模年均增长率会达到54%。2022年，国内不少地方开始组建元宇宙基金，比如广州天河区元宇宙联合投资基金规模逾200亿元。

2021年3月10日，被誉为元宇宙第一公司的美国Roblox首次将元宇宙概念写进其招股书，并定义了元宇宙产品的八大要素：(1)拥有一个虚拟身份，与现实身份无关。(2)拥有真人或AI朋友，可以社交，无论在现实中是否认识。(3)良好的沉浸式体验，忽略其他一切。(4)低延迟优势，元宇宙中的一切都是同步发生的，没有异步性或延迟性。(5)提供多元、丰富、差异化的内容，包括玩法、道具等。(6)可以随时随地登录元宇宙，不受空间限制。(7)拥有自己的经济系统。(8)创造独特的虚拟文明和数字文明。这八个要素在一定程度上诠释了元宇宙产业发展目标的基本条件。

通过回顾美国虚拟游戏《第二人生》发展过程中遇到的困难和问题不难发现，产品进展不顺的原因也正是在这八个要素上并没有获得突破。用户规模受限，身份不具独立性和稀缺性，价值创造体系还不够完善，商业模式、盈利模式、法律环境等都有不完善的地方。而如今，无论是在美国还是中国，无论是在技术、场景，还是政策环境，发展元宇宙均已拥有至少是可预见的基本条件，2021年作为元宇宙发展元年恰逢其时。

元宇宙产业发展所需的技术包括内容系统、区块链系统、显示系统、操作系统，最终展现为超越屏幕限制的3D界面，具体可以从六个领域来分析当前的技术环境。一是在网络通信及云计算领域，随着5G和云计算等底层技术的进步和普及，网络中的参与者已经能初步突破进入性限制实现实时共享。二是在算法和算力方面，为促进驱动渲染模式升级，提升虚拟服务的可触达性，行业积极推动算法、算力的突破，半导体等基础设施产业的发展近年也获得明显的进步。三是在人工智能方面，机器通过人工智能技术的改良后，一方面可以读懂人们的手势动作，预测人们的行为动作，识别情绪，甚至是刺激人们的神经元；另一方面，机器已经可以连接到 LCAP（低代码开发平台）应用程序平台，作为服务架构的一部分。四是在视觉技术方面，近年几乎所有 3D 图像都是通过光在不同材料表面的反射原理，来模拟图像的外观。光线追踪可以创建更美丽、逼真的图像，同时它在电影中也得到了广泛的应用。五是在虚拟现实技术方面，更加拟真、高频的人机交互方式承载的虚拟开放世界游戏陆续推出市场，其沉浸感也得到了大幅提升，可以预测与元宇宙成熟形态之间的差距正在逐渐缩小。六是在区块链技术方面，通过智能合约，去中心化的清结算平台和价值传递机制，能够保障元宇宙中的价值归属与流转，实现元宇宙经济系统运行的稳定、高效、透明和确定性见（图 12）。

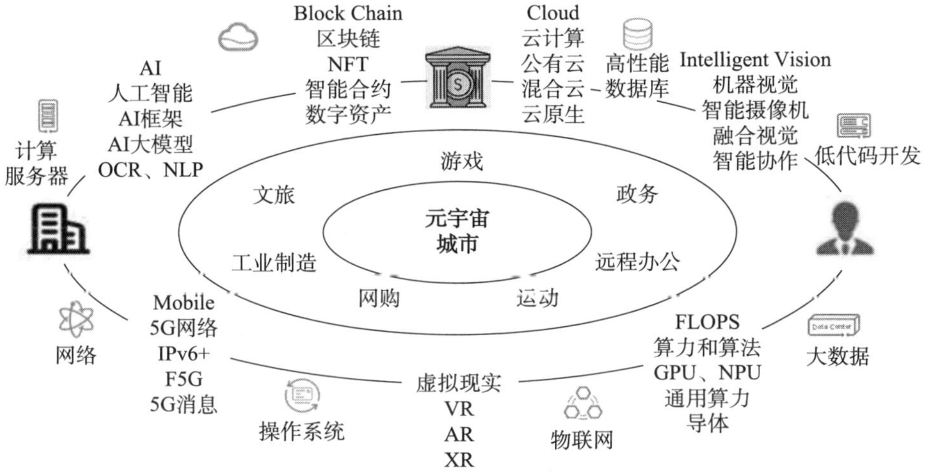

图 12　元宇宙产业发展的架构与逻辑

图片来源：曾圣钧、周涛整理

元宇宙的属性更在于社交或者社区型。用户能在这个平台社区里实现交朋友，生活。面向个人用户场景，元宇宙发展初期可以在游戏和文旅这两块快速切入，估计几年之内即可实现。面对企业用户场景方面，可以在工业元宇宙、远程办公方面突破。目前国内已有不少元宇宙服务场景的案例。比如，在文旅方面，国家计划打造 300 多个数字文旅项目，未来会有很多能与现实文旅做交互、沉浸感非常强的 VR 或是虚拟世界项目诞生，比如把清明上河图变为 3D 场景，用户可以戴着 VR 设备走进场景，和虚拟场景里的虚拟人物对话交流，甚至可以在里面做交易，买一些当地特产，并在虚拟世界里通过二维码或其他方式支付，最后在线下的现实世界中收到邮寄到家的特产。在工业元宇宙方面，可以做飞机引擎测试，企业可以通过在虚拟场景中输入工业参数，借助人工智能、大数据的计算，得到该产品随着时间推移可能会出现的问题，最后根据结果做出微调，因此工业元宇宙对工业的发展会有很大的推动作用。同时，工业测试在现实中的成本是很高的，工业元宇宙则能起到降低成本的作用。在远程办公方面，开会和交流都可以在虚拟场景里完成。通过设定好工作时间和任务分配，佩戴好 VR 头盔，人们就可以在家获得沉浸感很强的办公环境，同时该环境比起线下办公室也更加密闭和安静。在疫情常态化的现状下，人类的线下活动会慢慢变少，线上活动的时间会越来越长，可以在元宇宙的世界里工作、生活、娱乐。

与现实中的国家概念不同的是，元宇宙世界里没有地理的限制，不分国界，这是元宇宙发展亮点之一。中国是互联网及电技游戏等虚拟服务普及率比较高的市场，且央行在积极推动数字人民币的发展，因此相信对元宇宙会持比较开放的态度。从电竞项目入选 2022 年杭州亚运会，中国 EDG 在 S11 夺冠后央媒的态度分析，中国对虚拟产业促进经济与社会发展的积极作用也是表示肯定的。截至目前，国内主要城市均将元宇宙写入了政府工作报告或产业规划中，上海更是率先将元宇宙写入数字经济发展“十四五”规划，预计 2025 年元宇宙产业规模将突破 3500 亿元。

国外的政府对元宇宙发展也表现出开放的态度，其中韩国在此领域表现最为积极。2021 年 5 月 18 日，韩国科学技术和信息通信部发起成立了“元宇宙联盟”，首尔市政府表示将会建立国家级的元宇宙平台，通过在线虚拟世界提供新概念的公共服务，并将元宇宙政务平台命名为“Metaverse Seoul”（元宇宙首尔）。根据为期五年的“元界首尔基本计划”，届时首尔市政府将开始在经济、文化、旅游、教育和民事投诉等市政管理的所有领域，以 2021 年 12 月的虚拟新年敲钟仪式为开端，于 2022 年分三个阶段开发元宇宙生态系统。到 2023 年，首尔市政府计划开设“元宇宙 120 中心”（Metaverse 120 Center），这是一个提供虚拟公共服务的地方，它将能处理以前只能通过亲自到市政厅来解决的民众政务问题。此外，日本经济产业省也于 2021 年 7 月 13 日发布报告，总结了日本虚拟空间行业的发展痛点，以期在元宇宙等新兴产业中获得先机。

国外银行对元宇宙的探索主要集中在虚拟空间搭建和人员培训等方面。例如，韩国大型金融机构韩国 KB 国民银行在元宇宙平台 Gather 上创建虚拟城镇，员工即便是远程办公，也能透过虚拟会议室获得实际上班感受，包括以虚拟数字人仿真开会流程。法国巴黎银行发布了 VR Banking Apps，其客户可以在 VR 环境中，以虚拟的方式访问其账户、浏览器交易记录。摩根大通在元宇宙平台 Decentraland 开设虚拟服务空间“Onyx Lounge”，社群用户可以使用代币买地、盖楼、参与经济活动与交易，摩根大通旗下稳定币项目“JPM Coin”也上线。新加坡星展银行与中国香港数字娱乐暨区块链游戏发行商旗下的去中心化虚拟游戏世界平台 The Sandbox 合作，创建 DBS BetterWorld，计划购入 The Sandbox 元宇宙中的一个虚拟房地产，再结合沉浸式元素进行开发。中国台湾远东银行通过计算机登录元宇宙旗舰分行，用户将成为一个虚拟数字人形态，自行设计服装与外型后，前往网页呈现的会议区、无人柜台、接待区、展演厅等空间，进入在线申办金融业务的流程。

国内也有多家银行开启了元宇宙的布局，主要聚焦研发数字虚拟员工、数字藏品以及构建元宇宙服务等场景，为客户提供沉浸式的金融服务体验。其中，虚拟营业厅和数字员工是 2022 年银行“扎堆”的热点。但从趋势上来看，虚拟支付、NFT 金融、虚拟网点这三个方向或会是银行金融服务创新的重点。国内外银行元宇宙布局情况见表 23。

表 23 国内外银行元宇宙布局情况

机构	布局元宇宙情况
浦发银行	联手百度智能云打造首个数字人员工“小浦”
光大银行	推出虚拟银行员工“阳光小智”
江南农商银行	与京东智能客服言犀共同合作推出 VTM 数字员工
百信银行	发布业内首个数字资产管理平台“百信银行小鲸喜”微信小程序，并推出首位虚拟数字员工 AIYA（艾雅）。发行基于区块链技术的“4 IN LOVE”数字藏品，是银行首个 NFT 数字藏品
浙商银行	为中国移动通信联合会元宇宙产业委员会首批成员
微众银行	推出虎年数字藏品“福虎”，一次性生成和分发国内迄今为止最大规模的数字藏品，发行总量为 20.22 万张
江苏银行	为客户搭建电信诈骗阻断、普惠金融产品推广、老年人关怀等场景，打造无须到金融网点、无须安装金融 App、无须消耗手机流量的便捷金融体验
北京银行	推出以“小京”形象为基础的“京喜小京”数字藏品
宁波银行	申请注册多个元宇宙相关商标，包括“宁波银行元宇宙”“汇通元宇宙”，并发布数字员工“小宁”
恒生银行（中国香港）	推出虚拟 KOL HAZEL
韩亚银行（韩国）	设计基于虚拟现实的金融服务，发布基于元宇宙的应用程式
中小企业银行（韩国）	虚拟分行入驻元宇宙平台 CYWORLD Z，DOTORI 虚拟货币服务

续表

机构	布局元宇宙情况
美国银行（美国）	推出虚拟对话模拟器，开发 VR、AR 培训，加密货币托管
中国银行	打造沉浸式元宇宙体验空间，独家设计数字员工及数字观众分身形象，为客户提供双线融合体验
工商银行	入驻元宇宙产品“希壤”，深入参与元宇宙建设，探索业务创新模式
建设银行	通过元宇宙搭建住房租赁场景，在更为精准描述客户画像的同时，提升客户体验
招商银行	推出新品牌“买它消费金融”——METACFC，朝普惠服务自动化、消费体验全真化、智能管家定制化三个方向进行布局，构建消费金融元宇宙
平安银行	以元宇宙作为账单主题，呈现数字金融生活
韩国 Kookmin 银行	在元宇宙环境下开立分行，用户进入虚拟分行后，能够通过视频形式与自然人客服进行沟通交流
法国巴黎银行	发布了 VR Banking Apps，其客户可以在 VR 环境中，以虚拟的方式访问其账户、浏览器交易记录
摩根大通银行（美国）	在 Decentraland（第一个完全去中心化的虚拟世界）开设虚拟休息室 Onyx Lounge，开始入驻元宇宙
汇丰银行（英国）	在虚拟世界收购土地、第一家进入虚拟世界的金融服务提供商
美国银行	5 万名员工学习 VR 设备应用完成日常工作，与客户互动

资料来源：作者整理

数字货币与支付服务是元宇宙相对容易实现的金融服务场景。从传统的金融支付业务的逻辑来看，“得账户者得天下”这一规则大概率仍然适用于元宇宙，只要存在身份识别，就会有账户管理机制的生存空间。元宇宙中如果产生了跨境交易，依照传统法币清算，则存在汇率的问题。为了提升跨境支付效率，国际上最重要的金融通信网络系统 SWIFT 先后推出了 GPI、SWIFT Go 等项目。此外，二十国集团（G20）也达成共识，推出《G20 关于加强跨境支付的路线图》，从 5 大方面提出 19 个改良建议，全面提升全球跨境支付效率，这些都将有望惠及元宇宙跨境金融服务的发展。

NFT 虚拟资产抵押信贷业务是个创新的难点。元宇宙也有可能成为数据质押、艺术品抵押、知识产权质押信贷业务的重要突破口。近年中国也在鼓励商业银行在数据、知识产权方面创新对中小企业的融资产品，也遭遇到相同的障碍，缺乏公允的虚拟资产估值机构。NFT 技术或许能够解决这一问题，且在国外市场中已经有了成功的案例。根据 DeBank 数据，国外热门公链网络上的抵押借贷总量为 297 亿美元，但除了主流代币之外的长尾市场资产依旧缺少配套的借贷工具。借助商业银行的风控技术能够更好地确保 NFT 资产市场的波动性以减少质押信贷业务的风险敞口。XCarniva 是目前国外针对元宇宙资产的抵押借贷平台的成功案例，公司正是参考了银行信贷管理模式，通过聚合更多资源，打通 NFT 市场，提升流动性以降低参与元宇宙的门槛，让更多的用户能够进入虚拟世界，通过虚拟信贷业务获得资金。

2022 年以来，国内多地在虚拟资产交易平台建设方面有新进展。8 月，上海数据交易所设立了全国首个数字资产板块，5 个标准 6 种类似的数字资产有望实现交易。10 月，在香港金融科技周上，香港特区政府正式发表《有关虚拟资产在港发展的政策宣言》，阐明香港为虚拟资产行业和生态系统而制定的政策立场和方针，将按照国际标准缓减实际和潜在风险，让虚拟资产能够在香港以可持续方式蓬勃发展。2023 年 1 月，全国首个国家级数字资产交易平台——“中国数字资产交易平台”在北京举办平台启动新闻发布会，这是一个符合国家规定的数码资产二级市场。这些平台基础设施的建设，为银行开发虚拟资产质押类业务提供了依据和场景。

银行服务元宇宙的终极场景应该还是直接在里边设立虚拟分支机构，为元宇宙中的机构和个人提供社区银行服务。倘若银行仅在现实世界中做生意，就无法理解客户在虚拟空间中所建立的新观念，无法把握客户的新需求，做不出客户所期待的产品和服务，也必定会被客户所抛弃。在元宇宙空间中经营的银行，更有机会掌握用户在元宇宙空间中的活动数据，据此可分析洞察其新的价值要求和消费意愿，打造出能够伴随客户在元宇宙空间中成长的产品和服务，乃至建立新的商业模式。借此，就能够对仅服务于现实世界的公司企业进行降维打击，从而在两个宇宙世界通吃。

8.10　从数字人民币到智能合约

2012 年开始，比特币作为一个去中心的非国家主权货币全新的概念进入了大众的视野，但是随着时间的检验，我们也会逐渐发现比特币本身就违反了货币发展的逻辑和规律，比特币不是真正的货币，实际上是完全封闭网络体系中的虚拟货币，不兑换成法定货币就难以实现其价值，难以渗透到现实世界之中，因此根本不可能颠覆和取代法定货币，不可能成为超主权世界货币。区块链的应用应该跳出挖矿造币。中央银行更不能模仿比特币等加密货币推出央行主导的数字货币，只能运用区块链技术推动法定货币的数字化和智能化。

加密货币将颠覆法定货币体系的这一论断，目前来看确实是失败的，比特币的运营效率、交易效率其实是非常低的，所以对区块链的技术要有一个正确的理解，我们要借鉴比特币的理念，而不是它的完全的技术。央行的背书货币，一定要服务实体经济才有价值，而不是成为一个投机的工具，所以在这一点上我们国家的政策非常坚持，也是我们为什么能够弄好数字货币和虚拟市场的勇气和底气。在数字人民币的发展方向上，智能合约的发展还有可能改变现有的所有的清算结构体系。

我在交易银行部工作时，也负责对公数字人民币的落地与推广工作，算是国内银行业中接触数字人民币最早的一批人。至今我还记得，第一次参加专题会议就被委任牵头起草专题方案并报总行。2021 年我与银行同事配合罗湖区政府和监管机构完成了跨境个人场景和跨境电商企业场景的测试工作。离开交易银行部后，我也依然密切关注数字人民币的最新进展，撰写过论文对数字人民币对银行传统业务的影响和主要场景进行深入的分析，获得了银行青年课题优秀奖。在研究院工作期间，我也及时解读数字人民币业务的最新政策和产品，包括智能合约的应用和货币桥建设进展。

2022 年 5 月 6 日，在中国人民银行深圳市中心支行与深圳市地方金融监督管理局的指导下，深圳福田区落地了全国首个数字人民币预付式消费平台，并选择在教培机构预付式消费场景开展试点。对于行业主管部门，数字人民币智能合约技术应用新场景可以赋能监管手段，达到预付交易信息完备、环节透明的目标；对于消费者，数字人民币预付资金通过智能合约监管、不可篡改的特性，提供了预付资金安全保障，将“预付费”风险降至最低，防止消费者的合法权益受到侵害；对于预付式消费机构，数字人民币智能合约的应用为社会公众提供了更好的消费体验。从全国范围来看，数字人民币也将进一步促进经济加快恢复以及银行金融服务创新。

数币新场景助力数字政府建设。2021 年 12 月，深圳就以福田区为试点打造了全国首个数字人民币示范区，并率先在教培机构开展数字人民币资金监管创新，成功落地智能合约创新应用平台，为国内利用数字人民币推动政务数字化转型起到积极的示范作用。随着信息技术的进步，金融创新日趋复杂，风险传导更加隐蔽，数字人民币智能合约技术所具有的可控匿名、不可篡改、可编程性等特征，也有利于在保障资金安全的前提下，降低金融监管的成本，提高交易结算的效能。数字人民币普及后，市场中支付的每一笔资金都将被全方位监测，每个环节都有迹可查，便利于执法部门对诈骗行为、非法洗钱、贪污受贿、非法交易以及恐怖组织的资金活动的严密监视。数币新场景更有利于政府建设金融科技中心。深圳在《金融业高质量发展“十四五”规划》中提出打造“全球金融科技中心”的发展目标，2022 年 4 月 7 日又印发《扶持金融科技发展若干措施》，指出要依托深圳金融科技研究院等载体，积极对接人民银行，深化数字人民币的研发应用与国际合作，吸引数字人民币相关的重大基础设施落地深圳，培育数字人民币产业生态。

数币新场景将有助于经济加快复苏。一是刺激本地消费需求。为应对疫情对经济造成的影响，深圳福田区积极拓展数字人民币生态圈，2021 年开始推出系列数字人民币促消费活动，累计发放 4300 万元数字人民币红包，覆盖商户近万家，共吸引超 300 万人参与活动。随着数字人民币预付式消费平台的试点与推广，未来场景将会扩展到更大范围，比如游泳馆、理发店、美容店、网吧、教培机构等，借此将能够叠加、更好地发挥政府补贴对消费需求的刺激作用。二是促进数字人民币与平台经济更好地融合。当前生活服务互联网平台已成为现阶段用户接触使用数字人民币的主要入口，截至 2022 年 4 月中旬，全国已超过 500 万个数字人民币子钱包被推送至美团 App，超过 380 万用户在美团用数字人民币消费，数币新场景的良好体验将能够吸引更多的商家和用户进入平台，助力电商刺激线上消费需求。三是推动数字经济产业的发展。随着功能的持续丰富完善以及用户数量的持续增加，数字人民币的产业链也越来越庞大，涵盖发行、流通、管理三大环节，在数字经济中扮演着越来越重要的角色。预计我国数字人民币软硬件产业发展将带来巨量的新增市场空间，包括 ATM 机升级、硬钱包建设、智能柜台发卡机升级、商户 POS 设备升级、银行核心系统改造等方面，都能够为制造业、服务业带来更多的投资及商业合作机会。

数币新场景为银行金融创新开拓了更广阔的空间。传统的支付流程存在许多复杂的环节，收付双方存在违约风险，数币新场景依托的智能合约技术，将全面改变原有的交易模式，让支付结算变得更加安全和便捷，也正因预见到技术的可行性，国内已有银行进行了探索和实践。比如，深圳农行联合华为于 2021 年 12 月完成业内首个数字人民币云侧智能合约应用场景落地，应用于住建局主导的租赁资金监管服务当中，当租客通过智慧租赁平台选房、签约，并支付押金和租金后，资金会到达租赁企业的数字人民币账户，同时生成智能合约，将资金绑定，智能引擎会在租金支付日自动释放当月租金，并于租约到期后自动将数字人民币押金退还给租客。海南交通银行携手海南旺佳旺商贸于 2021 年 12 月成功通过数字人民币完成了首笔智能合约劳保费的发放，海口地区 38 家旺佳旺连锁超市均可受理数币劳保费智能合约消费场景。中行联合美团于2022年1月在西安市推出“战疫情，助复工”数字人民币主题活动，面向社会公众发放加载指定民生领域智能合约的数字人民币红包补贴，这是数字人民币智能合约功能首次应用于定向补贴疫后复工复产、民生消费复苏，以实现民生领域补贴资金精准发放和消费。成都工行联合华川集团于2022年2月向成都市崇州市青桥村农户发放带有智能合约的数字人民币，标志着全国首笔带有智能合约的乡村振兴“数字人民币农户专项资金”发放成功，银行根据华川集团提供的合约规则，在智能合约平台上制定资金发放规则，当村集体收到该笔“种植服务报酬”专项资金，只能按照服务合同约定和数字人民币合约规则，发放指定的金额给指定的农户，彻底杜绝了截留、挪用等情况。

当前市场对央行数字人民币在跨境支付领域的应用也给予非常多的期待，认为不仅可以推动人民币国际化进程，也可以提升我国跨境人民币流通、交易和使用的便利性。学术研究与银行实践也表明，数字货币在跨境支付方面具有优势：一是传统跨境支付存在周期长、费用高、效率低等问题，而基于数字货币的跨境支付不仅可以提高跨境转账的速度，还能降低汇款的手续费。二是央行数字货币采用松耦合账户设计，用户在使用央行数字货币时不需要绑定银行账户即可进行转账支付，这对于海外经济落后以及缺少传统金融基础设施的国家和地区的企业、居民具有吸引力。

2022年9月，工农中建交五大行陆续宣布参与央行数字人民币跨境支付结算项目——“货币桥”（m-CBDC-Bridge），这也是该项目历经一年多的探索后，正式落地的首个数字人民币跨境结算项目。9月28日，国际清算银行（香港）创新中心、香港金融管理局、泰国中央银行、阿联酋中央银行和人民银行数字货币研究所联合宣布：2022年8月15日至9月23日，在货币桥平台上首次成功完成了基于四个国家或地区央行数字货币的真实交易试点测试，来自四地的20家商业银行基于货币桥平台为其客户完成以跨境贸易为主的多场景支付结算业务。在该试点测试中，发行的央行数字货币总额折合人民币8000余万元，实现跨境支付和外汇兑换同步交收业务逾160笔，结算金额折合人民币超过1.5亿元。

数字人民币作为一项国家战略性的金融基础设施，对银行传统业务的影响也是不能回避的。一是对银行活期存款的影响。部分银行活期存款兑换成数字人民币，沉淀在数字钱包中有可能不算是银行存款。类似的情况在2018年曾发生，监管推行断直联后，原第三方支付机构的备付金100%集中由中央专有账户存款落实之后，对银行的直接影响就是接近万亿元存款规模调整。

此外，考虑到数字钱包可绑定各大银行的账户，原市场格局将打破及洗牌，为此银行需要把握先发优势，抢占钱包市场。二是对银行中间业务收入的影响。数字人民币流通过程无手续费支出，对客户来说是有益的，也符合普惠金融的发展方向。但对银行来说，会不断地削减各类交易手续费收益。比如国内结算业务的跨行大额支付手续费，国际结算业务的汇款手续费和结售汇收益。三是对银行担保业务的影响。智能合约的应用原理与银行担保业务有着相同的逻辑，目前虽然仅在资金监管方面推出了场景，但智能合约的进化在不久的将来有可能会取代银行的一些传统担保类产品，比如信用证、保函等。为此，银行需要加快业务转型，以适应趋势的变化。

2023 年 1 月 10 日央行公布金融统计数据，数字人民币数据被纳入统计。自 2022 年 12 月起，“流通中货币”（M0）含流通中数字人民币，2022 年 12 月末流通中数字人民币余额为 136. 1 亿元。2019 年底，数字人民币启动试点，迄今已历三载有余。数字人民币发布两年多以来的交易额达 1000 亿元。若将该数据对比同类平台方，目前第三方支付每天笔数 2200 亿笔，金额 1. 31 万亿元，此为每天与两年的对比。“不收费、不依赖网络、不依赖电”是数字人民币设计者提出的三大优势，但后两个优势对客户的体验影响并不大，现实场景比较有限（欧阳晓红，2023）。

对比全球市场，中国对数字货币的探索相比其他主要经济体更为超前。虽然国际清算银行等机构报告显示，全球有数十家中央银行均在研究数字货币，但其多为观望性研究，真正进入技术开发层面的中央银行较少。因此，数字人民币应用进程加快，还需要在产品服务体验方面投入更多的资源，从而真正改变用户的习惯。

第九章

银行变革创新，探索更优的经营管理方法

终于，本书到了最后一章，却依然是银行金融服务创新中的关键内容。“打铁还需自身硬”，银行要高效地做好前面七类金融服务，还需要推动管理方法创新来“强身健体”，练好内功，在组织架构、人力资源、风险管理三个维度进一步夯实银行经营的根基，如此才能够发挥金融支持实体经济的真正威力，从而改善内外部客户的体验。

9.1 组织管理创新：打造极致的客户服务体验

组织架构调整也是银行应对市场变化的一项重要策略，但组织架构的目的会根据银行的战略有所不同，有的架构改革是为了配合数字化转型，有的架构改革是为了控制风险，有的则是为了给客户提供更好的服务体验。当我对组织变革还没理解的时候，时任公司业务部总经理给我推荐了一篇文章，让我茅塞顿开，文章名为《矩阵式管理，无关乎架构，而是理念》（苏曼特拉，1997），顾名思义，文章想表达的意思是，美国在 20 世纪 90 年代非常推崇矩阵式管理模式，但重要的不是改变架构，而是要理解架构的背景和目标，是要发挥专业能力的优势，提高经营管理的效率。2004—2009 年，我在公司业务部工作时，亲身参与了这场组织变革。虽然只是分行层面的尝试，但也引起了总行的关注以及兄弟行的借鉴。

在 2004 年那段时间，恰逢国有银行完成股份制改革并成功上市，时任总经理在回忆时总提到，当时的上市说明会上，曾有记者问总行发言人，“中国的银行上市了，有什么改变的地方吗?”是的，在海外投资者眼里，银行上市也只是一个形式而已，但大家更关心的是银行的经营机制是否有优化、汲取了先进的经验。如果仍然像上市前的大发展、大不良，这不是外界希望看到的，毕竟在不良资产剥离前，国内银行的平均不良率超过 30%。所以，深圳作为经济特区，可以担当“改革试验”的先头兵。遂分行领导决定以公司授

信业务扁平化作为突破口，探索一种全新的业务发展模式。

实际上，在差不多时间，已经有深圳的银行同业进行了组织架构扁平化改革方面的尝试。2003 年，某深圳银行同业将一级支行对二级支行的管理权限上收至分行，通过上收支行权力，削减管理层次，这种机构扁平化的变动力度非常大。扁平化对银行最大的好处是一方面加强风险控制；另一方面有利于促进银行服务的标准化、经营的规模化，有利于资源在全行范围内进行整合。但这家银行同业的做法弊端也很明显，对大型客户的营销能力明显弱化了，导致大项目上的市场竞争下滑。所以没多久这家银行又改回大支行发展模式。此外，也有银行推行大事业部制的改革，但由总部直接对全国授信业务统一管理的方式，并不适应中国文化，鞭长莫及，银行总部按行业设立事业部，失去了分行就近服务和管理的优势，除了不适应客户需求外，同时也导致各个事业部沉积了很多坏账，最终风险也控制不住，重新回到做强分行的道路上来。

回到所在银行的改革，因为我只是一个操盘手，负责起草实施方案和具体措施，了解一些情况，但也无法真正说清楚。直到今天，当年的改革还存在争议，不过这也是好事，因为所有的努力和尝试，最宝贵的不是惊人的业绩，而是敢于探索的精神。即便到了现在，我也依然认为那是我职业生涯中极富价值的一次体验。回顾整个公司授信扁平化改革的历程，可以分成两个阶段。

第一阶段的改革是起步与探索。当时所有人都没有经验，但负责此项工作的领导思路很清晰，采用的方案与其他同业和国外的做法都有所不同，改革目标有两个：一是为了控制风险，统一信贷文化。此前各支行放贷款都各自为政，按照自己的想法做，结果有些支行的不良率上升太快，引来监管关注。二是希望信贷资源集约化发展，因为可发放的贷款规模是有限的，我们要配置到最有价值的领域。以前每家支行都抢同一客户，内耗很严重，最终银行利益受损。如果把所有信贷资源集中起来管理，可以统一展业方向，也提高银行竞争力。不过，支行对方案的意见也是比较明显的，失去了贷款这一武器，如何拓展新市场、发展新客户，种种弊端和问题也在伴随改革而开始发酵。最后，在分行高层统一达成的共识下，公司授信扁平化改革还是启动了。慢慢地，支行的反弹没那么大，因为不用管贷款，好处是省心，可以将支行的重点工作放在非公司授信业务领域，遇到授信需求，就报给公司业务部，带来的存款和结算都是双边计算到支行的。特别对一些不懂授信的支行领导，会更加欢迎改革。对银行来说，公司业务部就变成了信贷产品的生产工厂。风险管理部和行领导原来要管着十几个支行的贷款，现在都将责任落到公司业务部总经理的身上。

改革头两年业绩就超过预期，第一年经营效益（经风险成本调整后的利润，下同）增幅超50%，第二年经营效益增幅超100%，两年增加了3倍经营效益（王炯，2009）。这是如何做到的？其中有客户经理努力的原因，做大客户大项目很积极。也有产品经理的功劳，研发推广新产品特别卖力。扁平化改革后，由于编制固定，绩效额度并不会因为增加人员而有所增加，所以部门非常注重人力资源的控制，很多团队宁可每人多干、多管客户，也不愿增加新人。这也导致部门优先处理大中型贷款项目，对小微型授信客户的拓展就显得力不从心，不能全面顾及支行的需求。在当时还没有普惠金融部门，客户经理做一笔1亿元的贷款，与做一笔1000万元的贷款，付出的时间和精力一样，走同样的审批流程，但效率却相差数十倍。公司授信逐渐朝大客户集中，尖锥形的客户结构问题越来越明显。为此，分行不得不做出妥协，将中小企业授信贷款的权限下放给了支行。此时来到2006年底，负责改革的行领导汲取了此前的经验，提出了新的第二轮改革方案。

第二阶段的改革是对传统公司金融商业模式的创新。彼时我们对商业模式这个概念还很陌生。根据王炯的观点，商业模式是一个企业创造价值的经济逻辑，它首先要告诉企业做什么，然后要说明怎么做，涵盖“做正确的事”（Do the Right Things）与“将事情做好”，即以“正确的方式做正确的事情”（Do the Right Things Rightly）。商业模式将回答企业为什么盈利、从什么地方盈利以及如何盈利的问题。它要说明企业的价值主张是什么，包括企业的业务定位、收入来源、发展前景与依据等。正是基于这样一个逻辑，时任分管行领导提出了RPC运营模式，不再纠结于组织架构和授信权限问题，而将重点放在业务的运营模式优化方面，目标就是持续改善客户的一体化服务体验。

RPC在国内外学术和实践界都是全新的概念，或许有相似的叫法，但内涵不同。当时分管行领导从2006年开始推动RPC运营模式的建设，其核心要义就是参考学习了美国福特汽车基于泰勒科学管理理论既分工又协作的流水线作业模式，将银行打造成一个高效的“生产车间”，客户经理、产品经理、账户经理在这个流水线上分工协作，与原来模式相比，可以更高效地完成内部业务操作和对客户的产品交付。在RPC业务运营模式中，关系经理建立并维持与客户及客户关键岗位人员的联系，了解客户动态，收集客户对银行及金融业务的需求，并及时根据需求性质分类传递到产品经理；产品经理在关系经理的协助下（现场、非现场）细化客户需求，设计需求的解决方案并与关系经理一道向客户推荐解决方案，待客户接受并以法律形式签署解决方案下的文件后交由账户经理执行解决方案；账户经理负责为客户提供日常性的操作服务（王炯，2009）（见图 13）。

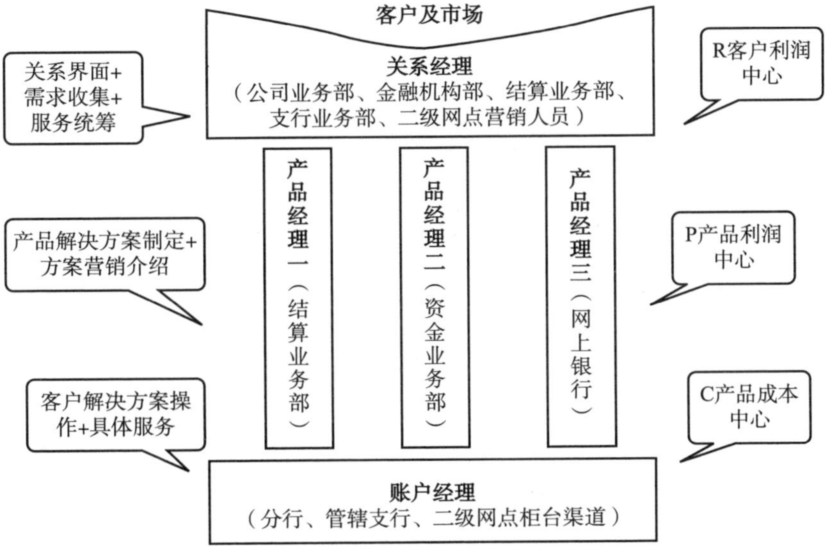

图 13　银行 RPC 运营模式介绍

图片来源：王炯（2009）

RPC 运营模式于 2006 年底开始实施，运行了近 3 年时间，在经营管理与业务发展方面均取得了不错的成效。一是内部管理成本大幅降低。商业模式创新后，借助先进的客户管理系统工具，银行公司金融业务相关部门实现了电子化的“流水线作业”，内部在会议、发文方面的工作量较往年下降了 70%，每年节约成本近 2 亿元。二是产品推广速度大幅提高。通过 RPC 运营模式，银行可以将新产品信息以最快的速度传达到销售终端，实现了产品的标准化和宣传的标准化，NDF 新产品仅推出一个月，即高效、迅速地复制到所有支行，2007 年银行远期结售汇项下收益、人民币存款业务收益、外币贷款收益均实现大幅增长，2008 年 1—5 月，远期结售汇项下的收益依然保持迅猛增长势头，同比增长了 13 倍。三是经营效益有效增长。2007 年、2008 年分别实现公司金融业务经营效益增幅达 89%、64%，相比第一阶段的改革成果仍有较大进步。其中 2007 年创造的中间业务收入增量为 2005 年增量的 10 倍。四是新兴业务收入占比提高。2008 年银行公司金融业务中间收入在公司金融经营收入中的占比为 27%，较改革前的 2006 年 18%提高了 9 个百分点，中间业务收入增加值占比为 45%，较改革前 2006 年的 13%提高了 32 个百分点（王炯，2009）。

从学术研究角度来看，RPC 运营模式也贡献了有益的理论价值：一是将传统的职能银行转变成流程银行，实现了“ONE BANK”，通过流程银行建设将原来孤立的银行网点连接成一个整体。二是首创性地设计开发了基于工作流（WORK FLOW）原理的过程管理 IT 工作平台，使客户关系管理人员、产品管理人员、渠道管理人员在一个 IT 平台上共享信息、高效互动，为客户提供流水线式的整合、优质服务。客户经理可向产品经理反馈客户需求，而产品经理通过搜索有关产品需求系统中的关键字，便可及时了解客户的真实需求以及需求数量，在产品研发方面做到有的放矢且突出重点。三是开发了低成本、高效率、个性化服务的大客户服务集成平台，使银行与客户的沟通、交流、作业有了全新的方式，让客户充分体验足不出户、如临现场的感觉。该平台把客户在银行的所有业务数据经过加工后展现给客户，建立起银行与客户之间双向互通的通道，并将当时总行的电子银行产品无缝接入，功能覆盖更为全面。该平台更是解决了多年来困扰银行的对公网银产品的实时来账信息显示、网上开证、业务办理进度查询等问题，并正在探索通过对公网银实现直销的途径。平台于 2008 年 3 月正式推出，短期内即成功推广到上千的公司客户，成为银行一项新的拳头产品。四是研发并推出了选择权贷款、CBC、中银上市宝、银信宝、结构性收益融资、碳交易、票据宝、快富易等一系列创新产品。由于贴近市场，这些产品均受到市场和客户的欢迎。2008 年贷款规模控制的背景促使银行专门研究推出了“打通路”系列产品，独辟蹊径，推动了公司业务的发展。五是让银行能够透过渠道（网点）低成本、高效率复制产品和业务，销售速度提升，销售成本下降，创造了一套银行业的“麦当劳模式”。

在漫长的银行发展路途中，扁平化组织与 RPC 运营模式创新也仅仅是我们一家城市分行的改革尝试。但在我入行以前，中国银行业就已经有过几次比较有代表性重大改革。比如 1996 年的审贷分离贷款经营管理模式改革，将信贷发展与信贷审批分离开来，使银行的信贷工作更加符合现代化商业银行经营管理和内部控制的要求。1999 年的存贷合一、本外币一体化的资金、货币运营模式改革，存款和贷款、国际业务的营销拓展工作集中由一个综合性职能部门来统一管理和负责后，存贷各自为政的现象不复存在。银行在原信贷业务处基础上组建了公司业务处，作为全行公司业务发展的龙头，公司业务处担负起银行全方位公司客户金融服务体系、规划和组织全系统业务发展的重任。2001 年，银行根据市场环境和客户结构变化的形势需要，实现前、中、后台分离，构建以客户经理制为核心的新型公司业务体系。

2018 年我在分行贸易金融部工作时，又参与了一次大的公司金融方面的组织变革，将原来的国内、国际、网上银行、贸易融资等部门全部合并成交易银行部，全方位整合渠道、产品及服务，提供面向对公客户的综合金融解决方案，这应该是产品部门最大的一次组织架构调整。因为不涉及与支行的利益冲突，这次改革的压力要小很多，整个过程也比较顺利。事实上，自 2012 年以来，中国已经有多家银行开始积极探索和实践交易银行业务，尤其是 2015 年后，招商银行、中信银行、平安银行和广发银行等股份制银行将轻资产化转型列为转型发展战略并实质性推动，交易银行一直是其中重头，以现金管理、国际结算、贸易融资和供应链金融为核心的交易银行服务已经成为大中型银行企业服务的基本平台。

相较公司金融，个人金融的组织架构改革会温和许多。与公司条线改革的“大开大合”不同，个人金融的组织架构调整旨在满足客户分类、分层服务的需求。比如最早分拆出消费信贷部门，专职服务楼宇按揭和汽车消费金融客群；后来分拆出私人银行部等，专职服务拥有 600 万元或 1000 万元以上金融资产的高净值人群。但也有搞大动作的银行，比如深圳某股份制银行，2015 年后个人金融业务也开始试行扁平化管理模式，全面转型为条线直营直管，组织架构上改成“总行—分行—网点”二级。总行负责定大的战略方向，并提供销售策略和产品工具支持；分行负责强化组织管理，明确区域的具体展业要求和打法模式，拥有人事任命、资源费用、绩效考核等管理权限；网点负责抓落实，做好执行，包括客户维护和产品销售。该银行花了几年时间，使全国已有近 2/3 的分行完成支行裁撤，进入“大分行、强分行”的阶段。但后续实施的效果未达到预期，扁平管理后团队间的配合度反而低了，网点综合经营客户的思维弱化，遂该银行在 2022 年又开始转回原有的管理模式，在分行和网点间重新设立综合支行的角色。诚然，从这家银行的业绩看，个人金融业务的好坏似乎与其组织架构的关系并不大，成功的核心还是产品多，队伍强，对客户的服务更有黏性。

回顾过去，无论是自己亲历的改革，还是以研究者身份看别人的改革，我认为组织架构调整并不是目的，最终目的还是更好地服务客户。所以，组织架构的改革也将会逐渐被淡化，更多的是考虑如何利用科技赋能，提高客户的服务效率和银行敏捷反应。这也是为什么越来越多银行重视企业级架构、金融云平台的建设，在物理架构上没有过多“做文章”。

为适应数字化转型的需求，“薄前台、厚中台、强后台”的原则或更适应银行整体组织架构的设计。这一理念虽然是科技企业最早提出，但对当前银行架构的调整设计也有很强的借鉴意义。在工业企业中，美的已经把这个原则应用于其集团架构设计。对银行来说，“薄前台”意味着一线营销部门要轻型化、轻装上阵，把后台作业转移到大集中运营部门。“薄前台”还意味着客户服务部门要足够灵活，“人员能上能下，机构能设能撤”。“厚中台”意味着银行的财会、资负、运营、人力、风控、IT 等职能部门要做强，切实发挥中流砥柱作用。“强后台”意味着银行的行政支持部门要更加精干、高效，大量采用机器人 RPA 技术。

在国外，荷兰 ING 银行的敏捷组织转型算是近年比较经典的银行组织改革案例。2015 年 6 月，荷兰 ING 银行开始改革，原先的部门由小班队取代，每支小班队将履行端到端的责任。银行高层也放弃了已成体系的详细规划和“输入导向”（培训和指导）原则，采纳非正式的网格管理结构，授权给小班队这样的队伍，对“结果导向”（响应和反馈）给予更多重视。于外界看来，ING 银行不再是金融服务公司，而是一家金融服务业的科技企业，不再单靠推销营销来获客。ING 银行进行敏捷式组织改革的动机也很简单，就是希望在市场上保持领先地位，加快自身的创新速度、缩短产品上市时间，并帮助其客户（个体和企业）实现更多优势。

ING 银行总结敏捷转型成功的四大支柱，分别是清晰的组织结构、敏捷的工作方式、开发运维、绩效体系。在组织结构方面，ING 银行围绕新角色和新治理方式建立了清晰的组织结构，避免了因不同部门、项目经理、项目主管间的沟通痛点，保障组织的敏捷性。该组织结构还借鉴了 Spotify 使用的 Tribe、Squad、Chapter 等形式和做法。在工作方式方面，ING 银行关注员工思想和行为的转变，通过让原来相互隔离的 IT 部门和商业部门员工同时坐在一栋楼里办公，组成小班队，不断测试他们可能为客户提供什么产品和价值，以开放的工作方式加快了协作进程，消除了经理之间的工作互动隔阂，其中涉及合作、赋权、文化等三个方面的内容。在开发运维方面，ING 银行创新了 DevOps 和 IT 持续交付方法，这种方式让团队将原来的每年 5~6 次大型产品发布，缩短为每 2~3 周 1 次的小型发布。产品开发和 IT 运营的整合使得 ING 银行能够快速开发产品新功能和创新产品，确立了荷兰头号移动银行的市场地位。在绩效体系方面，ING 银行打破传统的考核组织方式，不再看管理者直接管理多少名下属，而是更关注管理者指导员工如何处理产品知识，为客户提供了什么，确保不同层面的知识和专业技能实现良好组合，这正是 ING 银行转型构建的“Step Up”绩效框架。

经过6年的改革实践，ING银行获得了良好的反馈和回报。一方面，通过敏捷转型成功实现产品发布周期缩短80%，员工效率提升30%；且通过用户导向思维的转变，显著提升了团队协作效率和客户服务满意度。另一方面，在众多新科技新机构挤入金融赛道之时，ING成功保住了在行业的领先地位。在敏捷转型当年（2015年），基于140万的用户增长、成本下降以及经济复苏，其净利获得了23%的增长。

发达国家很多银行的做法是值得国内借鉴的，特别是一些小银行的做法，能够为中小银行组织变革提供新思路。比如硅谷银行，战略定位为服务于创新的、高成长且高风险的高新技术产业，为此它的组织设计就包括了商业银行、估值服务、私人银行、资产管理、基金管理五大模块。又如安快银行，定位于打造顶级零售银行，为此构建了“以客户为中心”的创新组织，打造颠覆传统的网点零售体验。比起其他银行网点，安快银行少了很多桌椅和柜台，多了很多银行工作人员，他们在店内走来走去，与顾客之间也没有隔着冷冰冰的柜台，大家如朋友般亲切交谈。大家不要小看这些组织的细节，往往这才是银行成功的重要因素。

关于国家层面对银行组织架构的指导，英国有一些尝试。经历2008年次贷危机后，英国银行核销和信贷损失总额高达1126亿英镑，这也是过度混业经营的恶果。为此，2011年英国银行业独立委员会就敦促政府进行新一轮改革，设立“围栏”，将零售银行和商业银行从高风险的投资银行与批发银行中分离出去。汇丰银行是最早行动的银行，全部950家分行在2017年底前完成改名，更名为汇丰英国。不过这也只是一种业务隔离，而非分业经营。2022年在经济衰退的压力下，英国不得不开始重新审视是否放宽这种隔离制度。所以根本问题不是组织架构，还是经营理念。

在近年全球的银行组织创新事件中，还出现过很多新的概念和名词，包括直销银行、社区银行、儿童银行、贝塔银行、乐高银行、敏捷银行等，但多数只是少数案例的介绍，后续未见有进一步的研究或报道，也没有看到在国内出现类似成功的项目。所以我们还是需要回归客户服务的本质，改善体验的方向其实很明确，是更短业务办理时间，是更高的理财产品收益，是更低的资金融通成本，是更多的额外附加价值。纵观当前市场上快速发展的爆款产品，无一不是在客户服务体验上做到了极致。

组织变革对现代化企业的转型来说是不能回避的，但国外研究也表明，变革成功的概率仅有30%。针对这一现象，美国哈佛大学约翰·科特教授提出的变革管理八步骤成为公认的最佳解决方案。约翰·科特是变革管理领域享誉世界的专家，他在1995年出版的《领导变革》一书中，介绍了经典的变革管理八步骤，可以指导企业清晰了解实施变革的关键环节，在企业规划与实施变革项目时，能快速形成一个系统性的思路，提高企业变革的成功概率。这八个步骤分别是：创造变革的紧迫感、组建强有力的变革领导团队、创建变革愿景、传递变革愿景、移除变革中的障碍、创造短期成效、巩固成果并进一步推进变革、将新方法融入企业文化。当时我们的扁平化改革能够获得阶段性的成功，很大程度上正是遵循了这套方法和工作原则。

此外，打造学习型组织或也是提高组织变革成功率的重要助力。我们银行当时负责改革的领导，推荐并购买了很多优秀的书籍发给员工阅读，比如《基业长青》《首先，打破一切常规》《大象也能跳舞》《水煮三国》《世界是平的》《高效能人士的七个良好习惯》等。这些书扩宽了员工的视野，增强了大家对改革的认同。美国的畅销书大都有个特点，作者长期跟踪企业，用事实、数据和案例来讲故事，这种研究方法和学术精神也常为国内学者所借鉴。

9.2 人力资源管理创新：开发员工队伍的最大潜能

如果说组织变革我只是个参与者或写手的话，那么在配套的人力资源管理机制建设方面，我承担的工作会更多一些，因为这也算是我的专业。我在华中科技大学读MBA时，无论是平时的课堂分享还是毕业论文写作，都大量引用了实际工作中的案例。同时又将老师讲的知识，应用到实际工作当中，周而复始。后来我能够顺利通过人大博士研究生入学考试，很重要的原因也是在扁平化改革过程中，学习并且实践了很多人力资源管理方面的最新理论和方法，而一些创新的做法当时在教科书上还没有出现过。我还记得曾经背过的概念，比如平衡记分卡、心理契约、社会资本、心理资本等。大部分所学到的知识我都融会贯通，嵌入系统开发、制度设计和培训研究等工作中。

回到实际工作中，我在时任领导的指导下，从客户经理考核方案与团队文化建设两个维度，不断细化扁平化改革的配套人力资源管理措施，力求用简单清晰有效的方法，最大限度地激发部门员工的工作潜能。

在客户经理考核工作方面，领导的要求是尽量简化指标体系，同时又将上级组织的意图很好地传递给客户经理和产品团队。我们不仅做到了，而且还做到了极致，我们对客户经理，只用了一个风险利润考核指标。同时，我们也创造了当时银行系统内独一无二的“超额收入分配”的薪酬体系，客户经理收入由基本工资与绩效工资构成，其中基本工资由职级确定，固定不变，能够保障客户经理的日常生活所需。绩效工资完全与超额收入挂钩，所谓超额收入就是实际完成利润减去年初确定的利润目标，用超额收入乘以奖励系数就是客户经理最终能够获得的绩效工资额度，每个季度结算一次。看到这里，肯定会有人问，存款指标怎么办，国际业务怎么办？其实，风险利润看似只有一个指标，实则是多个指标的集合，资产和负债业务均由 FTP 加减项乘以日均余额算得，中间业务收入仅扣除 5%的营业税。为了鼓励客户经理带动国际结算业务和个人业务，我们将国际结算、楼宇按揭、代发薪业务的规模乘以固定价格系数，按计算的结果奖励给客户经理。

为了让客户经理信任这套考核机制，我牵头开发了公司客户经理考核系统，客户经理每月都可以看到自己的业务和利润进度，平时根据公式也能预算出应得的奖金，一切都做到公开、公正、公平，而且透明。于我看来，这也算是成功将客户经理打造成了一个个微型的 SBU 模块，大家的展业积极性、主动性也是前所未有的高，上边的团队主管、分管总经理都比较省心。从实际的收入分配结果来看，甚至还出现过客户经理绩效收入超过主管的情况，但这也是要打破“大锅饭”，是改革所需要的效果。

不过也会有人提出质疑，单纯靠利润激励驱动，员工有可能会不团结，出现争抢客户的情况，不愿帮助团队其他人员。关于这点我们也考虑到了，为此设计出一套的团队文化建设方案，内容包括编撰团队文化手册、传播核心价值观及开设组织文化课、团队氛围测评、拓展训练、读书会、才艺表演、老黄牛评选等。

核心价值观的作用在于统一部门全体员工的共识，只有大家认同一个方向，并为之努力，才能完成我们的任务目标。公司业务部 200 多名员工，来自原公司业务处 5 个科室和十几家支行信贷科，大家的籍贯、学历、性格、背景都不同，个性差异难以避免，因此要凝聚这么一股力量，需要包容个性，做到信任、体谅、适应、换位思考，以此处理好各种关系。与此同时，作为授信业务部门，在贷款展业方向上也需要有统一的价值观，“现金为王”是指看财务报表不能看利润，要看现金流，只有净现金流才能够还本付息；“软件比硬件更重要”是指评价一个企业好坏，不能光看大楼或生产设备，还要看它的管理、团队和技术等软件条件，这些更能体现企业的前景和发展潜力。“简单、透明就是美的”是指评价贷款企业，要看得懂，如果股权关系不清晰，实控人都不知道是谁，最好不做。我在团队文化建设过程中担当“布道者”角色，将这些理念通过培训、读书会等形式，传导给部门的每一名员工（见图 14）。

团队建设的内涵：统一理念基础上的团队合作
团队建设包含两个方面：队伍建设与业务核心价值观
团队建设目标：包容个性，凝聚团队。
1.队伍建设应立足于处理好三种关系：
  a.上级对下级=信任+宽容
  b.下级对上级=体谅+适应
  c.同级对同级=换位+保留
2.业务核心价值观
  a.现金为王
  b.软件比硬件更重要
  c.简单、透明就是美的

图 14　银行公司业务部团队文化建设纲要

资料来源：王炯（2005）

在客户经理考核方案设计中，财务绩效和个人考核结果其实是分开的，绩效工资能拿多少钱，直接跟分管客户的效益增长贡献挂钩，但客户经理能够得到什么样的考核评级，还需要多人的评价，包括处室、团队、上级、兄弟团队等，这是我从平衡计分卡中获得的灵感。因为员工有一些劳动付出和贡献并不能够通过财务数据表现出来，有些同事参与了项目，但不是他的本职工作，这个时候就需要一些组织上的定性评价来作补充。对这类工作的评价我们选择的是《盖洛普 Q12 测评法》，它是测评一个组织氛围的有效方法，共有 12 个维度，包括 12 个问题：

1. 我知道公司对我的工作要求吗？
2. 我准备好我的工作所需要的材料和设备了吗？
3. 在工作中，我每天都有机会做我最擅长做的事吗？
4. 在过去的七天里，我因工作出色而受到表扬吗？
5. 我觉得我的主管或同事关心我的个人情况吗？
6. 工作单位有人鼓励我的发展吗？
7. 在工作中，我觉得我的意见受到重视吗？
8. 公司的使命目标使我觉得我的工作重要吗？
9. 我的同事们致力于高质量的工作吗？
10. 我在工作单位有一个最要好的朋友吗？
11. 在过去的六个月内，工作单位有人和我谈及我的进步吗？
12. 过去一年里，我在工作中有机会学习和成长吗？

这 12 个问题其实又可以分为两个维度，分别为员工敬业度和团队工作环境。通过对 12 个问题的打分（5 级李克特量表），我们可以观察到被考核团队内部的文化建设情况，员工是否敬业、是否了解组织的价值观，是否能够融入团队，等等。在盖洛普看来，要想组织高效运行，首先要把人用好、用对，这是团队主管、分管副总经理需要承担的责任，最终的分数不仅跟团队每一位成员年度评级有关，也会跟对应各级管理层的考核有关。或者你会担心万一主管要求员工打高分怎么办？我们不会刻意地禁止这种行为，也控制不了，这个打分采用匿名评分法，即便考核人员也不知道是谁打的分数。久而久之，管理者与其“作弊”，不如在日常工作中与客户经理进行更多交流，帮助其完成任务，只有这样，我们才能够称之为好的团队氛围，属于一种民主化的运作。

盖洛普 Q12 量表在西方发达国家的影响力很大，最初的目标不是测评，而是优化和完善企业的管理体系。盖洛普信仰的是优势理论，这一理论认为，把个人、企业定位围绕独特优势来进行是最有效的。Q12 方法主旨是通过询问企业员工 12 个问题来测试员工的满意度，并帮助企业寻找最能干的部门经理和最差的部门经理，恰好，这一目标与我们团队文化工作非常契合。在人大读博士时，由于我所学的专业比较偏向组织行为与心理学方向，接触了比较多的量表，比如领导力测试、组织效能测试、员工倦怠测试等，这些量表大都可以从公开的学术论文中获得，美国高校的资源最多。这些测量工具的好处在于它们经过了研究人员大量样本测试，具有比较好的信度和效度，有相对科学的理论基础。

当时的分管副行长跟我说过，团队文化工作得到了时任分行行长的认可。我们所做的努力以及取得的一些效果，哪怕是在民营企业也很难做成。一些看似比较虚无的组织文化措施，却为银行商业模式创新构建了良好的团队工作氛围，对扁平化改革的顺利推进也起到了积极的作用。2007 年，我更有幸陪同这位行长参加了总行党代表大会，其间他又多次对我们的工作给予了鼓励和指导，对我们后来进一步做好文化培育工作启发很大。

如今十几年过去了，人力资源管理还是可以遇到一些新的方法，但万变不离其宗，逻辑是相通的。比如我近年认识的一些房地产公司和创投企业，激励员工用了“项目跟投”的制度。事实上，在国有企业混合所有制改革背景下，项目跟投已经成为国有企业提高运营效率的有效人力资源管理方法，政策上也获得支持。在《国企改革三年行动方案（2020—2022 年）》、《关于印发〈国企改革“双百行动”工作方案〉的通知》（国资发研究〔2018〕70 号）、《国务院国有企业改革领导小组办公室关于支持鼓励企业进一步加大改革创新力度有关事项的通知》（国资改办〔2019〕302 号）、《关于印发〈百户科技型企业深化市场化改革提升自主创新能力专项行动方案〉的通知》（国企改办发〔2019〕2号）等文件中，均提出要大力推行股权激励、分红激励、员工持股、超额利润分享、虚拟股权、骨干员工跟投等中长期激励方式。

从定义上看，项目跟投是指员工以自有资金与公司一起投资原本由公司单方面投资的项目，并分享投资收益，承担投资风险。对于公司而言，它能够就具体的项目实现相关责任人员与企业风险共担、利益共享，并最大限度地绑定项目核心人员。对于跟投方而言，能从项目利润中分得一杯羹，或者在项目变现（上市或并购）时获得收益，同时也意味着更大的责任和约束。

相较于股权激励模式，项目跟投有着自己的特点和适用场景。一是股权激励主要应用于股份制公司，特别是上市公司，而项目跟投理论上讲适用于所有公司。二是项目跟投主要激励的内容是单个项目的收益，而股权激励的内容是整个企业的绩效。三是持股形式不同，股权激励持有的是实股，或者是干股（有分红权），但项目跟投没有具体的股权，只有单一项目的权益。四是定价方面，股权激励有政策依据，项目跟投由企业内部灵活安排。五是项目跟投一般具有周期性，在项目结束后或一定周期（3~5年）后必须退出，而股权激励的退出机制设计则较为灵活。六是项目跟投以“强制为主、自愿为辅”，员工与企业有“对赌”特点，因此对项目决策和后续发展影响程度较高的管理层和核心骨干员工，一般采用强制跟投方式。七是项目跟投突破了股权激励总额的限制，可以超过跟投份额的50%。

表24 项目跟投与股权激励比较

项目	股权激励	跟投机制
适用范围	股份制公司、有限责任公司	所有公司
激励依据	企业绩效	单一项目效益
持股形式	实股、可以获得决策权、虚拟股	可实股，可虚拟股，分享收益权、不涉及决策权
定价规则	须遵守相关法律，133号文	根据项目投入情况确定份额，企业内部规定
退出周期	长期持有、明确约定退出机制	项目结束后或约定时间
总额限制	有	不限
风险程度	高	非常高

资料来源：作者整理

项目跟投的优势在于有利于新业务、新领域项目打开局面，所以最早为风投这种竞争比较激烈的行业采用，后来推广到房地产行业，如今凡是具有项目性质的领域都在运用。比如银行投资部门的投资经理，当风控部门对上报的投资项目或贷款感到不放心时，可以提出让投资经理跟投的附加条件，有时激励也可以起到风控的效果。对比我们银行扁平化改革采用的客户经理考核办法，逻辑上与项目跟投有很多相似之处，效果也如出一辙。

此外，由英特尔公司创始人安迪·葛洛夫（Andy Grove）发明的 OKR（Objectives and Key Results，目标与关键成果法）绩效管理模式也逐渐兴起，它是一套明确和跟踪目标及其完成情况的管理工具和方法，可以在整个组织中共享。随着时间的推移，越来越多的知名公司开始应用 OKR，如谷歌、LinkedIn、字节跳动、华为、推特等。OKR 对企业最大的价值在于帮助企业激发全体员工的智慧和活力，实现组织目标。它能确保员工齐心协力，并做出可衡量的努力以快速实现他们的目标。OKR 和 KPI 有不同之处。第一个显著差异，KPI 是一种绩效评估工具，而 OKR 是一种批判性思维和持续的自律系统。OKR 和绩效相关联，但它对组织的价值又超出绩效管理。很多时候，公司的伟大的愿景、使命和好的战略，只存在于高层管理人员的脑海中。组织要达到这些愿景、使命和战略，必须要有一个方法和工具，来将最高管理层的想法变为现实。OKR 就是这样的一个工具和方法。第二个显著差异，KPI 侧重于评估和结果，而 OKR 专注于改善性思维和改进管理流程。KPI 关注日常的经营数据，它是对业务目标达成的最基本的要求。OKR 则强调“改善”性思维和挑战卓越性目标。OKR 与 KPI 是可以共同存在的。比如，我们发现有哪些 KPI 的指标没有达到的时候，可以使用 OKR 将这些指标提升；如果我们为自己设置了非常有挑战性的 KPI，可以使用 OKR 让团队清楚如何到达这个目标。

9.3　风险管理创新：构建更加专业的防控体系

我在分行风险管理部工作了 4 年多，其间参与了很多风险化解项目，结合以往业务一线工作经历，使我对银行全面风险管理有了更加深刻的认识。在储蓄柜台工作的时候，我认为的风险还只是不要收到假钞，不要短款，不要被客户投诉。在财务会计岗位工作时，风险是算错了机构的财务绩效，影响了战略导向。在运营岗位工作时，风险就是漏盖章或盖错章，遗失传票。在客户经理岗位上，风险是发起的贷款出现不良，违反了监管规定。在金融机构、网上银行等岗位工作时，还会面临虚假交易、业务连续性等风险。风险管理对于银行的重要性，是因为高杠杆运作的特征，只有 4%（核心资本充足率）的钱属于银行自己。

越是大的银行，风险管理体系越是完善，因为经历的案例和总结的方法更多，也就能够打造出更加专业的队伍。专业和经验是风险管理人员必需的底色，这点跟会计很像。我从事风险管理工作的大多数时间也是跟财务报表打交道，努力想发现数据背后真实意图。在企业财报中，在建工程、应收账款、存货等项目的水分都很高，在巨大利益的驱使下，财务舞弊的手段总是比甄别的技术得到更快的进化。而近年来，随着大数据等技术的发展，在财务报表、企业风险信息的预警方面还是起到了很大的作用。

大数据无疑为银行风险管理带来了一场革命。银行由被动应对向主动防控转变，由应对监管的强制要求进行风险管理，向真正利用风险管控合理运作银行资本的战略转变；由局部风险管理，向全球风险监控、全面风险覆盖、全新工具计量、全程风险管理转变。大数据提升银行内外结构化与非结构化数据的综合运用能力，通过分析客户画像与关系图谱，协助风险部门开发出更好的客户信用评估模型。诚然，世界上没有完美的风险管理工具，因为我们面对的环境、客群、市场以及政策都在发生变化，相应地，风险管理理念和工具也需要持续的创新。比如2015年8月29日全国人大常委会通过了关于修改《中华人民共和国商业银行法》的决定，正式取消了实施20年的商业银行存贷比指标，以适应大资管业务的发展。2023年1月，银保监会出台“三个办法一个规定”征求意见稿，也是为了适应新的信贷市场变化的需求，加大了对科技创新、中小微企业、居民日常消费、重大投资等领域的金融支持力度。2023年2月，银行金融资产风险分类办法出台，进一步明确全面风险管理要求，鼓励新增贷款支持实体经济。

在分行公司业务部参与扁平化改革期间，我基于原来客户经理的授信业务工作体验，以及对经济资本的理解，发明了“事前风险成本”这个概念，并据此设计了G-RAROC关键评价指标，这是我在客户经理考核方案中对风险因子的一个安排。通过事前风险成本，可以让客户经理提前计算出拟发放的贷款需要支付多少风险成本，同时也可以验算出单一客户的RAROC经济资本回报率水平，进而决定这笔业务该不该做，能否优化银行的经济资本结构。这一指标设计也真正实现了“风险关口前移”。客户经理只要能通过各种手段使贷款风险降低、资产质量提高，也能获得实质的收益回报。客户经理对部分处于危险期的关注类贷款甚至正常类贷款，也会积极采取清收、退出、增加抵押与改善担保结构等多种形式防患于未然，调整资产结构的动力明显增强。

事实上，当时在设计G-RAROC这个指标时，我对风险管理的认识还是比较有限的，深入研究后才发现，银行的资本有很多口径，有经济资本、监管资本、会计资本、拨备等多种概念。对公司贷款的风险管理来说，我们比较聚焦在经济资本和拨备两个概念。其中，拨备是补充预期损失的，经济资本是补充非预期损失的，两者对于银行的利润都会产生影响。我们分析银行财务报表，单纯看净利润是不够的，因为净利润只能够代表当下的盈利水平，并不能代表未来可能潜在的大风险。回顾历史上的银行信用危机，很多原先财务表现良好的金融机构说倒就倒，是因为净利润的背后藏着巨额的潜在不良贷款。比如，当我们将贷款调成关注时，就需要多计提1%的拨备成本，调成次级、可疑时就要多计提25%～50%的拨备成本，调成损失时几乎要计提100%的拨备成本。所以看一家银行的盈利质量，除净利润外，还要看拨备覆盖率和RAROC这两个指标，前者是银行为潜在不良准备的核销资金，后者是评估银行对极端损失事件发生的承受能力。

事前风险成本和G-RAROC指标就是针对这两种风险设计的，可以将拨备成本和经济资本管理要求传导给客户经理。方案实施后，客户经理会尽量避开容易出风险的企业和项目，特别是净现金流差的项目，因为他们知道，如果贷款调级，当年绩效将会遭受巨大的影响。与此同时，贷款若真出现不良，客户经理也不会显得过于紧张，虽然当年奖金受影响，但下个年度如果成功把贷款收回来，同样可以收回损失的绩效，我们会将风险成本回拨给客户经理。这比起不断地开会督导客户经理清收贷款的效果要更好、更主动，毕竟最了解客户和清收方法的或许还是客户经理。

后来到分行风险管理部工作后，时任总经理知道我对风险成本感兴趣，就安排我分管巴塞尔新资本协议，涉及信用评级、五级分类等工作，并带我一同去跟监管领导作了专题汇报。在风险管理部我接触到了全面风险管理和“三道防线”的理念，知道了银行内部的风险职能分工。一线部门（含支行、业务部门、产品部门等）是第一道防线，风险管理部、法律合规部是第二道防线，监察和审计是第三道防线。风险部牵头负责信用风险，法规部牵头负责操作风险、反洗钱与制裁合规风险，市场风险由金融市场部负责，外汇合规风险由交易银行部负责。

巴塞尔新资本协议将银行的风险划分为信用风险、操作风险、市场风险三个大类。其中信用风险指客户违约风险，操作风险指人为或计算机操作失误导致的风险，市场风险指因利率、汇率或大宗商品价格波动产生的风险。银行在资本分配时，90%是给了信用风险，因为历史经验表明，这块损失规模与概率最大。后来为了更好地适应风险管理工作，我受到一位审批人启发，报考了FRM。从备考学习中我也更多地接触到了美国金融行业的风险管理知识，有些内容与 CFA 是重合的。因为有了理论基础，也有实战经验，我在风险管理创新工作方面主动做了一些有益的探索，比较有代表性的是“中型企业授信评估模型”这个项目，获得了深圳市金融创新奖，应该是当时首个以风控模型获奖的项目。

开发中型企业授信评估模型有着特殊的背景。当时我们银行的授信客户呈现两头大、中间小的哑铃形结构，即营业收入超过 10 亿元的大客户和超大客户较多，营业收入小于 5000 万元的小微客户也不少，但营业收入在 5000 万元到 5 亿元的中型客户就相对较少。银行人都知道，大客户也是由中型客户培养起来的，中坚力量的缺失，不利于银行业务的长期稳定发展。因此我们银行决定要加大发展中型授信客户的力度。对风险部门来说，建议总行改变既定的业务流程是很难的，但分行层面可以开发一些便利化的辅助工具，比如在事前给客户经理提供预授信评估模式。为了使模型更具说服力，我利用在学校掌握的研究方法，通过文献法、访谈法等，提取出九因素模型，并选取 300 多个存量客户样本验证模型的信度和效度。相关因素所需的信息和数据在客户经理首次接触客户时简单访谈就可以获得，包括营业收入、净利润、股东、是否 IPO、供应链合作方、担保条件、所属行业、同业授信情况、是否异地项目。借助模型，客户经理可以快速判断企业通过银行授信审批的概率，减少无效营销和调查成本，提升了业务效率。该模型的研究文章后来也被刊登在了总行职工报上，我在多个内训班上也与全国兄弟行同事进行了分享。

创新评估模型工具为我后来展业工作提供了保障。我在布吉支行工作的时候，负责中小企业信贷业务拓展，深圳就那么大，有的时候要跨辖区跑到更远的地方寻找客户资源。由于有模型支持，心里更有底一些。后来发展了一个制造业客户，行业前景好，IPO 机会也大，下游服务对象多是地方政府工程，财务数据不错，只是股东背景较弱，抵押物虽很值钱但已抵给主办银行，多地的主流银行都提供了授信。公司贷款之所以出现风险，因为存在民间借贷行为，我也看过公司在网上的法律诉讼文书，所欠的民间借贷利率高达日息千分之三，在财务报表中并未体现，当时也没有那种能够查企业涉诉资讯的 App 服务。这次风险能得到化解，因为有股权投资基金出面协调以及主办银行的配合，大家对企业的基础和前景还是看好的，间接也验证了授信评估模型引导展业工作的价值。

在 20 多年的银行从业工作中，我所接触到的风险事件应该说比同事们都要更多、更复杂。风险无法杜绝，只能够降低出现的概率或者减少损失，由于化解风险的成本比营销拓展业务高得多，所以银行在风险管理方面设计了非常完整的流程和环节。以贷款审批为例，大额贷款项目，都有多个机构部门的管理人员、专家的意见和签字。在中国的银行业，大额贷款要出现问题是很难的。即便如此，有些风险仍然“避无可避、防不胜防”，比如宏观经济、影子银行、房地产、贸易融资、制裁合规、银行破产、金融同业、涉政涉腐涉赌、战略方向等风险，这些我都经历过。

有人也曾问我，2009 年以后扁平化改革没能进行下去的原因是什么？这个问题很难回答。对于改革中存在的弊端我也经常反思，无论是授信的集中运营，还是提成制考核办法，此后银行同业中都有尝试，比如深圳某国有大行，对某些重点客户重点业务也采用了“流量奖金计算法”，成功将重点客户的份额做得很大，量上得很快。只能说这种方法的激励效果确实好，但难免会有“副作用”。

2009 年后分行公司授信业务重新下沉支行，这也是新班子的经营理念。此外，扁平化改革还遭遇了一个不利因素，就是 2008 年的美国金融风暴。这场次贷危机对海外经济及银行业的影响都是巨大的，从 2008 年到 2012 年美国共有 465 家银行破产倒闭。然而次贷危机对中国经济的直接影响比较有限，主要体现在间接影响。一方面，美国经济放缓和全球信贷紧缩，使我国所处的整体外部经营环境趋紧，消费者信心快速下滑，航运、货运、国际贸易需求都在萎缩，比如我们曾经“虎口夺食”的一个大额跨国外币贷款项目，连年亏损，入不敷出。另一方面，为了对冲美国次贷危机造成的外部需求低迷所带来的影响，国家出台经济刺激政策，2008 年我们利用扁平化组织有利于做大客户、大项目的优势，拓展了很多大型基建项目贷款。然而这些项目主要在异地，管理难度大，给之后的风险管理工作带来了不小的困难。

从美国次贷危机中，我国汲取了过度金融创新带来的风险教训，对影子银行管控趋严。影子银行的概念诞生于 2007 年的美联储年度会议，是指游离于银行监管体系之外、可能引发系统性风险和监管套利等问题的信用中介体，包括投资银行、对冲基金、货币市场基金、债券、保险公司、结构性投资工具（SIV）等非银行金融机构。中国的影子银行包含两部分，一部分主要包括银行业内不受监管的证券化活动，以银信合作为主要代表，还包括委托贷款、小额贷款公司、担保公司、信托公司、财务公司和金融租赁公司等进行的“储蓄转投资”业务；另一部分为不受监管的民间金融，主要包括地下钱庄、民间借贷、典当行等。我离影子银行最近的一次是参与一家房地产企业的风险化解项目，直到全面排查后，才发现这家国内龙头企业的负债情况远超此前的估计。不过因为企业拥有的资产足够优良，风险事件后来化险为夷。在我国，影子银行已成为金融风险隐患，特别是在2016年影子银行规模达到了顶峰。截至2022年第一季度，我国高风险影子银行业务在过去5年一共减少了25万亿元，但还有29万亿元左右。所谓高风险影子银行，实质是“类信贷”业务，包括其他的通道业务的理财、信托等层层嵌套的金融产品，没有按信贷规则来严格管理。有的影子银行风险已达到传统银行风险的3倍，所以P2P整改政策和资管新规相继出台。

近年来，房地产市场低迷，有很多朋友问我如何防控楼价下跌造成的风险。这方面我们可以跟香港的银行学习一下。1998年以后，香港房价跌去70%，但银行业能够保持相对稳定，要知道，当时香港各银行超过40%的贷款与房地产有关。香港银行能够抵御房市风险，首要原因还是有充足资本打底，1999年底几乎所有香港本地注册认可银行机构的资本充足率均维持在18.8%的高位，远超国际清算银行所定的8%的最低基准。此外，按揭证券化也是转移风险的有效方法，是香港当时发展起来的一项新业务，也称第二按揭市场。香港银行业的按揭证券化主要通过香港按揭证券公司进行，其按揭证券业务分两个阶段，第一阶段是向有关银行购入按揭贷款，所需资金通过发行无抵押债券筹集；第二阶段是发行按揭证券，售与全球投资者，这就避免了所有风险集中在银行系统。

美国次贷危机后，国内市场在四万亿元经济刺激下迅速发展，支持钢铁等大宗商品的贸易金融衍生出了新产品、新模式，同时也出现了重大风险隐患。钢贸这个原本表面看来“一本万利”的创新业务，到后来演变成了金融行业的修罗场。钢贸风波的起因，是经销商从事钢材主业入不敷出，将贷来的钱挪用到看似回报更高的行业中去（放高利贷或投资房地产），最终给银行贷款造成损失。2011年，全国钢材贸易贷款近2万亿元，其中仅上海就高达1600亿元。上海某股份制银行2013年第一季度财报中曾披露钢贸领域有60亿元左右的坏账。根据当时的行情，钢贸行业付出的融资成本为15%，远高于同期贷款基准利率6.31%，在巨大利益的驱使下，钢贸圈频现重复虚假交易。正是从钢贸风波开始，银行对于大宗商品的货押及动产质押融资业务更加谨慎。

2016年我到分行贸易金融部工作后，钢贸风波已经过去几年，但事件余温还在。深圳地区受钢贸的影响相对不大，因为这边有自己的特色产品，比如黄金租赁贷款。这项新产品与钢贸贷款的业务逻辑有点相似，最多时整个深圳银行业做了近千亿元规模，网上风险事件报道较少。黄金租赁贷款业务的优点在于借款企业准入门槛低、有担保公司参与、资金用途范围较宽、融资成本相对较低、能够降低金价下跌给企业带来的风险、不占用贷款规模、企业能够获得套利收益等。此后为了增加收入，银行还开发了“黄金租赁+理财组合”“黄金贸易背景票据+黄金租赁”“黄金租赁+远期套保”等组合品种。不过这项业务的潜在风险点也不少，比如涉及企业套取汇差和利差，从银行套取资金流向房地产、信托等领域，银行通过“黄金租赁”这一特殊通道，绕开资本约束、信贷规模、贷款利率等限制向企业发放表外贷款，所以监管部门也加强了业务指导。

我在分行贸易金融部也分管风控工作，贸金的风险规律比起在风险管理部时更多、更杂，为此我将贸易金融面临的风险分解成了五大风险，包括信用风险、操作风险、市场风险、外汇合规风险、反洗钱与制裁合规风险。前三类风险在风险部接触得比较多，应对起来较为熟悉，但后两类风险对我来说却是全新的事物，做得也是惊心动魄。我国银行外汇合规风险管理是非常精细的工作，旨在防止发生外部传染式的系统性风险。违规的套汇业务、内保外贷、虚假背景等，都是外汇严查严管的范围。要做好外汇合规风险工作，银行员工要熟记大量的政策制度，同时要勤与监管部门沟通、汇报和交流。而反洗钱与制裁合规风险给我造成的压力更大，从最开始的一窍不通，到后来成为银行业里非常稀缺的制裁合规专家，一切都是学习与实践的结果。5 年时间里，我也经历了中美贸易摩擦这档大事，先后处理过好几个特大级项目，有一种身处风口浪尖上的感觉，为此专门写了一篇分析文章给行领导参考。对制裁合规风险，防控的逻辑就是“盯住名单”，美国长臂管辖是有规则的，只有在名单范围内的国家、地区、企业和个人才会存在风险。但风控难点是穿透，对于境外敏感地区企业的实际受益人，境内银行没有工具去识别，或许这也是个商机。

2017 年，我有幸被选派往美国纽约曼哈顿学习交易银行战略方面的课程，我非常珍惜这一个月的学习机会，把上课听到的内容都翻译整理成十几万字的中文材料。上课的老师都是培训机构精挑细选的专家和学者，也有政府退休人员，他们大多数年龄都在 60~70 岁，但站在课堂上依然神采奕奕，“活到老、学到老、教到老”。老师们讲授的内容非常广泛，培训机构还安排我们到花旗等银行业金融机构现场考察，在供应链金融等新业务方面进行了交流。在所有老师讲授的内容中，我印象最深的是最后的案例，关于贸易融资的风险管理，这位老师之前在新加坡的银行工作，有几十年的业务经验。他说，外国银行有效控制贸易融资风险的方法，要不就是把有限的抵押物抓在手上，掌握更多主动权；要不就是跟单到仓库里点货，不轻易上当受骗，“言简意赅，一针见血”。

在经历过美国培训后，我的感受是“道高一尺，魔高一丈，越是先进的地方，潜藏的风险也越大”。西方金融系统虽然发达，但爆发的风险也是大得可怕。从宏观层面讲，2008 年的次贷危机对银行系统的影响是深远的，资本市场对银行股的估值也降低了很多。要知道，2007 年时国内银行板块的市盈率峰值一度达到 40 多倍，而如今只有 5 倍左右。美国情况也差不多，2000 年花旗的市净率最高曾达到了 4.45，而如今也不到 1。在交叉销售中表现出色的富国银行，2016 年也因为信用卡账户数据造假被监管部门罚了 1.86 亿美元。2023 年 3 月，在科创金融领域被誉为全球标杆的硅谷银行，也因为美联储加息和经济环境恶化，资产负债管理失策，短债长投，偏离主业，叠加声誉风险迅速发酵，短短几天就出现破产倒闭风险。所以说，银行业在外部大环境、内部业绩指标的双重压力下，风险管理难度是越来越大的。

2015 年 5 月 1 日，我国《存款保险条例》正式施行，旨在降低银行破产倒闭对社会秩序造成的负面影响。自 2020 年 11 月 28 日起，存款保险标识在全国范围内启用，消费者在一家有保险标识的银行储蓄资金量低于 50 万元，那么不管将来银行因何种原因破产倒闭，储户都不用担心本金及利息损失风险。截至目前，我国已有 4 家银行相继破产，包括海南发展银行、河南肃宁县尚村信用社、汕头商业银行以及包商银行。2022 年还有 2 家中小银行向银保监会提出破产申请，分别为太子河村镇银行和辽宁商业银行。

银行破产除了对储户有影响外，对金融机构的同业业务伤害也很大，比如承兑的汇票、信用证无法兑付，存款、债券、理财到期违约等。相对于破产这种小概率事件，银行同业业务更需要关注市场违规乱象行为，包括空转套利、期限错配、虚假交易等。同业业务是指金融机构之间开展的以投融资为核心的各项业务，包括同业拆借、同业存款、同业借款、同业代付、买入返售（卖出回购）、同业投资等业务。2009—2013 年，银行业金融机构同业资产从 6.21 万亿元增加到 21.47 万亿元，增长 246%；同业负债从 5.32 万亿元增加到 17.87 万亿元，增长 236%，异常增速引起了监管的高度关注。银行青睐同业业务，是因为其具有不缴存存款准备金、节约资本和拨备、不受存贷比约束以及交易对手之间互利等特点。部分银行更是通过同业业务规避宏观调控和监管要求，以较低成本借入短期同业资金，再投资于期限长、收益高的资产来获取超额收益。部分银行的同业业务还通过多层“通道”包装，结构复杂，资金划转频繁，造成金融机构整体资产规模虚增，极易引发交叉性风险传染，比如 2019 年包商银行就打破了同业刚兑，导致国内多家银行遭受损失。

在众多风险中，最让人感到无力的还是企业实控人的涉政涉腐涉赌风险，这类风险很难通过常规的技术手段或调查工具来防控，且涉及金额又非常大。我曾经见证过一个国内知名高科技企业从成长到衰败的过程。早在 2010 年我就与支行同事共同拜访过这家企业，当时也只有几千万元贷款的需求，在东北也能看到该企业的产品。谁能想到，10 年后公司做到了几百亿元的规模，成为行业龙头，手中“好牌”也非常多，包括优质的股权、地产项目，管理团队年富力强，学历高，专业，创业之初还得到过高人的指导和传承。若无意外，这家企业上市后估值会很高。可惜，银行无法掌握公司实控人的业余生活状况，也低估了社会的复杂程度，没能及时发现异常行为。但通过这个事件也说明一点，对于未上市的企业，公司治理也是重要的评估目标，特别是对民营企业，如何避免实控人权力过于集中的问题，还需要进一步研究。

对银行集团来说，自身的战略风险也不得不关注，哪怕是在数字化转型方面，哪怕是最大的银行。比如前些年银行扎堆进军电商，现在似乎已经被验证是失败的战略。2022 年，工商银行发布公告，其电商平台“融 e 购”个人商城相关服务，以及企业商城公开销售、商圈销售、跨境贸易等相关服务，将于 6 月 30 日 24：00 时停止。农行经营的“兴农商城”在 2022 年 1 月 1 日后，由农银金融科技有限责任公司运营；建设银行的“善融商务”平台运营主体自 2022 年 4 月 25 日起，变更为建信金服科技发展有限公司。银行没有电商的基因，朝错误的方向前进，只会越陷越深。我们并不否认创新的精神，但敢于试错也要学会浅尝辄止，这就是勇气。

诚然，出风险并不可怕，可怕的是犯低级的错误，或者出现道德方面的问题。在银行的员工行为准则中，对各种工作都有明确的要求，也有完善的问责办法，员工只要按程序和规制办事，就能够减少违规风险事件的发生。在我到分行风险管理部工作没多久，总行风险管理部就制定了全面风险盘存制度，这是一项专门针对大额、低风险、投行影子类业务所创新的风险管理工具，制度出台得非常及时。每个季度我们通过资产盘存，可以让总行全方位掌握到分行各类资产的真实状况，不至于出现瞒报、漏报情况，也保护了风险岗位上的工作人员。所以，完善的制度设计对风险管理的有效性格外重要。同时，在事后化解风险和清收不良贷款工作方面，我们也可以寻求更多外部专业机构的合作。

资产管理公司 AMC 在银行风险化解和不良贷款处理工作中发挥了重要作用。1999 年东方、信达、华融、长城四大 AMC 相继成立，分别负责收购、管理、处置相对应的中国银行、建设银行和国家开发银行、工商银行、农业银行所剥离的不良资产，涉及金额高达 1.4 万亿元。我在分行风险管理部参与不良贷款化解项目时，与信达合作比较多。经过多年发展，AMC 已经发展成为金融控股集团，以信达为例，下设 33 家分公司，旗下拥有从事不良资产经营和金融服务业务的平台子公司，包括南洋商业银行、信达证券等机构。但AMC的盈利主要还是靠不良资产处理，具体模式包括：一是折价买入，大幅折价买入资产及抵押物，处置后获取差价收益。二是项目当期收入，投资组合内具有的当期收入部分提供了较为稳定的现金流，比如物业租金收入。三是运营增值，将收购后资产交与专业运营服务平台，负责收购后的资产运营，通过积极的业务经营、资产重组等提升资产价值，加速现金回收。四是资产升值，寻找有升值潜力的资产，获得资产升值回报。五是退出收益，通过运营增值将不良资产正常化后，退出项目实现超额收益。在不良处置手段上，AMC比银行灵活许多，包括各种手段的综合运用，跨越各类资本市场进行高效的运作。

为了应对严峻的金融风险形势，国家也在加快布局AMC新的阵形。除了上述四大AMC外，外资、中小地方AMC也逐渐涌现。2020年2月，外资可以直接申请AMC牌照，全球知名投资管理公司橡树资本（Oaktree Capital）的全资子公司——Oaktree（北京）投资管理有限公司已在北京完成工商注册，这是首家外资控股的AMC。2020年3月，第五家全国性AMC“中国银河”也诞生。从2012年开始出现了很多地方性的AMC，但这些公司不属于金融机构，注册资本规模较小。我国不良资产市场参与主体日渐扩大，呈现“5+2+N+银行系+外资系”的多元化格局，加上私募、基金管理公司和“互联网+”相关企业等不良资产投资机构，再加上QFLP等新兴渠道，不良资产行业参与主体更加多元化，已经发展成为一个较为完整的行业体系。

信贷条线经常有人会说“常在河边走，哪有不湿鞋”，我个人曾经发起、审批过很多贷款，难免会遇到一些违背专业逻辑的情景，此时我还是坚持了底线思维，找到一套适合自己的行为准则。对于处理这种复杂情况，美国CFA职业伦理道德中就有应对的方法可供参考：“当遇到疑似违规事件时，要及时向上级领导及合规部门寻求帮助，如果仍解决不了问题，至少要选择不参与。”风险管理是一门技术，很专业，更是一门艺术，需要不断打磨、实践和积累经验。风险管理创新永无止境，毕竟还有很多风险我们还没有遇到过。鲜有人知道，美国次贷危机的起因，是和某个模型缺陷有关，而模型风险在中国金融市场应该说还没有被重点关注。应对未知风险，在实际工作中，我们既要做到“组织承诺”，对银行忠诚，也要践行“职业承诺”，不断提升自己的专业水平。往大的方向说，无论是做事还是做人，我们都遵循“公心、公正与公义”，始终以党纲党纪约束自己，无愧于这份事业，这或许就是20多年坚持学习和努力工作给我带来的最大收获吧！

参考文献

[1] 孙健敏．企业主管的决断性 [J]．中外管理，1996 (8)：2.

[2] 黄卫伟．走出混沌 [M]．北京：人民邮电出版社，1998.

[3] 董杰．入世后中国银行业面临的冲击及发展前景 [J]．四川行政学院学报，2002 (6)：2.

[4] 段永宽．国有商业银行的产权制度改革 [J]．经济学家，2002 (2)：6.

[5] [美] 赫尔曼·西蒙．隐形冠军：谁是全球最优秀的公司 [M]．北京：新华出版社，2002.

[6] 李原，孙健敏．变革：《哈佛商业评论》精粹译丛 [M]．北京：中国人民大学出版社，2004.

[7] 张锋．中国银行公司业务产品定位及营销架构重整研究 [D]．北京：清华大学，2005.

[8] 水电项目的融资筹划 [J]．企业技术开发，2005，24 (11)：68-69.

[9] 王炯，等．银行公司业务部团队文化手册 [Z]．1 版．2005.

[10] 王恬，周建东．资本监管与中国商业银行的信用风险定价 [M]．北京：中国金融出版社，2006.

[11] 麦克·福特，王炜．信用证是否风光不再?：浅谈信用证的优劣及地区发展状况 [J]．中国外汇，2006 (9).

[12] 王连花．我国零售银行业务的发展前景浅析 [J]．黑龙江对外经贸，2008 (7)：2.

[13] 王炯，等．银行公司业务部团队文化手册 [Z]．2 版．2009.

[14] 穆桂斌，鄢圣文．平衡计分卡的价值与局限 [J]．企业管理，2009 (3)：3.

[15] 陈卫东，周景彤．世界主要国家和地区住房调控政策经验与启示 [J]．宏观经济研究，2010 (3)：7.

[16] 曾圣钧．团队凝聚力对团队绩效影响机制的实证研究 [J]．生产力

研究，2010（9）：3.

［17］曾圣钧．主管承诺、团队氛围与团队绩效的关系研究［J］．统计与决策，2010（18）：2.

［18］王炯．中国商业银行商业模式创新研究报告［D］．2009.

［19］史进峰．国开行董事长远赴重庆　献礼单背后辛酸自知［N］．21世纪经济报道，2012-05-14.

［20］蒙震，李金金，曾圣钧．国际货币规律探索视角下的人民币国际化研究［J］．国际金融研究，2013（10）：8.

［21］刘小宇．双联惠农贷款的甘南做法及藏区开发性农户贷款工作建议［J］．甘肃金融，2013（11）：3.

［22］森汉川．中国企业转型升级若干问题的调研报告［M］．北京：企业管理出版社，2013.

［23］王延明．家族信托：打破富不过三代的魔咒［J］．中国外汇（2013）：11.

［24］赵晓辉．截至2013年底国家开发银行资产规模突破8万亿元［OL］．新华社，2014-01-26.

［25］赵飞．银行应该向互联网金融学些什么？［J］．银行家，2014（3）：3.

［26］胡文杰，梁红明．产业金融：商业银行公司业务的发展新方向［J］．中国银行业，2014（4）.

［27］蒙震．中小企业信用风险评估模型研究［J］．暨南学报，2014（36）：48.

［28］刘信群．经验借鉴：香港地区银行应对利率市场化及风险管理［J］．银行家，2014（11）：2.

［29］中信银行股份有限公司信用卡中心．微信银行的发展现状及趋势［OL］．金融咨询网，2014-01-28.

［30］简文湘，陈海古．广西跨境保险规模小　推动沿边跨境保险业时不我待［N］．广西日报，2014-12-12.

［31］张闻沁．跨境贸易供应链融资新攻略［J］．中国外汇，2015：1.

［32］刘振冬．民生银行上线新CRM平台“金融e管家”［N］．经济参考报，2015-03-20.

［33］王炯．社会价值链理论与中国商业银行转型［J］．开放导报，2015（6）：3.

［34］刘国宏．新时期我国五年规划的逻辑探讨［J］．开放导报，2015（1）：5.

［35］徐兰，潘沩．永隆银行借势招行　抢食内地跨境财富管理［N］．21世纪经济报道，2015-05-25.

［36］胡彩梅．创新特大城市可持续发展政策［J］．开放导报，2016（1）：1.

［37］张艺．广发银行跨境托管规模超800亿元［OL］．界面新闻，2016-01-28.

［38］刘汪洋．重庆金融4.0时代一年狂增1410亿迅猛势头的背后风云［J］．重庆与世界，2016（25）：16-19.

［39］刘玖锋．为什么企业转型70%都失败了？［OL］．环球人力资源智库，2016-10-02.

［40］曲向军，周宁人，郑文才，等．麦肯锡中国银行业季刊2017年夏季刊：在大资管格局中如何胜出［R］．2017.

［41］韩英彤，李伟．外综服企业实践图景［J］．中国外汇，2017：6.

［42］薛洪言．跨境支付成新战场，微信、支付宝与银联再现“三国杀”［OL］．知乎专栏，2017-06-01.

［43］沈旭英．银医合作的基础与模式探析［J］．管理观察，2017（21）：148-149，152.

［44］曾令俊．银联出海：跨境消费场景突进与全球1000多家机构合作［N］．时代周报，2017-11-14.

［45］何大勇，张越，陈本强，等．银行转型2025［M］．北京：中信出版社，2017.

［46］程竹．2017年总杠杆率上升主要是居民杠杆率上升所致［N］．中国证券报，2018-04-03.

［47］周国辉．现代供应链的价值何在［N］．国际商报，2018-06-14.

［48］中国社会科学院社会政策研究中心，社会科学文献出版社．慈善蓝皮书：中国慈善发展报告（2018）［R］．2018.

［49］陶凤，杨忆霖，代小杰．棚改货币化安置轻踩刹车，专家：收紧是趋势不会一刀切［N］．北京商报，2018-07-13.

［50］喜崇彬．冷链物流市场进入群雄逐鹿新时代［J］．物流技术与应用，2018，23（9）：6.

［51］陈琳．金融道4：我们怎样做银行［M］．北京：中信出版

社，2019.

［52］王永利．世界金融大变局下的中国选择［M］．成都：四川人民出版社，2019.

［53］Maciej Lipiec．从 UX 到产品设计，聊聊用户体验行业的巨大泡沫［OL］．优设网，2019-03-19.

［54］麦肯锡．各就其位，蓄势待发：制胜中国养老金融市场［R］．2019.

［55］周萃．开放银行路还有多远［N］．金融时报，2019-07-12.

［56］姚辉亚．银行需顺应产业数字化做场景延伸［J］．环球财经，2019（8）：2.

［57］程昕明．深圳著名城中村拆除重建，或将诞生 1878 个亿万富翁［N］．中国新闻周刊，2019-09-24.

［58］蔡丽斌．大湾区医疗安老合作大有作为［R］．中银策略述评，2019.

［59］Gartner. 2020 年十大战略性技术趋势［R］．2019.

［60］陈秋圆．国外城市如何发展夜间经济［J］．小康，2019（33）：2.

［61］张锐．家族信托：亟待创新引爆的财富市场［N］．证券时报，2019-11-14.

［62］中国农业十大布局方向，战略就是格局！［OL］．黑龙江乡村广播，2019-11-23.

［63］霍亮．我国互联网消费金融发展现状研究及展望［J］．现代交际，2019（24）：2.

［64］王有鑫．人民币国际化条件下汇率研究［M］．上海：上海财经大学出版社，2020.

［65］黄奇帆．疫情之后中国公共卫生系统要花两三千亿补短板［OL］．新浪财经，2020-02-18.

［66］火石产业咨询．新冠疫情冲击下，医药健康正成为城市未来发展的必需产业［OL］．2020-02-24.

［67］中国社会科学院社会政策研究中心，社会科学文献出版社，中国灵山公益慈善促进会．慈善蓝皮书：中国慈善发展报告（2020）［R］．2020.

［68］徐佳成．我国水电行业面临问题和后续开发方针的思考［OL］．中咨研究，2020-08-21.

［69］汤志贤．盛宴已过：国际跟单信用证的未来［J］．贸易金融，2020（9）.

［70］赵家章，丁国宁．香港离岸贸易发展现状及经验借鉴［J］．首都经济贸易大学学报，2020，22（2）：10.

［71］谢水旺．数字经济时代，金融机遇何在？［N］．21 世纪经济报道，2020-11-19.

［72］新加坡 2020 年吸引 172 亿元固定资产投资，创 12 年来新高［N］．联合早报，2021-01-2.

［73］杨兆义．我所了解的融资租赁发展史：美国［OL］．鑫联享公众号，2021-02-21.

［74］林伯强．保护和发展蓝碳助力“碳中和”［N］．第一财经日报，2021-03-24.

［75］梁夏．联网消费金融对一线城市居民消费升级影响的实证分析［D］．南昌：江西财经大学，2021.

［76］张寒，薛敏．经济学家圆桌：如何防范并化解财政风险？［N］．财经，2021-04-09.

［77］星展银行（中国）于方：关于跨境供应链融资与境外资金的打通［OL］．万联网，2021-04-23.

［78］杜冰．民生银行以远程银行赋能普惠金融服务［OL］．中国金融新闻网，2021-05-11.

［79］余凌曲．加快大湾区金融市场建设［N］．深圳特区报，2021-05-11.

［80］李梦宇．金融支持新型农业经营主体方向再明确［OL］．中银研究新浪财经专栏，2021-05-27.

［81］贺春兰．到 2025 年我国制造业十大重点领域人才需求缺口接近 3000 万人：如何理解高中阶段职普比分流［N］．人民政协报，2021-07-14.

［82］戈振伟．深圳探索将商业、办公用房转为公共住房［OL］．界面新闻，2021-07-16.

［83］麦肯锡．Fintech 2030：全球金融科技生态扫描［R］．2021.

［84］曾圣钧．华为升级鸿蒙系统，我国经济有望迎来新赛道［J］．世界知识，2021（13）：2.

［85］中国民生银行总行运营管理部．“远程银行”赋能普惠金融的探索与实践［J］．银行家，2021（6）：67-68.

［86］王蕊同，阮鹏飞，孙天琦．2000 年以来美国中小银行数量减半［J］．中国金融，2021：10.

［87］数据宝，腾讯财经．城市负债率排行榜［R］．2021.

［88］小康杂志社．2021 中国夜经济繁荣百佳县市［R］．2021.

［89］瑞银（UBS），惠裕全球家族智库（FOTT），CampdenWealth，中航信托．2021 年中国家族财富与家族办公室调研报告［R］．2021.

［90］贺朝晖．BIPV 行业深度：万事俱备一触即发申港证券［R］．申港证券，2021.

［91］方娟，赵越．合肥的一字之变，产业发展：不是“风投”是“产投”［OL］．人民网，2021-09-15.

［92］徐宇．投资回报显著增长，家族办公室在中国有多大发展空间［N］．第一财经，2021-09-17.

［93］田辉．内地居民赴港投保业务评估及政策建议［J］．环球财经，2021（9）：13-13.

［94］网商银行卫星遥感技术升级，农村金融再迎技术突破［OL］．中国新闻网，2021-09-26.

［95］科橘科技．世界三大贸易协定丨CPTPP、RCEP 和美加墨贸易协定（USMCA）对比分析［OL］．科橘知乎专栏，2021-09-30.

［96］谌鹏．打造金融业开放发展新引擎［J］．中国外汇，2021（20）：3.

［97］曾圣钧．债券“南向通”的影响与机遇［J］．金融博览，2021（20）：2.

［98］曹朝霞．商务部力促冷链发展，中国银行 3 年 1000 亿融资支持［N］．现代物流报，2021-10-25.

［99］洪偌馨，董云峰．中国新金融变革史：伟大的“叛逆”［M］．浙江大学出版社，2021.

［100］魏倩．招行创新清洁能源发电项目融资模式，“银融通”累计放款逾 20 亿元［N］．上海证券报，2021-11-02.

［101］曾圣钧．深圳前海发展离岸贸易思考与我行对策研究［R］．中银调研，2021.

［102］彭芸，李菁昭．新时代金融科技人才培养的探索与实践［J］．湖北经济学院学报（人文社会科学版），2021，18（11）：119-121.

［103］英荷壳牌石油公司．BP 世界能源统计年鉴［R］．2021（70）.

［104］智能电网提速，关注特高压与储能［N］．金融投资报，2021-11-20.

［105］李岚．科技解锁未来：银行业加快数据要素市场化探索［N］．金融时报，2021-12-06.

［106］阎海峰，林木田．入世 20 周年与中国企业“走出去”［N］．第一财经日报，2021-12-09.

［107］让冷链物流更好助力经济循环［N］．江苏经济报，2021-12-20.

［108］国际能源研究中心．全球水电开发现状及未来趋势［OL］．中国电力网，2021-12-20.

［109］张核．为什么 97%的科学家创业都失败了？［J］．中国科技信息，2021：（12）.

［110］胡滨．发展普惠型财富管理市场［J］．中国金融，2022（1）.

［111］朱英子．2021 年新设慈善信托 227 单，财产规模同比增 32.48%［N］．21 世纪经济报道，2022-01-18.

［112］王博璐．冷链物流应在投融资和产业端占据低碳发展先发优势［OL］．中新经纬，2022-01-20.

［113］田进．时间银行来了，你会参与吗？［N］．经济观察报，2022-01-22.

［114］艾媒咨询．2021 中国夜间经济最新发展报告［R］．2022.

［115］市场资讯．中国养老保障体系与个人养老规划［OL］．新浪财经，2022-02-02.

［116］陈佩珍．保本理财产品规模已由资管新规发布时的 4 万亿压降至零［OL］．澎湃新闻，2022-02-26.

［117］银行业理财登记托管中心．中国银行业理财市场年度报告（2021年）［R］．2022（3）.

［118］曾圣钧，周涛．元宇宙产业发展与银行金融创新研究［J］．国际金融，2022（3）：6.

［119］曾圣钧，李金金，郑辉．“双碳”背景下的银行绿色金融产品创新［J］．产业创新研究，2022（3）：6.

［120］苑志宏．大资管时代银行理财高质量发展路径探索［J］．银行家，2022：（4）.

［121］投资数百亿？韩国 SK 集团与比尔·盖茨合作建设新一代核电站［N］．参考消息，2022-04-02.

［122］鞠建东，李思佳．县里办大学：产业升级与货币产业政策［J］．清华金融评论，2022（4）：3.

［123］张楠，邹淑．供应链金融视角下的票据“债券化”模式［J］．金融博览，2022（4）：2.

［124］侯江虹．EOD模式如何融资？怎么落地［OL］．四川省投资促进会私募基金分会，2022-04-06.

［125］边万莉．15家持牌消金营收、净利润均为双增长，招联消金稳坐［N］．21世纪经济报道，2022-04-11.

［126］中金公司研究部．个人养老金政策解读：中外差异、产品现状与业务机遇［R］．2022.

［127］夏寅．决定招行命运的7把钥匙［OL］．新浪财经，2022-04-27.

［128］银行理财子公司去年业绩比拼：招银理财净赚32亿位列第一［OL］．澎湃新闻，2022-05-03.

［129］许正中．以跨境供应链金融维护供应链安全［N］．学习时报，2022-05-11.

［130］银行理财迈入竞争新阶段头部机构或将占据更大市场份额［OL］．中国网财经，2022-05-16.

［131］曾圣钧．商业银行应用数据民主化面临的挑战及对策探讨［J］．企业改革与管理，2022（5）：3.

［132］5万亿+消金助贷市场：头部缩量，中小平台在涨［OL］．消金界，2022-05-18.

［133］供应链金融市场规模：2022年供应链金融市场发展迅速［OL］．中国报告大厅，2022-05-26.

［134］张莫．汇丰加码中国财富管理市场，启动财富管理业务新策略［N］．经济参考报，2022-05-27.

［135］城中村的未来在哪里［OL］．腾讯网，2022-05-30.

［136］EOD项目申报要点及投融资模式简析［OL］．中建政研集团，2022-06-01.

［137］马爱平．风光氢储化一体化运营内蒙古库布其建零碳产业示范园［N］．科技日报，2022-06-16.

［138］白雪．预计三年后BIPV市场规模超866亿元［N］．中国能源报，2022-06-17.

［139］段思宇．打造新市民金融服务“上海模式”，千万新市民迎政策礼包［N］．第一财经，2022-06-28.

［140］新闻周刊记者．五载探索，建行为住房租赁战略画了一个“圆”

[J]. 瞭望，2022（48）.

［141］国际数据公司 IDC. 2021 下半年中国商业智能软件市场跟踪报告［R］. 2022.

［142］宗良，孙雨心．新时代中国银行业全球化的历史跨越［J］. 中国金融，2022（7）.

［143］周建东，曾圣钧．物联网技术赋能商业银行转型［J］. 国际金融，2022（8）：5.

［144］马玲．银行服务乡村振兴五大主要模式：普惠金融系列主题轻报告之一［N］. 金融时报，2022-07-21.

［145］瞭望智库．中国城市夜经济影响力报告 2021—2022［R］. 2022.

［146］程依伦．广州塔“上榜”后夜经济可“合纵连横”［N］. 广州日报，2022-08-11.

［147］王继松．从 2012 至 2020 年，中国体育产业总规模年均增 14.1%［N］. 新京报，2022-09-01.

［148］樊融杰．中银消金 2022 年上半年贷款余额 533 亿元，布局数字化转型［N］. 中国银行保险报，2022-09-02.

［149］赵萌．银行业数字和绿色转型为服务贸易注入新动能［N］. 金融时报，2022-09-06.

［150］谭冰梅．跨境人民币结算量累计 17.4 万亿元，深圳人民币国际化排头兵地位［N］. 南方日报，2022-09-20.

［151］财经杂志．中国上市公司碳排放排行榜（2022）［R］. 2022.

［152］中国人民银行．2022 年人民币国际化报告［R］. 2022.

［153］孔德晨．今年上半年，25 个先进制造业集群完成产值 6.2 万亿元：中国制造业区域发展更协调［N］. 人民日报（海外版），2022-09-24.

［154］左茂轩．合肥模式：多样化新能源汽车产业雏形［OL］. 中国汽车三十人智库，2022-09-26.

［155］工业和信息化部启动首批产业链供应链生态体系建设试点工作［OL］. 工业和信息化部网站，2022-10-01.

［156］王涛，岳琳．银行业支持光伏产业问题分析［J］. 银行家，2022（10）：3.

［157］杨宏生，王彤旭，马文博，等．揭开神秘面纱告诉你真实的家族办公室播报文章［N］. 中国商报，2022-10-04.

［158］李晖．人民币跨境收付创新高结算“快速路”催化外贸增长点

[N]. 中国经营报，2022-10-08.

[159] 李少辉，卢俊锦，罗勉．金融“明珠”闪耀粤港澳大湾区［N］. 中国发展改革，2022-10-11.

[160] Runwise 创研院．银行敏捷转型：世界 500 强 ING 集团是如何完成敏捷转型的？［OL］. 创新社区，2022-10-15.

[161] 马雨霏．物联网产业链机会可期［J］. 证券市场周刊，2022（10）：26.

[162] 王东岳．钠离子电池商业化加速“来袭”［J］. 证券市场周刊，2022（10）：42

[163] 钟俊鹏，侯彰慧，姚远．等“氢”风徐来，水波已兴：中国氢能行业全产业链优惠政策概览［OL］. 中伦视界公众号．2022-11-01.

[164] 曾圣钧，关振球．大湾区互联银行发展与同业合作策略研究［J］. 国际金融，2022（11）：6.

[165] 刘毅，刘温馨．新时代十年我国单位国内生产总值二氧化碳排放下降 34.4%［N］. 人民日报，2022-11-09.

[166] 胡润百富，中信保诚人寿．中国高净值人群家族传承报告［R］. 2022.

[167] 苏宝亮，肖欣晨，魏芸．冷链物流行业研究：食材供应链+医药物流需求提升，行业迎来春天［R］. 招商证券，2022.

[168] 微众银行，波士顿咨询（BCG）. 中国数字财富管理市场 2022［R］. 2022.

[169] 曾圣钧，冯巍，郭燕．大湾区银行绿色金融比较研究［R］. 中银调研，2022.

[170] 艾瑞咨询．2022 中国电竞行业报告［R］. 2022.

[171] 百年大行一路相随，五聚新辉共赴盛会［N］. 证券时报，2022-11-07.

[172] Trista Sun，崔晓冬，译．日媒：中国财富增长的影响将超越经济放缓的影响［N］. 环球时报，2022-11-10.

[173] 王维逸，李冰婷，韦霁雯．首批名录发布，头部公司个人养老金业务将率先获益［R］. 平安证券，2022-11-20.

[174] 影子银行系统风险溢出案例分析：安信信托的业绩暴雷与项目违约［OL］. 张春谈财经，2022-11-21.

[175] 张雅婷．专访李红光：深圳数据交易所首批跨境数据交易超 1100

万元，争取国际定价权［N］. 21 世纪经济报道，2022-11-21.

［176］孟凡霞，胡永新 . 金融一马当先，RCEP 中的银行角色［N］. 北京商报，2022-11-22.

［177］王晓 . 提升跨境金融服务水平，助力高水平对外开放［J］. 中国外汇，2022（11）.

［178］发挥出口信用保险保障作用，助力中小微开拓国际市场［N］. 人民日报，2022-12-02.

［179］瑞士瑞联，胡润研究院 . 2022 中国式家族办公室行业发展白皮书［R］. 2022.

［180］洪偌馨 . “一亿人的财富 App”与他的第 11 次迭代［OL］. 馨金融知乎专栏，2022-12-13.

［181］千帆竞逐的百万亿财富管理市场，微众银行如何破局？［OL］. 东方财富网，2022-12-19.

［182］蔡鹏程 . 花旗战略“撤退”，外资银行在华为何难以突围？［OL］. 钛媒体 APP，2022-12-19.

［183］科尔尼咨询公司 . 2022—2027 年全球趋势研究报告［R］. 2022.

［184］李冰 . 工商银行积极响应国家政策要求，数据要素市场建设取得新进展［J］. 中国金融电脑，2022（12）：4.

［185］吕品 . 数字化时代，全方位解读商业智能 BI［OL］. 派可数据，2023-01-03.

［186］侯江虹 . 地方基建欠了六十多万亿，需要奇迹才还得上［OL］. 四川省投资促进会私募基金分会，2023-01-04.

［187］严子游 . 挑战与机遇并存！消费金融 2022：新“玩家”粉墨登场，行业“内卷”还在加剧［N］. 券商中国，2023-01-09.

［188］孟培嘉，罗京 . 鼓励发展多种技术路线储能行业再迎政策利好［N］. 中证报，2023-01-10.

［189］朱悦，卫瑶 . 投入超 1521 亿，覆盖 317 万辆车［OL］. 澎湃新闻，2023-01-10.

［190］黄奇帆 . 对今后 12 年局势的通盘思考［N］. 企业观察报，2023-01-12.

［191］欧阳晓红 . 136 亿数字人民币“定义 M0”有何寓意［OL］. 经济观察网，2023-01-13.

［192］宋霞 . 深圳拟推共有产权住房，采用 5 年封闭流转规则［N］. 北

京青年报，2023-01-18.

［193］李岚．告别同质化“内卷”：银行数字化转型如何“破圈”［N］．金融时报，2023-01-16.

［194］杨阳腾．建行万科携手成立百亿住房租赁基金［N］．经济日报，2023-01-21.

［195］蒋施思．城市有机更新中的城中村改造探究［J］．现代企业文化，2019（18）：1.

［196］秦虹．城市有机更新的金融支持政策［J］．中国金融，2021（18）．

［197］沈三．要帮 100 万家门店找钱这家香港创业公司打算怎么做?［J］．创业邦，2022（3）：114-116.

［198］许伟．服务乡村振兴实现村镇银行高质量发展［J］．中国金融，2023-02-22（2）.

［199］葛海蛟．操作风险管理：荷兰银行的经验与启示［J］．银行家，2006（9）：92-93.

［200］葛海蛟．论农业银行管理模式的选择［J］．农金纵横，1997（1）：1-4.

［201］Barlett C A，Ghoshal S. Matrix management：Not a structure，a frame of mind［J］. Harvard Business Review，1990，68（4）：138-145.

［202］Duflo，Esther. Schooling and labor market consequences of school construction indonesia：Evidence from an unusual policy experiment［J］. American Economics Review，Sept. 2001.

［203］Gerstner L V. Who says elephants can't dance：Inside IBM's historic turnaround［M］. HarperInformation，2002.

［204］Yu P，Shen K H. The impact of Hong Kong's Offshore Trade on the industrial development of the pearl river delta region：An empirical analysis based on the panel data of 48 counties in the region［J］. International Economics and Trade Research，2013.

［205］Wang J，Feng L，Palmer P I，et al. Large Chinese land carbon sink estimated from atmospheric carbon dioxide data［J］. Nature，2020，586（7831）：720-723.

后 记

完成本书的写作于我而言获益良多。首先，我履行了一名中国式研究学者的宣传教育职责，将自己所学、所知、所想与读者们进行一次全面、深度的分享。其次，我也没有辜负老师、领导、前辈们的教诲，将他们无私给予的指导，融入了本书当中，完成了一次专业知识、经验的传承。最后，通过本书，我也将银行同业及其他金融机构发展中好的做法与大家分享，发挥知识的最大传播价值，借此机会或许也能够认识更多志同道合的读者，便于日后多交流。中国式现代化的银行员工，为社会不仅提供金融产品服务，还可以提供智库支持，以及分享学习成长的经历。

在人民大学求学时，导师孙健敏教授曾问过我一个问题，什么是“理论”？可惜我的回答始终无法让老师满意，直到最后毕业我也没得到正确答案。诚然，每个人心中的答案应该是不一样的，我的理解是：“种瓜得瓜，种豆得豆，Man proposes，God disposes。”天道酬勤，每个人都应该确立好自己的人生计划，有所取舍，走自己的路，做最好的自己。为了指导我完成学业，老师用心良苦，给我推荐了一本书，对我后来的工作、学习乃至生活都启发很大。每每处于逆境之时，我都会打开看看。在此我也想推荐给读者们，这本书叫《走出混沌》，首版时间是 1998 年，写的是华为的故事。老师是《华为基本法》的设计者之一，也参与了该书的编撰，正因如此，他在课上演绎的理论知识大都源于实践，这也验证了“实践是检验真理的唯一标准”这个道理。

《走出混沌》的第 1 个序里边的第 1 句，任正非先生就引用了毛泽东同志的一段话：“人类的历史就是一个不断地从必然王国走向自由王国发展的历史，这个历史永远不会完结……人类总得不断地总结经验，有所发现，有所发明，有所创造，有所前进。”我的理解是，毛主席的话是要告诉广大党员干部，要无穷尽、无止境地努力，不断前进，只有这样，我们对于真理的认识也就没有完结的时候。虽然不能穷尽真理，但我们可以向比较完全前进，向相对真理前进。这句话所表达的意境，不正是华为军团成功的秘诀与逻辑吗？为了进一步验证我的猜想，我还研究了三星、谷歌、台积电、美的等高科技公司，从它们的成长经历同样可以看出，创业之路都很艰难，险阻重重，荆棘满布，但最终能够成功存活下来的“基业长青”公司，无一不是依靠坚持、民主的信念，不求完美，但求进步。

《走出混沌》中的很多观点至今看来都具有前瞻性和战略性，该书的最后一页的背面有四句话，更是让我联想到当年的扁平化改革，有种异曲同工的感觉。第 1 句话，“华为的追求是在电子信息领域实现顾客的梦想，并依靠点点滴滴、锲而不舍的艰苦追求使我们成为世界级领先企业”。第 2 句话，“广泛吸收世界电子信息领域的最新研究成果，虚心向国内外优秀企业学习，在独立自主的基础上，开放合作地发展领先的核心技术体系，用我们卓越的产品自立于世界通信列强之林”。第 3 句话，“爱祖国爱人民，爱事业和爱生活是我们凝聚力的源泉；责任意识，创新精神，敬业精神与团结合作精神是我们企业文化的精髓；实事求是是我们行为的准则”。第 4 句话，“华为主张在顾客、员工与合作者之间结成利益共同体，努力探索按生产要素分配的内部动力机制，我们决不让雷锋吃亏，奉献者定当得到合理的回报”。四句话言简意赅地描绘了一家民族科技企业的文化内核，集结了“梦想、学习、爱国、团结”四种要义，这对于中国企业在党的二十大后，制定发展战略时都有很好的借鉴意义和参考价值。甚为遗憾的是，假如当时我所在银行的 RPC 运营模式、团队文化、激励约束机制等做法能够传承下来，持续探索、不断完善，而不是推倒重来，是否也有机会打造出一个银行界的“华为”样本。现在回想起来，我们将改革冠名为扁平化似乎并不贴切，严格意义上讲只是公司授信业务的集中化运营管理，而 RPC 运营模式才是更值得推崇的商业模式创新，是一次“部门银行”向“流程银行”转型和进化的探索。可惜，时移事易，历史并没有如果。

无论是银行金融服务创新，还是组织管理、人力资源管理、风险管理等变革，在中国式现代化的新征程上，党已经为我们确立了清晰的工作方向和先进的工作方法。习近平总书记在党的二十大报告中指出：“继续推进实践基础上的理论创新，首先要把握好新时代中国特色社会主义思想的世界观和方法论，坚持好、运用好贯穿其中的立场观点方法。”正确的世界观和方法论就是要贯彻做好六个坚持：坚持人民至上、坚持自信自立、坚持守正创新、坚持问题导向、坚持系统观念、坚持胸怀天下。党的十八大以来的实践也充分证明，习近平新时代中国特色社会主义思想是当代中国马克思主义、二十一世纪马克思主义，是中华文化和中国精神的时代精华，是党和人民实践经验和集体智慧的结晶，是新时代坚持和发展中国特色社会主义的行动指南。

未来之路，我们还可以关注什么？本书设想了很多的发展方向，其中有一点我觉得是值得大家特别关注的，就是元宇宙。在硬件方面，它代表了5G、量子科技、云计算、人工智能、数字货币等技术产业的发展。在软件方面，它可以内嵌到各行各业的服务场景当中，不仅带动技术的进步，也可以拉动经济的增长。不可否认，道路会很长，也会很曲折，会有失败的风险，更会有很多企业在中途夭折。但我坚信，只要方向正确，不必苛求目标精确和过程完美，勇往直前才是硬道理。人类文明的进步，都是基于对未知领域的探索，明知山有虎、偏向虎山行。这也是为什么太空那么危险，还是有人要去体验登陆火星。对虚拟世界的研究，对健康长寿的追求，都代表着人类渴望进步的希望，也是经济动力的源泉。

本书虽然是我独立创作，却融合了很多专家的管理智慧和研究成果。我在写作的过程中没有作更加深入的调研或者与他人进行交流，只是为了展示出最纯粹、最客观的分析判断，即便它存在一定的主观臆断或经验主义，但却是真实的、完整的、系统的，不添加一丝外界的干扰。我真心希望，在学术研究这条路上，能够留出一片净土，从中收获诚挚的友谊。以前曾经并肩作战的伙伴们，现已大多各奔东西。在海外，你们的足迹遍布金边、越南、南非、加拿大、美国、伦敦、澳大利亚、土耳其、巴西、新加坡等国家和地区。在内地，你们有的在银行同业、证券、保险、金租、互银等金融机构任职，也有的成为上市公司、外资企业的财务总监，还有的独自创业成为影视巨擘、房地产大亨和网红大V。在这本书中，多少会有大家所经历过的故事，无论它是大还是小，是远还是近，我都希望能够给大家带来一些珍贵的回忆。

对于有缘读到本书的朋友，我殷切期盼书中的内容能够给您带来帮助，无论是在学习研究还是在工作职场方面，让您从中获得一些有用的灵感和启发。如果您想与我进行更多的交流，或者希望获得一些金融服务方面的支持和帮助，可以关注“前金智库”微信公众号（二维码在封面作者简介处），与我取得联系。我将从本职工作出发，为您提供全球化、多元化、专业化的金融智库服务支持。如此也有助于我们银行业更加敏锐地发现市场热点和产品创新机会。我始终坚信，不管在哪儿，身居何职，通过“以书会友”的方式，我们会是新时代中国经济发展中具有凝聚力的“虚拟战友”，精诚合作、彼此扶持、交流心得、服务社会，为实现中国式现代化的伟大目标贡献更多的力量！

本书参考资料来自四个渠道：一是作者本人公开发表的署名文章，感谢对这些文章给予过指导和帮助的领导和同事。二是工作中亲历的事件或项目，对所描述场景涉及的领导、同事、客户、朋友表示感谢，因写作过程中没有与当事人或机构进行沟通，如给你们造成困扰或存在用词不当、不妥之处，敬请见谅，并联系我予以声明。三是感谢银行内部发表非公开文章的同事，我采用了其中的一些观点，在书中有标注姓名和时间。四是感谢其他被引用文章的作者，我在参考文献中列明了作者和文章信息，但仍有可能出现遗漏，也有可能因为认知水平不够误解了原义，如有这种情况，我深表歉意，也期待与你们认识并作更加深入的交流。

本书遵循“文责自负”的学术研究原则，所有内容仅代表作者个人立场，不代表所在单位意见；所有观点仅供读者学习交流参考，不作为投资或工作建议。

银行金融服务创新就像是一场马拉松，做的有多完美可能并不重要，重要的是一直坚持做下去。就像法国现实主义作家莫泊桑所说的，生活不可能像你想象的那么好，但也不会像你想象的那么糟。人的脆弱和坚强都超乎自己的想象，有时我可能脆弱得一句话就泪流满面，有时也能发现自己咬着牙走了很长的路。希腊哲学家赫拉克利特也曾说过，世界上唯一不变的就是变化本身，变化并不可怕，只要我们不畏险阻，砥砺前行，总有机会迎来希望的春天。谨以此书，献给那些坚持学习、勤恳工作的奋斗者们！